第三产业增加值	320.63 亿元
公共财政预算收入	53.5 亿元
财政总收入	184.2 亿元
固定资产投资	259.8 亿元
实际利用外资	1.21 亿美元
进出口总额	6.79 亿美元
社会消费品零售总额	155.60 亿元
旅游收入	246.5 亿元
公路总里程	2563.21 公里
航道总里程	76.63 公里
铁路里程	63.08 公里
学校总数	96 所
卫生机构	223 个
居民可支配收入	38891 元
城镇居民人均可支配收入	51016.6 元
农村居民人均可支配收入	24222.8 元

2020

总第17卷

句容年鉴

句容市史志办公室 编

JURONG YEARBOOK

方志出版社
Publishing House of Local Records

《句容年鉴（2020）》
编审人员

主　　　审	潘　群　　周必松
副　主　审	宋飞雄　　贾云亮　　侯华锋　　张荣海 王大金　　吴明成　　凌　华　　吴亚芹 徐　飞
执行副主审	徐哲迅　　高志祥
主　　　编	张　俊
副　主　编	倪定胜　　徐彬彬　　许朝斌
编辑部主任	陈龙浩
责任编辑	陈东方　　赵　霞　　刘明亮　　陈龙浩 乔　清　　朱　峰
编　　　务	唐家亮

编纂说明

一、《句容年鉴》是句容市人民政府公报性质的综合性资料工具书。本书由句容市人民政府主办，句容市史志办公室编纂，1996 年出版第一卷。第 2 卷于 2001 年编辑出版，系 1996 年—2000 年合编。第 3 卷于 2006 年编辑出版，此后每年一卷，《句容年鉴（2020）》为总第 17 卷。

二、《句容年鉴（2020）》以马克思列宁主义、毛泽东思想、邓小平理论、“三个代表”重要思想、科学发展观、习近平新时代中国特色社会主义思想为指导，坚持辩证唯物主义和历史唯物主义的立场、观点和方法。其宗旨是通过综合整理，全面、系统、翔实地记录句容经济、社会的基本面貌和发展情况，为广大读者了解句容、研究句容，进而建设句容提供准确可靠的信息资料和基本数据，为全市精神文明建设和各项社会事业协调发展服务。

三、《句容年鉴（2020）》共设 34 个类目。个别分目下设立次分目，其标题前后加 · 表示。不同层次的标题，在字号、字体和版式设计上有明显标识。全书条目标题统一用黑体字加【】表示。《市情综述》类目“组织机构及领导人名录”中的 * 表示“兼职”。全书稿件均按市政府批准的《句容年鉴》组稿大纲和撰稿要求，由各镇政府、各部门、各有关单位指定专人负责撰写，并经主要领导审定。所用统计数据，由于统计的来源、口径、方式、方法和时间不同而有一定差异，引用时请以市统计局提供的“句容市国民经济和社会发展统计资料”数据为准。

四、人物入鉴标准：“市领导简介”，收录年度内新任职者，介绍简历，配照片；年度内职务调整者，配照片，简历参见前鉴。“模范人物简介”，收录省委、省政府以上表彰者，各类比赛国际前三名，国家前二名，省第一名，有重大贡献的新闻人物，介绍简历，配照片。“逝世人物”，收录年度内去世的市领导，介绍简历，配照片。省以上各类荣誉获得者和集体以名录形式收录。

五、本书在排版上，双页书眉为书名，单页书眉为类目标题；同时，设目录、索引等，以便读者查阅。

六、为丰富内容，本书收集部分补白资料，以及随文图照，力求做到图文并茂，形象、生动地反映句容市的发展面貌。

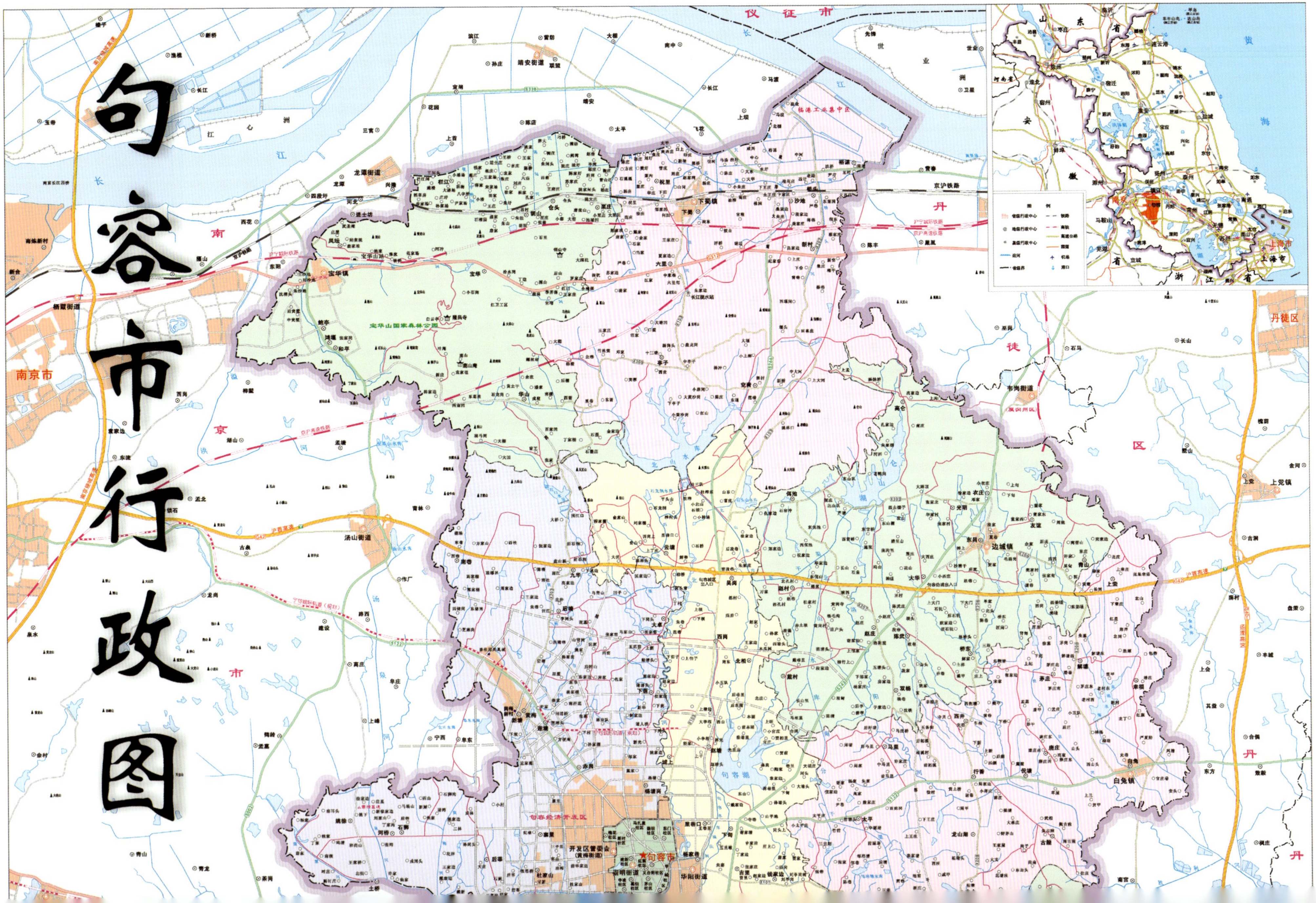
句容市行政图
仪征市
南京市
丹徒区
句容市
宝华镇
下蜀镇
边城镇
白兔镇
句容湖
宝华山国家森林公园
扬州市
镇江市
上海市
京沪铁路
沪宁高速

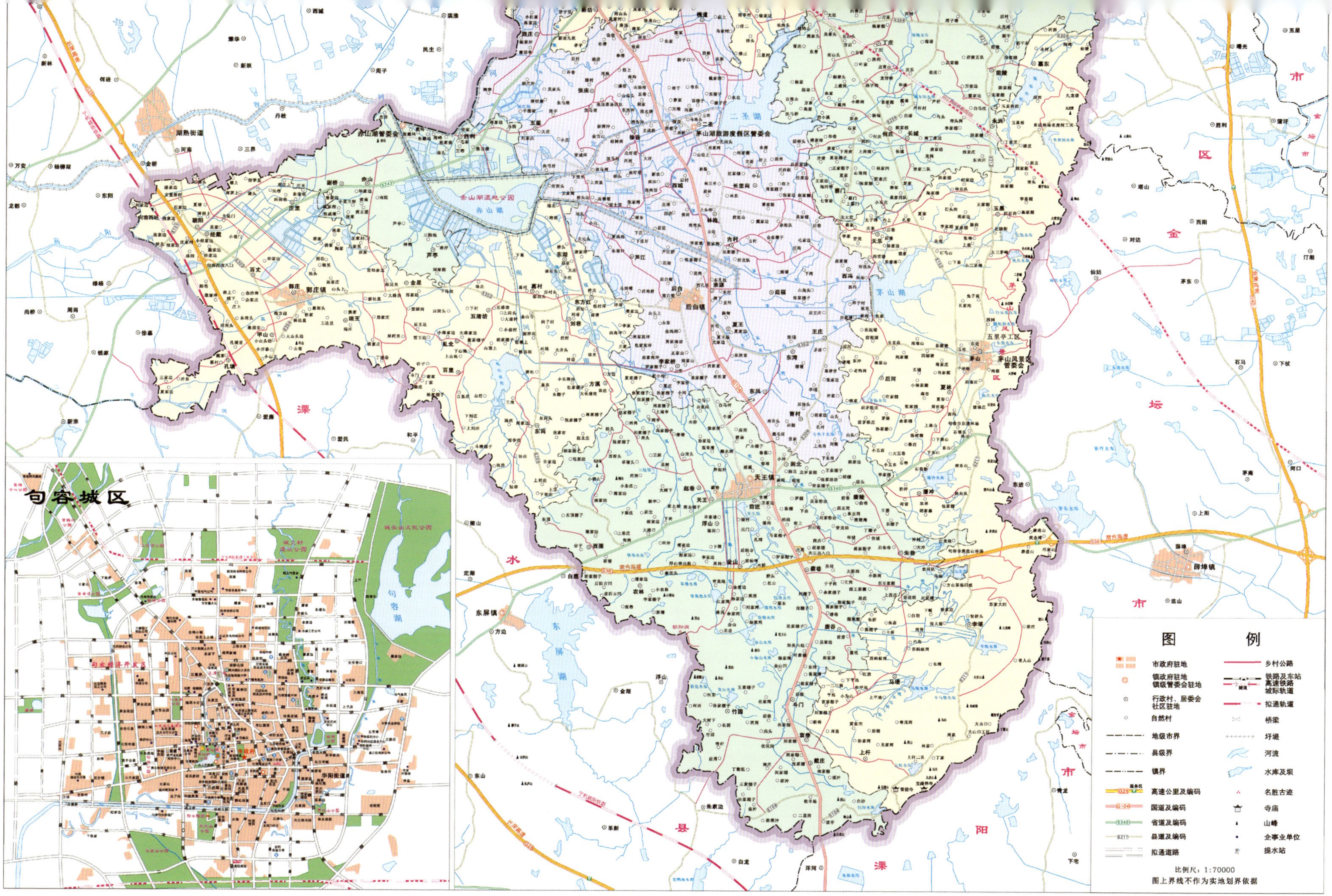

审图号：苏镇S(2016)03号

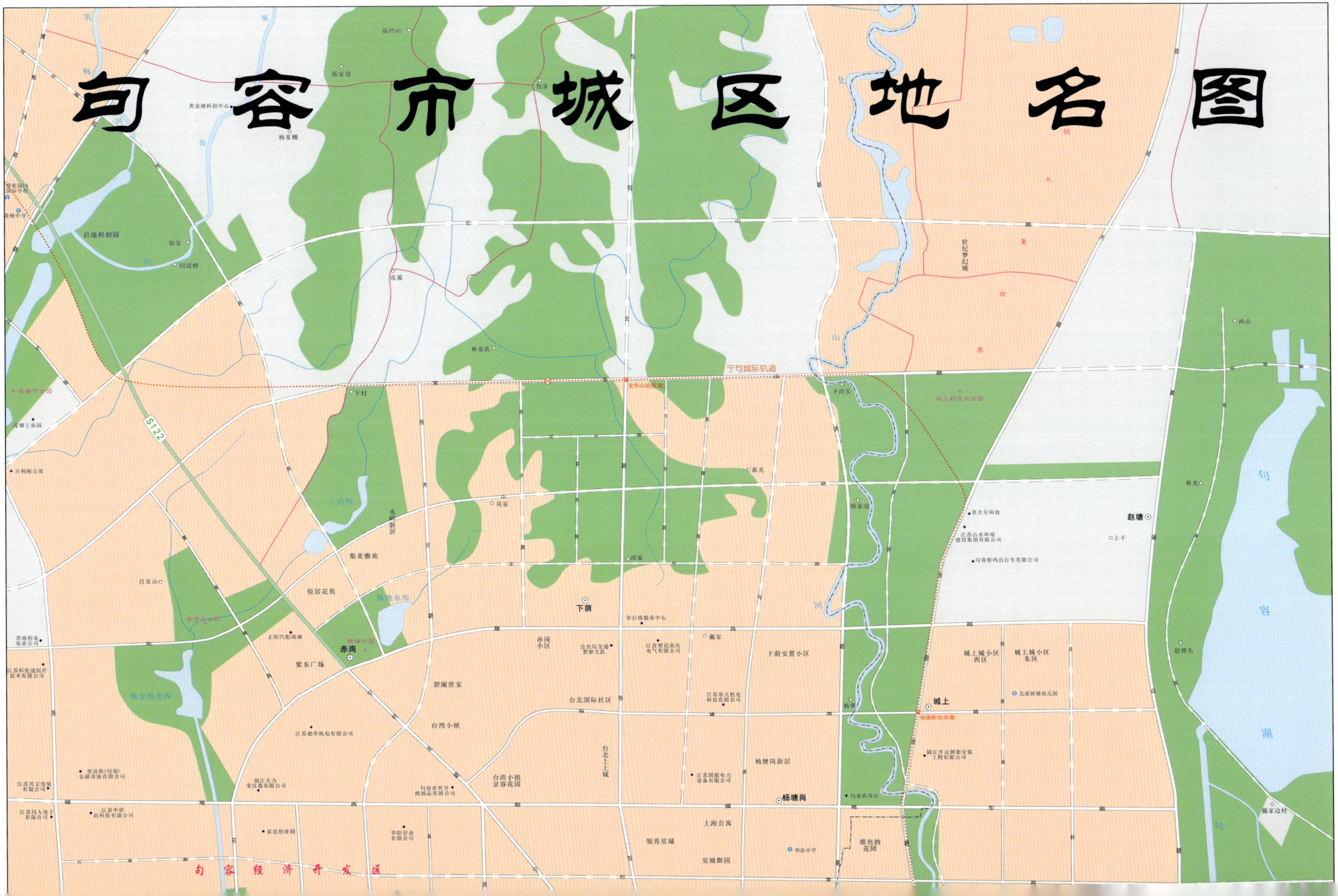

句容市城区地名图
宁句城际轨道
S122
赤岗
下蜀
城上
赵塘
杨塘岗
启迪科创园
黄金坝水库
三河坝
碧澜世家
台湾小镇
台北国际社区
下蜀安置小区
城上城小区西区
城上城小区东区
紫东广场
悦居花苑
集美雅苑
上海公寓
领秀星城
安城御园
维也纳花园
世纪梦幻城
句容湖
句容经济开发区

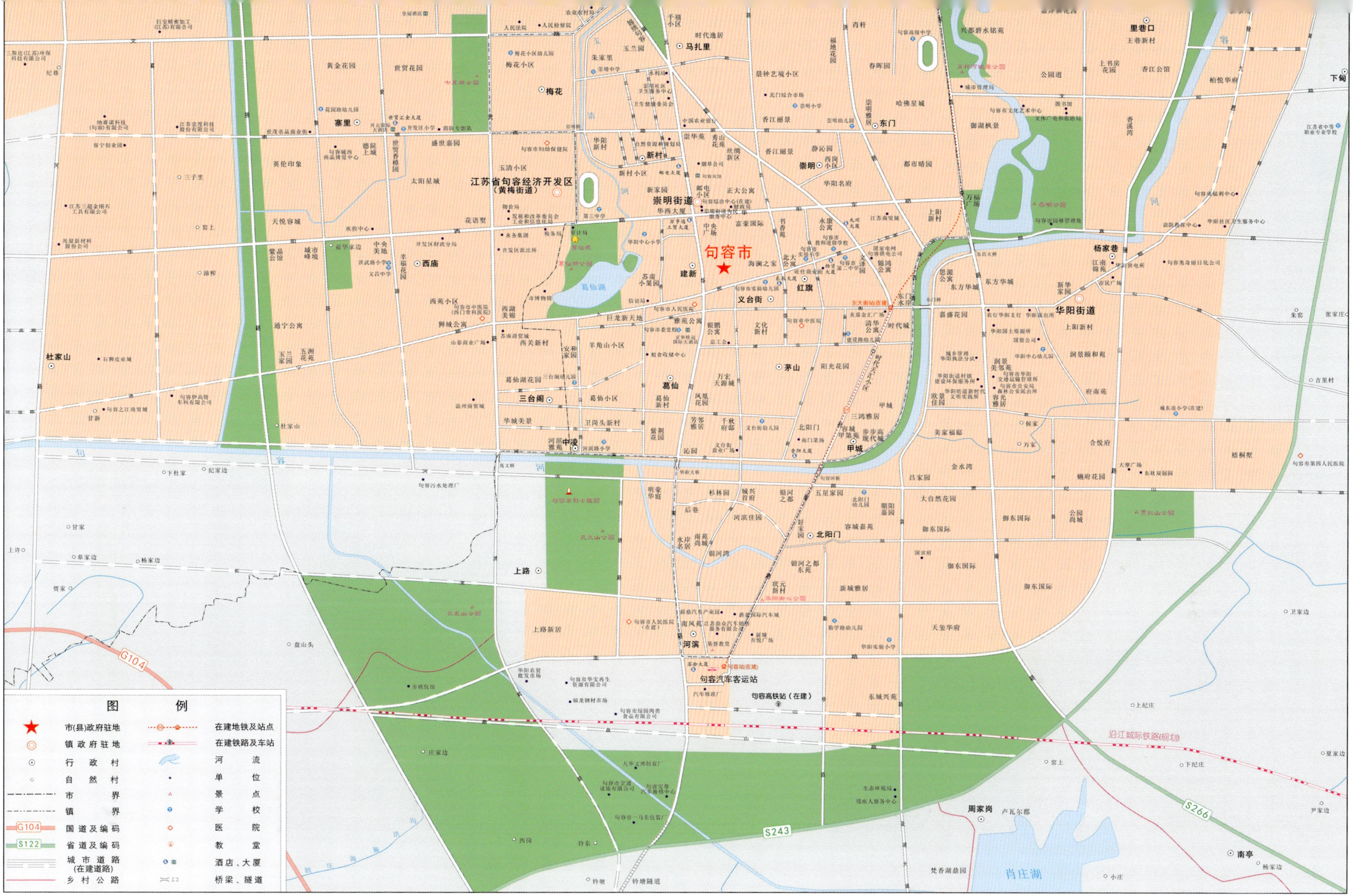

审图号：苏镇S(2019)09号

句容市明确"一福地四名城"城市发展定位。1月2日，中共句容市委十二届六次全会在市文化艺术中心大剧院举行。市委书记潘群作了题为《深度对标苏南，奋力追赶超越，推动句容高质量发展走在前列》的工作报告。全会明确了2019年工作的总要求和主要目标，强调要以习近平新时代中国特色社会主义思想为指引，全面贯彻中央经济工作会议和省委、镇江市委全会精神，坚持稳中求进工作总基调，坚持新发展理念，坚持高质量发展，全面做好稳增长、促改革、调结构、惠民生、防风险各项工作，打好三大攻坚战，全面推进"1355"战略部署，推动产城景文深度融合，立志打造"长三角最令人向往的山水田园福地"，建设"具有最优营商环境的创新创业名城""具有最佳人居环境的宜居宜游名城""具有最美生态环境的养生养老名城"以及"最有味道的历史文化名城"，为高水平全面建成小康社会收官打下决定性基础，推动句容高质量发展走在前列，以优异成绩献礼新中国成立70周年。

句容市机构改革方案公布。2月18日，句容市召开全市机构改革动员部署会议，标志着全市机构改革工作进入全面实施阶段。市委书记潘群在会上强调，要深入学习贯彻习近平新时代中国特色社会主义思想和党的十九大精神，全面落实中央关于深化党和国家机构改革的重大决策和省委、镇江市委工作部署，高质量高效率完成机构改革任务，努力为追赶超越、推动高质量发展走在前列提供强有力的保障。据悉，机构改革后，全市共设置党政机构37个。党委机构9个，其中纪检监察机关1个，工作机关8个。政府工作部门28个。

新时代句容精神表述语出炉。为进一步发挥城市精神的导向作用、激励作用、展示作用，2019年2月，句容市委宣传部启动了新时代“句容精神”表述语征集工作。经过广泛发动，社会参与热情高涨，共收到5132条应征内容。经过征集、筛选、研讨、完善、常委会研究等程序，最终产生入选作品1件、入围作品9件、优秀作品20件。3月25日，“我们的城市，我们的精神”新时代句容精神表述语确定为“尊上德、崇人文、勇拼搏、甘奉献”，这既是对我市厚重文脉的传承，也是对老区精神、亚夫精神、抗洪精神这“三大精神”特质内涵的高度凝练，同时也突出了句容发展处在爬坡过坎、滚石上山的关键时期，推动句容追赶超越、高质量发展走在前列所亟需的精气神。

句容市融媒体中心挂牌成立。6月30日，句容市融媒体中心正式挂牌成立，标志着我市媒体融合发展进入新阶段、开启了新篇章。近年来，全市新闻宣传工作坚持守正创新，以“弘扬新精神、展示新形象、推动新发展”为己任，明确了“一种声音、一支队伍、一个平台”的工作目标，主流媒体的舆论引导力、文化凝聚力和精神推动力不断彰显。面对新闻舆论工作新挑战和媒体融合发展新要求，全市新闻宣传工作必须强化互联网思维和一体化发展理念，因势而谋、应势而动、顺势而为，按照“正能量是总要求、管得住是硬道理、用得好是真本事”的要求，推动媒体融合纵深发展，讲好句容故事、传播好句容声音、阐释好句容特色，为“一福地四名城”建设提供强大思想保障。据了解，按照深化媒体改革、利于长远发展的方针，我市整合市广电台、市新闻报道中心，组建句容市融媒体中心。同时，优化新闻宣传、产业经营等功能布局，成立句容市传媒有限公司。

句容市成功申办第五届国际道教论坛。8月初，党中央正式批复同意第五届国际道教论坛在句容茅山举行。据悉，国际道教论坛是我国规格最高、规模最大、影响最广的国际道教文化交流盛会。本届论坛以“崇道尚德，与世偕行”为主题，旨在继续深入挖掘道教在健康生活、公益慈善、人才培养、道德教化、文化传播、对外交流等方面的思想智慧，增进与港澳台及国外道教界的交流合作。论坛的主要活动有开、闭幕式和大会主论坛、2场电视论坛、2场新媒体论坛和5场分论坛，分论坛议题包括“天人合一与生态文明”“天道无私与公益慈善”等，还将举办祈福法会、道教书画展、道医义诊等多场配套活动。

第二届“感动句容”人物发布。9 月 3 日晚，由中共江苏省委宣传部、江苏省文明办、江苏省美德基金会主办的江苏省道德模范与身边好人(镇江句容)现场交流活动暨第二届“感动句容”人物发布仪式在市文化艺术中心举行。活动发布了 8 月份江苏好人、新时代江苏好少年，表彰了第二届“感动句容”人物及提名奖获得者。现场以“爱心筑家”“公心载道”“仁心济人”“恒心立业”“丹心富民”五个章节，利用情景短剧、音乐短剧、歌舞、人物访谈等形式，将本届“感动句容”人物的孝老爱亲、诚实守信、见义勇为等先进事迹精彩演绎，从颂扬“五心”出发，向“不忘初心”回归。据了解，截至目前，我市获评全国道德模范及提名 3 人，江苏省道德模范及提名 6 人，中国好人 7 人，江苏好人 20 人，句容市级以上各类道德典型 300 余人，省级以上道德模范及提名奖获得者数量位居全省县(市)前列。

句容市开展“不忘初心、牢记使命”主题教育。9 月 17 日，句容市召开“不忘初心、牢记使命”主题教育动员部署会。镇江市委第八指导组组长印明出席会议并讲话。我市市委书记、市委主题教育领导小组组长潘群作动员讲话，他强调，我市开展主题教育要牢牢把握“守初心，担使命，找差距，抓落实”的总要求，认真落实省委“五深入五确保”目标和镇江市委“四个贯穿始终”的工作部署，紧密结合句容实际，加强路径设计，创新方法举措，切实做到“四聚焦四推动”，即：聚焦于“学”，推动学习教育学懂、弄通、做实；聚焦于“研”，推动调查研究求真、务实、管用；聚焦于“查”，推动问题检视找准、剖深、析透；聚焦于“效”，推动整改落实对账、销号、清零。

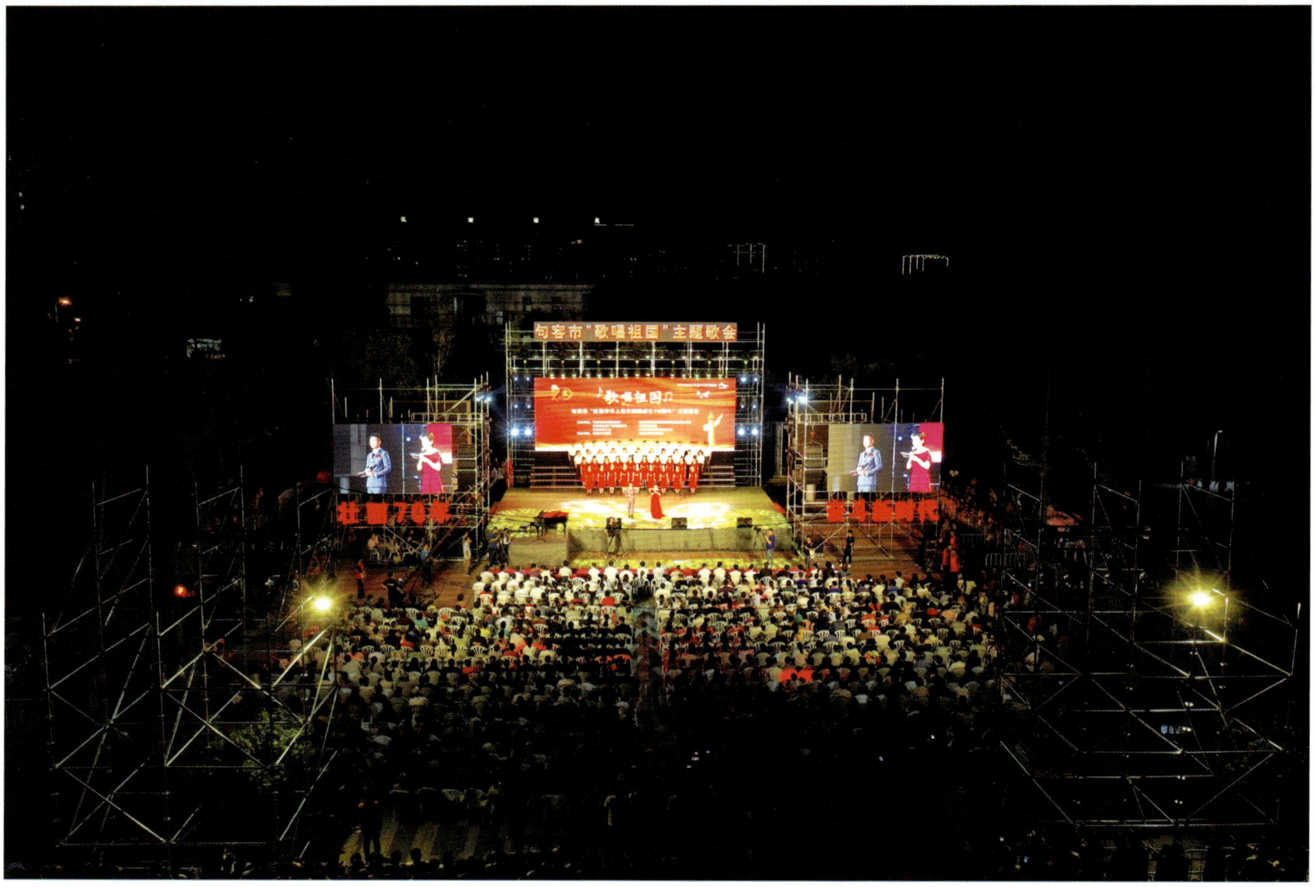

句容市举办庆祝中华人民共和国成立 70 周年系列活动。9 月 24 日晚，市委宣传部、市文体广电和旅游局、市总工会联合举办"庆祝中华人民共和国成立 70 周年"主题歌会，庆祝中华人民共和国成立 70 周年，唱响时代主旋律，展现句容人民爱党爱国、奋发向上的精神风貌，为"一福地四名城"建设营造浓厚的文化氛围。据了解，本次活动充分体现时代性、艺术性、群众性、创新性，并以全市联动的形式为推动句容高质量发展凝聚强大精神动力。全市 47 家单位 50 支队伍近 2000 人参赛，经过初赛和复赛角逐，18 支队伍登上了当天决赛的舞台。他们来自各行各业，年龄大小不一，用最动情的歌声表达对祖国母亲最真挚的祝福和对美好生活的期盼，共同展示出"尊上德、崇人文、勇拼搏、甘奉献"的新时代句容精神。

句容市获2018—2020年创建周期全国文明城市县级提名城市。11月18日，经中央文明办组织复查，报中央文明委批准，中央文明办正式确认句容市为2018—2020年创建周期全国文明城市县级提名城市。据了解，2018年以来，句容市坚持“人民城市人民建、建好城市为人民”的工作导向，以提升市民文明素质、城市文明程度、城市文化品位、群众生活质量为目标，紧盯中央文明办、省文明办暗访督查反馈问题，举一反三、系统整改，在强化组织领导、健全工作机制、建设精美城市、扩大群众参与、推进文明实践等方面采取了一系列举措，群众投诉问题得到有效解决，整体创建水平取得明显提升。下一步，句容市将按照中央文明办和省文明办的工作要求，深入学习借鉴先进地区经验，坚持“学标杆、定标准、放样板、抓细节”的工作思路，坚持专项治理与系统治理、综合治理、依法治理、源头治理相结合，针对文明城市创建中的问题，抓好顶层设计、抓好建管结合，适时将创建中的做法上升到制度层面，持续用力、久久为功，真正打造人民群众长久满意、持续满意的文明之城。

5G网络建设全面启动。12月5日，“改变世界，创造未来”2019句容5G网络建设启动仪式举行，标志着句容市正式迈入5G时代。据了解，当前全球数字经济发展已经进入跨界融合、系统创新、智能引领的新阶段，句容市积极打造5G精品网络，扎实开展5G网络建设，一期目项包含50个5G基站(含室内分布系统)，对东、南面至句容河，西至洪武路，北至福地路区域内的主城区进行全覆盖。推动5G融入百业，大力推动“5G+”融合创新，充分发挥乘数效益，助力经济社会质量变革、效力变革和动力变革；优化5G服务体验，创新推广具有移动特色的5G应用，让广大用户在共享5G发展成果上拥有更多获得感。

文化巷口

（丁爱勇摄）

2009 年

2019 年

玉清广场

（戴贤园摄）

1999 年

2019 年

2008 年

崇明西路

（汪顺才摄）

2019 年

2001 年

宁杭路

（汪静摄）

2019 年

广场变迁

（戴贤国摄）

2000 年新世纪广场

2019 年福地广场

句容老工程厂职工宿舍楼

老工程厂职工宿舍楼原貌　汪顺才摄

今日仿古建筑楼群　陈东方摄

《双龙戏珠》俞航峰摄

《美好生活　多彩多姿》
徐中堡摄

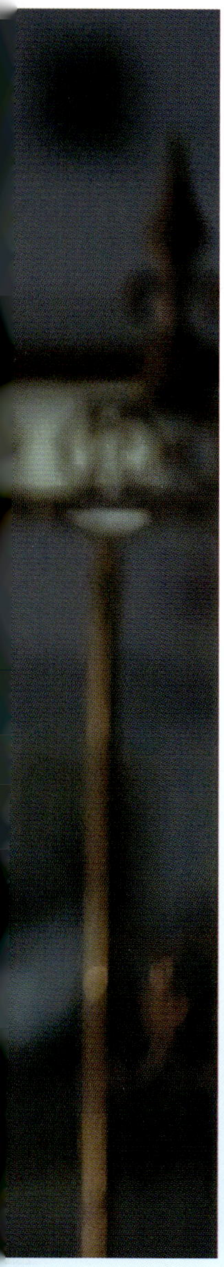

《夜战台风保供电》戴遐宁摄

《笑脸》
陈锡祉摄

《开心一家人》
戎克河摄

《采摘喜悦》
王常华摄

《满意的笑》
施玉兰摄

《今天是我的生日》
向泽福摄

《看戏》戴遐宁摄

二圣村新时代文明实践活动——唱大戏
正月初九相聚文化广场
进行黄梅戏演出
下午场：《贫女泪》

《雪中护学》杨志国摄

《一碗粥温暖一座城》王运茂摄

《地铁施工》郁荣奇摄

《未雨绸缪防大汛》李义龙摄

《碧水蓝天》爱萍摄

《沪宁高速句容城区道口》吴忠效摄

《路口》郑军摄

《赤山湖生态绿洲》王军摄

《古村雪夜美如画》李义龙摄

《宝华山日出》郑军摄

《水美乡村下葛村》王义华摄

《赤山湖云海》俞航峰摄

《云涌万福宫》还振东摄

《茅山灵猴》王鹏飞摄

《云锁丁庄》周长青摄

《奔跑吧·句容》卢家首摄

《太极拳表演》徐安华摄

《争先》汪顺才摄

《绿色出行》陈洪泽摄

《追风少年》朱明摄

《车之龙》顾年宝摄

《给心灵放个假》糜如平摄

目　录

特　载

专　文

大事记

市情综述

中共句容市委员会

句容市人民代表大会

句容市人民政府

政协句容市委员会

中共句容市纪律检查委员会 句容市监察委员会

人民团体

民主党派・工商联

法　治

军　事

自然资源和生态环境

综合经济管理

农业・农村

工　业

对外及对港澳台经贸合作

商贸流通

旅　游　业

金　　融

交通 · 邮政 · 物流

信息化建设

城乡建设和管理

科学技术

教　育

文化·体育

大众传媒

卫　生

社会生活

人力资源和社会保障

开发区建设和管理

镇（街道）·管委会

人物·荣誉

索　引

表格目录

全力推进“一福地四名城”建设 决战决胜高水平全面建成小康社会

——在中共句容市委十二届七次全会上的报告（摘要）

市委书记　潘　群

2019年8月1日

一、全市高质量发展取得新进展

今年以来，我们以习近平新时代中国特色社会主义思想为指引，深入践行新发展理念，察大势、谋全局，打硬仗、解难题，防风险、促发展，高质量发展取得新进展。上半年，全市实现地区生产总值319.67亿元，增长6.5%。完成一般公共预算收入35.5亿元，增长6.5%，总量列全省第13位；税占比达92.8%，列全省第一。

（一）经济发展稳步前行。**“五大经济”成效初显**。明确各板块发展方向，重点板块、重点企业集聚支撑效应持续放大，郭庄绿色新能源小镇入选全国首批典型经验特色小镇。“科技园+产业园”开始落地，联东U谷、恒生科技园项目加快推进，“双招双引”联动互促，句容位列全国创新百强县第31位。成功申办第五届国际道教论坛和第十九届中国草莓文化旅游节，恒大童世界、茅山温泉谷等一批文旅项目推进顺利。**发展后劲不断增强**。组织开展各类招商活动60余次，完成亿元以上签约项目16个，有效集聚了中科物栖、中科视语等科研“国家队”的潜力股。壹度科技模切车间投入生产，蝙蝠飞机制造项目开工。上半年，全市实现工业应税销售收入258.4亿元，增长8.8%，增幅列镇江第一；工业固定资产（设备）增值税抵扣7451万元，增长6.9%，增幅列镇江第一。**营商环境持续优化**。召开高规格优化营商环境暨作风效能建设大会，增聘优化营商环境监督员，建立立体多维的监督网络，在新加坡国立大学苏州研究院举办专题培训班。全面推进公司设立登记全程电子化、工业投资建设项目并联审批、产业评估项目立项审批“串联”改“并联”，政务服务“不见面”审批服务事项占比达96.8%。

（二）重大风险有效化解。在污染防治上，注重对治理工作的规律性把握、标准化制定和责任化落实，面对大气质量全省排名靠后的巨大压力，强化污染源精准分析，对监测点周围环境、道路工地扬尘、工业废气治理等重点问题靶向发力，全市$PM_{2.5}$月均浓度稳步下降，全省排名逐步前移；面对国省考断面稳定达标的刚性要求，创新建立“排口长制”，对城区9条河道168个排口实施综合整治。**在政府隐性债务化解上，**下大力气摸清全市债务底数、工程底数和资产底数，建立政府投资项目生成机制，实施“两库六定”规范管理，向句投集团、开发区试点派出审计专门监管机构。句投集团和福地公司合并重组，实施对水务集团并购，全市政府隐性债务化解完成既定目标任务。**在重大风险防范上，**果断处置了仑山湖违规建设别墅等问题，妥善化解了个别重点项目推进遇阻、重点企业债务危机引发的风险。坚持“经营城市、滚动推进”，强化征地拆迁的政策统筹、工作统筹，集中部署攻坚一批征收搬迁中的堵点难点。全面启动6.68万户安置房权证办理工作，黄梅新村第一本产权证于5月20日发放至安置户手中。

（三）城乡面貌焕发新颜。**城市更加精美**。实施华阳东西南北路沥青化改造，城市功能越趋完善、品质有效提升。华阳南路南延段、洪武路等城市主干道景观绿化工程全面推进，城市建成区绿化覆盖率达35.2%。**乡村更有活力**。完成茅山镇何庄村乡村振兴战略试点总体规划和各类专项规划编制，征地搬迁全部结束，何庄土地合作社正式成立。资金、人才等各类要素持续向农业积聚、向乡村流动。开展农村人居环境整治，茅山镇丁庄村、后白镇西冯村入选省级特色田园乡村建设试点。**社会更加文明**。聚焦“学标杆、定标准、放样板、抓细节”，大力实施文明城市建设“提档升级年”行动，市容环境、文明形象持续改善提升。新时代文明实践中心试点经验得到全省推广，“葡萄架下的文明实践”成为全省志愿服务“金名片”。融媒体中心正式挂牌成立，文明实践智慧云平台获评全国先进。

（四）幸福指数不断攀升。**群众口袋不断充实**。启动第五届“福地青年英才”创业大赛，发放富民创业贷款6000万元，城镇新增就业6015人，城镇登记失业率控制在2.08%。实施精准脱贫攻坚，全市“百村万户”达新标完成村数进度93%、户数进度98%。城乡居民人均可支配收入达到19784元，增长8.2%。**公共服务持续优化**。新建市人民医院进展顺利，省人民医院句容分院实质化运营，首批12名专家正式进驻；教育重点工程加快推进，全市校安工程在建项目超过18万平方米。**社会大局和谐稳定**。以雷霆万钧之势开展扫黑除恶专项斗争攻坚仗，破获九类涉恶案件96起，摧毁黑社会性质组织、恶势力犯罪集团各1个，查处“保护伞”案件4。继续保持重大节点信访维稳“三零”佳绩。

（五）党的建设持续加强。坚持学懂弄通做实习近平新时代中国特色社会主义思想，推动全面从严治党向纵深发展、向基层延伸。市委常委会示范开展“纪律规矩年”主题教育，明确“六带头、六个决不允许”刚性要求。全力做好省委巡视整改“后半篇”文章，6方面237条整改措施稳步推进。坚决扛起意识形态工作政治责任，强化各类阵地管理，织牢织密“防护网”。全面开展“四硬”型高素质干部队伍建设，茅山红色文化教育基地被省委批准为省级干部党性教育基地，赵亚夫事迹新馆试运行。扎实推进62个村党建标准化建设，推广村级服务事项全程代办机制，开展村干部综合研判、联审联查和政治体检。出台《关于进一步减轻基层工作负担的意见》，查处形式主义、官僚主义问题22起33人。突出“两个责任”落地落实，细化分解“三张清单”，强化“一案双查”。构建纪律监督、监察监督、派驻监督和巡察监督“1+3”全方位权力监督格局。市人大、市政府、市政协与市委勠力同心、携手共进，全市上下争先领先率先、真干实干苦干，心齐气顺、风正劲足的发展氛围不断浓厚。

二、“一福地四名城”建设布局起势

一方面，目标路径愈发坚定。**发展共识更加统一**。在句容奋力追赶超越的关键时期，市委提出“一福地四名城”城市定位，全面推进“1355”战略部署，形成了新时代句容高质量发展的“四梁八柱”，通过不断深化对发展方向、战略路径和工作重点的认知，全市上下干事创业的激情进一步迸发。**发展斗志更加昂扬**。总结提炼“尊上德、崇人文、勇拼搏、甘奉献”新时代句容精神，句容人的认同感、归属感不断提升，凝聚起了追赶超越的强大精神力量。**发展机制更加顺畅**。强化党的领导，市委总揽全局、协调各方，成立规划、问题、政策、要素、工作五大统筹领导小组，一批不系统、不协调、不匹配的问题得到有力解决。全面完成党政机构改革任务，各类机构设置和职能配置更加适应统筹推进高质量发展的大局需要。

另一方面，内涵逻辑愈发清晰。经过半年实践，我们对“一福地四名城”之间的内在逻辑和丰富内涵，有了更深层次的把握和认知，“一福地四名城”正成为更加清晰、更加具象、更可操作的奋斗目标。

“一福地四名城”既是机遇把握，更是优势转化。“一福地四名城”着眼宏观形势带来的发展思路变革、交通组织体系带来的发展理念变革、区域一体化带来的发展模式变革、高质量评价体系带来的发展导向变革，既充分把握了长三角区域一体化、宁镇扬一体化等现实机遇，也进一步彰显了句容的区位优势、交通优势、生态优势、文化优势和成本优势，是一条体现时代特征、具有句容特色的追赶超越之路。我们必须以“一福地四名城”建设为主抓手，抓住机遇、用好机遇，使发展机遇与发展优势深度融合、相辅相成，将发展机遇具化为发展路径，发展优势转化为发展胜势，让句容在高质量发展的道路上不断加速。

“一福地四名城”既是眼前定向，更是未来擘画。“一福地四名城”着眼“远”和“近”的辩证关系，一方面既包含了山水田园福地、创新创业名城、宜居宜游名城、养生养老名城、历史文化名城的要素，是我们“跳一跳”能够着、“冲一冲”能实现的；另一方面，我们又提出了“最令人向往、最优、最佳、最美、最有味道”的宏大目标，就是要把句容的发展放到更大的坐标系来定位，真正跳出句容看句容，跳出句容发展句容，以远大理想激发出全市上下的精神动力。我们既要脚踏实地干好眼下的事，在“五大经济”“五大工程”上系统推进、驰而不息，也要瞄准更高目标、更高追求不放松，在追赶超越新征程中实现句容又好又快发展。

“一福地四名城”既是重点突破，更是系统提升。“一福地”对于全局发展具有统领性、基础性作用，“四名城”则是对总目标的细化分解，旨在通过重点突破带动系统提升，只有建设最优营商环境才能让创新创业活力迸发涌流；只有建设最佳人居环境才能让居民安居、游客乐游；只有保护好最美生态环境，才能让养生养老等现代服务业蓬勃发展；只有传承展示好历史文化，才能为长远发展注入深层次精神力量；只有真正建设好“四名城”，才能让“一福地”实至名归。我们既要坚持系统思维，注重全局谋划；又要抓关键环节、抓主要矛盾，避免平均用力和“撒胡椒面”，推动各项工作在实施中相互匹配、在成效上相得益彰。

“一福地四名城”既是宏观把握，更是微观深入。“一福地”就是要融合“山水田园”等自然禀赋，追求精神上的“诗和远方”，而“四名城”则包括了营商环境、人居环境、生态环境、创新型经济、城乡建设、全域旅游、养生养老、历史文化等一系列“关键词”，都能落实落细落小到项目之上。我们要将“法治化、市场化和政府推动”牢牢结合，把句容建设成为投资热土和发展高地；将打造合理城乡空间、创造干净整洁环境、提供优质公共服务不断融合，打造建筑可阅读、街区可漫步、文化能浸润、城市有温度的人居环境；将污染防治攻坚工作做得更实，让“绿水青山就是金山银山”在句容大地闪耀实践光芒；将文化不断挖潜提炼、彰显传承，让句容浸润历史文化的味道，一点一滴、一笔一划，把“一福地四名城”美好蓝图演绎成现实。

三、以建设“一福地四名城”为抓手推进高水平全面小康

一是贯彻新发展理念绝不迟疑。思想和认知的差距，是最大的发展差距。我们必须不断从习近平新时代中国特色社会主义思想宝库中汲取养分，既要解决“身体进入新时代、思想停在过去时”的问题，更要解决“理解不深入、行动跟不上、落实缺乏创造性”的问题，深度掌握“交换比较反复”的方法论，从而不落入“过去怎么做”的窠臼，不陷入“怎么也做不好”的泥沼，提升“想到位、说到位、做到位、结果到位”的能力和水平。

二是抖擞发展精气神绝不懈怠。当前，句容发展正处于“滚石上山、爬坡过坎”的关键期，我们绝不能因为各种困难挑战就把奋斗的状态、心态、质态搞垮了，越是关键时刻，越是要屏住一口气，越是要清醒看到当前句容处于机遇的高地没有变，站在发展的风口没有变，迎来发展的裂变没有变，不因干净丢了干劲，不因规矩丢了效率，切实以“乱云飞渡仍从容”的豪情，领略“无限风光在险峰”的胜景。

三是保持追赶超越定力绝不松劲。当前，对照高水平全面小康指标体系，我们在服务业增加值占 GDP 比重、R&D 经费投入强度等 9 项指标上完成度不足 85%，最低仅有 52.1%，完成压力很大。我们要在战略上走好自己的路，办好自己的事，既不能把不切实际的高指标、高速度看成是敢为人先，也不能把碌碌无为的低指标、低速度当成是实事求是；在战术上保

持清醒头脑、从容应对，加快全面小康弱项指标的补短固强、迎头赶上，努力在个性指标上扬我所长、展我所特，以累土之功积九层之台，切实在追赶超越之路上做到有守和有为、蹄疾和步稳的有机统一。具体抓好五个方面的重点：

（一）高质量推进园区升级工程，夯实全面小康的经济基础。**一是精准定位布局**。**开发区**瞄准智能制造，对标国家级开发区标准，全面提升产业高度、经济密度，着力发挥好县域经济龙头引领作用；**郭庄镇**依托空港优势，紧抓新能源产业，挺进上游、突破中游、做强下游，打造全产业链、高附加值新能源产业集群，大力发展空港产业，争做宁杭生态经济带的新增长极；**下蜀镇**依托现有工业企业，加快“强镇扩权”步伐，推动新材料产业向价值链高处攀登，当好工业经济创新转型的新引擎；**宝华镇**发挥生态优势、宜居优势和紧邻仙林大学城的科教优势，高标准建设科技园区，担当融入南京科创产业的“桥头堡”。**二是狠抓后劲培育**。牢牢把握当前产业发展“六大机遇”，深化招商引资体制机制改革，重点跟踪推进台湾半导体产业园等一批重点项目，力争全年新签约亿元以上项目24个，制造业到账外资0.9亿美元。更加有效地运作产业发展基金，发挥财政资金“杠杆效应”，助推科技型小微企业发展壮大。以“一竿子到底”的作风狠抓86个重点产业项目，确保联东U谷一期主体开工、4GW协通太阳能多晶硅切片投产，全年新开工亿元以上项目32个、新竣工亿元以上项目15个，工业应税销售突破600亿元。**三是激发创新动能**。坚持“科技园+产业园”双轮驱动、“动力+配套+运营”三管齐下、“创新链+产业链+资本链+人才链”四链融合，利用南京高校科研院所的创新“头部”效应，引导各类技术研发平台、公共服务平台有序集聚整合，构建各类高端要素青睐向往的创新“底部”生态圈，助力打造南京创新“高峰”旁的句容创新“高原”，力争新增国家级高新技术企业30家。以“福地聚才”为载体，增强绩效评价，深入研究人才工作的投入产出机制，做好人才政策的统筹调整，确保培养与需求匹配、评价与实际匹配。发挥市场在人才配置中的决定作用，变“政府端菜”为“人才点菜”，完善人才引进使用的“柔性”机制。**四是创优营商环境**。坚定打造长三角地区最优营商环境目标，开通“12345”热线企业服务专线，推动“一窗受理、一网通办、一次办成”改革落地见效、“2440”目标走深走实，为市场主体提供全链条、全生命周期、高度集成的制度安排。持续打好减税、降负、融资、用工等精准服务组合拳，确保政策红利应享尽享、成本负担应降尽降、合法权益应保尽保。

（二）高质量推进城市精美工程，提高全面小康的成色品质。**一是发挥规划牵引作用**。顺应城市群、都市圈、同城化发展趋势，坚持自主规划、立足长远，积极策应宁马城际、仪禄高速等重大交通工程，谋划布局一批事关句容未来发展的重大事项、重大工程、重大平台。做好综合枢纽、轨道站点等重要节点周边的规划设计工作，引入TOD模式，实施站城一体开发。全面启动国土空间总体规划修编，推进乡镇总体规划全覆盖，科学划定城镇空间、生态空间、农业空间和生态保护红线、永久基本农田、城镇开发边界，积极对接南京紫东地区的空间规划、产业规划。**二是建立城市标准体系**。深入谋划城市文化战略品牌，通过对城市路灯、路牙、绿化、窨井盖、户外广告、标识标牌及句容“福道”的标准体系设计，打造独具句容特色的城市LOGO。加快推进葛仙湖公园扩建改造项目，集中力量打好房屋征收、征地搬迁和历史遗留扫尾硬仗。完成华阳东西南北路沥青化改造，加快推进义台街历史文化街区、1912街区等项目。推进文明城市建设，完成100幢老旧小区居民楼整治出新。三是治气治水治土并进。**治气上**，狠抓监测点周边环境整治提升，抓紧确定122省道改线方案，强化工业废气监管、道路工地扬尘管控、餐饮油烟及建筑材料运输管理各项措施刚性执行，坚决防止$PM_{2.5}$浓度全省排名回降。**治水上**，坚持系统思维、终端思维、结果思维，以排口为“七寸”，通过追根溯源锁定“病灶”，有的放矢实施城区雨污分流和黑臭水体整治工程，实现“管住所有排口，不让一滴污水入河”，确保城区黑臭水体基本消除，国省考断面水质长期稳定达标。开工建设长江引水和新水厂工程，牢牢把用水安全掌握在句容人自己手里。**治土上**，加快推进开发区循环经济产业园规划选址，建设城南餐厨垃圾和渗滤液应急处理设施；全面启动长江经济带废弃露天矿山生态修复工作。

（三）高质量推进乡村振兴工程，补齐全面小康的关键短板。**一是打赢精准脱贫攻坚战**。围绕“两不愁三保障”，对低收入农户采取创业就业、统筹带动和兜底保障措施，对经济薄弱村抓紧实施产业项目，推动增收常态长效，确保剩余5个经济薄弱村、100户建档立卡户如期摘帽。**二是推动农文旅深度融合**。发挥首批乡村振兴试点效应，积极开展第二批乡村振兴试点建设，推动东部、南部农业板块的农文旅深度融合，走出一条句容特色的乡村振兴之路。围绕“一定三高五做”持续发力，推动句容农业从主要“卖产品”更多向“卖风景、卖文化、卖体验”转变。探索设立乡村振兴设计基金，开展规划师、设计师下乡活动，推动“多规合一”在村一级落地实施，用设计发展农业、用创意点燃乡村。吸引“自带技能、自带业态、自带人气”的“新绿领”上山下乡，培育更多的“葡二代”“莓二代”等“新农人”。统筹抓好国际道教论坛各项准备工作，全方位展示句容文化特色和良好形象。**三是改善农村人居环境**。从农民群众反映最强烈的环境脏乱差问题入手，先易后难、循序渐进，扎实抓好厕所、污水、垃圾“三大革命”，推进“三清一改”专项治理，重点确保70%规划发展村全面完成工作任务。统筹推进美丽乡村示范村、宜居村、特色田园乡村建设。

（四）高质量推进民生幸福工程，提升全面小康的内涵口碑。**一是做实群众口袋**。做好高校毕业生、退役军人、建档立卡户等群体的就业服务工作，确保全年新增就业岗位1.5万个。对接企业“双高”用工需求，推进职教产业园建设，强化就业技能“订单式”培训。深化农村改革，激活转化农村沉睡的资源，完成全部行政村集体产权制度改革。**二是优化服务供给**。深入实施省句中建设高品质示范高中和基础教育、职业教育五年行动计划，序时推进城东南小学、福地小学建设及省句中异地新建工程。深化“府院合作”成果，对标三甲综合医院，加强与省人民医院的一体化管理、同质化服务，确保新建市人民医院明年元旦投入使用。试点组建市医疗集团，推进区域医共体建设，统筹建设远程会诊、区域临床检验等智慧工程。加快推进市殡仪馆扩建及长龙山、兆文山墓区景观改造工程。**三是提升社会保障**。全面落实健康扶贫实施方案，对医疗救助对象实行一站式结算，完善城乡居民大病保险政策，推动大病保险起付线稳步降低、支付比例稳步升高。强化医疗保障市级统筹工作，加快推进医保基金智能监控平台建设。加强与专业团队机构合作，规划布局大健康产业。继续推进乡镇敬老院公建民营，确保年内建成7个标准化老年人日间照料中心，护理型床位数占养老机构床位数比例提升至56.8%。

（五）高质量推进社会平安工程，筑牢全面小康的底线防线。**一是坚决破除风险**。持续压减基本建设支出，严格执行项目生成机制，更加精细精准精明用好每一分钱。积极稳妥推进现有平台公司的市场化、专业化、实体化、扁平化“四化”转型，统筹各方资源做大做强句投集团。进一步梳理摸排存量资产，加大盘活利用力度，通过抓发展为防风险提供有力支撑。**二是坚决守牢安全**。构建以信息化为支撑的社会治安防控体系，增强防范打击各类违法犯罪能力。深化“三精”治理模式，推动支部下沉在网格上、人员下沉在最前沿、阵地下沉在社区里，全面提升源头掌控、前端处置、宣传发动三大能力。落实“管行业必须管安全、管业务必须管安全、管生产经营必须管安全”各项举措，坚持“党政同责、一岗双责、多岗一责”，坚决防止发生重特大安全生产事故。**三是坚决保持稳定**。深刻把握当前扫黑除恶专项斗争面临的“三大阶段性特征”，正视“六大阶段性瓶颈”，按照“三个结合”思路，坚持“稳、准、狠”不动摇，以“破案攻坚”开路、以“打伞破网”断根、以“打财断血”绝后、以“问题整改”提质，切实以压倒性态势掀起强大攻势，努力把黑恶势力扫荡根除。针对上级督导组关注的“套路贷”问题，建立健全多方信息共享、联防联审机制，开展专项打击行动，让“套路贷”无所遁形。

四、以主题教育为引领推动党的建设高质量

（一）守初心担使命，必须强化绝对忠诚的政治自觉。始终把党的政治建设摆在首要位置，深入学习贯彻习近平新时代中国特色社会主义思想，带着信仰学、带着问题学、带着担当学，及时校正学习的“温差”“落差”“偏差”问题，确保通过真学真信真用，增强对“四个意识”“四个自信”和“两个维护”的理性认同、情感认同、行动认同。坚决扛起巡视整改的重大政治责任，聚焦问题清单，逐一对账销号，做到不整改到位不放过、不解决问题不松手、不见到成效不收兵。要按照“守初心、担使命，找差距、抓落实”的总要求，扎实开展主题教育活动，把学习教育、调查研究、检视问题、整改落实贯穿全过程，特别是要用好革命老区的红色资源，发挥赵亚夫同志这

身边最鲜活的典型示范引领作用，以直抵人心的方式创新工作载体，确保主题教育彰显“红色味”“句容味”，取得理论学习有收获、思想政治受洗礼、干事创业敢担当的实际成效。

（二）守初心担使命，必须把牢旗帜鲜明的意识形态。以“一种声音、一支队伍、一个平台”为主线，将“主导权”越抓越牢、“主旋律”越唱越响、“主阵地”越筑越实。严格落实意识形态工作责任制，做实责任清单，深化巡视整改，确保责任落实不留空白盲区。突出抓好互联网阵地管理，建立健全全时全网监测预判机制和敏感信息通报制度，不断巩固拓展红色地带、转化灰色地带、遏制黑色地带。深入推进媒体融合发展和新时代文明实践中心试点建设，以庆祝新中国成立70周年为主线，开展群众喜闻乐见的的宣传活动。大力弘扬新时代句容精神，举办好全省道德模范现场交流活动。

（三）守初心担使命，必须锤炼担当作为的干部队伍。严格落实“四硬”型干部队伍建设要求，突出政治忠诚、政治定力，注重因事择人、坚持“赛场选马”，探索推行“听声音、观行动、摸口碑、辩品行、考担当、查实绩”干部甄别“六法”，把干部画像画细、画真、画准、画全，进一步提高识人辨人的精准度和选人用人的公信力。坚持在“五大工程”主战场发现培养使用干部，推动优秀年轻干部做几次“热锅上的蚂蚁”，接几次“烫手的山芋”，经受“逆商”锤炼、收获“硬核”能力。紧扣高质量发展目标，突出“考精、考准、考实”，深化完善考核体系，强化结果运用，落实“三项机制”，让混的人混不开、懒的人坐不住、庸的人让位置。深化“三争三好”活动，开展“四硬”型优秀干部评选，大力宣传担当作为的先进典型，让实干者得实惠、吃苦者吃香、流汗者流芳。

（四）守初心担使命，必须铸就坚强有力的战斗堡垒。全面实施基层党建“提质攻坚行动”，推动基层党建工作从抽象到具体、基层党建目标从模糊到清晰、基层党组织从软弱后进到坚强有力、联系服务群众从松散到紧密。大力实施机关党建标准化建设，发挥好机关党建的风向标作用。深入推进农村基层党建标准化建设，确保今年80%的村完成任务。以“头雁领航”工程为载体，建立完善基层组织带头人队伍建设的准入、交流、回避、退出和关爱激励“4+1”机制，打造引领乡村振兴的最强“雁阵”。全力推进实施35个“书记项目”，以项目引领带动基层党组织全面进步、全面过硬。

（五）守初心担使命，必须巩固正风肃纪的高压态势。聚焦“七个护航”，不断推动全面从严治党向纵深发展。深化“强责工程”，层层压实“两个责任”。坚决整治各类形式主义、官僚主义，将为基层减负进行到底，坚决叫停“痕迹主义”，防止“责任甩锅”，纠正“问责走样”。有序推进派驻机构、市属国有企业纪检监察体制、综合派出监督员办公室“三项改革”，落实推进巡察工作市县联动，增进工作合力，彰显“利剑”作用。始终保持高压态势，有力削减存量、有效遏制增量，深化运用监督执纪“四种形态”，做到关口前移、防患未然。巩固提升“三治理一挂牌”专项行动要求，建立健全村级小微权力清单，深入开展扶贫开发、“三资”管理、征地拆迁、教育医疗等群众身边的腐败和作风问题，不断增强人民群众在反腐败斗争中的获得感。

决胜全面小康　奋力追赶超越
加快推进“一福地四名城”建设

——在中共句容市委十二届八次全会上的报告（摘要）

市委书记　潘　群

2019 年 12 月 28 日

一、“一福地四名城”建设顺利开局

2019 年是推动落实“一福地四名城”城市定位和“1355”战略部署的开局之年，面对外部冲击与内部调整的双重考验，我们坚持以习近平新时代中国特色社会主义思想为指引，坚持“想到位、说到位、做到位、结果到位”，持之以恒抓风险、抓统筹、抓协调，全市高质量发展取得新进展。预计全年实现地区生产总值 660 亿元，增长 6.5%，人均 GDP 突破 10 万元大关，实现历史性跨越；完成一般公共预算收入 52.5 亿元，增长 5%；最新的全国百强县排名跃升至第 50 位，全面小康指数百强县列第 42 位，科技创新百强县列第 51 位。

（一）坚持壮大产业不动摇，“一福地四名城”的经济基础持续夯实。牢记“发展是硬道理”，抓住发展第一要务，全力推动产业发展迈向中高端。**产业布局持续优化**。坚持有所为有所不为，建立产业发展负面清单。开发区瞄准智能制造，郭庄镇紧盯新能源和通航产业，下蜀镇、边城镇聚焦新材料，宝华镇发力科创研发，华阳街道突出军民融合，各重点板块产业定位更加明晰。临港工业集中区通过省级循环经济标准化验收，绿色新能源小镇入选第一批全国特色小镇典型案例。**项目建设持续攻坚**。创新招商模式，平台招商取得突破，联东 U 谷科技园开工建设。中科物栖、中科视语两大中科院高质量项目落户，设备总投资超 10 亿元的台湾半导体产业园，从签约到设备安装调试仅用 2 个月，刷新了句容项目建设的新纪录。深化“目视化”“红黄绿”挂旗及“五人小组”约谈项目推进机制，41 个镇江市重点项目完成投资 103.44 亿元，壹度科技模切车间、半导体车间投产。预计全年完成工业应税销售收入 550 亿元，增长 5.7%。**营商环境持续改善**。明确把优化营商环境大会作为全市“开年第一会”，增聘优化营商环境监督员，在新加坡国立大学苏州研究院举办专题培训班。调整涉企收费目录清单，出台清费降本减负政策，全年预计减税降费 11.26 亿元。开通“12345”企业服务专线，推行企业设立全程电子化和代办服务，实行“一窗受理、全科服务”，试行“一件事一次办”，平均办理时限压缩 60%，“2440”改革目标基本实现。

（二）坚持统筹融合不动摇，“一福地四名城”的气质颜值不断彰显。大力推进城市品质提升和乡村特色塑造，全面打造最佳人居环境。**综合交通枢纽呼之欲出**。重大交通基础设施加快推进，南沿江城际铁路征地拆迁基本完成，宁句城际轨道黄梅站、句容站、省句中入地段和路中桩基工程进展迅速。扬镇宁马铁路在句容城区并站，宁句城际轨道二期（句容城区至茅山段）前期工作进展顺利，句容加速迈向“高铁枢纽时代”。农村公路提档升级工程完成 50 公里。**城市建设更加精美**。坚持产城景文深度融合，正式批复 9 个乡镇总规、10 个乡镇控规编制，完成中心城区 27 个控规单元规划编制，编制完成城市文化战略品牌规划和建设标准体系，华阳东西南北路“白改黑”工程赢得群众点赞。按照“三降两提”① 要求，打造高品质楼盘，有序推进城市微改造，完成 102 幢老旧小区居民楼整治出新，新增 19 个垃圾分类试点小区。对全市拆迁工作进行政策统筹，统一补偿标准，有效降低政府拆迁成本，一批拆迁中的历史遗留问题得到妥善解决。充分利用闲置空间，新增城区公共停车位 1400 余个。长江引水及 40 万吨新水厂工程

① 三降两提：降密度、降高度、降容积率、提品质、提配套。

具备开工条件，即将开工。**乡村振兴有序推进**。茅山何庄乡村振兴居民点建设全面启动，姚凹组团95栋建筑全部封顶。丁庄葡萄产业融合发展入选江苏省乡村振兴典型案例。全面完成农村集体产权制度改革，新型经营主体适度规模经营面积达到62万亩，比重达70%，国家农业科技园区通过科技部验收。江苏农担句容分公司挂牌成立，乡村振兴再添金融助力。扎实开展农村人居环境整治，丁庄、唐陵入选农业农村部“千村万寨展新颜”名单。乡土人才工作经验做法在全省作典型交流。**文旅融合亮点纷呈**。在激烈角逐中一举拿下第五届国际道教论坛承办权，成功申办第十九届中国草莓文化旅游节。全面启动365公里“句容福道”建设，试点路段成为网红打卡地，“走福道、行好运”的福道品牌全面打响。完成编制上报宝华山国家森林公园总体规划。恒大童世界34个单体全面开工建设，童话大街展示区对外开放，中信·勒芒文旅产业项目签订意向合作协议。全年游客人数和旅游总收入均增长15%，入围全国县域旅游竞争力百强县市，入选江苏省首批全域旅游示范区。

（三）坚持防范重大风险不动摇，“一福地四名城”的发展底线牢牢坚守。面对各类风险挑战，我们坚持“新官必理旧账”，事不避艰、行不畏难，啃下了一批“硬骨头”。**污染防治成效明显**。注重对污染防治工作的规律性把握，靶向治理工地扬尘、汽车尾气、工业废气、监测点周边环境等关键问题，PM2.5平均浓度逐步下降，全省月度排名从一度垫底前移至第28名。创造性设立“排口长制”①，对主城区9条河道175个排口进行追根溯源、精准治理，基本实现晴天污水不入河，国省考断面水质稳定在Ⅲ类水以上，创成首批省级水生态文明试点市。通过深度挖潜、全面举证，完成1.65万亩的土地整治项目，为今后发展腾出了巨大而宝贵的空间。**风险隐患妥善处置**。全面摸清全市债务底数、工程底数和资产底数，建立政府投资项目生成机制，严格项目变更和验收管理，推动句投集团、新农控股市场化改革，完成镇江市下达的政府隐性债务化解年度目标任务。依规依纪依法处置圣晖莱等一批存在重大风险隐患的问题。**社会大局安定和谐**。扎实推进扫黑除恶专项斗争，顺利完成中央督导反馈意见整改和“回头看”工作，摧毁黑社会性质组织、恶势力犯罪集团各1个，破获“九类”涉恶案件② 135起，打掉“套路贷”犯罪团伙3个。深刻汲取响水“3·21”特别重大爆炸事故教训，全面部署开展重点行业领域安全生产大排查大整治，不断压紧压实安全生产责任体系，玉明化工实现关停，全市安全生产形势平稳可控。深化网格化社会治理，持续开展基层系列平安创建活动，治安防控大数据指挥服务中心投入使用，圆满完成新中国成立70周年大庆等重大安保任务，继续保持重大节点信访维稳“三零”佳绩。

（四）坚持惠民利民不动摇，“一福地四名城”的内涵口碑有效提升。深入践行以人民为中心的发展思想，交出了一份有温度有厚度的民生答卷。全年民生支出达60.91亿元，占一般公共预算支出的比重达83%。**群众口袋加快充实**。大力实施脱贫攻坚，制定出台低收入群体健康扶贫意见，79个经济薄弱村、6447户建档立卡贫困户全部达标脱贫。全体居民人均可支配收入达3.88万元，增长8.3%。城镇新增就业1.1万余人，城镇登记失业率控制在2%。城乡居民基本养老金实现九连增，企业退休人员基本养老金实现十五连增，城乡基本社会保险覆盖率达98.12%。**公共服务更加优质**。“院府合作”取得新成效，省人民医院句容分院实质化运营，30余名专家入驻，开创了10多项句容医疗手术领域历史先河，重症患者转院率下降30%，省级优质医疗资源下沉到县级实现重大突破。教育重点工程加快推进，文昌中学、洪武路小学等6所新建学校投入使用。高标准建成2个老年人日间照料中心和7个社区居家养老服务中心。配备4500余亩土地指标用作安置房权证办理，研究制定补办规范流程，全面启动6.68万户权证办理工作，首批完成发证3194本。**文明新风浸润人心**。总结提炼“尊上德、崇人文、勇拼搏、甘奉献”新时代“句容精神”，句容人民有了更加具象的“精神标签”，有效激发了全市上下追赶超越的精气神。聚焦

① 排口长制：为全面加强水污染防治，在“河长制”“断面长制”的基础上，在城区所有河道排口设立排口长，负责排口的日常管理和综合整治工作。

② “九类”涉恶案件：聚众斗殴罪；强迫交易罪；寻衅滋事罪；敲诈勒索罪；非法拘禁罪；组织卖淫罪；强迫卖淫罪；开设赌场罪；故意毁坏财物罪。

“学标杆、定标准、放样板、抓细节”，大力实施文明城市建设“提档升级年”行动，成功恢复全国文明城市创建资格提名。组织开展庆祝新中国成立70周年系列活动，新时代文明实践中心建设升格为全国试点，“葡萄架下、草莓棚里的文明实践”成为全省志愿服务“金名片”，融媒体中心挂牌运行。承办江苏省道德模范与身边好人现场交流活动，举办第二届“感动句容”人物评选活动，新增省级以上道德模范、道德模范提名以及身边好人数量均位居镇江辖市区第一。

*（五）坚持初心使命不动摇，“一福地四名城”的政治生态优化巩固。*旗帜鲜明讲政治，从树牢“四个意识”、坚定“四个自信”、坚决做到“两个维护”的政治高度，以最坚定的决心、最鲜明的态度、最有力的举措、最严明的纪律，妥善处置仑山湖违建别墅问题，取得了良好的政治效果、纪法效果和社会效果。同时，我们坚持举一反三，全面部署开展全市违建别墅问题清查整治，严格执行“禁墅令”，出台规范房地产用地和建设管理、加强水库和河道管理等意见，坚决在制度上堵住漏洞。扎实开展“不忘初心、牢记使命”主题教育，市委常委会开展集中学习研讨13次，全市各级领导干部围绕“一人一重点、领办解难题”，深入调研、精准破解难题509个。全力做好省委巡视反馈整改“后半篇”文章，237条整改措施已落实到位的占81%。实施乡村振兴“头雁领航”① 工程，扎实推进村党组织书记专职化管理试点工作，137个村完成基层党建标准化建设任务。顺利完成全市党政机构改革。全力打造一支“四硬型”②高素质干部队伍，持续深化“奔赴主战场、攻坚打硬仗”行动。坚决扛起意识形态工作政治责任，建立7x24小时全时全网全程舆情监控处置机制。不断巩固和壮大统一战线，成立全市新的社会阶层人士联谊会，民盟、民进、九三学社句容支部（社）圆满完成换届工作。紧盯“四风”隐形变异问题，查处违反中央八项规定精神问题31起50人。村级小微权力清单制度在镇江市推广，派出“清风护航乡村振兴”专项办公室，监察员办公室改革入选江苏省首届“廉政与治理”创新十佳案例。一年来，市委充分发挥总揽全局、协调各方作用，市人大、市政府、市政协与市委同心同向、勠力前行，人武、群团、双拥、老干部等工作都取得了新成绩，全市上下团结奋进的正能量进一步汇聚。

二、精准把握明年发展的形势与思路

明年工作的总体要求是：**以习近平新时代中国特色社会主义思想为指引，全面贯彻落实党的十九大和十九届二中、三中、四中全会以及中央经济工作会议精神，按照省委、镇江市委各项决策部署，深入践行新发展理念，按照高质量发展要求，坚持“深度对标苏南、奋力追赶超越”，深入实施“1355”战略部署，系统谋划“一福地四名城”政策体系并推动扎实落地，统筹做好稳增长、促改革、调结构、惠民生、防风险、保稳定各项工作，确保高水平全面建成小康社会和“十三五”规划圆满收官，奋力谱写“强富美高”新句容的精彩篇章。**

明年经济社会发展的主要目标是：地区生产总值增长6.5%；一般公共预算收入增长3%；高技术制造业投资占工业投资比重达到26%；全体居民可支配收入与经济增长保持同步；安全生产事故起数、死亡人数实现双下降。具体来说，要把握好**“一件头等大事、四大工作主题”。**

“一件头等大事”：决战决胜高水平全面建成小康社会。实现全面建成小康社会这第一个“百年目标”，是我们党向历史、向人民作出的庄严承诺。对句容而言，是必须完成的重大政治任务、必须担负的重大历史使命。我们要以迎大考、受检阅的坚决态度，拿出百米冲刺的状态，全力跑好全面小康“最后一公里”。*必须聚焦补短板，增强全面性。*对标高水平全面建成小康社会指标体系，紧盯优势指标、薄弱指标、不稳定指标不放松，一件工作一件工作落实，一项指标一项指标过堂，扎扎实实拉长板、补短板、托底板、造新板，既要关注平均数，拉升“水平线”，又要重视极少数，提高“地平线”，确保全面小康道路上“一个不少、一户不落”。*必须聚焦强特色，体现高水平。*不能因为达到全面小康低线没问题，而放弃对高水平的追求。要从满足人民日益增长

① 头雁领航：通过建立健全村党组织书记选拔任用、教育培养、监督管理、激励保障以及作用发挥机制，着力解决能力不强、活力不足、动力不够等问题，为我市乡村振兴提供坚强保证。

② 四硬型：政治硬、肩膀硬、作风硬、本领硬。

的美好生活需要出发，在守好稳定、安全、廉政、生态四条底线的基础上，把全面小康与句容发展特色结合起来，与“一福地四名城”的城市定位贯通起来，推动全面小康有高度、追赶超越不止步。必须聚焦惠民生，突出满意度。全面小康不是冰冷的数据，而是要让群众不断体验到生活在变化、在改善。要以群众满意作为检验小康成色的根本标准，既做当前和近期群众看得见、摸得着、得实惠的事，又做当铺垫、打基础、利长远的事，以实干换取群众的获得感幸福感安全感，创造出经得起历史、实践和群众检验的实绩。

“四大工作主题”：

一是坚决贯彻新发展理念。发展理念是否对头，从根本上决定着发展成效乃至成败。实践反复证明，新发展理念是制胜未来的唯一正确发展道路，对新发展理念贯彻不全面、不彻底、不到位，就会产生这样那样的问题。我们必须更加自觉把新发展理念作为“指挥棒”“红绿灯”，把创新、协调、绿色、开放、共享作为一个体系整体推进，坚决用新发展理念审视不足、敢于亮丑，决不搞粉饰太平那一套；坚决与不符合新发展理念的认识和行动决裂，与不合时宜的经验和套路决裂；坚持系统思维、结果思维，自主谋划一批符合新发展理念、符合句容工作实际的重大决策、重大项目，在践行新发展理念的赛道上，把准方向、加大马力、奋勇向前。

二是奋力追赶超越。城市竞争慢进则退、不进则衰、倒退则亡。句容发展不充分不平衡的市情，决定了追赶超越是我们必须长期坚持的主题。当前句容发展态势良好，全市上下人心思齐、人心思变、人心思进，树起了句容一定行的强烈自信。历史和自然形成的农业特色、文化特色、生态特色，是句容在高质量发展中能展我所长、实现个性化超越的“撒手锏”。我们要在战略上保持定力，在战术上保持灵活，在战斗上保持冲锋，坚持“好质量”与“快速度”有机统一，保持结构优化、潜力释放、个性超越、质量提高的发展态势，推动句容高质量发展在追赶超越中走在前列。

三是聚力“一福地四名城”建设。我们深刻领会到“一福地四名城”既是机遇把握，更是优势转化；既是眼前定向，更是未来擘画；既是重点突破，更是系统提升；既是宏观把握，更是微观深入。通过一年的实践，我们凝聚了共识，更坚定了信心。明年要重点把握“一福地四名城”的内在逻辑和丰富内涵，坚持集成超越理念，按照“对标先进、尊重市场、立足实际、彰显特色”的原则，研究梳理更加清晰、更加具象、更可操作的政策体系，切实以一揽子“锐政策”，更好地服务创新创业发展、优化宜居宜游环境、提升养生养老服务水平、深挖历史文化名城内涵，将“最令人向往的山水田园福地”美好蓝图逐步演绎成为现实。同时，坚持以重点突破带动全局提升，在园区升级、精美城市建设等关键环节重点发力，跑出“一福地四名城”建设的“加速度”。

四是高质量发展永远在路上。高质量发展遵循的是从“高速度”转向“高质量”的跃升规律，从“有没有”转向“好不好”的跃升追求，从“中低端”转向“中高端”的跃升价值，从“单线型”转向“多维度”的跃升评价；既要强综合实力、产业竞争力，又要强创新活力、资源整合能力，既要抓“显性财富”，又要抓“隐性财富”，既要看“经济成色”，又要看“生态底色”，既要富“口袋”，又要富“脑袋”。我们要围绕高质量发展要求，在实践中充分运用“交换比较反复”方法论，掌握“工作的三个层次”① “合作的六个层次”② “思维的八个层次”③，沉下身心来研究创新型思路、抓手型事项和突破性举措，真正以新思想的知行合一指导高质量发展。

三、加快推进“一福地四名城”建设

（一）聚焦产业强市，加快推进园区升级工程。遵循产业发展趋势和规律，围绕“规划、产业、金融、服务”四大体系，更大力度推进园区升级，为高质量发展注入强劲动能。**一要提升产业高度**。突出“科技园+产业园”两大形态、双轮驱动，紧盯产业

① 工作的三个层次：把事做正确、正确地做事、做正确的事。
② 合作的六个层次：开拓视野—互相学习—资源共享—价值交换—彼此成全—系统为王。
③ 思维的八个层次：形成主见—发现不同—取长补短—创新创造—化繁为简—方法论——览众山小—晶莹通透。

发展“八大机遇”①，通过联东U谷、中南高科、恒生电子科技园等专业平台，培育发展一批高技术、高成长型、高爆发力的瞪羚企业、独角兽企业；聚焦新能源、新材料、智能制造等主导产业，突出补链、延链、强链类项目的招引，推动企业从“物理集中”向“系统成链”转变，培育壹度科技、建华建材、协鑫光伏等一批具有市场竞争力和行业话语权的龙头企业。发挥“福地聚才”浸润效应，紧盯长三角丰富的科创资源，持续深化与高校院所的产学研合作，精准对接企业人才需求，以高质量的“政策包”把各类人才引进来、留下来。**二要加大投入强度**。更加注重项目的合规性、投资的实效性，紧盯已签约未落地、已建设未竣工、已竣工未达产项目，落实月督查、季观摩和市领导挂钩联系制度，加大会办督办力度，确保全年新开工亿元以上项目29个，新竣工亿元以上项目13个，台湾半导体产业园、协鑫2GW太阳能晶硅切片等项目全面投产达效，全年制造业投资增长8%，工业应税销售收入突破600亿元。持续推进“砸笼换绿”“腾笼换鸟”“开笼引凤”，全面开展低效闲置用地认定，加快破解土地开发强度“天花板”制约，确保盘活存量1200亩以上。疏通激活金融“血脉”，有效运用风投、创投、私募等金融模式，打造适合不同层次、不同类别产业活动的金融服务链。**三要提高服务温度**。优化营商环境只有进行时，没有完成时，要始终坚定打造长三角地区最优营商环境目标，全面贯彻落实国务院发布的《优化营商环境条例》，来一场破旧立新的“流程革命”，推出50个高频服务事项“一件事一次办”，推动“2440”再提速，确保营商环境指数在全省排名大幅前移。细化完善“1+X”产业政策体系，用真金白银体现对企业的真情实意。坚持“无事不到、有事即到、服务周到、说到做到”，亲而守清、近而有制，让所有市场主体感到温暖、公平和安全。

（二）突出功能品质，加快推进城市精美工程。围绕“标准为王、美感为要、文化为魂、以人为本”目标，科学经营城市，推动“城市双修”②，有效提升城市的视觉震撼力、历史穿透力、文化浸润力和消费吸引力。**一要全面提升重大规划牵引力**。按照“生产空间集约高效、生活空间宜居适度、生态空间山清水秀”总要求，全面推进国土空间规划编制，科学划定“三区三线”③，精细编制“三线一单”④，推动人与自然、人与生产各美其美、美美与共。围绕“内聚成核、外联一体、城乡融合”，加快推进南沿江城际铁路建设，确保宁句城际轨道句容站明年10月份整体封顶。加速推进扬镇宁马铁路及宁句城际轨道二期（句容城区至茅山段）规划，继续对接做好仪禄高速线形规划，高标准抓好综合枢纽、轨道站点等重要节点周边的规划设计、管控开发工作，大力发展资源集聚、裂变辐射的枢纽经济。**二要全面提升宜居宜业吸引力**。坚持“审办分离、试点先行、小步快走、因地制宜”原则，以“绣花功夫”推动城市标准体系精准落地，有效融入历史文脉元素，统筹色彩、风貌、天际线，优化提升店招、广告牌等城市形象，开展华阳东西南北路路灯更新试点和建筑立面改造试点，努力展现雅致观感、视觉美感。加快推进葛仙湖公园扩建改造工程和葛洪纪念馆建设，确保明年10月份正式开放，打造句容人民的“文化归属地、城市新客厅”。完成7个老旧小区的改造。加快推进长江引水及40万吨新水厂工程，根本解决句容人饮水安全问题。坚持“一次到位”的结果思维，继续打好征收拆迁硬仗，坚决拔掉一批影响句容发展的“硬钉子”。完善城市内外交通路网，确保二圣路西延工程9月份开工建设。积极推进城市地面停车位市场化运营，加快地下公共空间有序开放，有效破解城区停车难问题。**三要全面提升城市生态修复力**。深刻把握“山水林田湖草”生命共同体的系统思想，切实打好污染防治攻坚战。深化“排口长制”工作，系统推进城区污水处理厂提质增效、城区雨污分流工程，确保国省考断面长期稳定达标、地表水优于Ⅲ类比例持续提高。全方位管车、治气、降尘、减煤，加快实施

① 八大机遇：原始创新带来的机遇；大众创业、万众创新带来的机遇；国际与国内同一个行业发展深度和水平差异带来的机遇；独特的区位带来的机遇；污染防治倒逼转型带来的机遇；为制造业服务的制造业的机遇；军民融合发展带来的机遇；平台经济发展带来的机遇。

② 城市双修：生态修复、城市修补，是治理“城市病”、改善人居环境、转变城市发展方式的有效手段。

③ 三区三线：三区是指城镇、农业、生态空间；三线是指生态保护红线、永久基本农田保护红线和城镇开发边界。

④ 三线一单：生态保护红线、环境质量底线、资源利用上线和环境准入清单。

122省道改线工作，确保PM2.5浓度不断压降，力争进入全省前20名。确保飞灰应急填埋场开工建设，全面开展长江岸线露天废弃矿山整治修复工程。**四要全面提升文化文明浸润力**。牢记文明城市创建惠民初心，严格对照三年行动方案，落实常态长效工作机制，从群众反响最强烈的突出问题入手，一项一项抓整改，一项一项促落实，切实做到少失分、得高分，全力以赴摘得全国文明城市桂冠。加强新时代公民道德建设，大力弘扬社会主义核心价值观和新时代“句容精神”，选树更多可亲可敬、可信可学的凡人善举典型，涵养“好人生态”、传递道德力量，努力把句容建设成有温度的人文之地、有感受度的精神家园。

（三）坚持优先发展，加快推进乡村振兴工程。决胜全面小康，最艰巨繁重的任务在农村，最广泛深厚的基础在农村，最大的潜力和后劲也在农村，必须贯彻乡村振兴“20字”总要求，让农业更强、农村更美、农民更富。**一要因地制宜开展试点建设**。全面完成茅山何庄乡村振兴民居组团建设工程，总结试点中的得与失，力争在农村住房建设导则、集体土地权证办理工作等方面积累一批可复制能推广的经验、探索一批接地气受欢迎的政策。坚持规划引领、多规合一，通盘考虑土地利用、产业发展、居民点布局、生态保护等，用好专业力量和乡土智慧，着力编制高水平、实用型村庄规划。用创意发展农业、用设计点燃乡村，运用好乡村振兴设计大赛成果，探索通过政府引导、市场推动、资源转化、创客带动，积极开展第二批试点建设，推动句容乡村振兴有“盆景”更有“风景”。围绕“四清一治一改”① 要求，实施“四个专项行动”②，继续抓好农村人居环境整治工作。**二要全面提升生态农业发展质效**。以市场化方式加快国家农业科技园区建设。扎实推进农村土地“三权分置”改革，鼓励农民以土地承包经营权入股土地股份合作社，积极培育新型经营主体，增强农业农村发展活力。全面完成永久基本农田储备区划定工作，下大力气打造一批有规模、配套全、效益高、生态优的高标准农田。围绕掌握行业定价权这一目标，全面推行葡萄、草莓、大米等种植管理全链条的标准化、精细化管控，推动句容名优特农产品以高端品质抢滩高端市场、形成高端效益。**三要系统推进文旅深度融合**。坚持“市场化、专业化、资本化”方向，抓好恒大童世界、茅山无有谷等旅游经济综合体建设，实施乡村旅游提档升级工程，打造“多轮明月、繁星点点”的旅游产品体系，推动句容旅游从“到此一游”转向“流连忘返”。按照“高标准、成系统、连成网、打卡点”的总要求，全面推进“句容福道”建设，加快形成“快进慢游”交通系统，推动“好运茅山、葡镇春城、莓好白兔、古韵边城、大美天王、乡约后白”等重点旅游板块“串珠成链”。把第五届国际道教论坛筹备举办作为全市明年“一号工程”，扎实做好配套工程建设、接待安全保障等工作，努力把论坛办成“世界瞩目、彰显特色、宣传句容、无与伦比”的一场盛会。

（四）牢记执政初心，加快推进民生幸福工程。以人民为中心，是共产党人的最大初心。我们要集中力量解决事关群众生存发展的头等大事，重视解决影响百姓日常生活的关键小事，让百姓幸福有质感、全面小康“超硬核”。**一要脱贫攻坚成效再提升**。在“百村万户达新标”全部“过线”的基础上，坚持“扶上马、送一程”，持续扩大产业扶贫、光伏扶贫、物业扶贫覆盖面，重点解决部分贫困户内生发展动力不足、少数经济薄弱村持续“造血”功能薄弱等问题，切实巩固脱贫成果。健全完善长效扶贫机制，抓好不稳定脱贫户和收入水平略高于建档立卡贫困户群体动态监测，统筹健康扶贫、教育扶贫和社会救助，对已经取得的成果进行“回头看”，举一反三、查漏补缺，确保真脱贫、脱真贫、不返贫。**二要公共服务供给再优化**。立足长三角、宁镇扬一体化对公共服务便利共享提出的新要求，实施基本公共服务标准化，统筹规划布局建设各类公共服务设施。坚持教育优先发展，确保省句中异地新建工程明年10月底出正负零，加快推进宝华新城实验小学、幼儿园与南京外国语学校合作办学，全面深化“县管校聘”改革，深入实施“三个五年”行动计划③，不断提升群众对教

① 四清一治一改：清理生活垃圾、村内沟塘、农业废弃物、无保护价值的残垣断壁；治理农村公共空间；改变农民不良生活习惯。

② 四个专项行动：农业废弃物治理专项行动、农村垃圾治理专项行动、农村污水治理专项行动、农村厕所改造专项行动。

③ “三个五年”行动计划：《句容市基础教育质量提升五年行动计划》《句容市职业教育2018—2022年发展行动计划》《江苏省句容高级中学建设高品质示范高中五年行动计划》。

育的满意度。拓展“院府合作”成果，提升省人民医院句容分院内涵管理和服务水平，确保明年3月底前全面完成整体搬迁、投入运营，积极推进市中医院与省中医院合作运营，为句容人民提供更加全面、更高质量的健康服务。扎实做好国家卫生城市复审迎检工作。确保市殡仪馆改扩建工程明年6月份全面开工，确保长龙山公墓景观提升3月份完成，确保兆文山公墓景观提升以及烈士陵园改造工程9月份完成。**三要社会保障体系再健全**。全力抓好社保改革落地，持续提高被征地农民基本生活保障水平。积极推进医保业务一体化建设，强化医疗保障市级统筹，促进医疗资源优化配置。扎实开展全国居家和社区养老服务改革试点工作，鼓励探索社区嵌入式、镇级卫生服务中心养老模式，加强与专业团队机构合作，鼓励社会资本进入养老领域，规划布局大健康产业。

（五）树牢底线思维，加快推进社会平安工程。增强忧患意识、坚持问题导向，持续立规矩、定制度、强执行，持之以恒防范化解各类风险，牢牢守住发展的底线红线。**一要坚决防范重大风险**。围绕政府隐性债务化解要求，严格执行政府投资项目生成机制，确保政府隐性债务风险安全可控。抓紧编制在手存量土地、房产等资源处置方案，以市场化的方式实现资源的保值增值。持续推进平台公司优化整合及“四化”① 改造，有序导入资源类、经营类资产，提升句投集团、新农控股市场竞争力。全面加强金融风险监测预警，更大力度防范处置“套路贷”等非法金融活动，巩固优良金融生态。**二要坚决守牢安全底线**。牢记“生命至上、安全第一”理念，加快构建“全面覆盖、齐抓共管”的安全责任体系，全面开展安全风险隐患大排查大整治，对22个行业领域的各类危险源、风险点，持续开展基础调查、滚动排查；坚持“隐患就是事故，事故就要处理”，对所有安全风险隐患出重拳、下猛药，坚决打好消除监管盲区、化解风险隐患、问题整改落实攻坚战、歼灭战，坚决杜绝重特大事故发生，坚决不要带血的GDP。**三要坚决维护社会稳定**。全面推进社会治理现代化建设，深化党建引领的网格化社会治理模式，把支部建在网格上，一网兜起大小事。有针对性加强外来人员管理和服务，让新句容人更有归属感，加快构建共建共治共享社会治理体系。充分运用现代信息技术手段，整合治安防控、城市管理、综合执法等系统，加快建成大整合、高共享、深应用的智能化社会治理信息平台，推动社会治理更加科学精准。坚持创新发展新时代“枫桥经验”，加大矛盾纠纷排查力度，加强信访积案攻坚，努力解决一批“老大难”问题。全面推动扫黑除恶专项斗争从深挖根治向长效常治转段，边扫边打、边整边建，坚决把黑恶势力打深打透，夺取专项斗争全面胜利。高标准做好省级双拥模范城争创工作，力争实现“七连冠”。

四、以高质量党建引领“一福地四名城”建设

（一）突出对标看齐，校准“定盘星”。旗帜鲜明将党的政治建设放在首位，引导党员干部的思想观念与初心相契合、与使命相符合、与时代相融合，树牢“四个意识”、坚定“四个自信”、坚决做到“两个维护”。持续深入学习习近平新时代中国特色社会主义思想，用新思想来解放思想、统一思想，既要学习其中深邃的思想内涵，还要学习其中蕴藏的科学方法论，做到学思用贯通、知信行合一。持续巩固市委常委会“纪律规矩年”建设成果，推动全市上下严守党的政治纪律和政治规矩。建立“不忘初心、牢记使命”的制度，不断巩固和深化主题教育成果，使其成为加强党的建设的永恒课题和全体党员、干部的终身课题。

（二）突出凝心聚力，传递“正能量”。紧紧围绕“举旗帜、聚民心、育新人、兴文化、展形象”的使命任务，坚持正确政治方向、舆论导向、价值取向，构建网上网下同心圆，凝聚同心奋进的强大精神力量。突出融媒体中心高质量发展，推动“一种声音、一支队伍、一个平台”走深走实，推进媒体融合发展，提升主流舆论的传播力、引导力、影响力。从严落实意识形态工作责任制，提升7×24小时全时全网全程舆情监控处置机制功能，第一时间发现、第一时间介入、第一时间处置好各类舆情。持续丰富新时代文明实践平台建设内涵，打造更多群众有认同、乐参与、真点赞的实践项目，不断推动新时代文明实践活动“通天线、接地气、暖人心”。

（三）突出强基固本，提升“组织力”。党的执政根基在基层，党的工作最坚实的力量支撑也在基

① 四化：市场化、专业化、实体化、扁平化。

层，要坚守“战斗堡垒”的政治定位，树牢大抓基层、大抓支部的鲜明导向，全面提升基层党组织组织力、带头人队伍战斗力和党建引领基层治理水平。围绕“看得见党的元素、听得见党的声音、感受得到党的力量和温暖”要求，扎实推进农村和机关党建标准化建设，逐步形成全领域党建工作标准化体系，确保实现建制村全覆盖，切实以标准化让党支部硬起来、党员队伍强起来、党建阵地活起来。坚持选优育强管好“头雁队伍”，落实村书记、主任“一肩挑”工作要求，继续实施好乡村振兴“头雁领航”工程和村书记专职化管理试点，健全完善“培育选拔、考核管理、激励保障”全链条机制，选优配强引领乡村振兴的最强“雁阵”。

（四）突出担当实干，锻造“硬中坚”。落实“四硬型”高素质干部队伍建设要求，全面实行干部甄别“六法”①，全方位、多角度、近距离考察识别干部，建立干部信息“大数据”，既用人岗相适激励干部有位有为，也用人事相宜激发干部激情活力。大力发现、培养、选拔优秀年轻干部，让年轻干部在“吃劲”岗位和艰苦地方磨炼成长、脱颖而出，为事业发展注入源源不断的新鲜血液。常态化组织“短小精专”培训，推动各级干部练就“几把刷子”、收获“硬核能力”，解决新办法不会用、老办法不管用、硬办法不敢用、软办法不顶用的“本领恐慌”。强化“三项机制”② 运用，正确区分过错和违纪的界限，重视对虚构诬陷行为的查处，决不能让“领头羊”成为“替罪羊”，决不能让干事担当者流汗还流泪，真正让昏官庸官懒官腾出现有之位、尝到问责之痛，让想干会干能干的干部在表彰奖励中得到回报、在合理期许中奋发作为。

（五）突出正风肃纪，绷紧“高压线”。从严落实“两个责任”，深入实施“清风护航”，压紧压实各级党组织管党治党的政治责任。锲而不舍落实中央八项规定及其实施细则精神，把反对形式主义、官僚主义作为重要的政治纪律、政治规矩来坚守，以强烈的斗争精神推进专项整治，推动党风政风持续好转、全面好转、根本好转。扎紧监督执纪的制度“笼子”，统筹运用纪律监督、监察监督、派驻监督、巡察监督力量，灵活运用“四种形态”③ 特别是第一种形态，督促干部习惯在受监督约束的环境中工作生活。坚决为基层真减负、减真负，重点解决“挂牌乱象”、督查考核过频等突出问题，防止工作在一片落实声中落空，切实让基层干部多一些“很给力”的点赞、少一些“我太难了”的喟叹。坚持重遏制、强高压、长震慑，强化反面典型警示教育作用，健全完善审批监管、执法司法、工程建设等重点领域和关键环节的权力约束监督机制，一体推进“不敢腐、不能腐、不想腐”，让惩治腐败的利剑永不蒙尘。

---

① 干部甄别“六法”：听声音、观行动、摸口碑、辨品行、考担当、查实绩。

② 三项机制：鼓励激励机制、容错纠错机制、能上能下机制。

③ 四种形态：经常开展批评和自我批评、约谈函询，让“红红脸、出出汗”成为常态；党纪轻处分、组织调整成为违纪处理的大多数；党纪重处分、重大职责调整的成为少数；严重违纪涉嫌违法立案审查的成为极少数。

政府工作报告（摘要）

——在句容市第十六届人民代表大会第四次会议上

市长　周必松

2020年1月4日

一、2019年工作回顾

2019年是宏观形势复杂多变、发展困难明显增多的一年，我们坚持以习近平新时代中国特色社会主义思想为指引，在镇江市委、市政府和句容市委的坚强领导下，在市人大、市政协的监督支持下，坚持团结和依靠全市人民，围绕市十六届人大三次会议确定的各项目标，深入贯彻新发展理念，推动落实“一福地四名城”城市定位和“1355”战略部署，全市高质量发展取得新进展。预计，全年实现地区生产总值660亿元，增长6.5%。完成一般公共预算收入53.5亿元，同口径增长7%，税收占比90.2%；固定资产投资251亿元，增长3.4%；先进制造业到账外资5159万美元；社会消费品零售总额178亿元，增长6.3%；预计全体居民人均可支配收入达38841元，增长8.3%；单位建设用地税收收入镇江排名第一；完成省下达的节能减排约束性指标。特别是“六个新突破”振奋人心、值得总结：

——综合经济实力实现新突破。全国百强县排名跃升至第50位，全国投资潜力百强县市列第41位，全面小康指数百强县列第42位。

——交通基础设施实现新突破。宁句城际轨道交通和南沿江城际铁路全面开工建设，扬镇宁马铁路在句容城区并站，综合交通枢纽呼之欲出。

——农业农村发展实现新突破。创成全国首批农村产业融合发展示范园、国家电子商务进农村综合示范县和江苏省农产品质量安全示范县。

——全域旅游创建实现新突破。入围2019中国县域旅游竞争力百强县市，入选江苏省首批全域旅游示范区，成功申办第五届国际道教论坛和第十九届中国草莓文化旅游节。

——创新创业载体实现新突破。全国科技创新百强县列第51位，是镇江市唯一一家入选全国农村创新创业典型县的地区。2019年海外院士句容行活动首次成功举办。镇江国家农业科技园区建设通过科技部验收。

——金融生态环境实现新突破。句容金融生态环境和银行业金融机构存贷比排名均列镇江辖市区第一，不良贷款余额和不良率在镇江继续保持“双最低”。

“六个新突破”提振了全市人民打造“一福地四名城”的自信心，激发了全市上下推动高质量发展的精气神。回顾刚刚过去的一年，我们主要做了以下工作：

过去一年，我们致力于项目建设，产业强市扎实推进

重点项目进展顺利。以重点产业项目“四大机制”① 为抓手，抽水蓄能电站等5个省重大项目完成投资40亿元；41个镇江市级重点项目累计完成投资103.44亿元。台湾半导体产业园签约落地，从签约到设备安装调试仅用2个月，刷新了句容项目建设的新纪录。壹度科技模切车间、华电4号机组投产，联东U谷、恒生电子科技园项目加快推进，中科物栖、中科视语等科研“国家队”潜力股有效集聚。恒大童世界、康缘中华养生谷、茅山温泉谷等文旅融合项目顺利推进。全年预计完成工业应税销售566亿元，高技术制造业投资占工业投资比重24%。

专业招商富有成效。深化招商体制改革，新组建

① 四大机制：重点产业项目准入机制、重点产业项目评估机制、重点产业要素节约利用机制、重点产业扶持机制。

句容市招商中心，强化“双招双引”①。开展集中招商活动8场次，先后举办“2019联想之星创业联盟迎新汇暨镇江·句容之夜”“北京中关村创新日”“吴江先进制造业项目恳谈”等主题招商活动。新签约亿元以上产业项目24个，注册率75%。中信·勒芒文旅产业项目签订意向合作协议。

创新资源加速集聚。镇江国家农业科技园区实体化运作，白兔镇成立草莓研究院和省草莓产业技术创新战略联盟，后白镇成立稻米产业研究院和京东智慧农业科技示范基地，第五届“福地青年英才”创业大赛成功举办。新增国家级高新技术企业29家，国家级高新技术企业总数达92家，高新技术产业产值占规模以上工业比重37%，全社会研发投入占GDP比重2.01%，万人发明专利拥有量达27.52件。新增享受国务院特殊津贴专家1人、省级“双创计划”4人、省“科技副总”26人。投放“苏科贷”1.2亿元，发放华阳科贷1.4亿元，共撬动银行资本达3亿元。

过去一年，我们致力于规划先行，精美句容更加靓丽

全域规划日趋系统。以江苏省提升南京首位度、南京推动紫东地区大发展为契机，加快宁镇扬一体化先行区建设，积极对接《南京市城市总体规划》（2018—2035）仙林—宝华科学新城、龙潭—下蜀滨江港城、湖熟—郭庄空港新城三个连片发展型区域，以及汤山—句容城区（含开发区、黄梅）联系紧密型区域。南沿江城际铁路和宁句城际轨道建设稳步推进，宁句城际轨道二期（句容城区至茅山段）前期工作进展顺利。全面对接仪禄高速、122省道改线和宁常高速公路前期规划工作，推动已建成道路与南京规划建设向东拓展路网规划对接。

城乡配套日益完善。正式批复全市9个板块总规、10个板块和中心城区27个单元控规。完善福地广场周边城市设计，南大街桥梁建成通车，义台街五彩城商业综合体投入运营。按照“三降两提”②要求，打造高品质楼盘，有序推进城市微改造，完成102幢老旧小区居民楼整治出新。华阳东西南北路“白改黑”工程全面完成。句容河风光带二期、万家河风光带一期和肖杆河治理完成建设。长江引水及40万吨新水厂工程具备开工条件，即将开工。创成全省首批水生态文明试点城市，二圣水库创成省级集中式水源地。完成“句容福道”规划设计，打造南片区经典线路118公里。新建3个镇江市级乡镇多功能运动场，建成高低压燃气管道180公里，铺设镇级污水管网21.8公里，维修中低压电力线路630公里。

文明城市成效彰显。全国文明城市提名资格复位成功，群众共建共享文明城市的信心得到极大提振。总结提炼“尊上德、崇人文、勇拼搏、甘奉献”新时代“句容精神”，成功举办庆祝新中国成立70周年系列活动，新时代文明实践中心建设成为全国试点。实施文明城市建设“提档升级年”行动，新增19个垃圾分类试点居民小区，增设230个垃圾分类设施，新改扩建7座“智能公厕”，出新停车位5885个、新增停车位1459个。“数字城管”工单办结43696条，结案率增长9.07%。出台市区犬类管理办法，城区重点区域禁放烟花爆竹，全面实施垃圾分类治理、户外广告规范管理等整治行动，市容市貌不断美化、公共秩序不断规范。

过去一年，我们致力于生态优先，生态环境持续改善

生态修复落地见效。创造性设立“排口长制”③，对主城区9条河道175个排口进行系统整治。城区雨污分流工程稳步推进，国省考断面水质达标率100%。处置“两违”④问题79个，“大棚房”“三乱”⑤整改到位。完成长江（句容段）绿化造林和渔民退捕工作。完成青龙山、大南山宕口生态修复，扎实推进宝华乌鸦山、白兔上荣山片区整治。复垦工矿废弃地1155亩，关闭石灰窑38座和轧石场11座，整改违法用地717亩。开展资源集约利用综合评价，实施低端

---

① 双招双引：指招商引资 招才引智。

② 三降两提：降密度、降高度、降容积率、提品质、提配套。

③ 排口长制：为全面加强水污染防治，在“河长制”“断面长制”基础上，在城区所有河道排口设立排口长，负责河道排口的日常管理和综合整治工作。

④ 两违：在河湖库管理范围内实施违法圈圩（包括网箱、围网养殖）和违法建设（房屋、圈舍、简易房）。

⑤ 三乱：在河湖库管理范围内实施乱占（包括违法种植、养殖）、乱建（包括建设房屋等）和乱排（主要是污水排放河道）等违法行为。

低效企业整治，盘活土地341亩。全力配合镇江开展西南片区环境综合整治。

污染防治成效显著。全面完成中央和省环保督察交办问题整改。依法查处2起涉嫌环境污染犯罪案件，玉明化工实现自主关停。飞灰应急填埋场完成选址报告书编制和专家评审。城区黑臭水体治理如期完成，“散乱污”企业整治基本到位。精准治理工地扬尘、工业废气、监测点周边环境等影响环境关键问题，实施大气污染联防联治。全年$PM_{2.5}$平均浓度同比下降0.74%，全省月度排名从一度垫底前移至第28名。

农村环境不断向好。农村生活垃圾集中收运处理率达100%，新增农村生活垃圾分类全镇域试点乡镇2个。完成垃圾房改造110个、垃圾清运车辆密闭化改造43辆。完成4500座农村卫生户厕无害化改造建设任务，规划保留村无害化卫生户厕覆盖率95.66%，完成66座农村公共厕所和25座乡村旅游点厕所建设任务，疏浚农村河道20万立方米。秸秆禁烧实现“零火点”，秸秆综合利用率96.1%，农膜回收率74%。规模养殖场治理率达到98.2%以上，畜禽粪污综合利用率96.1%，规模养殖场粪污处理装备配套率98.7%。

过去一年，我们致力于民生保障，全面小康不断提升

脱贫攻坚成绩明显。围绕“百村万户达新标”①目标，大力推进精准扶贫，全市79个经济薄弱村、6447户建档立卡低收入户全部达标脱贫。统筹市级扶贫资金，设立茅山老区扶贫基金，全年拨付扶贫资金3218.9万元。落实“两不愁、三保障”②政策，出台低收入群体健康扶贫意见，建档立卡户等九类人群③医疗费用由财政予以保障，制度内医疗费用可报结率平均达90%，门诊住院全年累计医疗救助封顶线提高到7.5万元。建档立卡户享受教育补助995人次，完成建档立卡户危房改造135户，安置建档立卡户家庭成员就业86人。全年向困难群众提供法律援助680件。

民生事业亮点频现。全年民生支出达60.91亿元，占一般公共预算支出比重83%。发放富民创业贷款1.7亿元，新增城镇就业11235人，就业创业工作获得省政府督查激励表彰，返乡创业工作在全国人社会议作经验交流。电子社保卡投入使用，企业退休人员基本养老金实现“十五连增”，城乡居民养老金“九连增”，城乡居民基本医疗保险筹资标准提高至1040元，城乡低保标准提高到750元/月。“院府合作”取得新成效，省人民医院句容分院实质化运营，30余名省级专家入驻，开创了10多项句容医疗手术领域历史先河，重症患者转院率下降30%。实施教育质量提升“三个五年”行动计划，中高考成绩稳步提升，学前教育工作全省领先。盘活城区教育资源存量，优化城区中学布局，文昌中学等6所新建学校投入使用。开展校外培训机构等教育领域突出问题专项治理。全省率先建成社会救助“云平台”，开展居家养老购买服务，建成2个老年人日间照料中心和7个社区居家养老服务中心。开展殡葬领域突出问题专项整治，实施长龙山、兆文山公墓升级改造工程。成功举办句容马拉松赛、环太湖公路自行车赛等国际性赛事。

乡村振兴稳步推进。出台乡村振兴战略实施规划，实施何庄“美丽库区幸福家园”项目。统筹推进“三块地”改革④和“两权”抵押贷款试点，成立省农业信贷担保公司句容分公司。实施乡土人才“双百双兴”⑤工程，经验做法在全省会议上作交流发言。天王镇获评全省金融支持乡村振兴试点示范镇。茅山风景区如花家庭农场入选全国家庭农场典型案例。农民华梦丽被评为全国农村青年致富带头人。“茅山长青”通过国家农产品地理标志评审，“戴庄大米”“西冯草坪”通过国家地理标志证明商标评审，均已进入公示阶段。唐陵村、丁庄村入选农业农村部“千村万寨展新颜”名单。战胜20年一遇的特大旱灾。做好非洲猪瘟防控工作，积极稳定猪肉

---

① 百村万户达新标：到2019年实现所有经济薄弱村集体年经营性收入稳定达到80万元以上；实现所有低收入人口人均年可支配收入达到8000元以上。

② 两不愁、三保障：稳定实现扶贫对象不愁吃、不愁穿，保障其义务教育、基本医疗和住房安全。

③ 九类人群：指低保人员、城市三无人员、在乡精简老职工、五保户、孤儿、困境儿童、重点优抚对象、特困职工、建档立卡贫困户。

④ 三块地改革：农村土地征收、集体经营性建设用地入市、宅基地制度改革。

⑤ 双百双兴：选拔100名优秀乡土人才，扶持100个乡土特色项目，推动人才与项目共同发展，促进乡村人才振兴、产业振兴。

价格。

过去一年，我们致力于风险化解，发展基础不断夯实

矛盾风险妥善处置。成功处置仑山湖违建别墅问题，妥善化解网络舆情风险。快速处置城北垃圾填埋场渗滤液外溢等突发事件。规范全市集体土地上房屋搬迁办法，优化全市生态红线区域调整。建立安置房统建制度，统一农村拆迁安置政策。兑现政府对群众承诺，安置房权证办理顺利推进，首批发放不动产权证 3194 本。

政府债务有效化解。全面摸清全市政府隐性债务底数、工程底数和资产底数，建立政府投资项目生成机制，推行“两库六定”① 规范管理，严格项目变更验收管理，政府性债务率降幅 20%以上，圆满完成全市政府隐性债务年度目标任务。推动句投集团、新农控股市场化改革，福地公司、水务集团并入句投集团。

社会大局和谐稳定。深刻汲取响水“3·21”特别重大爆炸事故教训，深入开展各领域隐患大排查、大整治，持续加大监管执法力度，全年未发生重特大生产安全事故。省级食品安全示范市创建扎实推进，食品药品安全监管水平稳步提升。扎实做好退役军人服务工作，实现退役军人服务保障体系全覆盖。建成立体化信息化治安防控体系，破获九类涉恶案件② 135 起，打击“套路贷”犯罪团伙 3 个，摧毁黑社会性质组织、恶势力犯罪集团各 1 个。强化信访领导维稳责任，圆满完成全国“两会”和新中国成立 70 周年等重大节点信访维稳任务，实现“三零”③ 佳绩。

过去一年，我们致力于真抓实干，发展合力加速汇聚

全市各镇、街道、管委会抢抓机遇、干出特色，奏响了高质量发展的主旋律：下蜀镇顺利通过第二批经济发达镇改革省级评估验收，全镇完成工业应税销售收入 210 亿元，实现历史性突破。宝华镇围绕“宁镇扬一体化发展先行示范区”目标，大力提升城市品位，强化网格化管理，实现社会管理“一张网”全覆盖。边城镇采用“1+8+N”④ 联席会议机制推进脱贫攻坚，被省扶贫工作领导小组表彰为全省脱贫攻坚先进典型。白兔镇紧抓镇江国家农业科技园区实体化运作和国家农业产业强镇、省级现代农业产业示范园区建设，发展富民产业助力农民增收坚实有力。郭庄镇特色产业体系加快集聚，“绿色新能源小镇”入选首批全国特色小镇典型案例。天王镇芝樱小镇、粉黛谷多次亮相中央电视台，生态高效农业获得吴政隆省长批示，农旅融合发展态势持续向好。后白镇福源电商创业园创成省级电子商务示范基地，西冯村获批江苏省第三批特色田园乡村建设试点。茅山镇丁庄村获评江苏省乡村旅游重点村、江苏省第三批特色田园乡村建设试点，入选江苏省乡村振兴典型案例。华阳街道集中财力改造一批老旧小区，新建一批街心公园，实施城市风光带美化工程，区域群众幸福感、获得感不断提升。崇明街道深化拓展“中凌模式”品牌内涵，打造“三精体系”，探索优化城市社区基层治理新模式。开发区管委会在全省经济开发区科学发展综合考核中首次进入第一方阵，综合发展实力不断增强。茅山风景区管委会实质性推进旅游市场化、专业化、资本化模式落地，第五届国际道教论坛筹备工作稳步推进。

这一年，我们深化职能转变，着力打造法治政府、廉洁政府。我们全力推进政府自身改革，继续放权减权；强化预算执行，全面实施绩效管理；推动公共资源阳光交易，看护好经营好公共资产，强化对权力运行制约和监督。我们严格执行政府常务会议学法制度，切实增强领导干部法治意识。修订土地上市议事规则，出台政府合同审查与管理工作制度，从严管控乡镇土地出让（租赁）招商行为。全年审查政府（部门）文件 48 件，出具合同审查意见 111 件，集中清理政策性文件 440 件。全市行政复议、应诉质效有效提升，行政复议案件下降 50.9%，行政机关负责人出庭应诉率 100%。市政府共办理人大代表议案和建议 100 件、政协委员提案 156 件，满意率和基本满意

---

① 两库六定：“两库”指政府投资项目分为项目储备库、项目实施库；“六定”指定投资事项、项目方案、估算造价及资金来源，定实施计划、工作职责和督查考核。

② 九类涉恶案件：强迫交易罪、敲诈勒索罪、寻衅滋事罪、聚众斗殴罪、非法拘禁罪、故意毁坏财物罪、组织卖淫罪、强迫卖淫罪、开设赌场罪。

③ 三零：零进京、零登记、零非访。

④ 1+8+N：1 指边城镇党委、8 指 8 家党组织关系不在句容的驻镇单位，N 指不在边城的结对帮扶单位。

率均为100%。"12345"公共服务热线接听群众来电63183件，群众满意率99.9%。我们全面优化营商环境，深化"放管服"改革，"2440"改革目标基本实现。开通"12345"企业服务专线，"不见面"审批服务事项占比达97%，"互联网+政务服务"稳步推进，市镇村三级政务服务体系无缝对接，实现"一张网"全覆盖。落实"1+X"系列文件精神，落实暖企减负政策，减税降费11.26亿元，净减少一般公共预算收入5.1亿元。

此外，我们完成了县级政府机构改革，重构健全政府治理体系。民族宗教、妇女儿童、广电新闻、史志档案、气象科普、机关事务、审计物价、外事侨务、对台工作、人民武装、对口支援和科技镇长团等工作都取得了新的成绩。但是，我们也清醒地看到工作中还存在一些问题和不足：实体经济发展还不充分，产业集聚度不高；民生领域欠账较多，与基层群众期盼尚有距离；人口老龄化带来的一些社会问题需要积极予以解决；生态环境、安全生产等领域风险隐患依然存在；政府部门工作作风仍需进一步改进等等。这里需要说明的是，去年列入为民办实事的项目还有3个项目尚未完成：一是新市妇幼保健院由于工程建设概算发生调整，未能投入运营；二是郭庄消防站由于项目设计发生较大变更，工程进展未达序时；三是由于城区烧烤店占道经营和油污污染等问题通过集中整治基本得到解决，因此城区烧烤疏导点不再设立。对于上述存在的问题和未完成的民生实事，政府一定高度重视，切实采取措施加以解决。

二、2020年主要工作和措施

今年全市经济社会发展的主要预期目标是：地区生产总值和固定资产投资增长均为6%左右；一般公共预算收入增长2.5%；社会消费品零售总额增长7%左右；城乡居民可支配收入与经济增长保持同步；高技术制造业投资占工业投资比重达25%；全口径实到外资、万元地区生产总值能耗、主要污染物削减比例完成镇江下达的目标任务；生产安全事故起数和死亡人数"双下降"。2020年民生实事将根据本次大会第三次全体会议票决结果确定，我们将切实把人民群众所需、所盼、所想的上述民生实事办好、办实、办牢。

为确保实现2020年工作目标，我们将重点做好以下五个方面工作：

（一）聚焦产业强市，夯实高质量发展根基。

*强化双招双引。*突出"科技园+产业园"两大形态、双轮驱动，紧盯欧洲、日韩以及北上广深、港台等重点区域，围绕新能源、新材料、绿色建材、智能制造等优势产业进行产业链招商，力争招引一批龙头型、领军型项目。全年计划新签约亿元以上项目30个，其中50亿元以上1个、10亿元以上2个。以"福地英才"人才计划为抓手，围绕重点产业发展，贴近企业需求，用足用活南京科教资源，组织企业赴上海、西安、成都、哈尔滨等地高校开展人才对接。推进句容中专校与省农林职业技术学院深度合作，组建职教产业联盟，强化高素质劳动力供给。

*加快项目建设。*全力推动优质资源要素向重点产业园区和重大产业项目集聚，持续增强发展后劲。全年产业项目计划完成投资超80亿元，新开工亿元以上项目29个，新竣工亿元以上项目13个。台湾半导体产业园、协鑫年产2GW太阳能晶硅切片等项目全面投产达效，加快推进抽水蓄能电站、恒大童世界、联东U谷等重点项目建设。全年盘活存量土地1200亩以上，计划完成工业应税销售585亿元。

*提升现代服务业。*坚持"房住不炒"，稳地价、稳房价、稳预期，促进房地产市场平稳健康发展。按照"世界瞩目、彰显特色、宣传句容、无与伦比"的要求，承办好第五届国际道教论坛。推动文化实力转化为经济实力，加速文旅融合发展。抓好康缘中华养生谷、茅山温泉谷、天下无有谷、赛博悠游康养、东方古建筑等文旅项目，做好跟踪服务。实施乡村旅游提升计划，推动"好运茅山、葡镇春城、莓好白兔、古韵边城、大美天王、乡约后白"等重点旅游板块"串珠成链"。推动茅山湖国家级旅游度假区建设，争创国家全域旅游示范区。

*优化营商环境。*按照打造长三角地区最优营商环境目标，推出50个高频服务事项"一件事一次办"。细化完善"1+X"产业政策体系，用好国家、省市级各项减税、降费等政策，减轻企业成本负担，提升企业效益水平。下大气力保障土地等资源要素优先供给重点项目，提升重点项目前期手续办理效率。推动"2440"再提速，确保营商环境指数在全省排名大幅前移。

（二）聚焦福地名城，推进区域一体化发展。

*科学编制"十四五"规划。*认真落实"一带一

路”建设、长江经济带发展、长三角区域一体化发展战略，系统研究制定“一福地四名城”政策体系，启动国民经济和社会发展“十四五”规划编制，编制国土空间规划，科学划定“三区三线”①，建立健全国土空间管理体系和“多规合一”②信息管理平台。组织编制产业发展、城市交通、教育卫生、农业农村发展、旅游发展、句容河整治、城区雨污分流等专项规划。开展第七次全国人口普查工作，有序推进村庄规划编制，加快生产力布局调整。

大力完善基础设施配套。全力推进南沿江城际铁路建设，确保宁句城际轨道交通句容站10月份整体封顶。加快推进扬镇宁马城际铁路和宁句城际轨道二期（句容城区至茅山段）规划，密切关注仪禄高速公路和312国道南京—镇江段快速化改造方案，积极构建南京东部立体综合交通枢纽。完善城市路网、管网、供水等基础设施，确保二圣路西延工程9月份开工建设，加快推进长江引水及40万吨新水厂工程。启动建筑垃圾处置工程，推进餐厨废弃物处置及渗滤液处置项目，做好天王垃圾填埋场永久封场工程。

全面推进精美句容建设。突出功能品质，坚持“标准为王、美感为要、文化为魂、以人为本”目标，加快推进城市精美工程，用“绣花功夫”推进城市有机更新。加快义台街历史文化街区建设步伐，启动城区应急避难场所建设。推进葛仙湖公园扩建改造工程和葛洪纪念馆建设，确保10月份正式开放。继续推进城区道路“白改黑”工程。打造“句容福道”品牌，优化公共自行车智能慢行系统，推进农村公路提档升级。统筹全国文明城市创建和国家卫生城市复审迎检工作。实施户外广告整治行动，新增1300余个停车位，新建、改造8座“智能公厕”，新增25个垃圾分类试点小区。

（三）聚焦决胜全面小康，补齐乡村振兴短板。

巩固脱贫攻坚成果。围绕“脱贫攻坚成果巩固提升年”，开展扶贫“回头看”，做好“两摸底一核查”③。继续实施教育、健康等专项扶贫，巩固精准扶贫成果。完善社会保障和社会救助体系，发展社会福利和慈善事业，保障困难群体基本生活。推行“温情救助”改革，构建“弱有所扶”多维度救助体系。引导有条件的镇村发展一二三产业融合项目，发挥电子商务进农村综合示范项目在脱贫攻坚过程中的带动作用。发挥扶贫基金“四两拨千斤”作用，鼓励和引导社会力量参与社会扶贫，健全政府主导、部门支持、社会参与的扶贫新格局。

夯实农业发展根基。用好“一院一所”④在句农业科技资源，用市场化方式加快镇江国家农业科技园区建设。对照高标准农田建设要求，完成10000亩建设任务。扩大优质绿色农产品供给，组建茅山长青茶叶公司，整合国有茶场资源，放大农业特色优势。推进何庄村乡村振兴试点项目，力争在农村住房建设导则、集体土地权证办理工作等方面创出一批可复制能推广的经验做法。全面完成永久基本农田储备区划定工作。大力培育多元化农业经营主体，培养“十佳农民”和高素质农民。开展农村不动产调查确权登记，推动农村“三块地”改革，打造特色小镇，助推乡村振兴。

美化农村人居环境。围绕“四清一治一改”⑤工作目标，持续推进农村人居环境改善。开展“农膜回收点”和“农药包装回收点”建设工作。完成98个规划发展村生活污水治理。开展农村生活垃圾治理，依托“户投放、组保洁、村收集、镇转运、市处理”收运体系，新增生活垃圾分类全镇域试点乡镇1个，完成垃圾箱房改造320个、垃圾清运车辆密闭化改造102辆。完成改厕任务6500座，对已建户厕实施修缮和提档升级。实施国土绿化，持续开展“绿满句容”行动。

（四）聚焦生态保护，打好污染防治攻坚战。

坚决打赢蓝天保卫战。落实《打赢蓝天保卫战三年行动计划》，严格管控大气污染源。严厉打击劣质煤销售使用，完成锅炉提标改造和关停替代。开展化工产业安全环境整治工作，提升安全环保治理能力。

---

① 三区三线：城镇、农业、生态空间和生态保护红线、永久基本农田保护红线、城镇开发边界。

② 多规合一：将国民经济和社会发展规划、城乡规划、土地利用规划、生态环境保护规划等融合到一个区域上，实现一个市县一本规划、一张蓝图，解决现有各类规划自成体系、内容冲突、缺乏衔接等问题。

③ 两摸底一核查：对“脱贫不稳人口”和“边缘人口”进行摸底监测；对建档立卡数据进行核查核实。

④ 一院一所：江苏农林职业技术学院，江苏丘陵地区镇江农业科学研究所。

⑤ 四清一治一改：清理农村垃圾、清理沟渠塘堰、清理农业生产废弃物、清理牛皮癣和广告牌，整治乱搭乱建、占道行为，改变影响农村人居环境的不良习惯。

严格落实建筑工地“五达标、一公示、六个百分百”① 要求。继续推行智能化渣土车，增加除尘降尘设备投入。实施清洁柴油车、清洁运输、清洁油品行动。健全重污染天气预警和响应机制，确保 $PM_{2.5}$浓度不断压降，力争进入全省前 20 名。

着力打好碧水保卫战。严格执行“排口长制”，紧盯河道所有排口，强化河湖巡查长效管护力度，确保晴天污水不下河。精准推进城区雨污分流改造工程，提标改造城区污水厂。强化排水许可管理，全面排查城区老旧小区、城中村、商业区的排污行为，确保污水纳管全覆盖。动态巡查城区黑臭水体整治成效，防止死灰复燃。加强控源截污，加大镇村污水收集，完善乡镇污水管网配套。加大北山水库、二圣水库、句容水库等饮用水源地保护力度，确保水源地水质稳定达标。

扎实推进净土保卫战。开展农用地土壤污染状况调查，建立污染地块名录及开发利用负面清单。做好长宁化工地块土壤修复工作，完善污染地块责任划分。实施重金属减排计划，开展土壤污染风险管控和修复。力争年底完成长江经济带废弃露天矿山生态修复工作。建立健全巡查管控机制，严格落实危险废物经营许可、转移管理等制度，严厉打击固体废物非法倾倒等环境违法犯罪行为。继续推行生活垃圾分类处置模式，完善垃圾分类处理体系；推进城北垃圾填埋场整治提升工程，突出生态修复，打造市民公园。

（五）聚焦民生福祉，顺应群众美好生活向往。

持续增加群众收入。把稳就业作为重中之重，更大力度实施就业优先政策，落实富民创业贷款政策，对符合条件的灵活就业人员、公益性岗位给予社保补贴。贯彻落实省市机关事业单位养老保险改革办法。加大稳岗补贴、社保补贴和就业技能培训力度，完成创业培训 1000 人，城乡劳动者职业技能培训 4000 人，帮扶创业 1300 人，扶持农村劳动力自主创业 700 人，创业带动就业 6500 人，提供就业岗位 9200 个，培训产业工人 1000 人。

不断夯实民生基础。积极创建省义务教育优质均衡发展市和平安校园建设示范市，全力提升教育满意度。优化教育布局规划，确保省句中异地新建工程 10 月底出正负零，启动南外宝华新城小学等教育工程建设。优化医疗资源配置，确保 3 月底前市人民医院完成整体搬迁、投入运营；推进市中医院与省中医院紧密型医联体建设，加快建设市域内医联体。提高城乡居民基本医疗保险筹资标准，落实国家组织药品集中采购和使用试点扩大区域范围工作。加快养老服务体系建设，支持社会力量发展普惠托育服务。开展全国第四批居家和社区养老服务改革试点。做好新一轮省级双拥模范城争创工作，力争实现“七连冠”。确保市殡仪馆改扩建工程 6 月份全面开工，确保长龙山公墓景观提升 3 月份完成，确保兆文山公墓景观提升以及烈士陵园改造工程 9 月份完成。

全力维护社会稳定。根据国务院督导江苏省安全生产专项整治工作要求，开展为期一年的安全生产专项整治工作，确保“三个责任”“三个必须”② 落实。有效防范化解重大风险隐患，坚持属地处置和谁主管谁负责、谁监管谁负责原则，按照市场化、法治化原则，精准化解。坚持系统治理、依法治理、综合治理、源头治理，大力推进平安句容、法治句容建设。全面推进社会治理现代化建设，深化党建引领的网格化社会治理模式，把支部建在网格上，一网兜起大小事。纵深推进扫黑除恶专项斗争，重拳打击各类违法犯罪活动。坚持创新发展新时代“枫桥经验”，加强信访积案攻坚。加大公共信用信息归集，推进社会信用体系建设。

---

① 五达标、一公示、六个百分百：工地围挡、道路硬化、冲洗平台、清扫保洁、裸土及易扬尘物料覆盖都要达标；设立扬尘管控公示牌；工地周边 100%围挡，裸露场地 100%覆盖，场地主要道路 100%硬化，出入车辆 100%冲洗，拆迁工地 100%湿法作业，渣土车辆 100%密闭出场。

② “三个责任”“三个必须”：政府督促责任，部门监管责任，企业主体责任；管业务必须管安全、管行业必须管安全、管生产经营必须管安全。

句容市党政机构改革工作总结

党的十九大作出深化党和国家机构改革的重要部署，这是以习近平同志为核心的党中央，站在新时代党和国家事业发展全局作出的重大政治决策，是推进国家治理体系和治理能力现代化的一场深刻变革。我市不折不扣贯彻落实中央、省委、镇江市委决策部署，科学谋划，精心组织，注重加强机构职能的优化协同工作，着力围绕“一福地四名城”建设优化方案，细化措施有效落实，实现了机构设置到位、职责调整到位、转隶组建到位、“三定”印发到位的改革目标。

一、主要措施

一是健全党的领导体制。改革方案的调研和制定全面遵循市委统筹把关原则，在方案报批、机构设置、编制划转、领导职数等环节履行市委常委会议决策程序。在机构职能配置方面，坚持把加强党的领导落实到各领域各方面各环节，统筹市乡各层级、党政群各领域改革，构建系统完备、科学规范、运行高效、符合句容实际的机构职能体系，健全市委总揽全局、协调各方的领导体制。

二是严格落实规定动作。严格落实中央关于地方机构改革22项规定动作和《中共江苏省委关于市县机构改革的总体意见》的具体要求，对党政机构进行优化调整和设置，共设置党政机构37个，其中市委机构9个，政府机构28个。在机构设置上与省、市保持基本对应，确保上下贯通、执行有力。

三是合理设置内设科室。界定好部门职责交叉分工，全面厘清职责边界，防止推诿扯皮。明确城市标准体系建设领域相关职能，打造精美城市。围绕更好服务全市经济社会发展，精简内设机构总数，做到“一对照、两比较”，确保纵向上与镇江条线部门工作对接顺畅，横向与兄弟市区相对均衡。

四是保障人员平稳划转。市委编办严格在上级下达的编制总量内，按照“人随事走，编随人走”的原则，以部门划转职责相应划转编制抵减后的编制数为基数，统筹考虑原有编制数、职责轻重等因素，解决了过去部门编制配置不均衡、编制与职责任务不匹配等问题。人员转隶方面，市委编办提前调研，摸清底数，对照划入划出职责，与部门、人员协商一致，沟通确认无异议后，实现了37家涉改部门共223人的平稳划转。

五是充分彰显地区特色。在严格落实规定动作基础上，结合句容实际，因地制宜设置了工业和信息化局，补齐当前全市实体经济发展的短板，落实市委提出大力发展“五大经济”的重中之重，使改革接地气、顺民意，推动资源集中、力量集中，为发展壮大实体经济提供坚强体制保障。

二、改革成效

通过改革，全市党政机构设置更加科学、职能更加优化、权责更加协同、运行更加有效。与改革前相比，改革后行政编制没有增加，净减少正科级机构2个，科级领导职数减少30名，部门内设机构净减少11个。

（一）固本革新，加强完善党的领导，推动决策科学高效

始终把坚持和加强党的全面领导作为改革的政治主题和首要任务，在机构职能配置方面，坚持把加强党的领导落实到各领域各方面各环节，构建系统完备、科学规范、运行高效、符合句容实际的机构职能体系。一是组建全面深化改革、全面依法治市、审计等6个市委议事协调机构，构成了新时代党政体制中把方向、谋大局、定政策的决策领导体系。二是加强党委组织、宣传、统战等工作部门的统一归口协调管理职能，实现党的领导全覆盖，如市委组织部统一管理公务员工作，归口管理市委编办、老干部局，强化了党委对重大工作的集中统一领导。三是优化议事协调机构的组织结构和运行机制，实现规范化、制度化的运行，如2019年4月，市委办印发《中共句容市委审计委员会工作规则》等文件，明确议事规则和运行制度。

（二）提质增效，推进政府职能转变，践行全新发展理念

新时代党政机构改革，以治理现代化为目标，构建起权责一致、协同高效的政府治理体系。一是围绕句容“一福地四名城”战略，推动高质量发展，建设现代化经济体系，加强和完善政府的经济调节、市场监管职能，因地制宜组建市工业和信息化局，补齐当前实体经济发展短板；组建市地方金融监督管理局，聚焦防控金融风险，服务地方发展。二是通过加强应急能力建设、改革自然资源管理体制，有效解决了群众最盼最急最忧的突出问题，顺应了群众对美好生活的期待。三是坚持以人民为中心的发展理念，通过完善公共服务管理体制，加强和优化政府在社会医疗保障、教育卫生等方面的职能，更好地满足了群众对高质量公共服务的需要。如将市人社局、市民政局、市发改经信委的相关职责进行整合，组建市医疗保障局，打破了医保职能部门条块分割状况，体现了以治病为中心的末端管理向以人民健康为中心的源头治理的转变，解决了群众看病难看病贵的问题，顺应了医保领域发展和改革的要求。

（三）精耕细作，明晰部门职责边界，全面提升治理水平

运用整体性治理思维，调整职能配置和机构设置，解决多头管理、职责交叉、权责不清、政出多门等问题，全面提升城市精细化治理能力。一是按照精简效能原则，在内设机构设置上做好“加减法”，突出“强职能、保重点、守底线”，统筹设置综合科室，确保全市面上内设机构总数有所精简，业务科室总量占比达到70%。二是科学制定“三定”规定，厘清职责关系，避免推诿扯皮、工作重合，通过改革共明确了18家部门的33项职能转变事项、理顺了14家部门的16项职责交叉权限，如对市市场监管局和市农业农村局承担的食用农产品监管相关职责进行重新界定，并推动建立协调配合机制。三是建立跟踪问效机制，持续了解部门“三定”规定执行情况，全面审视协调配合机制是否顺畅，如为落实市委打造精美城市要求，配合建立城市精细化长效管理机制，2019年10月，市委编委发文明确市城管局、市住建局等5家部门城市标准体系建设领域相关职能，进一步明晰权责、细化分工。（市编办）

句容市全域旅游示范区创建综述

厚重的历史，赋予句容浓郁的文化底蕴；秀丽的山水，造就句容丰富的旅游元素。近年来，句容市委、市政府深入贯彻习近平生态文明思想，深刻理解“生态优先、绿色发展”的路径指向，推进“一福地四名城”建设，积极创建“国家全域旅游示范区”，开创了“旅游+”“+旅游”双向融合发展、区域协调发展、主客共建共享的新格局。2019年来到句容游客2230.71万人次，同比增长15%。实现旅游总收入246.54亿元，同比增长15.01%。入围全国县域旅游竞争力百强县市，入选江苏省首批全域旅游示范区。

突出基础保障，推进全域旅游向纵深发展

市委、市政府深入贯彻“五大发展理念”，把“全域旅游”作为对外展示我市形象的“名片”之一，就是把全域旅游作为“生态优先、绿色发展”的最佳聚焦点。通过编制“十三五规划”和“全域旅游发展总体规划”等纲领性文件，在顶层设计上明确了旅游业的全市战略性支柱产业地位；制定了全域旅游发展目标和任务措施，保障全域旅游创建工作有效推进。按照“共抓大保护，不搞大开发”要求，合理有序安排旅游产业用地用水需求；切实优化营商环境，发扬“店小二”服务精神，评估好、服务好文旅项目，一批体量大、品位高、业态新的重大文旅项目争相进驻我市。3年来，引进了6个10亿元以上文旅项目，其中，4个逾百亿元门槛。

完善功能布局，优化全域旅游公共服务体系

立足生态优势、区位优势，深入开展秸秆禁烧、垃圾回收等城乡人居环境提升工程，用旅游元素、艺术化手法改造道路、镇村，力求从城市到乡村处处见景、处处可游；着力“快进慢游”，不断强化旅游干线、绿道系统、公交网络和停憩设施的建设，以旅游路径串联全域发展；健全服务体系，总投资近亿元的市全域旅游服务中心即将投入使用，与镇、景区的旅游咨询点构建了完善的市镇两级旅游集散体系；突出智慧引导，建成市级智慧旅游大数据中心、“游句容”微信平台，加强旅游指引标识、智慧停车、无障碍设施等建设，全市的旅游公共服务实现智能化；提升关键设施，打造“厕所革命”的句容升级版——“四场一所”综合改造提升，对广场、停车场、菜场、垃圾场和厕所等群众关切的重点公共设施，制定提升方案，逐步改造优化。

强化融合发展，加快发展全域旅游新业态新产品

发挥“旅游+”“+旅游”双向联动功能，推动旅游产业和其他产业的深度融合、协调发展。“旅游+康养，催生了新业态”。积极打造茅山中医药健康旅游示范区、国家级茅山湖康养旅游度假区，培育一批行业精品酒店和度假场所，形成茅山湖康养度假、宝华山养生养心、赤山湖体育康养相结合的康养产业集群。“旅游+体育，放大了品牌效应”。环太湖国际公路自行车赛永久落户我市，仑山湖国际路亚比赛、中国铁人三项联赛等持续举办，我们以大赛为桥梁，推动了全市体育运动、培训、康复基地建设，带动了相关旅游产业的迅速壮大。“旅游+农业，凸显了强村富民效益”。依托我市现代高效农业特色，大力推广农业生态观光、农耕农事体验、四季水果采摘等乡村旅游模式，积极培育农旅电商，促进了农民增收致富。

注重双向发力，全力打造全域旅游目的地品牌

强化市场导向，鼓励和引导社会资本以PPP模式等参与景区与旅游项目的运营和建设，提升景区特别是国有景区的品质内涵，近年来先后与华侨城、景域、丰盛、北京轻麓等合作，形成“政府主导、市场运作、社会参与”的多元化投资、建设、运营、管理格局，景区、景点品质大为提升；优化宣传营销，立足我市产业特色，坚持完善和丰富“以花果为媒 以节庆促旅游”的营销模式，通过整体策划包装、线上线下联动互动，加之草莓节、樱花节、茶香文化节、郁金香节、葡萄节、登山节等活动贯穿全年，月月有

活动、季季有卖点的全域旅游经济热火朝天。“葛洪故里　秦淮源头　福地句容欢迎您”主题旅游品牌逐步在周边城市具备影响力。

健全体制机制，确保全域旅游创建取得实质性突破

按照党委政府牵头抓总、乡镇街道示范创建、机关部门通力配合、企事业单位协作联动的原则，成立了国家全域旅游示范区创建工作领导小组，由市委、市政府主要领导分别任第一组长和组长，统筹协调人员编制、方案制定、经费投入、督导考核等重大问题；调整了市旅发委组织机构，建立了旅发委工作导则，制定了全域旅游创建工作任务分解表；大胆创新、锐意改革，在2016年底全省率先组建了文化旅游局，成立了市文旅产业评估委员会；全面贯彻落实“1+3+N”旅游综合管理体制，设立了旅游巡回法庭等机构。建立健全依法兴旅、依法治旅的综合监管机制，加大对执法行为的监督力度，提高旅游监督管理的制度化、法治化和规范化水平。3年来，我市各项创建指标均符合《基本条件》要求，市级财政总投入不低于30亿元用于发展全域旅游。

创新示范标杆化，双向融合凸显新业态、新活力

全市干部群众勇于开拓创新，攻坚克难，破除全域旅游公共服务和公共管理的瓶颈，推出了“厕所革命”加强版，深化“旅游+”“+旅游”双向融合联动能力，扎实推进全地域、全产业、全方位的大融合。“厕所革命”升级出“句容模式”。大力实施了“四场一所”综合性升级改造工程，即对广场、停车场、菜场、垃圾场、公共厕所等与群众生活密切相关的公共服务设施，实施提升工程。三产融合创成全国示范。深化“旅游+互联网+农业”“景区+电商+农户”“节庆+创意+特产”的扶贫攻坚体系，依托现代高效农业，大力推广农业生态观光、农耕农事体验、四季水果采摘等乡村旅游模式，通过走、帮、扶，把特产变成了商品，农户变成了商户，活动现场变成了农家卖场，“旅游+”发挥出了更高的富民效益，3年来，4471户“贫困户”摘了帽。“旅游+”“+旅游”双向融合发展推动产业升级，丁庄葡萄荣获国家地理标志，创成全国葡萄一二三产业融合示范基地。“后白悠品”“野山小村”“越光大米”等已成为长三角地区知名旅游品牌。

滚滚长江东逝水，流淌出句容独特的地域文化，斗转星移间，一座现代生态花园城市正展现瑰丽动人的色彩。历史文化遗存和现代化旅游要素的日益融合、交相辉映，注定要为旅游描绘出优美宏阔画卷。

（文旅局）

大事记

责任编校：陈龙浩

1月

2日 中国共产党句容市第十二届委员会第六次全体会议举行。市委书记潘群代表市委常委会作题为《深度对标苏南，奋力追赶超越，推动句容高质量发展走在前列》的工作报告。

△ 2018年全市公安工作报告会暨首届“句容最美警察”揭晓仪式在市文化艺术中心举行。镇江市副市长、公安局长陈金观，句容市市委书记潘群，代市长周必松等市四套班子领导出席活动。

4日 中国人民政治协商会议句容市第十届委员会第三次会议举行。市委书记潘群到会发表讲话。市政协主席、党组书记章壮钧代表政协句容市第十届委员会常务委员会，向大会报告工作。大会应到委员233人，实到226人。会议于6日闭幕。

5日 句容市第十六届人民代表大会第三次会议开幕。代市长周必松代表市政府向大会作工作报告。大会应到代表245名，实到237名。会议于7日闭幕。

8日 国家科学技术奖励大会在北京举行。句容市企业天晟药业股份有限公司申报的中药资源产业化过程循环利用模式与适宜技术体系创建及其推广应用项目获得国家科学技术进步二等奖。

△ 中国旅游协会休闲农业与乡村旅游分会公布2018年江苏省全国休闲农业与乡村旅游星级示范企业（园区）名单。句容市容北茶谷创成全国休闲农业与乡村旅游五星级示范企业，伏热花海创成三星级示范企业。

25日 茅山镇何庄村土地股份合作社挂牌成立，这是句容市成立的首个土地股份合作社。市委书记潘群为合作社揭牌。市领导高庆华、赵树锋、王大金及上百名何庄村土地股份合作社社员代表参加揭牌仪式。

28日 江苏省农业农村厅副厅长许善平率队到句容市，就殡葬领域突出问题专项整治工作进行督查。镇江市副市长曹丽虹，句容市副市长王大金及相关职能部门负责人一同参加。

是月 句容市宝华镇仓头村强民稻米专业合作社、句容市二丫葡萄专业合作社、句容市后白镇宏伟农机服务专业合作社入选国家农民合作社示范社和全国农民用水合作示范组织名单。

△ 江苏省人社厅下发《关于认定第二批省级创业型街道（乡镇）、社区（村）和园区的通知》，句容市天王镇和宝华镇被认定为省级创业型乡镇，华阳街道杨家巷村等34个村被认定为省级创业型村（社区）。

2月

16日 句容市举办2019“春风行动”暨精准就业扶贫大型招聘会，285家单位进场招聘，共提供9600多个就业岗位。8600名劳动者进场求职应聘，2083名求职者与用人单位达成就业意向。

28日 江苏省人民医院句容分院正式成立。省人民医院院长唐金海与句容市市委书记潘群共同为分院揭牌。

△ 华夏银行句容支行银政企战略合作签约仪式举行，华夏银行正式入驻句容市。市委书记潘群出席签约仪式。

△ 省应急管理厅副厅长赵启凤带队调研督导句容市安全生产和消防安全工作。镇江市委常委、常务副市长裔玉乾出席调研专题汇报会。句容市市长周必松，副市长张荣海陪同调研。

是月 句容市启动机构改革工作。

△ 在省委组织部牵头开展的"'我们'党员教育微视频大赛展评"活动中，市委组织部摄制的茅山题材电教片《特殊的家规》获得全省党员教育微视频大赛纪实类作品一等奖和十佳摄影奖。

△ 江苏华桑食品科技有限公司入选第八批江苏省农业科技型企业名单，句容市省级农业科技型企业累计达12家。

3月

1日起 句容市14条城市公交线路开通支付宝扫码乘车。

5日 省委常委、组织部部长郭文奇到句容市实地调研农村基层党建标准化工作。镇江市委常委、组织部长、统战部长李健，句容市市委书记潘群，市委常委、组织部长、统战部长蒋建中陪同调研。

6日 省商务厅副厅长周常青到句容市就商务工作开展情况进行专题调研。副市长张荣海、沈向民陪同。

17日 第五届中国·句容郁金香旅游文化节开幕式在岩藤农场举行。

24日 句容市第五届白兔草莓文化节开幕。中国草莓协会、省、镇江市领导及句容市领导高庆华、查兆娣、王大金出席开幕式。此次草莓文化节以"'莓'好白兔，产业兴镇"为主题。

30日 句容市第六届樱花节在天王镇浮山樱花园开幕。

△ 安徽省天长市委书记邓继敢率该市党政代表团到句容市交流考察。句容市市长周必松，市委常委、常务副市长宋飞雄陪同考察。

是月 在江苏省2017—2018年"慈善之星"表彰大会上，句容市江苏拓科集团有限公司总经理俞青松、江苏万宏置业集团有限公司董事长徐益盛、句容宁武新材料股份有限公司董事长应珏获评江苏省"慈善之星"。

△ 句容市胡云翔、王冬荣2人入选省生态环境厅公布的2018年度全省"优秀环境守护者"。

△ 省文化和旅游厅发布2019年省级重点旅游项目，句容市共有3个项目入围，分别为句容恒大童世界一期、句容茅山温泉谷和句容康缘中华养生谷。

△ 在全省林业工作会议上，句容市获2018年度全省国土绿化"三化"示范创建工作先进县称号，华阳街道吉里村获"三化"先进示范片称号，后石坑、樊家边和王埠等7个自然村获"三化"先进示范村称号，宝华镇千华古村、下蜀茶场、后白良种场等53个单位获"三化"先进示范单位称号。

4月

2日 由市文体和旅游局、市老年体育协会主办，郭庄镇人民政府承办的2019年江苏省老年人体育节句容分会场启动仪式暨郭庄片区文体项目展演活动在郭庄中心小学体育馆举行。市委常委、常务副市长宋飞雄出席活动。

4日 挪威中华统一促进会会长戴成方带领挪威安德森控股集团、挪威长城集团等多家企业负责人到句容市参观考察。市长周必松，市委常委、纪委书记、监委主任赵树锋陪同。

8日 句容市领导干部"优化营商环境"专题培训班在新加坡国立大学苏州研究院开班，来自全市各镇（街道、园区）、市级机关部门的54名领导干部在苏州进行为期5天的集中培训。市委书记潘群作开班动员讲话，市领导蒋建中、孙卫军出席开班仪式。

△ 句容市2019年度企业退休人员免费健康体检开启。本次体检对象为1959年1月1日（含）之后出生，且在2018年12月底前已办理退休手续，享受句容市企业职工基本养老保险待遇的企业退休人员。

10日 南京地铁集团董事长佘才高到句容市现场推进宁句轨道交通建设。市委书记潘群，市委常委、常务副市长宋飞雄陪同调研。

11日 省生态环境厅副厅长周富章到句容市开展"走基层、抓落实"活动。市长周必松陪同。

14 日　省水利厅厅长陈杰到句容市调研乡村振兴工作。副市长王大金陪同。

15 日　来自新华日报社、省广电融媒体新闻中心、现代快报、镇江日报等 11 家媒体的记者到句容市开展“壮丽 70 年·奋斗新时代”大型蹲点式主题调研采访活动。

16 日　省人大常委会副主任刘捍东到句容市调研营商环境建设。镇江市人大常委会副主任王常生，句容市市委书记潘群，市人大常委会党组书记、主任文雁才陪同。

18 日　2019 茅山长青茶文化节暨茅山红色旅游节开幕。

20 日　“发现江苏·走进福地句容”活动启动仪式在涵田半岛酒店举行。江苏省委宣传部副部长杨力群，省政府新闻办对外交流合作处处长曹巧兰，句容市市委书记潘群，市委常委、宣传部长查兆娣出席启动仪式。

21 日　句容市举办 2019 中国句容茶文化论坛。江苏省农业农村厅副厅长蔡恒，句容市市委副书记高庆华、副市长王大金出席论坛活动。

23 日　江苏省高级人民法院党组书记、院长、省督导组组长夏道虎率省扫黑除恶专项斗争督导组到句容，对句容市扫黑除恶专项斗争工作进行督导。镇江市委副书记、政法委书记倪斌，镇江市委常委、纪委书记、监委主任黄利民，句容市领导潘群、周必松、蒋建中、姚华、赵树锋、孙桂林出席汇报会。

△ 为“纪念渡江战役胜利暨南京解放 70 周年”，句容市在兆文山举行庆祝渡江战役胜利 70 周年升旗仪式。

27 日　2019 福地句容国际马拉松赛在文化艺术中心广场开跑，来自 10 个国家的 1 万多名参赛选手参赛。市委书记潘群，市委常委、常务副市长宋飞雄为本次马拉松领跑。

29 日　省人大常委会副主任曲福田到句容市，就电动自行车管理立法工作听取基层单位和人大代表意见建议。镇江市人大常委会副主任岳卫平和句容市领导周必松、文雁才、周春芳、孙桂林陪同调研。

是月　句容市首场“科技金融进孵化器专场路演”活动在句容高新技术创业园举办。

△ 省心血管病诊治联盟句容分中心在市人民医院、省人民医院句容分院正式宣布成立。副市长凌华出席活动。

△ 天王镇唐陵村党委书记刘树安入选“2018 感动中国·江苏年度人物”。

5 月

10 日　镇江句容·北京中关村创新之夜项目对接活动在北京举办，市长周必松，副市长张荣海，联想之星创业联盟副理事长赵智通以及国科嘉禾、旷视科技等 20 多家来自联想之星的创投机构和“双创”企业代表出席项目对接活动。

17 日　新时代文明实践——“红五月”送文化下基层惠民演出在茅山风景区苏南抗战胜利纪念碑广场举行。市委常委、常务副市长宋飞雄观看演出并致开幕辞。

18 日　句容市第六届桑果紫酒节开幕。

20 日　14 名法学专家、律师被聘为市政府法律顾问，聘期自 2019 年 5 月 5 日起至 2022 年 5 月 4 日止。副市长孙桂林、冯琳出席聘任仪式。

28 日　市委书记潘群会见斯洛文尼亚基础设施部国务秘书妮娜·莫勒一行，双方就加速蝙蝠飞机项目推进工作达成一致。斯洛文尼亚驻上海总领事普米乐、蝙蝠飞机制造有限公司董事长伊沃·巴斯卡洛斯和句容市副市长张荣海参加会见。

△ 中国农工民主党句容支部正式成立，农工之家正式揭牌。

25 日　“碧桂园杯”2019 年江苏省门球大联赛（南部站）在句容市开赛，共有来自南京、无锡、常州、苏州等地的 24 支参赛队伍参加比赛。

30 日　第四届群众文化艺术节开幕式暨 2018 年度“句容好人”“句容市新乡贤”颁奖活动举行。市委常委、宣传部长查兆娣出席开幕式并为获奖者颁奖。此届文化艺术节以“壮丽 70 年，奋斗新时代”为主题，开展首届业余文艺团队大比拼优秀节目展演、“歌唱祖国”主题歌会、“身在福中，dou 爱句容”短视频大赛等活动。

31 日　全省林木种苗和林下经济产业高质量发展现场推进会在句容市召开。省林业局相关领导、句容市副市长张荣海参加活动。

是月　2019 年苏、皖二省八

市（县、区）“茅宝杯”中国象棋邀请赛在市图书馆举行。

△ 2018中国县域旅游竞争力百强县市”公布，句容市成为镇江市唯一一家入选的县市区。

△ 2019年江苏民盟现代农业专家行活动在句容市开展。市政协副主席、民盟镇江市委常委、句容支部主委吴小香陪同。

△ 位于开发区通宁路南侧的可回收物分拣中心正式运行。

△ 句容市启动烈属、军属和退役军人家庭换发光荣牌活动。

6月

1日起 句容市调整民用管道天然气销售价格。

2日—6日 句容市开展2019年“我们的节日——端午文化周”系列活动。

4日 “句容记忆”档案文献展开展。市委副书记高庆华参加活动。

6日 秦淮河和赤山湖地区防汛防旱联席会议召开。市政协主席、党组书记章壮钧，市委常委、郭庄镇党委书记、赤山湖党工委书记段永齐出席会议。

10日 省政协副主席阎立一行到句容市专题调研《关于深化科技体制机制改革推动高质量发展若干政策》的落实情况。镇江市政协副主席朱云峰，句容市领导潘群、章壮钧、张荣海、吴小香陪同调研。

13日 省委宣传部副部长、省文明办主任葛莱一行到句容市，调研新时代文明实践中心建设。市委书记潘群，市委常委、宣传部长查兆娣陪同调研。

15日 句容市举行“全域旅游看句容”第二届长三角媒体峰会。副市长沈向民出席峰会。

20日—21日 第三届全国广电集客业务峰会在安徽合肥举行，句容市新时代文明实践中心融媒云平台项目获全国“最佳县级融媒体业务奖”。

28日 以“传承红色文化、不忘初心使命”为主题的镇江市红色教育体验活动启动仪式在茅山苏南抗战胜利纪念碑前举行。镇江市市长张叶飞、江苏省文化广电和旅游厅巡视员詹庚庆共同为茅山爱国主义教育活动中心揭牌。

30日 句容市融媒体中心正式挂牌成立。省委宣传部副部长杨力群，镇江市委常委、宣传部部长孙晓南，句容市市委书记潘群共同为融媒体中心揭牌。

是月 句容市政府办下发《进一步清理整治不规范地名的实施方案》，全面启动不规范地名清理整治工作。

△ 市粮食局退休老干部朱功华被全国老年体协评为2018年度“中国健康老人”。

7月

1日 句容市召开“守初心、话使命”庆“七一”座谈会。

3日 德国和同济大学代表团到句容市参观交流，就职业教育发展与合作进行对接洽谈。市长周必松、副市长侯华锋陪同。

5日起 句容市《城市建筑垃圾管理办法》正式实行。

15日 句容蒲城脱贫攻坚专题培训班在市委党校开班，49名蒲城县基层干部参加培训。

17日 中青旅国际旅游投资有限公司董事长卢丹一行到句容市，就旅游开发、特色小镇和田园综合体建设等工作进行实地考察。市长周必松出席活动。

18日 省政协主席黄莉新到句容市调研政协工作。镇江市政协主席李国忠，句容市政协主席章壮钧陪同。

19日 省工商联十一届四次常委会议在句容市召开。省人大常委会副主任、省工商联主席许仲梓，省委统战部副部长、省工商联党组书记顾万峰出席会议。镇江市领导张叶飞、曹丽虹、卢道富和句容市领导周必松、王大金、吴小香参加会前镇江乡村产业项目推介会。

23日—24日 市长周必松到上海推进科技合作和重大规划项目。副市长张荣海，市科技局、自然资源和规划局以及句容投资集团负责人等参加。

24日 中科视语项目正式签约。中科院自动化研究所党委书记牟克雄和句容市市委书记潘群共同出席签约仪式。中科视语董事长、中科院自动化研究所研究员王金桥，中科视语总经理陈盈盈参加签约仪式。

28日 “文根艺魂，携手同心”2019海峡两岸艺术家交流活动暨江苏省台湾小镇两岸书画名家作品巡回展开幕式举行。市委副书记高庆华出席开幕式并致辞。此次展览邀请了24位台中台北的艺术家、26位江苏各地的艺术家，展出作品76幅。

29日 市委副书记、市长周必松带领市发改委、教育局、农业农村局等部门负责人及部分乡镇领导到陕西蒲城县开展苏陕扶贫协作活动。副市长凌华参加活动。

30日 全省铁路护路联防工作座谈会在句容市召开。市委常委、政法委书记姚华出席座谈会并致辞。

31日 台湾半导体产业园项目签约仪式举行。市委书记潘群、副市长张荣海出席签约仪式。

是月 市交通运输局对华阳东西南北路这四条老旧水泥混凝土道路进行改造，总长7.22公里，把原来的水泥混凝土路面改建为沥青混凝土路面。工程至9月完工。

△ 在第四届江苏志愿服务展示交流会上，句容市“葡萄架下的文明实践”科技助农志愿服务项目获评“金奖项目”，江苏兴文包装有限公司获评“爱心单位”荣誉称号。

△ 全省绿色防控示范区建设现场推进会在句容市召开。

8月

1日 中国共产党句容市第十二届委员会第七次全体会议在市文化艺术中心大剧院举行。市委书记潘群代表市委常委会作了题为《全力推进“一福地四名城”建设，决战决胜高水平全面建成小康社会》的工作报告。

△ 宝华山第十二届泡山节开幕。此次泡山节以“梦里千华，相约宝华山”为主题，延续到月底。

6日 省直镇江组盐城组省人大代表一行到句容市专题视察乡村振兴工作开展情况。省人大代表、副省长马秋林出席活动。

9日 上海四次元句容茅山景区开元酒店项目签约仪式在句容市举行。市委副书记、统战部长高庆华，副市长凌华出席活动。

10日 义台街五彩城开业，该项目总建筑面积5万平方米，地上五层为经营楼层，地下建有约2800个停车位。

15日 安徽省马鞍山市花山区党政代表团到句容市考察产业发展工作。市委副书记高庆华陪同。

18日 句容第十届丁庄葡萄节开幕。

△ 镇江援疆前方指挥组在可克达拉镇江高级中学举行王华同志塑像安放仪式。

20日 全国政协常委、香港江苏社团总会会长唐英年一行到句容市参访。省委统战部常务副部长李国华、副部长马连美，镇江市委常委、统战部长、宣传部长孙晓南，省市委统战部有关领导和句容市市委副书记、统战部长高庆华等陪同参访。

23日—25日 第四届句容优质农产品展销会在江苏农业国际展览中心开展。近百家农产品生产和加工企业，共展出800余种名特优农产品。

23日 马尔代夫、阿富汗、越南、老挝等亚洲7国驻华使节团及周边国家驻华媒体记者一行到考察句容市低碳城市建设和生态农业发展情况。副市长张荣海陪同考察。

24日 句容第十届丁庄葡萄节暨第六届民间慈善纳凉晚会在茅山镇丁庄葡萄合作联社广场举行，现场为64名贫困学子发放了助学款。

26日 句容市12345“企业服务专线”开通。该服务依托12345公共服务热线平台，根据企业需求，以“企业线上点单、单位线下服务”的形式，为企业提供政策查询、问题咨询、投诉受理、难题协调等服务。

31日 康师傅2019句容赤山湖国际公开水域游泳挑战赛暨铁人三项邀请赛开幕。国家体育总局游泳运动管理中心社会活动部部长许琦，江苏省体育总会副主席颜争鸣，句容市市委常委、郭庄镇党委书记、赤山湖党工委书记段永齐，副市长沈向民出席活动。

是月 教育部官网发布《全国青少年校园篮球特色学校名单》，句容市崇明小学入选。

△ 由句容市篆刻推广协会推送的参赛选手许嘉乐、骆承烨、曹雪儿、王柄备获江苏省少儿书画篆刻大赛篆刻类一、二、三等奖。

△ 2019全民健身日活动暨句容市第八届“赤山湖杯”游泳比赛在游泳馆举行，100名游泳爱好者参赛。

△ 句容市新增一家医保定点血液透析中心——句容康爱血液透析中心。

△ 句容市入选“国家电子商务进农村综合示范县”。

△ 茅山镇举行何庄村乡村振兴试点工程开工仪式

△ 句容市在全省率先建立河道“排口长”管理制度，即在主城区 9 条河道 168 个河道排口以及排污口设立“排口长”，通过进行系统性排查、整治、监控，实现“管住所有排口，不让一滴污水入河”的目标。

9 月

1 日 康师傅 2019 句容·赤山湖国际公开水域游泳挑战赛暨铁人三项邀请赛中的铁人三项赛，在赤山湖国家湿地公园拉开帷幕，来自全国 10 多个省市的 500 多名选手参与奖牌角逐。

3 日 由中共江苏省委宣传部、江苏省文明办、江苏省美德基金会主办的江苏省道德模范与身边好人（镇江句容）现场交流活动暨第二届“感动句容”人物发布仪式在市文化艺术中心举行。省委宣传部副部长、省文明办主任葛莱，镇江市委常委、宣传部部长、统战部部长孙晓南，句容市市委书记潘群等市四套班子领导出席颁奖活动。

10 日 2019 年新兵欢送会暨光荣牌发放仪式在市人武部举行，会上为部分军属代表集中发放了“光荣之家”牌。

△ 句容市新的社会阶层人士联谊会成立大会举行。镇江市委统战部副部长邵学军，句容市市委副书记、统战部长高庆华为句容市新的社会阶层人士联谊会揭牌，市政协副主席王道银出席会议。

18 日 苏陕协作句容、蒲城第三次联席会议在句容市召开。蒲城县委书记陈振江和句容市市委书记潘群出席会议，双方就充分发挥两地优势、推进对口协作进行深入交流。

20 日 市政协举办以“放飞中国梦，礼赞政协情”为主题的文艺演出，庆祝人民政协成立 70 周年。潘群、周必松、高庆华、文雁才、章壮钧等市四套班子全体领导出席活动。

△ 20 日，产业发展与乡村振兴——庆祝新中国成立 70 周年理论研讨会在句容市召开，来自全国各地的 60 多名农业农村专家学者参会。江苏省社科院党委书记、院长夏锦文，句容市市委书记潘群出席研讨会。

21 日 以“青山绿水集福地，五谷丰登汇名城”为主题的 2019 中国·句容农民丰收节在天王镇唐陵木易园开幕。省、镇江市相关部门负责人和句容市市委副书记高庆华出席开幕式。

24 日 市委宣传部、市文体广电和旅游局、市总工会联合举办“庆祝中华人民共和国成立 70 周年”主题歌会，庆祝中华人民共和国成立 70 周年。市领导高庆华、文雁才、章壮钧、段永齐、孙卫军参加活动。

28 日 新时代红色文化教育研讨会在茅山举行。中央党校（国家行政学院）报刊社副社长胡敏，中国新四军和华中抗日根据地研究会领导常浩如，江苏省委党校常务副校长桑学成，镇江及句容市领导李健、潘早云、潘群、高庆华出席研讨会。

30 日，句容市在兆文山烈士陵园举行烈士纪念日公祭活动，市长周必松和市人大常委会、市政府、市政协分管领导和部分烈士家属代表、驻句部队官兵代表、少先队员、志愿者及各界群众近 500 人参加公祭活动。

是月 句容市唯一内河码头——下蜀镇大道河港口码头开始拆除。

△ 后白中学副校长孟富林被教育部评为“全国优秀教育工作者”。

△ 句容市选送的“茅山长青”茶叶通过农业农村部农产品地理标志评审。

10 月

1 日 《句容市住宅专项维修资金管理办法》正式施行。

9 日—10 日 省人大调研组一行到句容市，就《江苏省种子条例（修订草案）》立法工作进行专题调研。句容市人大常委会党组书记、主任文雁才，市人大常委会副主任周春芳，副市长王大金陪同。

13 日 “我和我的祖国”句容市第六届金秋诗歌朗诵会在葛仙湖畔举行。

14 日 2019 第十届环太湖国际公路自行车赛句容赛段比赛在赤山湖国家湿地公园开赛，来自世界各地的 21 支专业车队 126 名车手参加赛事。江苏省体育局副局长熊伟及句容市领导潘群、段永齐、孙桂林、沈向民出席开幕式。

15 日 句容市举行省农科院、市老促会、阿宝生态农场三方合作创建句容老区生态发展实训基地签约揭牌仪式。市人大常委会党组书记、主任、市老区开发促进会、扶贫开发协会会长文雁才出席仪式并揭牌。

16 日—17 日 句容市 2019“福地青年英才”创业大赛总决赛举行，“替代电镀的环保涂层技术”“智能手机快速量化检测平台”等 30 个项目脱颖而出，分获一、二、三等奖及优秀奖。

21 日—22 日 句容市举办 2019 海外院士“句容行”，来自俄罗斯、乌克兰等国家的 11 位海外院士与句容 26 家高新技术企业成功对接。

23 日 由市人社局、医保局、卫健委、句容农商行联合主办的电子社保卡应用推广发布会举行，这标志着句容市全面开启社保卡“网卡”时代。市委常委、副市长贾云亮出席发布会。

是月 中国中小城市高质量发展指数研究课题组、中小城市发展战略研究院、国信中小城市指数研究院等单位在《人民日报》刊发了《2019 年中国中小城市高质量发展指数研究成果发布》，句容市跃居“2019 年度全国综合实力百强县市”第 50 位。

△ 句容市建华建材（中国）有限公司承担的江苏省企业院士工作站通过 2019 年省级院士工作站验收。

△“一山一水一湿地，千年诗画秦淮源 · 翰墨飘香”——中国当代名人书画展在赤山湖国家湿地公园游客中心艺术展览馆开展。

△ 句容市被国家全民终身学习活动周工作小组和中国成人教育协会授予 2018 年全民终身学习活动周最高荣誉“优秀组织奖”。

11 月

7 日 省委组织部副部长、省委编办主任俞军一行到句容市专题调研园区体制改革情况。市委书记潘群，市委常委、组织部长汪丹宁陪同调研。

8 日 句容市庆祝第二十个记者节暨 2019 年度句容新闻奖颁奖仪式在市融媒体中心演播大厅举行。市委书记潘群，市委副书记高庆华，市委常委、副市长贾云亮，市委常委、宣传部长查兆娣参加活动并为获奖人员颁奖。

9 日 2019 年“福地英才”计划综合评审说明会召开，市委常委、市纪委书记、监委主任赵树锋，市委常委、组织部长汪丹宁出席会议。

20 日 由市文体广电和旅游局、市旅游协会、市融媒体中心等单位联合举办的“句容旅游，你我参与”2019 句容市第二届金牌旅游讲解员大赛总决赛举行。来自江苏省句容中等专业学校的唐琪获得冠军。

21 日 农业农村部副部长张桃林一行到丁庄村调研乡村振兴工作。镇江市委副书记、组织部部长李健，句容市领导潘群、高庆华、王大金陪同调研。

25 日 江苏省省长吴政隆到句容市社区、企业和农村宣讲党的十九届四中全会精神。省政府秘书长陈建刚参加活动。镇江及句容市领导惠建林、张叶飞、郭建、潘群陪同调研。

28 日 省委第二巡回指导组组长赵鹏率巡回指导组调研句容市主题教育开展情况。市委副书记高庆华陪同调研。

29 日 “新时代，新绿领”2019 年句容市“十佳”新型农民评选决赛颁奖仪式举办。省农业农村厅副厅长蔡恒，句容市市委副书记高庆华、副市长王大金出席并为获奖选手颁奖。

是月 经中央文明办组织复查，报中央文明委批准，中央文明办正式确认句容市为 2018—2020 年创建周期全国文明城市县级提名城市。

△ 句容市建华建材（中国）有限公司和江苏南瓷绝缘子股份有限公司 2 家企业获批设立江苏省博士后创新实践基地。

△ 市政协副主席倪定胜获评全国地方志先进工作者。

△ 文化和旅游部公布国家级非物质文化遗产代表性项目保护单位名单，句容茅山道教音乐又和秦淮灯彩入选。

△《中国城市全面建成小康社会监测报告 2019》公布了“2019 年中国县级市全面小康指数前 100 名”榜单，句容市位列全国第 42 位，相比去年上升 7 位。

△ 天王镇唐陵村党委书记刘树安，茅山镇丁庄村党总支书记、村委会主任方静入选全省首批“百名示范”村书记。

△ 句容市委、市政府印发《句容市乡村振兴战略实施规划（2019—2022 年）》。

12月

4日 安徽省宁国市市长何田带领考察团到句容市考察交流。句容市市长周必松，市政协主席章壮钧，市委常委、宝华镇党委书记孙卫军，市人大常委会副主任刘志鹏陪同考察。

△ 句容草莓产业发展研究院成立。省农科院副院长沈建新与副市长张荣海共同为“江苏省农业科学院句容草莓产业研究院”揭牌。

5日 “改变世界 创造未来”2019句容5G网络建设启动仪式举行，副市长张荣海出席启动仪式。

6日 国务院参事室特约研究员边振甲率调研组到句容市，就地方政府药品安全治理水平工作进行调研。句容市市长周必松，副市长凌华陪同。

11日 江苏省森林防灭火指挥部检查组到句容市就森林防火工作进行专项检查。市长周必松，市委常委、副市长贾云亮陪同。

16日 江苏省草莓产业技术创新战略联盟成立大会在句容市召开，江苏省草莓产业技术创新战略联盟正式成立。副市长沈向明出席会议并致辞。

18日 2019联想之星创业联盟迎新汇暨镇江·句容之夜活动在上海举办。句容市市长周必松，联想之星创业联盟总经理、理事长王明耀与30多家联想之星“星友”企业家参加活动。

26日 句容市举办句容市金融系统党建联盟启动仪式。副市长沈向民参加活动并为“句容市金融系统党建联盟”揭牌。

27日 江苏省委常委、组织部部长郭文奇到句容市专题调研村党组织书记专职化管理工作。镇江市委书记惠建林，镇江市委副书记、组织部部长李健，句容市市委书记潘群，市委常委、组织部部长汪丹宁参加会议。

△ 句容市举办首届最美退役军人发布仪式。句容市委副书记、市长周必松，镇江市退役军人事务局副局长侯阳锦，句容市市委常委、政法委书记姚华，副市长凌华参加仪式并为获奖退役军人颁奖。

28日 中国共产党句容市第十二届委员会第八次全体会议在市文化艺术中心大剧院举行。市委书记潘群代表市委常委会作题为《决胜全面小康，奋力追赶超越，加快推进“一福地四名城”建设》的工作报告。

是月 市不动产登记中心自助服务区投入使用。

△ 句容市入选首批省级全域旅游示范区名单。

△ 句容市出台《第五批句容市历史地名保护名录》，10个地名入选。

△ 市军粮供应站获评全国放心粮油示范工程示范销售店。

△《句容市城区地名图》编制完成。

市情综述

责任编校：陈龙浩

地情概要

【地理位置】 句容位于江苏省西南部，北纬31度37分至32度12分，东经118度57分至119度22分；地处长江下游南岸，东连镇江市丹阳、丹徒、润州和常州市金坛，西接南京市栖霞、汤山、江宁、溧水，南邻常州市溧阳、金坛，北隔长江与仪征相望。

（志　办）

【土地面积】 句容地形南北向较长，约75公里；东西向较短，约40公里—50公里。全市土地总面积1378平方公里。（志　办）

【地质地貌】 句容境内地层出露齐全，化石丰富，岩浆岩发育，构造典型（属扬子古陆台褶带），是中国最早开展地质研究地区之一。

在距今约8亿年前的元古代震旦纪地区沉陷呈海相，直到距今约2.3亿年前的中生代三叠纪，地面或海或陆（以海为主）。在中生代三叠纪晚期，境内转为陆地。距今1.8亿年前的印支运动形成宁镇间连绵山脉的雏形。1.3亿到6500万年前的燕山运动开始形成扬子大断裂带，并逐渐发育成长江。同时，奠定宁镇山脉的基本轮廓。在距今6500万年到300万年前的新生代第三纪，逐渐形成低山丘陵、平原山谷、河溪沟涧等地貌。境内已探明的主要地层有古生界寒武系上统地层观音台组、古生界志留系高家边页岩等十余种。部分地名是国内许多标准地层命名地，如泥盆系茅山砂岩；石炭系高骊山砂岩、船山灰岩；中生界白垩系上统赤山砂岩；新生界第四系下蜀黄土等。地质构造有褶皱，如宁镇山脉区宁沪线背斜，以及茅山丘陵区浮山、赤山玄武岩覆盖区等地。较大的断裂带有4条：汤山—东昌—上会；茅山—高淳；溧阳—南京；铜陵—扬州。句容在中生代白垩纪时期，岩浆活动十分活跃，特别是在宁镇山区的北部，大华山以东，仑山以北，空青山前后，多处有火成岩出露，其他地区火成岩分布较少。250年至1985年，发生较大地震24次，其中属中强地震3次。明建文元年（1399年），方山发生5.5级地震（茅山—高淳断裂带）。明万历三十三年（1605年），宝华山发生5级地震。明崇祯二年（1629年），境北发生5级地震（铜陵—扬州断裂带）。

句容地貌形态主要有低山、丘陵、岗地、平原等四大类型。除长江、水库、河沟、池塘等各种形态的水域外，有低山、丘陵及峰、岗、墩、凹、坡地（陡坡地、斜坡地、缓坡地、平缓坡地）等多样形体，素有“五山一水四分田”之称。其中低山是海拔200米—400米之间的山地，面积21.57万公顷，占全市总面积15.64%，主要分布在境北宁镇山脉和境南茅山山脉。近代地图上注明的山丘有159座，主体山10座，低山34座。境内最高山为大华山（437.20米）。丘陵102座，一般海拔在50米—200米之间，面积893公顷，占全市总面积0.65%，主要散处于市境中部。岗地面积98.32万公顷，占全市总面积71.29%，分布于全市各地，白兔、茅山两镇居多。平原面积17.13万公顷，占全市总面积12.42%，主要分布于市境西南秦淮河流域和境北沿江冲积地带，以及东部太湖水系中白兔、茅山、边城等镇。（志　办）

【水系河流】 句容地处长江南岸、宁镇山脉中段与茅山丘陵交汇处。南北环山，中部陇岗起伏，间以冲谷平原，西部低洼，东部向东南倾斜，是秦淮东支、太湖西支与沿江3个水系的分水岭。境内河流分属秦淮河水系、太湖水系和沿江水系，共有大小河道44条，总长310.18公里，其中流域性干河14条。市境北部宁镇山脉南侧和南部茅山山脉西侧属秦淮河水系，面积951.3平方公里，干支河道18条，其中句容河最长。境内太湖湖西水系面积264.82平方公里，主要河道有洛阳河、麋墅河。沿江水系面积162.99平方公里，有便民河、大道河2条干河。赤山湖是句容河流域的一片天然湖荡洼地，流域面积520平方公里（1975年前为806.13平方公里），有大小支流24条，其中北河、中河、南河为一级支流，其流域面积均在100平方公里以上。赤山湖东西长约4公里，南北宽约2公里，面积7.8平方公里。句容已建成在册中小型水库56座，湖泊2座，市级骨干河道13条，镇级河道256条，机电排灌站372座，撇洪沟27条，干支渠道1210条，各类水工建筑物6400多座。（志　办）

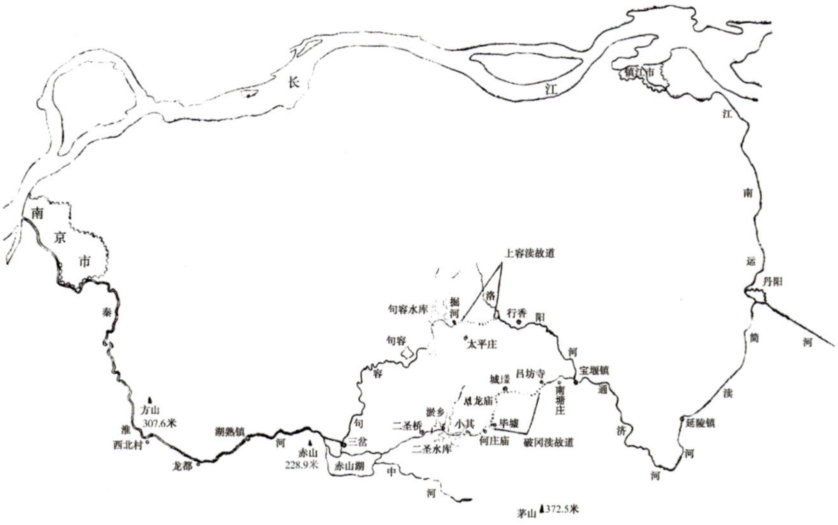

破冈渎、上容渎示意图

【水文水情】 2019年全市汛情总体平稳，1—12月平均降雨量731.9毫米，较多年平均（1036毫米）偏少3成，较去年同期（1126毫米）偏少近4成。汛前1—4月全市平均降雨量200毫米，较多年平均（239毫米）偏少近2成，较去年同期（209毫米）基本相当，最大降雨点墓东水库238毫米。汛期5—9月降雨量439毫米，降雨量分布不均，较去年同期（692毫米）偏少近4成，较多年平均（649毫米）偏少4成。

梅雨情况：6月18日入梅（常年平均6月18日），7月21日出梅（常年平均7月10日），入梅正常，出梅偏晚，梅雨期33天，较常年偏长。梅雨期降水偏少，平均梅雨量为180.1毫米，较常年平均（220毫米）偏少近2成。梅雨期内降水呈过程性、间歇性特点，区域性强降水过程少，分别在6月18日、6月29日、7月6日和7月12日出现明显降雨过程，其余时间以分散性降雨为主。（朱　力）

【气候】 常年特征：句容市属北亚热带季风气候区。根据1981—2010年气候资料统计，常年平均气温15.5℃，年降水量1099.1毫米，年日照时数1999.3小时，年极端最高气温39.2℃，年极端最低气温-14.8℃。

2019年气候概况：2019年全市平均气温为16.5℃，较常年偏高1.0℃，年极端最高气温38.5℃，共有3天，分别为7月28日、7月29日和7月30日，年极端最低气温-3.4℃，出现在1月17日。年总降水量747.1毫米，比常年（1099.1）平均偏少32%；年日照时数为1821.1小时，比常年少178.2小时，年日照百分率41%。无霜期314天，年极大风速17.4米/秒（4月9日）。

2019 年度句容市气候资料统计情况一览表

表 1

项目	平均气温（℃）		降水量（mm）		日照（小时）		相对湿度（%）		平均风度（m/s）	
	常年	今年	常年	今年	常年	今年	常年	今年	常年	今年
1 月	2.5	3.8	48.2	55.9	136.5	92.6	77	80	1.9	1.6
2 月	4.6	4.2	54.9	96.3	126.5	43.5	76	87	2.3	1.9
3 月	8.8	11.4	83.2	17.6	148.6	171.7	76	68	2.2	2.0
4 月	14.9	16.3	81.7	44.7	169.5	157.8	76	77	2.5	2.1
5 月	20.5	21.3	90.3	27.4	194.3	187.7	76	63	2.1	1.8
6 月	24.4	24.9	178.7	113.3	165.0	156.6	79	76	2.4	2.0
7 月	27.8	27.8	202.5	107.6	202.6	167.2	83	81	2.0	1.8
8 月	27.1	27.9	145.3	161.8	204.5	218.4	84	79	2.3	2.3
9 月	22.8	23.6	67.8	18.7	174.2	182.0	83	79	2.2	1.8
10 月	17.2	18.1	60.1	2.5	170	139.4	79	76	2.3	1.5
11 月	10.8	12.6	56.6	39.5	156.2	160.3	77	72	2.4	1.8
12 月	4.6	6.6	29.8	61.8	151.4	143.9	75	80	1.9	1.8
全年	15.5	16.5	1099.1	747.1	1999.3	1821.1	78	77	2.2	1.9

常年资料为 1981—2010 年气候资料统计

附：2019 年重要天气气候事件及其影响

1. 暴雨（大暴雨）

2019 年句容共有 1 天暴雨日，出现在 8 月 11 日，累计雨量为 59.8 毫米。

2. 高温

2019 年句容市高温天气集中在 6、7、8 月份。年高温日数 17 天，与常年平均的 9 天相比多 8 天，年极端高温达 38.5℃。

3. 降雪和积雪

2019 年仅出现 1 个降雪日，2 月 8 日傍晚开始，句容市出现降雪，08 日 18 时至 09 日 08 时，过程雪量为 10.2 毫米，积雪深度为 17 厘米。

4. 大雾和霾

2019 年全年霾天气日数 47 天；大雾天气日数 26 天。

5. 雷暴

2018 年仍是雷暴多发的年份，雷暴日共 24 天。

6. 梅雨

句容市 2019 年 6 月 18 日入梅（常年平均 6 月 18 日），7 月 21 日出梅（常年平均 7 月 10 日），入梅正常，出梅偏晚，梅雨期 33 天，较常年偏长。梅雨期降水偏少，平均梅雨量为 180.1 毫米，较常年平均（220 毫米）偏少近 2 成。其中句容城区梅雨量为 174.6 毫米，最大梅雨量为茅山 252.2 毫米，最小梅雨量为下蜀 141.3 毫米，梅雨量分布不均匀。

7. 大风

2019 年 4 月 9 日句容出现 17.4 米/秒的东北大风。

8. 台风

2019 年仅有 9 号 1 个台风对句容市造成影响。

8 月有 1 个台风 9 号台风“利奇马”对句容市造成影响，具体为：

2019 年 9 号台风“利奇马” 7 月 30 日生成于菲律宾吕宋岛以东的洋面上，8 月 4 日 15 时许获得日本气象厅命名，8 月 7 日 5 时许被中央气象台升格为台风，8 月 7 日 23 时许被中央气象台进一步升格为超强台风，并继续向西北方向移动，向浙江沿海靠近，并于 8 月 10 日 1 时 45 分许在浙江省温岭市城南镇沿海登陆，登陆时中心附近最大风力有 16 级（52 米/秒）；随后其纵穿浙江、江苏两省并移入黄海海面，又于 8 月 11 日 20 时 50 分许在山东省青岛市黄岛区沿海再次登陆，登陆时中心附近最大风力有9级（23米/秒），此后其移入渤海海面并不断减弱，最终于8月13日14时被中央气象台停止编号。

受其影响，句容市9—12日出现东北转偏西大风，最大风力8级，10日—11日出现区域性暴雨。

（胡丹丹）

【资源】 土地资源：句容地带土壤为黄棕壤。全市土壤分6个土类、13个亚类、17个土属、23个土种（变种）（土壤普查五级分类制）。其中，水稻土类主要分布在丘岗冲、圩区、湖区的高平原及江河一带低洼处，黄棕壤土类主要分布在茅山、宁镇山脉的低山丘岗、平缓坡地及山凹等地，紫色土类主要分布在茅山、赤山、红山、宝华山一带低山山脚处，石灰岩土类主要分布在宁镇山脉一些山脚处，红沙土类主要分布在一些低山山脚处，潮土类主要分布在长江南岸下蜀至宝华一带。据1985年《句容县综合农业区划》，境内5个区划土地资源总量为13.79万公顷。其中，宁镇丘陵区4.82万公顷，占土地总面积的34.93%；茅山丘陵区5.68万公顷，占土地总面积的41.17%；赤山湖平原圩区1.70万公顷，占土地总面积的12.35%；沿江圩区0.49万公顷，占土地总面积的3.58%；亭子山区1.10万公顷，占土地总面积的7.97%。

生物资源：市境有宝华山国家森林公园、省级宝华山自然保护区、省级茅山森林公园，有林面积达2.7万公顷，木材蓄积量80万立方米。市境地带性植被为北亚热带含有长绿树种的落叶阔叶林，现仅在宝华山隆昌寺西北、茅山华阳洞和大茅峰下的大洼尚有小片的落叶阔叶林。人工林木植被发展较快。赤山湖等湖荡、河道植被有水生植物和湿生植物群落，沿湖地区主要植被为芦苇和杂草，其他丘陵岗地有灌木、草本植物和菌类植被等。宝华山植被保存较好，自然保护区有148.7公顷，有“吃不尽的天宁米，烧不尽的华山柴”之说。植物有林木植物、灌木和草本植物、水生、菌类及多种农作物。宝华山植物共124科352属529种。其中蕨类植物11科13属15种，裸子植物4科5属6种，双子叶植物88科261属480种，单子叶植物6科49属64种。宝华玉兰为特有珍稀树种，还有红豆杉、银杏、樟树、榉树、栎树等。国家和省级珍贵树种保护名录所列的古树名木有榉树、朴树、枫香、樟树、木瓜、黄连木、榿木、槭树、椴树、银杏、檀树、宝华玉兰、紫楠、珊瑚、青冈栎、冬青、四照花、江南榿木、铜钱树、桂花等。树龄在100—199年有139棵，200—299年45棵，300—399年21棵，400—499年13棵，500年以上8棵，最老树龄有3棵达800年，全部列入重点保护树种。动物有鱼纲、哺乳纲、两栖纲、爬行纲、鸟纲等脊椎动物，毛足纲、辨鳃纲、昆虫纲、甲壳纲、蛛形纲、多足纲等无脊椎动物，以及5个纲、120多种野生动物。

中国特有的生长于句容林场的国家一级保护植物——宝华玉兰

中药材资源：句容是江苏省药材重点产地。茅山有中草药750多种，仅《本草纲目》就收录有380多种，如茅苍术、太保黄精等。全市各类药材有754种，其中植物类药材153科460属705种，动物类药材32科44种，矿产类药材2种（人灵磁石和钟乳石），其他有人中白、优龙肝、百草霜等3种。全国重点调查的366种药材资源中，句容有157种，占总数的44%。江苏省增加的重点调查35种药材资源中，句容有26种，占74%。境内中药材蕴藏量丰富。据有关部门调查，重点药材品种年产量在25000公斤以上的有39种，20000公斤左右的有39种，5000公斤以下的有11种，2500公斤—1000公斤的有62种；不足1000公斤的有32种。

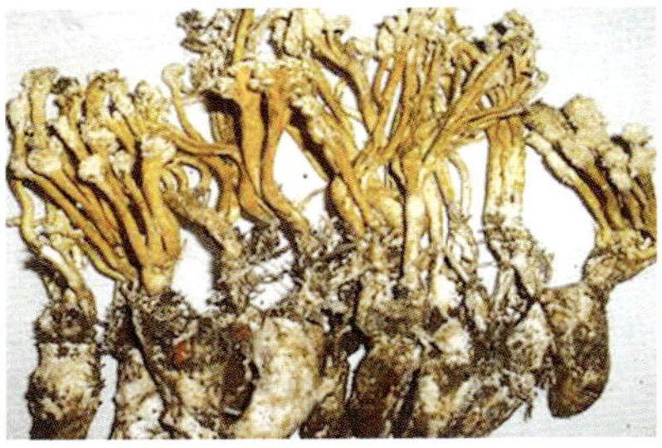

天王镇磨盘山金蝉花

矿产资源：句容具备较好的成矿条件，矿产资源丰富。探明矿床30余处，矿种25种。其中金属矿8种、非金属矿15种、能源矿2种，水气矿产1种。主要有膨润土、铁、锰、铜、钼、石灰岩、煤、玄武岩等。矿床点分布广，储量大，易开采，具有投资少、见效快等特点。其中膨润土矿品位高，储量达1.5亿吨，被列为全国第二大储区。优质石灰石储量达20亿吨，且含钙量高达55%以上。宝华山发现江苏省内第一处大型红柱石矿。此外，还有储量可观的黄沙、红沙等。

水资源：全市水资源总量2.4亿立方米，正常年用水量2.0亿立方米。市境地表水径流总量5.18亿立方米，人均占有量869立方米。全市河道及中、小型水库和塘坝、浅井等水利工程的蓄量为2.47亿立方米。其中水库为1.25亿立法米。市境深层地下水资源主要分布在宁镇山脉南、北两侧和茅山丘陵区。　（志　办）

【建置沿革】　句容，春秋属吴，战国属越，楚并越遂属楚，秦属鄣郡。秦置江乘县，治所在今句容市北（三国吴废，晋复置，隋开皇初废），句容境北部属之。汉置句容县，隶丹阳郡。汉武帝元光六年（前129年）封长沙定王刘发之子刘党为句容侯，元朔元年（前128年）党死，复为县。治所即今句容市区。直至南北朝，均属丹阳郡。东晋大兴三年（320年）句容琅琊乡、江乘金陵乡立为怀德县，安置琅琊国人，此为东晋最早侨县。咸康元年（335年）侨置琅琊郡有实土、桓温为太守，治所在金城（今句容市西北宝华镇西）；南朝宋改为南琅琊郡，齐迁治于白下（今南京市金川门外），陈废。隋废郡置州，以州领县，句容属扬州。唐武德三年（620年），以句容、延陵二县置茅州，武德七年（624年）茅州废，句容属蒋州。武德九年（626年）句容划归润州。天宝元年（742年），句容属丹阳郡。乾元元年（758年），昇州辖句容。上元二年（761年）昇州废，句容复归润州。光启三年（887年），复置昇州，句容重归其辖，直至唐末。五代时期，昇州先后改称金陵府、江宁府，均辖句容。宋初复置昇州，天禧二年（1018年），置江宁府，辖句容。天禧四年（1020年）改句容县为常宁县，寻复为句容。南宋建炎三年（1129年）江宁府改称建康府，句容属建康府。元建省设路，建康府改为建康路，后又改名集庆路，句容归其领治。明改集庆路为应天府，句容属应天府。清改应天府为江宁府，句容属江宁府。太平天国时，句容直属天京。民国元年（1912年），江宁府改称南京府，辖句容。民国3年（1914年），废府设道，句容属金陵道。民国16年（1927年），道废，句容直属江苏省政府。民国24年（1935年），江苏省划分10个行政督察区，句容属第十行政督察区。抗日战争时期，句容属江南行署第一行政督察区。民国27年（1938年），新四军进入茅山地区，建立了以茅山为中心的苏南抗日根据地，先后成立了“抗敌总会”和“抗日民主政府”，此间根据地和抗日民主政府归苏南第五行政区专员公署（后又曾与邻县地区建立过镇句、江句等县政府）。民国32年（1943年）后为苏南行政公署。敌占区被日伪统治。民国34年（1945年）抗日战争胜利后，句容重归江苏省第一行政督察区。民国38年（1949年）4月23日句容解放，4月26日句容县人民政府正式成立，属苏南行政公署镇江专员公署。同年12月2日中共中央华东局决定将句容划归南京所辖，1950年1月仍划归镇江专员公署。1953年江苏建省后属镇江专区。1958年镇江专区改为常州专区，后又改为镇江专区，句容仍属之。1983年3月，江苏省实行市管县后，句容属镇江市。1995年4月经国务院批准撤县设市；6月，江苏省人民政府正式发文，句容撤县设市，实行计划单列，仍属镇江市管辖。

2009年12月26日，句容市委十届八次全委扩大会议提出“推进同城同建，打造南京副城——阔步迈向宁句一体化发展新时代”发展战略。10月30日，宁句一体化研究会成立，全面对接南京，承接南京辐射。2010年4月4日《南京日报》电子版郭之纲撰《句容与南京的历史认知和文化认同》一文：句容2138年间，行政隶属，作为茅州治所5年，隶属浙江安吉8年，隶属安徽芜湖11年，隶属扬州12年，隶属镇江321年，隶属安徽宣城391年，隶属南京1390年。

（志　办）

附：句容名称由来

一是以山取名。南宋《景定建康志》、明弘治《句容县志》、民国《今县释名》均注明：县内有勾曲山（即茅山），山形似“己”，勾曲而有所容，故名勾容，又名句曲。古代句、勾二字相通，因此逐渐写成句容。

二是以山、水取名。清乾隆《句容县志》转载明万历《句容县志》称：“句容有句曲山，山形如‘己’字。箕距三茅绛岭，襟带九曲秦淮，县治四面山水环抱，俨若城池。”清《茅山志》载：江水之东，金陵之左，右间有一小泽（今赤山湖），周时名其源泽，为曲水之穴。泽东为句曲山，形如“己”字，故名句曲。山源曲而有容，故其境为句容里。观《赤山湖志》：县境北、东、南三面环山呈“勹”形，“勹”上之水注入赤山湖，湖为“口”，四岸有所容，所以叫句容。还有一说，是以秦淮河取名的。境内宝华山东南侧系秦淮河发源地之一，山水由县城之东北绕经城南流向西南进赤山湖而入秦淮河，弯曲成“勹”状，县城为“口”处于“勹”中，为“句”字；县城有高地，古之称为“容山”，因而县名为“句容”。

三是以语音取名。南京大学语言学专业研究人员认为，句容在春秋战国时代是古越人居住的地方，他们说着一种与华夏语完全不同的语言。“句”、“勾”相通，在古越语中是“个”“棵”的意思。“容”在上古时读“dōng”，与壮侗语译音“崬”字相同。而“崬”意为森林，壮侗语与古越语又密切相关。因此，两字合在一起就成为“一个森林”之意。事实上，古代“句容”这块土地上树木确实是很多的，与周围各县有明显区别。

【行政区划】 截至2019年年底，全市辖8个镇，3个街道办事处，1个管委会，25个社区居委会，152个建制村。（民政局）

句容市村（居）委会情况一览表

表2

市、镇（驻、地）	行政村数	涉农社区数	城市社区数	行政村	涉农社区	城市社区
华阳街道	14	3		周家岗、南亭、吉里、下句、新生、云塘、西岗、吴岗、北相、新坊、钱家边、里巷口、杨家巷、赵塘	上路、北阳门、城上	
下蜀镇	9	1		下蜀、祝里、六里、裕课、沙地、桥头、亭子、空青、新村	下蜀	
宝华镇	8	2		宝华、铜山、栗庄、仓头、栏江、和平、凤坛、华山	新城、宝华花园	
边城镇	14			东昌、友谊、衣庄、光明、青山、高仑、桥东、陈武、大华、佴池、双杨、戴村、赵庄、赵村		
白兔镇	15			白兔、上荣、解塘、茅庄、幸福、唐庄、行香、中心、古隍、太平、龙山湖、马里、西井、高庙、倪塘		

续表 2

市、镇（驻、地）	行政村数	涉农社区数	城市社区数	行政村	涉农社区	城市社区
郭庄镇	22			郭庄、端王、甲山、孔塘、朝阳、庄里、经戴、百丈、金星、葛村、刘巷、东岗头、五渚坊、东湖、东方红、方溪、虬北、百里、谢桥、赤山、芦亭、胜利		
后白镇	21			后白、芦江、曹村、淮源、古村、李家桥、夏王、东湾、东风、王庄、延福、西冯、二圣、徐巷、张庙、泗庄、五星、槐道、林梅、西城、长里岗		
天王镇	16			天王、赵巷、前进、西溧、农林、金山、朱巷、蔡巷、唐陵、浮山、唐谷、涧北、袁巷、戴庄、斗门、竹园		
茅山镇	10			城盖、丁庄、何庄、长城、永兴、前陵、东霞、袁相、丁家边、蔡门		
黄梅街道	13	6		黄梅、莲塘、后塘、九华、新塘、南巷、河桥、石狮、后苇、大卓、下荫、杜家山、姚徐	三台阁、三里井、杨塘岗、西庙、赤岗、寨里	
茅山管委会	10			茅山、夏林、玉晨、后河、天乐、墓东、潘冲、李塔、上杆、马埂		
崇明街道			13			东门、义台街、红旗、崇明、茅山、马扎里、中凌、葛仙、甲城、新村、建新、梅花、河滨
合计	152	12	13			

注：目前下蜀居委会由下蜀村委会代管

（民政局）

【城市性质及规划】 按照苏南现代化建设示范区和宁镇扬同城化建设发展的要求，加速推进宁句同城化进程，努力提高各项事业现代化发展水平。坚持科学、可持续的发展原则，建设文化特色鲜明、人居环境优良、经济繁荣、社会和谐、生活幸福的新句容，将句容市打造为江南特色文化休闲基地、宁镇绿色创新协同发展区、南京都市圈生态宜居城市。积极推进城市现代化发展进程，到2020年建成更高水平全面小康社会，至2035年，经济建设方面努力缩小与苏南地区整体发展的差距，经济发展、城乡建设、社会建设和环境建设方面逐步实现与苏南地区基本同步。将句容打造为长三角文化生态休闲基地，江苏创新创业示范区，南京都市圈现代化生态宜居城市。

（自然资源和规划局）

【交通】 句容市境内国省干线公路包含G42沪蓉高速、G25长深高速、G312沪霍线、G104北平线、S38常合高速、S122宁张线、S243扬禄线、S266下茅线、S002南京三环线、S338宁镇线、S340虞宁线。至2018年底，全市公路总里程达2511.637公里（含312国道：21.63公里，高速公路：51.57公里），公路密度达182.27公里/百平方公里。高速公路共51.57公里，一级公路204.938公里，二级公路304.168公里，三

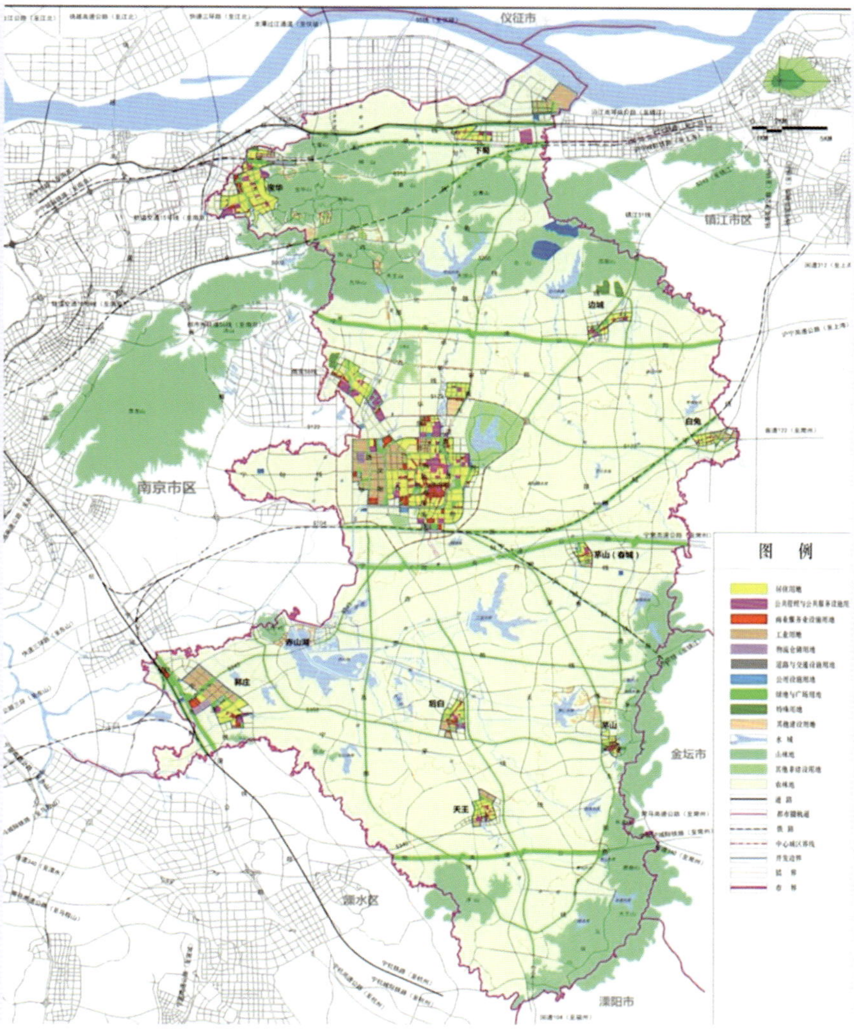

句容市城市总体规划图

位于郭庄镇的宁杭高速铁路句容西站

级公路 363.491 公里，四级公路 1639.04 公里。公路客运站场 5 个。

航道总里程达 76.63 公里。其中等级航道里程 19.16 公里，为句容河航道（东门电站—赤山友谊桥，现六级规划五级）；等外级航道里程 57.47 公里，分别为秦淮中河航道（赤山湖—后白农场）里程为 10.58 公里，秦淮南河航道（赤山湖—李家桥）里程为 10.35 公里，赤山湖航道（赤山闸—北河口—中河口—赤山湖口）里程为 14.34 公里，便民河航道（桂花庄—长江江口规划五级）里程为 5.2 公里，大道河航道（栏江桥—长江江口，其中 5.4 公里规划五级），里程为 17 公里。

铁路里程达 63.08 公里，车站 2 个。其中沪宁铁路途经句容境内（下蜀、宝华两镇）17.8 公里；沪宁城际铁路途经句容（下蜀、宝华两镇）境内 20.22 公里，设有宝华山车站；京沪高速铁路途经句容（下蜀镇）境内 17.4 公里；宁杭城际铁路途经句容（郭庄镇）境内 7.66 公里，设有句容西站。（交通局）

【人口】 截至 2019 年年末，句容市户籍人口 58. 66 万人，常住人口 62. 92 万人，比 2018 年年末增加 0. 16 万人。人口出生率 8. 24‰，人口死亡率 7. 29‰.（统计局）

附一：句容先民移居崇明

据《句容县志》《崇明县志》等记载：崇明人的祖先于周万岁

通天元年（696年）最早到东、西两沙定居，为黄、顾、董、施、陆、宋六姓，大多来自句容一带。宋建中靖国元年（1101年），涨三沙，句容人朱、陈、张三姓定居。北宋末年，开封鲁惠公后裔施天寿先迁句容，后于明洪武、永乐年间亦迁崇明。明洪武二十七年（1394年），本县无田农民500余户，迁昆山县定居。明永乐时宋杰的祖先，是从句容迁居崇明的。

附二：句容历史上的三次移民

第一次是在两晋交替时期。西晋末年，匈奴入侵中原，朝野的官僚和地主纷纷率家室与部属渡江南逃。晋室琅琊王司马睿在南京称帝后，在句容侨设"怀德县"，专门安置随他自山东琅琊一起出逃的亲朋故旧。不久，晋成帝司马淤在句容的北乡侨置琅琊郡，让琅琊逃来的普通百姓也定居于此。至今，黄梅镇仍有一个村子叫"琅琊界"。过了这个郡界往东，则是"南徐州"（镇江）的辖地，侨置的多是江淮一带难民。

第二次是在南宋时期。句容民间流传"泥马渡康王"的故事。相传康王当年跑反时，曾被金兀术自江北一直追杀到句容葛村的短落桥，差点儿成了无头冤鬼。江北黎民不愿受异族暴政统治，迁往江南。就连居住在城里的民众，也遵循"大乱入乡"的规律，逃来避乱。如宋太祖的七世孙赵伯珪，曾袭封为金陵（南京）的郡王，元兵南渡后，为了笼络这位王爷，特赐地200顷，其中有20顷在句容境内。赵伯珪誓不与元兵合作，抛弃高官厚禄，隐居偏僻的句容南乡。如今，天王镇赵巷村的赵氏村民，全是这位王爷的后裔。据史料载，南宋前期，句容约有10%的客民，而130年后，居民已有80%的外籍人了。

第三次是在光绪年间。太平天国战争时期，清政府为绞杀农民革命运动，在石头城外筑起"江南大营"，以重兵进行包围。句容因此沦为两军恶战的主战场，历时长达11年之久。经过战乱、兵火、瘟疫、旱灾、蝗灾的重重洗劫，句容"荒榛满地、白骨撑天，数百里内无人觅食，村野为之一空"。战前约有50万居民的句容，一下子锐减的人口高达80%以上。清代文人陈康琪《郎潜纪闻》记载，同治三—四年（1864—1865年）句容等地"到处食人""人肉始卖三十文一斤，后增至八十文一斤。"（志　办）

【民族】　句容市是汉族聚居、少数民族散杂居地区。全市有35个少数民族，共3605人，占全市总人口0.6%。80%的少数民族生活在农村，绝大多数是从云南、贵州、广西等省区婚嫁至句容的少数民族妇女。其中回族836人，占全市少数民族人数的23.2%。全市各镇、管委会均有分布，有回族、蒙古族、藏族、维吾尔族、彝族、壮族、布依族、朝鲜族、满族、侗族、瑶族、白族、土家族、傣族、黎族、傈僳族、佤族、拉祜族、水族、东乡族、纳西族、土族、达尔族、达斡尔族、仫佬族、羌族、仡佬族、阿昌族、鄂温克族、京族等。边城镇佴池村属全省42个民族村之一，是回族聚居相对集中的地方。句容各少数民族一般讲汉语，用汉名，服饰、生活习惯等亦与汉族大致相同。同时，各少数民族仍保持本民族的文化习俗、宗教信仰和生活习惯。（施晓雨）

【宗教】　句容市是江苏省、镇江

民族村——边城镇佴池村

市宗教工作重点县（市）之一，境内有道教、佛教、伊斯兰教、基督教四大宗教，经批准登记的宗教活动场所 30 处，其中，道教 2 处，佛教 4 处，伊斯兰教 1 处，基督教 23 处（含临时活动点 1 处）。茅山道院、宝华山隆昌寺是全国重点寺观。全市设有爱国宗教团体 4 个，登记备案的宗教教职人员 98 人，现有信教群众 10000 余人。 （施晓雨）

【方言】 句容市西北方言接近南京话，属江淮次方言；东部接近江淮方言与吴语的分界线，其中几个镇的语音、词汇有些接近吴语；南部乡镇由于历经战乱和灾荒，从河南、湖北等地迁进一批移民，他们的语言属北方方言，对当地有一定影响。语音方面：句容方言有阴、阳、上、去、入等 5 个声韵调。两个字或几个字连续时会发生变调。句容话两字组轻声一般发生在后字，后字的轻声调值主要取决于前字的声调，与后字原调有时也有一定联系。古入声在普通话中已消失，分别归入新四调中。阴入如“积、黑”等，阳入如“国、绝”等，上入如“塔、葛”等，去入如“特、勒”等；声韵配合上，有很多发音没有什么规律，普通话无拼读关系的，句容方言有的却可以，但为数很少，如“去”读作 kì，“峰”读作 Fōng，“回家”读成“嘎 ki”，“好吃的”读成“好切的”等等。鼻化元音中往往 n、l，in、ing，en、eng 不分。n、l 不分且一律读作 l，如“男、兰”等，鼻舌音 n 对句容人来说很“陌生”。zh、ch、sh 一律读作 z、c、s。卷舌音对句容人亦显困难，如“是的”，读成“似的”；“人生”读成“人森”。j、g，r、y 在个别字中相混，突出的如“讲、江”都读作 gāng；rong 发 yong，比如说“句容”，就发成“ju yong”，毛绒绒，是 mao yongyong。韵母方面，韵母 in、ing 相混且常读作 in，丢失 g，如“阴、英、京、津”这样的字在普通话中，北方人是很容易分得清也读得准的。音节中韵母丢失现象严重，如“罗、堆”等字，读作 lō、dēi，丢失 u。韵母 iɑan，读作 in，丢失 ɑa，所以北方人听句容人念“天”字，常听成“厅”。

语法方面：句容方言构词特色一是有一些名词后加成分“家”，在词中读“ge”的轻声，习惯上写作“格”，表示强调，如男人格、女人格、往年格，“格”在口语中读“gā”；二是人体及动物名称，以及其他一些事物的名称，有一些词是用重叠法合成的，如大腿瓜瓜（大腿肚）。词汇方面：句容话和普通话之间有很多词是相同的，只是读音不同。

老子神像位于茅山印宫，高 33 米、重 106 吨，由 226 块特制紫铜板焊接而成，入选上海大世界基尼斯纪录。

句容话和普通话不同的词汇也很多，有些不能用适当的汉字写出来，而只能用同音字或字音相近的字来代替。（王　晓　蒋兆有）

附：句容方言录入国家语言资源有声数据库

2011年1月12—14日，国家语言资源有声数据库调查组专家对句容4名方言发音人进行有声数据采集。采集分为个体数据采集和群体数据采集。个体采集时，发音人需读1000个字音、1200个词汇、50个句子，讲述包括“规定故事”和“自选话题”两部分约20分钟的话语；群体对话由4名发音人围绕句容地方文化特色、衣食住行改变等随机漫谈，对话时长约40分钟。有声数据采集过程运用录音、录像和摄影相结合的手段，相关数据在作技术处理后将进入国家语言资源有声数据库，实现在线点击。

素以“只闻钟声不见庙、宝华庙门独向北、和尚尼姑齐受戒、厨房大师烧‘荤菜’”“四怪”扬名的全国重点文物保护单位隆昌寺。

首届“古越神韵”道教文化音乐节

【风景名胜】　句容是中国优秀旅游城市，市境旅游资源丰富，自然景观、宗教文化、红色文化、乡村生态、农业观光、休闲养生等皆有特色，主要景区有茅山(包括九龙山)、宝华山、赤山湖等。茅山是道教上清派发祥地，素称“第一福地，第八洞天”“秦汉神仙府，梁唐宰相家”。茅山道院为全国首批对外开放的21处重点道观之一。茅山是全国六大山地抗日根据地之一，茅山新四军纪念馆和苏南抗战胜利纪念碑为全国爱国主义教育示范基地。“碑下放鞭炮，碑上响军号”成为世界一绝，与高达33米的露天老子铜像一同被载入《上海大世界基尼斯纪录》。茅山风景区是江苏省甲级风景区、国家AAAAA级旅游区、国家有机农业示范区。宝华山风景区是省级自然保护区、国家森林公园、国家AAAA级旅游区，素有“林麓之美，峰峦之秀，洞壑之深，烟霞之胜”四大奇景，享有佛教“律宗第一名山”之美誉。隆昌寺古建筑群被列为全国重点文物保护单位。赤山湖风景区是著名的湿地公园，被誉为南京都市圈最大的“天然氧吧”，2017年获批成为国家湿地公园。（志　办）

【历史文化遗存】　句容是江苏省建县2000年以上13个古县之一，历史文化遗存丰厚。市境古遗址27处。青山鱼化石距今有2.25亿年。一种为江苏裂齿鱼，在全省是第一次发现，另一种叫句容鳞齿鱼，在华东地区也是第一次发现。放牛山旧石器遗址距今约30万年，是全省迄今为止发现的最早的旧石器早期遗址，填补全省旧石器早期只有古人类化石，没有古人类文化的空白。距今6500—7000年的丁沙地遗址是宁镇地区发现最早的一处新石器文化遗存，是定居农业氏族聚落遗址。城头山新石器遗址上层为湖熟文化层、下层为良渚文化层，填补良渚文化中晚期缺环。另有反映吴文化的土墩墓1000多处，获称“2005年全国十大考古新发现”。

城上村遗址是新石器时代至周代时期的古遗址，它与石狮、隆昌寺、春城土墩墓一起被评为全国重点文物保护单位。另有国家级文物94件。句容民俗文化丰富多彩，被列入非物质文化遗产的有国家级的“秦淮灯彩”“茅山道教音乐”，省级的“二龙戏珠”，镇江市级的“芦江张家镗”，还有民间剪纸等。

（志　办）

【历代名人】 明弘治《句容县志》序文称句容“名宦、人物、师儒、忠良、节义、孝烈比他邑多。”句容历代人才辈出，自唐至清，有进士117人、状元1人。《江苏艺文志镇江卷》记载句容文史人物272人及其著作。三国时期，葛玄在吴国炼丹行医，被樟树市尊称为“药界鼻祖”；西汉茅盈、茅固、茅衷至句曲修炼，始有茅山之称；东晋葛洪是道教理论家、炼丹术家、医学家，著《抱朴子》等；南北朝时期陶弘景为“山中宰相”，宝志为“帝师”；五代时期周文矩为宫廷知名画家；唐代颜真卿归葬句容，《全唐诗》中有句容籍作者殷遥、沈如筠、樊晃、祝元（天）膺、樊珣、刘三复等6人存诗16首，刘邺官至宰相；宋代刘混康为茅山赢得“镇山四宝”；明代状元李春芳，“青菜县令”徐九思“画菜辅官”，还有剧作家朱从龙、音乐家朱载堉等；清代笪重光书画兼长；近现代钱立三发现“湖熟文化”，革命烈士郭纲琳、巫恒通以身殉国……明神宗皇帝为宝华山古刹赐额，清康熙南巡句容登宝华山，为古刹题寺名。乾隆皇帝六下江南，六上宝华山，作诗联句，题书匾额。历代诗人皮日休、王伟、韩愈、李商隐、顾况、范仲淹、王安石、祝允明等，在句容留下诗文200多篇……当代，中科院院士杨樾、戴立信，婚姻法专家巫昌祯，湖北省文联主席骆文，全国劳动模范余锁根、方继生、杨修林、纪荣喜，全国十大三农人物、时代楷模赵亚夫，革命烈士周宜顺、王祖修……

（志　办）

东晋道教学者、著名炼丹家、医药学家，所著《肘后备急方》记载“青蒿一握，以水二升渍，绞取汁，尽服之”。屠呦呦受其启发发现青蒿素治疗疟疾的新疗法，于2015年10月，因获诺贝尔生理学或医学奖。

【历代兵事】 句容地处南京东郊，军事战略地位重要，史称“石城左臂”。三国时，曹丕率水军攻吴之战是《中国军事史》上记载句容建县后的第一仗。其后，东晋刘裕讨伐桓玄、唐时刘展兵败下蜀、南宋黄天荡截击之战，以及元代华山农民起义军击败数万元军进攻等均发生在句容。清代太平天国战争，清军与太平军争夺句容之战达11年，县境四乡百里范围皆战场。北伐战争期间，国民革命军于1927年8月与军阀孙传芳部，在县境北部龙潭、仓头一带激战，史称“龙潭战役”。1932年，国民政府在句容城北建造飞机场，驻守空军，保卫南京。抗战时期，茅山是全国六大山地抗日根据地之一，抗日军民坚持7年多，直至取胜。其间，根据地人民有5万多人参加新四军，新四军7000多人为国捐躯，仅县团以上军政干部就有近百人。句容革命烈士590多人。1949年4月23日，渡江战役胜利后，句容解放。

（志　办）

【市徽和市花】 1995年8月11日市第11届人大常委会第22次会议通过。市徽：马宏峰设计。

苏南抗战胜利纪念碑

圆形环绕，JR（市名汉语拼音声母）居中。市花：月季花。

（志　办）

市徽

月季花

国民经济和社会发展

【概况】　2019年，句容市实现地区生产总值661.48亿元，按可比价计算，同比增长6.3%，列镇江市第3位。其中，第一产业增加值48.08亿元，增长2.4%；第二产业增加值292.77亿元，增长5.0%；第三产业增加值320.63亿元，增长8.2%。经济运行质量提高，第三产业增速快于第二产业3.2个百分点，服务业增加值占GDP比重为48.5%，同比提高2.9个百分点。经济结构进一步优化，三次产业增加值比重由上年的8.1∶46.3∶45.6调整为7.3∶44.3∶48.4，三次产业结构比重首次由“二三一”转向“三二一”，人均地区生产总值（按常住人口计算）达到105264元，比上年增加6400元，历史性突破人均10万元大关。财政收入增速明显，总收入达184.2亿元，同比增长19.3%，其中，全年完成公共财政预算收入53.5亿元，同比增长7%，税占比达90.2%。一般公共预算收入占GDP比重8.1%。全市固定资产投资完成259.8亿元，同比增长3.9%。大力推进新型城镇化建设，常住人口城镇化率达60.43%，比上年提高1.16个百分点。综合经济实力实现新突破。全国百强县排名跃升至第50位，全国投资潜力百强县市列第41位，全面小康指数百强县列第42位。（统计局）

【农业】　2019年，句容市实现农林牧渔业总产值78.75亿元，同比增长2.41%。实现增加值53.11亿元，按可比价计算，增长1.82%。其中，种植业34.1亿元，可比下降0.90%；林业3.09亿元，可比增长43.11%；畜牧业4.56亿元，可比增长31.56%；渔业6.15亿元，可比下降15.46%；农林牧渔服务业5.21亿元，可比增长8.84%。农业农村发展实现新突破，创成全国首批农村产业融合发展示范园、国家电子商务进农村综合示范县和江苏省农产品质量安全示范县。“茅山长青”通过国家农产品地理标志评审，“戴庄大米”“西冯草坪”通过国家地理标志证明商标评审，均已进入公示阶段。唐陵村、丁庄村入选农业农村部“千村万寨展新颜”名单。（统计局）

【工业】　2019年，句容市实现规模以上工业增加值131.32亿元，同比增长4.9%，增速较上年同期回落0.6个百分点。全市实现工业应税销售收入566.21亿元，同比增长7.2%。全市工业用电量17.19亿千瓦时，同比增长1.2%，增速比上年同期上升1.6

个百分点。（统计局）

【建筑业】 2019年，句容市建筑企业总产值104.16亿元，比上年同期减少12.13亿元，同比下降10.4%。其中，建筑工程产值为95.68亿元，比上年同期减少18.53亿元，同比下降16.22%；建筑业增加值为56.85亿元，可比价增长5.5%。全市建筑企业房屋竣工面积为267.56万平方米，比上年同期增加104.57万㎡，同比上升64.2%。（统计局）

【固定项目投资】 2019年，句容市固定资产投资完成259.8亿元，同比增长3.9%，增幅列镇江市第3位。其中，工业投资完成66.8亿元，同比下降4.3%；制造业投资完成50.3亿元，同比增长5.3%；高技术制造业投资完成18.5亿元，同比增长18.1%，高技术制造业投资占工业投资比重24%。三产投资完成192.7亿元，同比增长9.1%。全年完成房地产开发投资109.34亿元，同比增长17.6%。其中住宅投资93.90亿元，同比增长24.2%。房地产开发企业房屋施工面积1163.43万平方米，同比下降3.9%，其中住宅施工面积895.22万平方米，同比下降0.9%。商品房竣工面积292.18万平方米，同比增长20.5%，其中住宅竣工面积230.15万平方米，同比增长28.0%。商品房销售面积226.82万平方米，同比增长41.6%，其中住宅销售面积223.80万平方米，同比增长45.0%。商品房销售额244.74亿元，同比增长24.4%，其中住宅销售额240.87亿元，同比增长27.7%。（统计局）

【服务业】 2019年，句容市服务业增加值同比增长8.2%，增幅列镇江市第2位。服务业增加值占GDP比重为48.4%，同比提高2.8个百分点。全年实现社会消费品零售总额155.60亿元，同比增长4.4%。按经营单位所在地分，城镇市场零售额113.60亿元，下降1.1%；农村零售额42.00亿元，增长20.0%。按消费形态分，批发业零售额28.92亿元，下降26.0%；零售业零售额105.69亿元，增长8.7%；餐饮业零售额19.27亿元，增长14.2%；住宿业零售额1.73亿元，下降2.5%。（统计局）

【开放型经济】 2019年，句容市营商环境持续改善，调整涉企收费目录清单，出台清费降本减负政策，全年减税降费11.26亿元。净减少一般公共预算收入5.1亿元。开通“12345”企业服务专线，推行企业设立全程电子化和代办服务，实行“一窗受理、全科服务”，试行“一件事一次办”，平均办理时限压缩60%，“2440”改革目标基本实现。全年全市实到外资1.21亿美元，同比增长33.37%，先进制造业实到外资0.71亿美元，同比增长17.1%，注册外资6.2亿美元，同比增长182.6%。完成进出口总额6.79亿美元，同比下降1.2%。（统计局）

【交通运输】 2019年，句容市公路总里程达2563.21公里。其中，高速公路51.57公里。重大交通基础设施加快推进，南沿江城际铁路征地拆迁基本完成，宁句城际轨道黄梅站、句容站、省句中入地段和路中桩基工程进展迅速。扬镇宁马铁路在句容城区并站，宁句城际轨道二期（句容城区至茅山段）前期工作进展顺利，句容加速迈向“高铁枢纽时代”。农村公路提档升级工程完成50公里。（统计局）

【邮政电信】 2019年，句容市拥有邮政局（所）24处。拥有本地固定电话用户8.23万户。邮电业务总量明显增长，增长49.0%。（统计局）

【旅游业】 2019年，句容市入围2019中国县域旅游竞争力百强县市，入选江苏省首批全域旅游示范区，成功申办第五届国际道教论坛和第十九届中国草莓文化旅游节。全年接待游客人次达2230.71万人次，全年游客增长15.7%，实现旅游收入246.5亿元，同比增长15%。（统计局）

【金融】 2019年，句容市完成一般公共预算收入53.5亿元，同比增长7.0%，其中税收收入48.26亿元，同比增长8.0%，税收收入占一般公共预算收入的比重达90.2%，比去年上升0.8个百分点。金融机构各项存款余额942.97亿元，同比增长14.4%，增幅列镇江市第1位；各项贷款余额1123.65亿元，同比增长23.7%，增幅列镇江市第1位。不良贷款余额和不良率在镇江继续保持“双最低”。（统计局）

【科技】 2019 年，句容市新增国家级高新技术企业 29 家，国家级高新技术企业总数达 92 家，高新技术产业产值占规模以上工业比重 37%。新增享受国务院特殊津贴专家 1 人、省级“双创计划”4 人、省“科技副总”26 人。投放“苏科贷”1.2 亿元，发放华阳科贷 1.4 亿元，共撬动银行资本达 3 亿元。 （统计局）

【教育】 2019 年，句容市有学校总数 96 所，其中普通中等专业学校 1 所，普通中学 15 所，小学 27 所，幼儿园 51 所，特殊教育学校 1 所，十二年一贯制学校 1 所，共招生 1.78 万人，在校生 6.38 万人，毕业生 1.53 万人。学龄儿童入学率、女童入学率均达到 100%，小学毕业生升学率 100%，初中毕业生升学率 98.46%，高中毕业生升学率 92.45%。实施教育质量提升“三个五年”行动计划，中高考成绩稳步提升，学前教育工作全省领先。盘活城区教育资源存量，优化城区中学布局，文昌中学等 6 所新建学校投入使用。年内开展校外培训机构等教育领域突出问题专项治理。 （统计局）

【卫生】 2019 年，句容市有卫生机构 223 个，卫生技术人员 3286 人，医疗卫生机构床位数 1954 张。“院府合作”取得新成效，省人民医院句容分院实质化运营，30 余名省级专家入驻，开创 10 多项句容医疗手术领域历史先河，重症患者转院率下降 30%。 （统计局）

【文化体育】 2019 年，句容市有文化馆（站）11 个，博物馆 3 个，电影院 7 个，图书馆 1 个，体育场馆 12 个。广播覆盖率和电视覆盖率均达 100%。成功举办句容马拉松赛、环太湖公路自行车赛等国际性赛事。 （统计局）

【城乡建设】 2019 年，句容市坚持产城景文深度融合，正式批复 9 个乡镇总规、10 个乡镇控规编制，完成中心城区 27 个控规单元规划编制，编制完成城市文化战略品牌规划和建设标准体系，华阳东西南北路“白改黑”工程赢得群众点赞。完成 102 幢老旧小区居民楼整治出新，新增 19 个垃圾分类试点小区。对全市拆迁工作进行政策统筹，统一补偿标准，有效降低政府拆迁成本，一批拆迁中的历史遗留问题得到妥善解决。充分利用闲置空间，新增城区公共停车位 1400 余个。 （统计局）

【环境保护】 2019 年，句容市注重对污染防治工作的规律性把握，靶向治理工地扬尘、汽车尾气、工业废气、监测点周边环境等关键问题。实施大气污染联防联治。全年 PM2.5 平均浓度同比下降 0.74%，全省月度排名从一度垫底前移至第 28 名。对主城区 9 条河道 175 个排口进行追根溯源、精准治理，基本实现晴天污水不入河，国省考断面水质稳定在Ⅲ类水以上，创成首批省级水生态文明试点市。 （统计局）

【人民生活】 2019 年，句容市全体居民可支配收入为 38891 元，同比增长 8.3%。农村居民人均可支配收入 24222.8 元，比上年增加 1910 元，同比增长 8.6%。人均生活消费支出为 18372.8 元，比上年增加 1218 元，同比增长 7.1%，其中，八大类消费支出均有不同幅度增长：食品消费支出为 5493.5 元，同比增长 7.9%；衣着支出为 1415.2 元，同比增长 4.5%；居住支出为 2071.6 元，同比增长 4.6%；生活用品及服务支出为 1308.2 元，同比增长 5.3%；交通通信支出为 3280.3 元，同比增长 8.3%；教育文化娱乐支出为 3160.1 元，同比增长 8.2%；医疗保健支出为 1262.6 元，同比增长 6.9%；其他商品和服务支出为 381.2 元，同比增长 7.5%。城镇居民人均可支配收入为 51016.6 元，同比增长 7.6%；城镇居民人均生活消费支出达到 27123.7 元，同比增长 6.5%，其中八大类消费支出均有不同幅度增长：食品消费支出为 8082.9 元，同比增长 8.9%；衣着支出为 3493.7 元，同比增长 6.9%；居住支出为 2413.4 元，同比增长 5.3%；生活用品及服务支出为 2950.1 元，同比增长 6.3%；交通通信支出为 2976.7 元，同比增长 9.0%；教育文化娱乐支出为 4692.4 元，同比增长 2.7%；医疗保健支出为 1406.7 元，同比增长 6.7%；其他商品和服务支出为 1107.8 元，同比增长 1.7%。 （统计局）

【社会保障】 2019 年，句容市年民生支出达 60.91 亿元，占一般公共预算支出比重 83%。发放富民创业贷款 1.7 亿元，新增城镇就业 11235 人。电子社保卡投入使用，企业退休人员基本养老金实现“十五连增”，城乡居民养老金“九连增”，城乡居民基本医疗保险筹资标准提高至1040元，城乡低保标准提高到750元/月。开展殡葬领域突出问题专项整治，实施长龙山、兆文山公墓升级改造工程。（统计局）

组织机构及领导干部

·中共句容市委员会·

书记

潘　群

副书记

周必松

高庆华

常委

蒋建中（　—2019.05）

宋飞雄

贾云亮（2019.02—　）

姚　华

赵树锋

段永齐（　—2019.12）

查兆娣（女）

孙卫军

陈志勇

汪丹宁（2019.05—　）

办公室

主任

欧红卫（　—2019.02）

谢　兵（2019.02—　）

副主任

唐富祥＊

朱庆峰（　—2019.06）

张红星（　—2019.09）

王小军（　—2019.02）

胡　炜（　—2019.06）

徐哲迅（2019.02—　）

孙仁军

张广铧＊（2019.02—　）

时　效（2019.06—　）

常　云（2019.09—　）

成　帅（2019.09—　）

督查室主任

周　兴（　—2019.02）

深改办副主任

周　兴（2019.02—2019.06）

郑　超（女2019.09—　）

研究室副主任

陈　冬（2019.06—　）

机要保密局

（2019年02月

更名为市委机要局）

局长

朱庆峰（　—2019.09）

副局长

张广铧

吴　炜（女）

合作交流中心

主任

雍正金（2019.02—　）

组织部

部长

蒋建中＊（　—2019.05）

汪丹宁＊（2019.05—　）

常务副部长

孙太元

副部长

阎艳齐（女）

方春喜

市委组织员

蔡　艳（女）（　—2019.09）

佘　俊（　—2019.06）

市考核办副主任

孔　飞（2019.06—　）

市人才办专职副主任

张金陵

市电教中心主任

宋贤飞（　—2019.02）

赵　鑫（2019.09—　）

党建工作领导小组办公室

（在市委组织部挂牌）

主任

张红星（2019.09—　）

非公有制企业和社会组织工作委员会

（在市委组织部挂牌）

书记

阎艳齐（女）

副书记

吴宗新

公务员局

（在市委组织部挂牌）

局长

孙太元＊（2019.06—　）

市级机关党工委

（在市委组织部挂牌）

书记

严道顺（　—2019.02）

副书记

王　伦

陈志清（女）（　—2019.02）

宣传部

部长

查兆娣＊（女）

常务副部长

庞　勇

副部长

戴晓伟＊（　—2019.02）

谢　兵（　—2019.02）

严道顺（2019.02—　）

翟德润（2019.06—　）

宣传指导员

纪　萍（女）

王　莉（女）

网信办主任

翟德润（　—2019. 02）

新闻办副主任

陈利元（2019. 09—　）

精神文明建设指导委员会办公室

（在市委宣传部挂牌）

主任

谢　兵（　—2019. 02）

严道顺（2019. 02—　）

副主任

刘　军

市委网络安全和信息化委员会办公室

（设在市委宣传部）

主任

翟德润＊（2019. 06—　）

副主任

翟德润（2019. 02—2019. 06）

谢志春（2019. 06—　）

统一战线工作部

部长

蒋建中＊（　—2019. 05）

高庆华＊（2019. 05—　）

常务副部长

刘明祥（2019. 02—2019. 06）

严建华（2019. 06—　）

副部长

严建华＊（　—2019. 06）

刘明祥（　—2019. 02）

贾良明（2019. 06—　）

陈桂生

民族宗教事务局

（在市委统战部挂牌）

局长

严建华

党组书记

严建华（　—2019. 02）

副局长

赵　明（　—2019. 02）

谢天成

张晓晖（女）

台湾工作办公室

（在市委统战部挂牌）

主任

王　勇（　—2019. 02）

贾良明＊（2019. 06—　）

副主任

胡　新

石少华

政法委员会

书记

姚　华＊

常务副书记

李洪根

副书记

孙桂林＊（2019. 02—2019. 11）

吴明成＊（2019. 11—　）

王灵飞

汪四红

政治处主任

倪　儒（2019. 06—　）

社会治安综合治理委员会办公室

（与市委政法委员会合署）

主任

王灵飞＊（　—2019. 02）

副主任

张国庆（　—2019. 02）

张传军（　—2019. 02）

国家安全领导小组办公室

（与市委政法委员会合署）

主任

汪四红＊（　—2019. 02）

机构编制委员会办公室

主任

耿　忠

副主任

吴孝海

徐国华（女）

事业单位登记中心

（2019 年 05 月更名为机构编制政务管理中心）

主任

夏文华

市委巡察机构

巡察办主任

滕振林＊

巡察办专职副主任

张爱萍（女）（　—2019. 09）

李　政＊（2019. 02—　）

袁根富（2019. 09—　）

巡察组组长

许发毅

巡察组专职副组长

沈春生

赵向梅（女）

巡察组组长

陆　卫

巡察组专职副组长

骆腊生

万晓忠

巡察组组长

余立超

巡察组专职副组长

朱德保

唐　慧（女）

老干部局

局长

方春喜

副局长

徐开国

曹　丽（女）（　—2019.06）
贡道金

离退休干部工作委员会

书记
严廷才（　—2019.02）
方春喜＊（2019.02—　）
副书记
陆　萍（女）（2019.06—　）

党校（行政干部学校）

党校校长
高庆华＊
行干校校长
宋飞雄＊
常务副校长
戴晓伟（　—2019.02）
冯家旺（2019.02—　）
副校长
陶　强
王成军（　—2019.02）
凌建林
徐　进（2019.06—　）
校务委员
周　文

史志办（党史办）

主任
张　俊
副主任
倪定胜＊
许朝斌

档案局（档案馆）

局长
冯家旺（　—2019.02）
馆长
戴晓伟（2019.02—　）
副局长
王自清（　—2019.02）
周长兵（　—2019.02）
副馆长
王自清（2019.02—　）
周长兵（2019.02—　）

接待办

主任
雍正金（　—2019.02）
副主任
徐　俊（女）（　—2019.02）

新闻报道中心

（2019年09月撤销）

主任
张世海（　—2019.09）
副主任
王　芸（女—2019.09）
张　玮（　—2019.09）

融媒体中心

（2019年09月成立）

主任
汪荣春（2019.09—　）
党委书记
汪荣春（2019.09—　）
总编辑
汪荣春（2019.09—　）
副主任
杨言宏（2019.09—　）
王　芸（女2019.09—　）
张　玮（2019.09—　）
吴名建（2019.09—　）
移军霞（女2019.09—　）
纪委书记
朱宏琴（女2019.09—　）

·句容市人民代表大会常务委员会·

主任
文雁才
党组书记
文雁才
党组副书记
周春芳
副主任
周春芳
石继刚
黄　培
刘志鹏
党组成员
石继刚＊
徐胜宝
刘志鹏＊
俞小俊＊
刘　宁＊
陈学东＊
李爱林＊
纪书生＊
齐兴武＊
颜利平＊

办公室

主任
俞小俊
副主任
张金网（2019.02—　）
王　婷（女）
信访室主任
张　瑾（女）

人事代表联络委员会

主任
刘　宁
副主任
张广新

内务司法委员会

主任
陈学东
副主任
翁天强（　—2019.02）
吕　芬（2019.06—　）

财政经济委员会

主任

李爱林

副主任

曾宪明（　—2019.02）

赵　虎（2019.09—　）

农业和农村经济委员会

主任

纪书生

副主任

张忠玉

社会事业委员会

主任

齐兴武

副主任

王广平

环境资源城乡建设委员会

主任

颜利平

副主任

李晓军

华阳街道人大工委

主任

朱群峰

崇明街道人大工委

主任

丁学平（2019.06—　）

黄梅街道人大工委

主任

马久根

·句容市人民政府·

市　长

周必松（2019.01—　）

代市长

周必松（　—2019.01）

党组书记

周必松

常务副市长

宋飞雄

党组副书记

宋飞雄*

副市长

贾云亮

侯华锋

张荣海

王大金

孙桂林（　—2019.11）

吴明成（2019.11—　）

凌　华（女）

冯　琳（挂职）（　—2019.08）

沈向民（挂职）

党组成员

贾云亮*

侯华锋*

张荣海*

王大金*

孙桂林*（　—2019.11）

吴明成*（2019.11—　）

高志祥*

办公室

主任

高志祥

党组书记

高志祥

副主任

胡文成（　—2019.02）

杨海平（　—2019.02）

刘富金

李　玮

赵　文

郭　露（　—2019.02）

徐哲迅（　—2019.02）

杨　钢（2019.02—　）

毛海洋

巫建林（2019.02—　）

戴　伟（2019.06—　）

党组成员

雍正金

唐广智（　—2019.02）

督查室主任

巫建林（　—2019.02）

法制办公室

（在市政府办公室挂牌）

主任

高志祥*（　—2019.02）

副主任

杨海平（　—2019.02）

金融办

（在市政府办公室挂牌）

主任

胡文成（　—2019.02）

应急办

（设在市政府办公室）

主任

唐广智（　—2019.02）

副主任

雍　军（　—2019.02）

外事办

（设在市政府办公室）

主任

雍正金

副主任

杨　钢（2019.02—　）

发展改革和经济信息化委员会

（2019年02月更名为发展和改革委员会）

主任

陈建业（　—2019.02）

纪文华（2019.02—　）

党委书记

陈建业（　—2019.02）

纪文华（2019.02—　）

党委副书记

唐红生

副主任

唐红生（2019.02— ）

刘宏伟（ —2019.02）

徐　进（ —2019.02）

徐小明（2019.02— ）

李云鹏

毛可进

党委委员

王荣（挂职）（ —2019.03）

物价局

（在市发展改革和经济信息化委员会挂牌）

局长

唐红生＊（ —2019.02）

粮食和物资储备局

（在发展和改革委员会挂牌）

局长

焦桂葆＊（2019.02— ）

教育局

局长

高宏斌

党委书记

董明祥（ —2019.02）

高宏斌＊（2019.02— ）

党委副书记

高宏斌＊（ —2019.02）

副局长

刘志平（ —2019.02）

尹小计（女）

徐　燕（女）

许艾岷

房家义（2019.02— ）

凌麓（挂职 2019.11— ）

党委委员

王泰山

市委教育工作委员会

（在市教育局挂牌）

书记

高宏斌

市政府教育督导室

（在市教育局挂牌）

主任

王道银＊（女）（ —2019.08）

王泰山＊（2019.08— ）

副主任

陈雪花（女）

市教师发展中心

主任

李　歆

江苏省句容高级中学

校长

王泰山（ —2019.09）

党总支书记

王泰山＊（升格前）（ —2019.08）

党总支副书记

经庆录（2019.08— ）

常务副校长

经庆录（升格后 2019.08— ）

副校长

汪　涛（升格后）

胡文靖（升格后）（2019.08— ）

庄静平（升格前）（ —2019.02）

胡文靖（升格前）（ —2019.08）

经庆录（升格前）（ —2019.08）

年级部主任

张永才（2019.08— ）

解永平（2019.08— ）

宣　进（2019.08— ）

实验高级中学

校长

刘瑞宏

党总支副书记

刘瑞宏＊

副校长

黄　新

冯义平

薛国强

江苏省句容中等专业学校

校长

赵健康

党总支书记

孔祥富

党总支副书记

赵健康＊

副校长

孔祥富＊

曾　玮

张正珏

第二中学

校长

黄光斌

党总支书记

蒋　明

党总支副书记

黄光斌＊

副校长

纪争春

侯红宝

朱建光

第三中学

校长

蒋龙贵

党总支书记

吴发清

党总支副书记

蒋龙贵＊

副校长

严　飞

陈　敏

张　春

实验小学

校长

戴拥军

党总支书记

陈远勇

科技局

局长

赵　军（　—2019.02）

潘　云（2019.02—　）

党组书记

赵　军（　—2019.02）

潘　云（2019.02—　）

副局长

戴　俊

朱　燕（女）（　—2019.06）

杜永刚

李　艳（女）（2019.09—　）

吴鹏飞＊（挂职）

党组成员

王慧慧（女）（2019.09—　）

工业和信息化局

（2019 年 02 月成立）

局长

沈　政（2019.06—　）

党组书记

沈　政（2019.06—　）

副局长

徐　进（2019.02—　）

罗元清（2019.06—　）

陈高祥（2019.02—　）

杨　勇（2019.06—　）

蒋苏娜（挂职 2019.11—　）

公安局

局长

孙桂林（　—2019.11）

吴明成（2019.11—　）

党委书记

孙桂林（　—2019.11）

吴明成（2019.11—　）

督察长

孙桂林＊（　—2019.11）

吴明成＊（2019.11—　）

政　委

裔玉诚

党委副书记

裔玉诚

副局长

章丽明

蔡成贵

王世界

梅新贤

邵兴林

党委委员

施正林（　—2019.02）

吴玉琢

刘卫明

易善智

潘良军

张　进（2019.08—　）

刘华国（2019.08—　）

610 办公室

主任

蔡成贵＊（　—2019.02）

副主任

施正林（　—2019.02）

张其荣（　—2019.02）

维稳办

主任

章丽明＊（　—2019.02）

副主任

方忠云（　—2019.02）

吴世红（　—2019.02）

公安局政治处

主任

吴玉琢

公安局指挥中心

教导员

戴　斌（　—2019.02）

公安局治安警察大队

大队长

丁贤林（　—2019.02）

张　进（2019.08—　）

教导员

许永兵

公安局刑事警察大队

大队长

潘良军

教导员

余大伟

公安局交通警察大队

大队长

易善智

教导员

史明春

公安局经济犯罪侦查大队

大队长

丁义新

教导员

韩明富（　—2019.02）

陈明政（2019.08—　）

公安局国内安全保卫大队

大队长

黄　平

教导员

王泽举

公安局巡特警大队

大队长

陈　荣（　—2019.02）

教导员

徐　伟（　—2019.08）

公安局警务督察大队

大队长

刘卫明

教导员

谭游海（　—2019.02）

陶正庚（2019.08—　）

公安局法制大队

大队长

郭存星（　—2019.02）

刘华国（2019.08—　）

教导员

邹小红（　—2019.02）

王　慧（2019.08—　）

公安局网络安全保卫大队

大队长

万　俊

教导员

邵　林

公安局出入境管理大队

大队长

黄庆远

教导员

陈义芳（女）

看守所

所　长

张元祥

教导员

滕庆平（　—2019.08）

徐　伟（2019.08—　）

公安局禁毒大队

大队长

吴新龙

教导员

杜伦国

华阳派出所

所　长

张　进（　—2019.08）

孔庆辉（2019.08—　）

教导员

魏旺荣（　—2019.08）

潘林桢（2019.08—　）

下蜀派出所

所　长

王克钉

教导员

陈顺祥

宝华派出所

所　长

杨国正

教导员

朱春桥

边城派出所

所　长

汪　龙（　—2019.08）

贾晓光（2019.08—　）

教导员

贾晓光（　—2019.08）

肖兆波（2019.08—　）

白兔派出所

所　长

刘尚彬（　—2019.02）

琚卫军（2019.08—　）

教导员

陈启宏

茅山派出所

所　长

周巧生

教导员

丁　晨

郭庄派出所

所　长

夏祖明

教导员

蒋瑞银

后白派出所

所　长

贾　臣

教导员

余　伟

天王派出所

所　长

程　飞

教导员

袁　飞

开发区派出所

所　长

刘华国（　—2019.08）

汪　龙（2019.08—　）

教导员

桂　飞

茅山风景区派出所

所　长

孔庆辉（　—2019.08）

张方军（2019.08—　）

教导员

肖兆波（　—2019.08）

居　斐（2019.08—　）

赤山湖派出所

所　长

张方军（　—2019.08）

魏旺荣（2019.08—　）

教导员

谈国祥（　—2019.02）

吴世红（2019.08—　）

黄梅派出所

所　长

陈兴贵

教导员

朱华静

石狮派出所

所　长

琚卫军（　—2019.08）

闫晓星（女 2019.08—　）

教导员

戎　波

直属派出所

所　长

陈洪军

教导员

张宗周

民政局

局长

纪先荣

党委书记

杨　银（　—2019.02）

纪先荣（2019.02—　）

党委副书记

纪先荣＊（　—2019.02）

韦　刚＊（援疆 2019.02—　）

副局长

韦　刚（援疆）

高启福（　—2019.02）

姜建兵

徐　玮（女）

武益飞

福利中心主任

孙　青（女）

司法局

局长

张　晶

党组书记

张　晶

副书记

华恩慧（女）

副局长

华恩慧（女）

袁继宏

庞文革

杨海平（2019.02—　）

张传军（2019.02—　）

罗建军

杨兵（挂职）

财政局

局长

陈　刚

党委书记

陈　刚

副局长

糜　艺

袁建东（　—2019.02）

笪洪侠

巫维国（　—2019.02）

王余进（　—2019.09）

朱　峰（2019.06—　）

党委委员

许明生

蔡　伟（2019.06—　）

吴心敏（2019.08—　）

华阳分局局长

陈巧湘（女）（　—2019.02）

国有资产监督管理办公室

主任

陈　刚

副主任

薛学祥

蔡　伟（2019.06—　）

镇江市住房公积金管理中心句容分中心

主任

许明生

人力资源和社会保障局

局长

蔡家红

党委书记

蔡家红

副局长

杨俊魁

张军桓（　—2019.06）

胡继发（2019.06—　）

戴志勇

张芬清（　—2019.02）

陈　健

人才服务中心

主任

邹志琴（女）

社会劳动保险基金管理中心

主任

张芬清＊（　—2019.02）

王中明（2019.09—　）

劳动就业管理中心

主任

任玉军

住房和城乡建设局

局长

纪文华（　—2019.02）

邵国一（2019.02—　）

党委书记

金　伟

党委副书记

纪文华＊（　—2019.02）

邵国一＊（2019.02—　）

副局长

冯义进

陈　华

徐小明（　—2019.02）

杨　勇（2019.02—　）

许厚春

党委委员

高　翔（2019.02—　）

施金玉

地震局

局长

谭素平（　—2019.02）

副局长

高　翔

人民防空办公室

（在住房和城乡建设局挂牌）

主任

金　伟

市政公用事业服务中心

主任

笪兴柏

拆迁安置服务中心

主任

苏安定

房产业发展服务中心

主任

陈　杰

城市管理局

局长

徐龙喜（　—2019.02）

沈雪琦（2019.02—　）

党委书记

徐龙喜（　—2019.02）

沈雪琦（2019.02—　）

党委副书记

张　虎

副局长

张　虎*（2019.02—　）

曲秀祥（　—2019.02）

徐正春

陈才俊

朱　军（　—2019.06）

陈抗震（2019.06—　）

唐剑锋*（挂职）（2019.08—　）

城市管理城区行政执法大队

大队长

潘良栋（2019.09—　）

城市管理乡镇行政执法大队

大队长

潘良栋（　—2019.09）

贡　群（2019.09—　）

交通运输局

局长

邵国一（　—2019.02）

彭长江（2019.02—　）

党委书记

邵国一（　—2019.02）

彭长江（2019.02—　）

党委副书记

吴　清

副局长

吴　清*（2019.02—　）

徐富祥

吴迎春

李本春

顾　娟*（挂职2019.08—　）

党委委员

陈　松（2019.09—　）

公路管理处

处　长

杨正军（　—2019.09）

黄庆平（2019.09—　）**党总支书记**

黄庆平

运输管理处

处　长

陈　松

航道管理处

处　长

李卫东

水利农机局

（2019年02月更名为水利局）

局长

包俊华

党委书记

李家云

党委副书记

包俊华*

刘明祥（2019.06—　）

副局长

罗宜喜（　—2019.02）

陈智彬（2019.06—　）

王　勇（援陕）

文　伟

党委委员

张　巍（挂职）（　—2019.03）

长江提水站管理处

主任

包俊华*（　—2019.06）

刘明祥（2019.06—　）

副主任

方　雷

农业委员会

（2019年02月撤销）

主任

褚小明（女）（　—2019.02）

党委书记

褚小明（女）（　—2019.02）

党委副书记

张世军（　—2019.02）

副主任

李　祥（　—2019.02）

张柯华（　—2019.02）

潘茂亮（　—2019.02）

葛安明（　—2019.02）

赵德生（　—2019.02）

纪项迪（挂职）（　—2019. 03）
靳春亮（挂职）（　—2019. 03）
张　谷＊（挂职）（　—2019. 02）

党委委员

夏前德（　—2019. 02）

农业农村局

（2019 年 02 月成立）

局长

褚小明（女 2019. 02—　）

党委书记

褚小明（女 2019. 02—　）

党委副书记

张世军（2019. 06—　）

副局长

李　祥（2019. 02—　）
张柯华（2019. 02—　）
潘茂亮（2019. 02—　）
葛安明（2019. 02—　）
赵德生（2019. 02—　）
张　谷＊（挂职 2019. 02—　）

党委委员

赵九红（女 2019. 06—　）
夏前德（2019. 02—　）

粮食局

（在农业委员会挂牌）

局长

焦桂葆＊（　—2019. 02）

市政府扶贫工作办公室

（在市农业农村局挂牌）

副主任

赵九红（女 2019. 06—　）

市委农村工作领导小组办公室

副主任

张世军（2019. 06—　）

农业行政综合执法大队

大队长

陈　胜

农业技术推广中心

主任

束华琴（女 2019. 06—　）

商务局

局长

徐晓飞（　—2019. 02）
赵　军（2019. 02—　）

党组书记

徐晓飞（　—2019. 02）
赵　军（2019. 02—　）

党组副书记

潘　云（　—2019. 02）
孙良俊（2019. 02—　）

副局长

潘　云（　—2019. 02）
孙良俊（2019. 02—　）
戴　蓉（女）
吴　珏（女）
夏国登＊（挂职）（　—2019. 12）
马菁晟＊（挂职 2019. 08—　）

党组成员

钱　勇（　—2019. 06）
沈　晨（2019. 06—　）
沈　晨（挂职）（　—2019. 03）

投资促进中心

主任

钱　勇（　—2019. 06）
沈　晨（2019. 06—　）

文化旅游局

（2019 年 02 月更名为文体广电和旅游局）

局长

许家荣

党委书记

许家荣

副局长

陈玉林
周孝荣
杨　玲
陈巧根
王海明

党委委员

谢志春（挂职）（　—2019. 03）
张　楠（挂职）（　—2019. 03）

卫生和计划生育委员会

（2019 年 02 月更名为卫生健康委员会）

主任

叶本强

党委书记

叶本强

副主任

滕　静（女）（　—2019. 02）
朱晓静（女）（　—2019. 02）
王　丽
曾称荣
洪晓雨（　—2019. 07）
曹素荣＊（挂职）（2019. 02—2019. 12）

党委委员

朱贝根（　—2019. 02）
巫建华（女 2019. 06—　）

疾病预防控制中心

主任

刘　敏

人民医院

院　长

周　华（　—2019. 02）
孔连宝（外聘 2019. 02—　）

党总支书记

周　华（　—2019. 02）
叶本强＊（2019. 02—2019. 06）

党委书记

叶本强＊（2019. 06—　）

党总支副书记

孔连宝（外聘）（2019. 02—2019. 06）

吴晓军（　—2019.06）

党委副书记

孔连宝（外聘 2019.06—　）

吴晓军（2019.06—　）

副院长

沈　斌（外聘 2019.02—　）

刘庆伟

王卓群

刘业锋

陆振华

刘丽华（女）

中医院

院　长

梁本初

副院长

李　勇

张传飞

退役军人事务局

局长

纪先荣（　—2019.06）

李文富（2019.06—　）

党组书记

纪先荣（　—2019.06）

李文富（2019.06—　）

党组副书记

李文富＊（　—2019.06）

胡世广（2019.06—　）

副局长

李文富（　—2019.06）

胡世广

张军桓（2019.06—　）

徐胜松

安全生产监督管理局

（2019 年 02 月更名为应急管理局）

局长

方道宏

党组书记

方道宏

党组副书记

唐广智（2019.02—　）

副局长

唐广智（2019.02—　）

谭恩成（　—2019.02）

雍　军（2019.02—　）

吴士军

周正辉

王　容

安全生产监督执法大队

大队长

王　容＊

行政审批局

局长

杨金国

党组书记

杨金国

党组副书记

周　云＊（女）

副局长

周　云＊（女）

武　莉（女）

袁　健

裔建祥

包永祥（2019.06—　）

党组成员

朱玉刚

石亨根（　—2019.02）

潘建农（　—2019.02）

包永祥

公共资源交易中心

主任

周　云（女）

副主任

程　伟

张　琦

政务服务中心

主任

朱玉刚

市场监督管理局

局长

洪礼荣

党委书记

冯忠祥（　—2019.02）

洪礼荣＊（2019.02—　）

党委副书记

洪礼荣＊（　—2019.02）

副局长

盛金玉

张传斌

陶显忠

卞英军

王　昕（女）

张锐方

裔　秀（女）

张　云

华阳分局局长

王秀安

下蜀分局局长

王圣叶

边城分局局长

邵国滨

白兔分局局长

杭新宇

郭庄分局局长

朱　斌

后白分局局长

张　勇

天王分局局长

卢傲怀

茅山分局局长

洪泉辉

黄梅分局局长

夏培龙

宝华分局局长

姜浩林（2019.09—　）

统计局

局长

经　军

党组书记

经　军

副局长

沈容戈（　—2019. 02）

焦一明

陈太军（2019. 06—　）

胡　炜（2019. 06—　）

医疗保障局

（2019 年 02 月成立）

局长

欧红卫（2019. 02—　）

党组书记

欧红卫（2019. 02—　）

党组副书记

张芬清（2019. 02—　）

副局长

张芬清（2019. 02—　）

滕　静（女 2019. 02—　）

刘丽华（挂职 2019. 11—　）

医疗保险基金管理中心

主任

彭　忠

市信访局

局长

唐富祥

党组书记

唐富祥＊

副局长

刘寿根

聂家勇

文丰华

地方金融监督管理局

（2019 年 02 月成立）

局长

徐龙喜（2019. 02—　）

党组书记

徐龙喜（2019. 02—　）

党组副书记

巫维国（2019. 02—　）

副局长

巫维国（2019. 02—　）

黄晓敏（女）（2019. 06—　）

王小军（2019. 02—　）

供销合作总社

主任

许德根（　—2019. 02）

谭素平（2019. 02—　）

党委书记

许德根（　—2019. 02）

王　勇（2019. 02—　）

副主任

华　平

李海涛

高　昕

陈崇磊

机关服务中心

主任

沈雪琦（　—2019. 03）

周法祥（2019. 03—　）

党组书记

沈雪琦（　—2019. 03）

周法祥（2019. 03—　）

副主任

李开忠

冯宏国

吴　玮（　—2019. 09）

纪检组长

袁根富（　—2019. 09）

葛　娅（女 2019. 09—　）

粮食收储中心

主任

焦桂葆

党委书记

焦桂葆

副主任

王银宝

谭红军（2019. 06—　）

陈建伟＊（挂职）

（　—2019. 12）

纪委书记

顾德飞

国有资产经营总公司

总经理

薛学祥

党委书记

薛学祥

副总经理

周金德（　—2019. 02）

程　刚

朱　军（2019. 06—　）

纪委书记

徐　进（　—2019. 06）

贡俊丹（女 2019. 09—　）

农业科技园区

党工委书记

褚小明＊（女）（　—2019. 09）

陈　斌＊（2019. 09—　）

主任

袁功前

党工委副书记

袁功前＊

许仪震（2019. 06—　）

副主任

高云才（　—2019. 02）

周雪松

许仪震（2019. 06—　）

朱　燕＊（女）（　—2019. 06）

罗元清＊（　—2019. 06）

戴显斌＊

樊　磊＊

审计局

局长

马志勇

党组书记

马志勇

党组副书记
宋维生
副局长
宋维生
黄晓敏（女）（　—2019.06）
梁　涛
党组成员
王万青

环境保护局

（2019年05月更名为镇江市句容生态环境局）

局长
周法祥（　—2019.03）
罗　荣（2019.03—　）
党组书记
周法祥（　—2019.03）
罗　荣（2019.03—　）
党组副书记
叶向荣
副局长
叶向荣
张玉春
王　明
尤红光
纪检组长
郦雷明

环境监察大队

大队长
马国兵

规划局

（2019年02月撤销）

局长
彭长江（　—2019.02）
党组书记
彭长江（　—2019.02）
党组副书记
程　勇（　—2019.02）
副局长
程　勇（　—2019.02）
刘　聪（　—2019.02）
余立荣（　—2019.02）

自然资源和规划局

（2019年02月成立）

局长
涂长坤（2019.02—　）
党组书记
涂长坤（2019.02—　）
党组副书记
程　勇（2019.02—　）
副局长
孔庆龙（2019.02—　）
程　勇（2019.02—　）
经　政（2019.02—　）
王蕴雷（2019.02—　）
刘　聪（2019.02—　）
邹云峰（2019.02—　）
王　洪（2019.02—　）
余立荣（2019.02—　）
土地收储中心主任
王晓莉
执法监察大队大队长
严生新（2019.02—　）
不动产登记中心主任
曹晓波

市公益林管理中心

主任
张世军（　—2019.06）
副主任
于秉喜
吴　越

广播电视台

（2019年09月撤销）

台　长
汪荣春（　—2019.09）
党组书记
汪荣春（　—2019.09）
副台长
杨言宏（　—2019.09）
吴名建（　—2019.09）
移军霞（女）（　—2019.09）
纪检组长
朱宏琴（女）（　—2019.09）

江苏句容投资集团有限公司

党组书记
吉田刚（　—2019.08）
党委书记
吉田刚（2019.08—　）
董事长
吉田刚
党组副书记
笪爱华*（　—2019.08）
党委副书记
笪爱华*（2019.08—　）
总经理
笪爱华
副总经理
王　政
周隆进（2019.06—　）
韩　强（外聘）
纪检组长
任凌云（　—2019.08）
纪委书记
任凌云（2019.08—　）

江苏句容新农控股集团有限公司

董事长
王余进（2019.09—　）
总经理
吴　玮（2019.09—　）
副总经理
杨　瑞（2019.09—　）
纪检监察组组长
徐　萌（2019.09—　）

茅山风景区

党工委书记
高发巧

管委会主任

王　涛（援陕）（　—2019.09）

郭　江（援陕）（2019.09—　）

党工委副书记

王　涛＊（援陕）（　—2019.09）

郭　江＊（援陕）（2019.09—　）

贾良明（　—2019.06）

朱　斌（2019.06—　）

翟德润（挂职）（　—2019.03）

许宏艳（挂职）（　—2019.12）

党工委委员

郭心悦（挂职2019.11—　）

管委会副主任

程昌军（　—2019.02）

胡文成（2019.02—　）

王　霞（女）

高　新

丁邦元

万　震（女）

党工委委员、纪工委书记

严宜荣（　—2019.06）

金　峰（2019.06—　）

党群工作部部长

张　楠（女）

经济发展部部长

程双双（女）

规划建设部部长

笪斐斐（女）

社会事务部部长

殷文宏

财务部部长

吴文华

江苏省句容茅山湖旅游度假区管理办公室

党组书记

高发巧

主任

梁　亮（　—2019.09）

褚小明（女2019.09—　）

党组副书记

梁　亮＊（　—2019.09）

褚小明＊（女2019.09—　）

副主任

张　俊

胡基兵

李迎节

朱　燕（女2019.06—　）

宝华山国家森林公园

党工委书记

孙卫军＊

管委会主任

谢庚明

副书记

谢庚明＊

管委会副主任

汤继红（女）

韩志成

王　欣（女2019.09—　）

党工委委员

郑晓虎（挂职2019.11—　）

赤山湖

党工委书记

段永齐＊

管委会主任

吕兴齐

党工委副书记

吕兴齐＊

管委会副主任

俞　伟（　—2019.06）

夏兴华

沈信志（　—2019.06）

刘吉花（女）（2019.06—　）

高　翔（2019.06—　）

万　笑（挂职2019.11—　）

江苏省句容经济开发区

党工委书记

周　俊

管委会主任

戴兆方

党工委副书记

戴兆方＊

黄建清（　—2019.06）

金　宇（2019.09—　）

朱庆峰（2019.06—　）

夏宏伟（　—2019.04）

朱庆峰（挂职）（　—2019.03）

夏国登（挂职）（　—2019.12）

顾　娟（挂职）（2019.08—　）

管委会副主任

魏金河

朱　斌（　—2019.06）

许能祥

宋念东（2019.06—　）

陈　敏（2019.06—　）

党工委委员、纪工委书记

丁学平（　—2019.06）

严宜荣（2019.06—　）

党工委政法委员

张东旭＊（2019.09—　）

党工委委员

段续文＊

张东旭

高　然

蔡　伟（　—2019.06）

资产管理中心主任

蔡　伟（　—2019.06）

财政分局局长

姜小网

黄梅街道

党工委书记

黄建清（　—2019.06）

金　宇（2019.09—　）

办事处主任

段续文

党工委副书记

段续文＊

熊满胜

蔡学飞（挂职 2019.06— ）
纪工委书记
丁学平（ —2019.06）
严宜荣（2019.06— ）
办事处副主任
刘 迎（女）
朱红莉（女）（ —2019.02）
张金网（ —2019.02）
党工委组织委员
张东旭
党工委宣统委员
高 然
党工委政法委员
张东旭＊（2019.09— ）
党工委政法委员、人武部长
冯百灵（ —2019.02）
党工委委员
巫玉倩（挂职 2019.11— ）

华阳街道

党工委书记
张 凯
办事处主任
桑 毅
党工委副书记
桑 毅＊
陈建兵
孔凡峰
王轶群（挂职）（ —2019.03）
李炳熠（挂职）（ —2019.12）
廖 飞（挂职）
马菁晟（挂职 2019.08— ）
纪工委书记
杨建勋
办事处副主任
陈兴荣
孙良俊（ —2019.02）
杨 勇（ —2019.02）
王 军
吴小蕾（女）
徐 峰
宋贤飞（2019.02— ）
夏 永（2019.06— ）
党工委组织委员
夏 永（ —2019.06）
魏粮川（2019.06— ）
党工委宣统委员
吴 敏（女）
党工委政法委员、人武部长
朱 宾
党工委委员
刘 浩（挂职 2019.11— ）

崇明街道

党工委书记
卞云峰
办事处主任
罗 荣（ —2019.03）
佘 俊（2019.06— ）
党工委副书记
罗 荣＊（ —2019.03）
佘 俊＊（2019.06— ）
戴荣国
宋 杨（挂职 2019.06— ）
党工委委员、纪工委书记
张蓉娟（女）（ —2019.02）
陈志清（女 2019.02— ）
办事处副主任
吴 文
骆守喜
陈国民
党工委组织委员
王广成
党工委宣统委员
宋康文
党工委政法委员、人武部长
董存玉（ —2019.02）
陈兴民（2019.02— ）
党工委委员
张佩佩（挂职 2019.11— ）

·中国人民政治协商会议句容市委员会·

主席
章壮钧
党组书记
章壮钧
党组副书记
商 震
副主席
商 震＊
吴小香（女）
倪定胜
王道银（女）
胡现龙
秘书长
张业华＊（女）
党组成员
胡现龙＊
吴兴春
张业华＊（女）
程柏林＊
张腊英＊（女）
徐嘉惠＊
王金涛＊
包华根
张彦飞
办公室
主任
张业华（女）
副主任
郑晓虎
张明中（2019.09— ）

提案联络委员会

主任
程柏林
副主任
凌 麓（女）

学习和文史委员会

主任

张腊英（女）

副主任

笪　雷（女）

经济科技委员会

主任

徐嘉惠

副主任

窦鹏飞

社会事业委员会

主任

钟诚柏

副主任

陈绍林

港澳台侨和民族宗教委员会

主任

王金涛

副主任

张金豹

·中共句容市纪律检查委员会·

书记

赵树锋

副书记

金　宇（　—2019.09）

张世海（2019.09—　）

滕振林

纪委常委

金　峰（　—2019.06）

李兴国

朱孝成

杨　华

王轶群（女 2019.06—　）

办公室主任

李兴国（　—2019.06）

赵文超（2019.06—　）

干部管理监督室主任

王轶群（女）（　—2019.06）

夏　蕾（女 2019.06—　）

宣教室主任

李　政（　—2019.06）

周钰明（2019.06—　）

党风政风监督室主任

徐　钧（　—2019.06）

王轶群＊（女 2019.06—　）

信访室主任

杨　华

案件监督管理室主任

金　峰（　—2019.06）

李兴国＊（2019.06—　）

第一纪检监察室主任

朱孝成＊（　—2019.09）

陈　勇（2019.09—　）

第二纪检监察室主任

赵　军

第三纪检监察室主任

许　俊（　—2019.06）

韩学明＊（2019.06—　）

第四纪检监察室主任

崔海峰（2019.06—　）

第五纪检监察室主任

孔　叶（2019.02—2019.09）

第六纪检监察室主任

盛振华（2019.06—　）

第七纪检监察室主任

陈抗震（　—2019.06）

许　俊（2019.06—　）

第八纪检监察室主任

张爱萍（女 2019.09—　）

案件审理室主任

喻　萍（女）（　—2019.06）

第二执纪监督工作室主任

孔　叶（　—2019.02）

市级机关纪工委书记

陈志清＊（女）（　—2019.02）

纪检员

盛振华（　—2019.06）

监察委员会

（与市纪委合署）

主任

赵树锋

副主任

金　宇（　—2019.09）

张世海（2019.09—　）

滕振林

委　员

周宜安

金　峰（　—2019.06）

李兴国（2019.06—　）

朱孝成

韩学明

第一派出监察员办公室主任

孔　叶＊（2019.02—2019.09）

第二派出监察员办公室主任

盛振华＊（2019.02—　）

第三派出监察员办公室主任

许　俊＊（2019.02—　）

派驻机构

市委办纪检监察组组长

步　玲（女）

市委办纪检监察组第一副组长

王　琴（女）

人大政协机关纪检监察组组长

张秀花（女）

政府办纪检监察组组长

杜　鹃　（女）

组织部纪检监察组组长

兰　玮　（女）

宣传部纪检监察组组长

王　挺

政法委机关纪检监察组组长

牛风华

发改经信委纪检监察组组长

孙平国

发改经信委纪检监察组第一副组长

邰小雪（女）

住建局纪检监察组组长

陈　铭

住建局纪检监察组第一副组长

伍扣才

农委纪检监察组组长

文茂根

市监局纪检监察组组长

陈祥福

市监局纪检监察组第一副组长

朱益平

公安局纪检监察组组长

王志平

综合监督纪检监察组组长

高　翔　（　—2019.06）

杜雪美（女 2019.06—　）

·句容市人民法院·

院　长

王锁平

党组书记

王锁平

副院长

唐世民

姜　波

王　蔚（女）

党组成员

唐世民＊

姜　波＊

王　蔚＊（女）

陈　琴（女）

张　路＊

严卫东

政治处主任

陈　琴（女 2019.02—2019.08）

政治部主任

陈　琴（女 2019.08—　）

审判委员会专职委员

张　路

严卫东

执行局局长

陈　琴（女）（　—2019.02）

卞英明（2019.08—　）

句容市人民检察院

检察长

高　鹏

党组书记

高　鹏

党组副书记

鸦连军

王肖瑭（　—2019.02）

副检察长

鸦连军＊

王肖瑭＊（　—2019.02）

徐光云（女）

汪兴东（2019.08—　）

党组成员

徐光云＊（女）

汪兴东

刘昌云

朱凌雁＊（女）（2019.08—　）

张红兴＊（2019.08—　）

政治处主任

刘昌云（　—2019.08）

政治部主任

刘昌云（2019.08—　）

检察委员会专职委员

朱凌雁（女）

张红兴

后白检察室

夏立红

·社会团体·

总工会

主席

陈一江（　—2019.09）

徐胜宝＊（2019.09—　）

党组书记

陈一江

副书记

胡继发（　—2019.06）

副主席

陈一江（2019.09—　）

胡继发（　—2019.06）

张　健

曹　丽（女 2019.06—　）

方海军

胡继发＊（2019.09—　）

刘润华＊（2019.09—　）

王立宇＊（女 2019.09—　）

共青团句容市委员会

书记

蒋嘉文（女）（　—2019.06）

蔡　艳（女 2019.09—　）

副书记

包文谦（女）

姜雯荣

吕小布（挂职）

高　津＊

汪厚俊＊

妇女联合会

主席

杨冬梅（女）

党组书记

杨冬梅（女）

副主席

陈　梅（女）

朱晓静（女）（2019.02—　）

华梦丽（挂职）（2019.06—　）

孙　瑜＊（2019.06—　）

罗先霞＊（2019.06—　）

科学技术协会

主席

高庆松

副主席

胡正平（　—2019.02）

张德成

施江华

李　祥＊（2019.06—　）

房家义＊（2019.06—　）
蒋雪平＊（2019.06—　）

工商业联合会

主席
吴小香＊（女）（　—2019.08）
王道银＊（女）（2019.08—　）
党组书记
傅丽莉（女）（　—2019.06）
陈　健（2019.06—　）
驻会副主席
王明怀
蒋苏娜（女）
不驻会副主席
张小祥＊
李　鸣＊（女）
任春香＊（女）
刘树安
徐益盛
杨志峰

文学艺术界联合会

主席
陈　健（　—2019.06）
傅丽莉（女2019.06—　）
副主席
王庆涛

红十字会

会　长
侯华锋＊（　—2019.06）
凌　华＊（2019.06—　）
常务副会长
文德忠
副会长
郑所勤（女）

残疾人联合会

主席
王大金＊
党组书记
吴　阳
副主席、理事长
吴　阳＊
副理事长
周　舟
党组成员
刘小燕（女）

归侨侨眷联合会

主席
王金涛＊（不驻会）
副主席
郑长明＊（不驻会）
汪海滨＊（不驻会）

人口和计划生育协会

会　长
侯华锋＊（　—2019.06）
凌　华＊（2019.06—　）

·各镇党委、人大、政府·

下蜀镇

党委书记
郭　江（援陕）
贾良旭（升格后）（2019.12—　）
党委副书记
徐　明＊
周　伟
宋念东（　—2019.06）
杨　健（2019.06—　）
姜雯荣（挂职）（　—2019.03）
吴鹏飞（挂职）
党委委员、纪委书记
冯正平
党委组织委员
夏　敏（女）
党委宣传委员
谭红军（　—2019.06）
潘海风（女2019.06—　）
党委统战委员
王　荣（女）
党委政法委员
许学智
党委委员、人武部长
张波静
党委委员
杨　健＊（　—2019.06）
余　俊（挂职）（2019.11—　）
人大主席
王发顺（升格前）
徐　飞（升格后2019.12—　）
镇长
徐　明（升格前）（　—2019.12）
徐　明（升格后）（2019.12—　）
副镇长
杨　健（　—2019.06）
王吉军
张映旭
陈　勇
李　艳（女）（　—2019.09）
杨正军（2019.09—　）
吴荣燕
丁卫民（2019.06—　）

宝华镇

党委书记
孙卫军
党委副书记
杨春光＊
杨世祥
余　俊（挂职）（　—2019.03）
党委委员、纪委书记
朱　健
党委组织委员
胡　亮
党委宣传委员
张金先（　—2019.06）
陈　平（2019.06—　）

党委统战委员

陈　平（　—2019.06）

林　松（2019.06—　）

党委政法委员、人武部长

张远云

党委委员

戴　裔＊

徐　淼（挂职）（2019.11—　）

人大主席

胥兴华

镇长

杨春光

副镇长

戴　裔

孙洪钰

陈太军（　—2019.06）

万　俊

谭玉芬（女）

张金先（2019.06—　）

龚　勋（挂职）

边城镇

党委书记

桑学军

党委副书记

吕长江＊

吴　勇

梁军浩（挂职）（　—2019.12）

唐剑锋（挂职）（2019.08—　）

党委委员、纪委书记

陈和平

党委组织委员

陆　萍（女）（　—2019.06）

章　伟（2019.06—　）

党委宣传委员

秦　健（　—2019.09）

夏建玲（女 2019.09—　）

党委统战委员

许　平

党委政法委员、人武部长

陈兴民（　—2019.02）

董存玉（2019.02—　）

党委委员

刘　刚＊

潘道政（挂职）（2019.11—　）

人大主席

王仁俊

镇长

吕长江

副镇长

刘　刚

周菲菲（女）

王　波

魏胜亚

白兔镇

党委书记

陈　斌

党委副书记

戴红梅＊（女）

董　群

党委委员、纪委书记

杜雪美（女）（　—2019.06）

徐　钧（2019.06—　）

党委组织委员

吴凌华（　—2019.02）

侯建忠（2019.06—　）

党委宣传委员

纪项迪

党委统战委员

刘长珍（女）

党委政法委员

任　振

人武部长

吴凌华

党委委员

洪　浩＊（援疆）

许仪震＊（　—2019.06）

耿香玉（挂职）（2019.11—　）

人大主席

严　群

镇长

戴红梅（女）

副镇长

洪　浩（援疆）

许仪震（　—2019.06）

杨　军

樊　磊

杨　钢（　—2019.02）

吴凌华（2019.02—　）

吴　笠（2019.06—　）

茅山镇

党委书记

徐　飞

党委副书记

侯　伟＊

郭　露（2019.02—　）

党委委员、纪委书记

刘　凯（　—2019.06）

喻　萍（女 2019.06—　）

党委组织委员

靳春亮（　—2019.02）

孔庆俊（2019.06—　）

党委宣传委员

徐　燕（女）

党委统战委员

赵文超（　—2019.06）

冯朝柱（2019.06—　）

党委政法委员、人武部长

李建权

党委委员

戴显斌＊

孙　青（挂职）（2019.11—　）

人大主席

陈喜春

镇长

侯　伟

副镇长

戴显斌

钱　莉（女）

蒋雪平（　—2019.02）

丁国睿

刘　凯（2019.06—　）

张　谷（挂职）

后白镇

党委书记
贡月明
党委副书记
张明飞＊
张　博
刘　君（挂职）
党委委员、纪委书记
刘功华（　—2019. 09）
孔　叶（2019. 09—　）
党委组织委员
张　巍（女）
党委宣传委员
王　伟
党委统战委员
李高林（　—2019. 02）
樊旭华（2019. 09—　）
党委政法委员
余　兵（　—2019. 06）
党委政法委员
马　杰（2019. 09—　）
人武部长
余　兵
党委委员
罗元清＊（　—2019. 06）
俞　伟＊（2019. 06—　）
谢　鸣（挂职 2019. 11—　）
人大主席
李如祥
镇长
张明飞
副镇长
罗元清（　—2019. 06）
陈　敏（　—2019. 06）
刘吉花（女）（　—2019. 06）
房家义（　—2019. 02）
靳春亮（2019. 02—　）
俞　伟（2019. 06—　）
余　兵（2019. 06—　）
刘功华（2019. 09—　）

天王镇

党委书记
贾良旭
党委副书记
袁　民＊
任　刚
陈建伟（挂职）（　—2019. 12）
党委委员、纪委书记
陈高祥（　—2019. 02）
沈信志（2019. 06—　）
党委组织委员
贡永芳（女）
党委宣传委员
谢志春（　—2019. 06）
张映钢（2019. 06—　）
党委统战委员
李家斌
党委政法委员
张昌华（　—2019. 06）
方　晶（2019. 06—　）
人武部长
张昌华
党委委员
孔　飞＊（　—2019. 06）
鲁学谦＊（2019. 06—　）
陈江涛（挂职）（2019. 11—　）
人大主席
高　平
镇长
袁　民
副镇长
孔　飞（　—2019. 06）
鲁学谦
王惠宇
赵九红（女）（　—2019. 06）
张昌华（2019. 06—　）
秦　健（2019. 09—　）

郭庄镇

党委书记
段永齐＊
党委副书记
沈　政＊（　—2019. 06）
黄建清＊（2019. 06—　）
周大庆
朱华伟（2019. 02—　）
李　玮（挂职）（　—2019. 03）
曹素荣（挂职）（　—2019. 12）
杨　婷（挂职）（2019. 08—　）
党委委员、纪委书记
陈　鑫
党委组织委员
黎立青
党委宣传委员
杨青松（　—2019. 06）
薛珊珊（女）（2019. 06—　）
党委统战委员
孙怀建（2019. 06—　）
党委政法委员
沈　晨（　—2019. 06）
梅学伟＊（2019. 09—　）
党委委员、人武部长
梅学伟
党委委员
朱华伟＊（　—2019. 02）
袁友新＊（2019. 06—　）
方　雷（挂职 2019. 11—　）
人大主席
秦华成
镇长
沈　政（　—2019. 06）
黄建清（2019. 06—　）
副镇长
朱华伟（　—2019. 02）
袁友新
杨　勇（　—2019. 06）
范迎春
钱　勇（2019. 06—　）
王　益（女）
杨青松（2019. 06—　）

中共句容市委员会

责任编校：许朝斌

综　述

【概况】　2019 年，句容市委团结带领全市广大干部群众，围绕推动落实“一福地四名城”城市定位和“1355”战略部署，始终坚持深度对标苏南、奋力追赶超越，经济社会发展各项事业保持了良好态势。全年实现地区生产总值 661 亿元，增长 6.3%，人均 GDP 突破 10 万元大关；完成一般公共预算收入 53.5 亿元，增长 7%；最新的全国百强县排名跃升至第 50 位，全面小康指数百强县列第 42 位，科技创新百强县列第 51 位。

坚持壮大产业不动摇，经济基础持续夯实。牢记“发展是硬道理”，抓住发展第一要务，全力推动产业发展迈向中高端。产业布局持续优化。各重点板块产业定位更加明晰，开发区瞄准智能制造，郭庄镇紧盯新能源和通航产业，下蜀镇、边城镇聚焦新材料，宝华镇发力科创研发，华阳街道突出军民融合。项目建设持续攻坚。创新招商模式，平台招商取得突破，联东 U 谷科技园开工建设，中科物栖、中科视语、台湾半导体产业园等一批高质量项目落户。全年完成工业应税销售收入 566 亿元。营商环境持续改善。调整涉企收费目录清单，出台清费降本减负政策，全年减税降费 11.26 亿元。开通“12345”企业服务专线，推行企业设立全程电子化和代办服务，平均办理时限压缩 60%，“2440”改革目标基本实现。

坚持统筹融合不动摇，气质颜值不断彰显。大力推进城市品质提升和乡村特色塑造，全面打造最佳人居环境。综合交通枢纽呼之欲出。重大交通基础设施加快推进，南沿江城际铁路征地拆迁基本完成，宁句城际轨道黄梅站、句容站、省句中入地段和路中桩基工程进展迅速，句容加速迈向“高铁枢纽时代”。城市建设

8 月 1 日，中共句容市委十二届七次全会召开

更加精美。坚持产城景文深度融合，正式批复9个乡镇总规、10个乡镇控规编制，完成中心城区27个控规单元规划编制，编制完成城市文化战略品牌规划和建设标准体系，完成102幢老旧小区居民楼整治出新，新增城区公共停车位1400余个。乡村振兴有序推进。茅山何庄乡村振兴居民点建设全面启动，丁庄葡萄产业融合发展入选江苏省乡村振兴典型案例，国家农业科技园区通过科技部验收。开展农村人居环境整治，丁庄、唐陵入选农业农村部“千村万寨展新颜”名单。文旅融合亮点纷呈。成功申办第五届国际道教论坛、第十九届中国草莓文化旅游节。恒大童世界34个单体全面开工建设，童话大街展示区对外开放，中信·勒芒文旅产业项目签订意向合作协议。全年游客人数和旅游总收入均增长15%，入围全国县域旅游竞争力百强县市，入选江苏省首批全域旅游示范区。

坚持防范重大风险不动摇，发展底线牢牢坚守。面对各类风险挑战，我们坚持“新官必理旧账”，事不避艰、行不畏难，啃下了一批“硬骨头”。污染防治成效明显。靶向治理工地扬尘、汽车尾气、工业废气、监测点周边环境等关键问题，PM2.5平均浓度逐步下降，全省排名逐步前移。设立“排口长制”，国省考断面水质稳定在III类水以上，创成首批省级水生态文明试点市。风险隐患妥善处置。全面摸清全市债务底数、工程底数和资产底数，建立政府投资项目生成机制，严格项目变更和验收管理，推动句投集团、新农控股市场化改革，完成镇江市下达的政府隐性债务化解年度目标任务。依规依纪依法处置圣晖莱等一批存在重大风险隐患的问题。社会大局安定和谐。扎实推进扫黑除恶专项斗争，摧毁黑社会性质组织、恶势力犯罪集团各1个，破获“九类”涉恶案件135起，打掉“套路贷”犯罪团伙3个。深刻汲取响水“3·21”特别重大爆炸事故教训，全面部署开展重点行业领域安全生产大排查大整治，玉明化工实现关停，全市安全生产形势平稳可控。

坚持惠民利民不动摇，内涵口碑有效提升。深入践行以人民为中心的发展思想，交出了一份有温度有厚度的民生答卷。全年民生支出达60.91亿元，占一般公共预算支出的比重达83%。群众口袋加快充实。大力实施脱贫攻坚，制定出台低收入群体健康扶贫意见，79个经济薄弱村、6447户建档立卡贫困户全部达标脱贫。全体居民人均可支配收入达3.88万元，增长8.3%。城镇新增就业1.1万余人，城镇登记失业率控制在2%。公共服务更加优质。省人民医院句容分院实质化运营，30余名专家入驻，省级优质医疗资源下沉到县级实现重大突破。教育重点工程加快推进，文昌中学、洪武路小学等6所新建学校投入使用。高标准建成2个老年人日间照料中心和7个社区居家养老服务中心。

坚持初心使命不动摇，政治生态优化巩固。扎实开展“不忘初心、牢记使命”主题教育，全市各级领导干部围绕“一人一重点、领办解难题”，深入调研、精准破解难题509个。全力做好省委巡视反馈整改“后半篇”文章，237条整改措施已落实到位的占81%。扎实推进村党组织书记专职化管理试点工作，137个村完成基层党建标准化建设任务。坚决扛起意识形态工作政治责任，建立7x24小时全时全网全程舆情监控处置机制。紧盯“四风”隐形变异问题，查处违反中央八项规定精神问题31起50人。村级小微权力清单制度在镇江市推广，派出“清风护航乡村振兴”专项办公室，监察员办公室改革入选江苏省首届“廉政与治理”创新十佳案例。（市委办）

重要会议

【中共句容市委十二届六次全会】 1月2日在市文化艺术中心大剧院举行。市委书记潘群代表市委常委会作题为《深度对标苏南，奋力追赶超越，推动句容高质量发展走在前列》的工作报告。全会明确了今年工作的总要求和主要目标，强调要以习近平新时代中国特色社会主义思想为指引，全面贯彻中央经济工作会议和省委、镇江市委全会精神，坚持稳中求进工作总基调，坚持新发展理念，坚持高质量发展，全面做好稳增长、促改革、调结构、惠民生、防风险各项工作，打好三大攻坚战，全面推进“1355”战略部署，推动产城景文深度融合，立志打造“长三角最令人向往的山水田园福地”，建设“具有最优营商环境的创新创业名城”“具有最佳人居环境的宜居宜游名城”“具有最美生态环境的养生养老名城”以及“最有味道的历史文化名城”，为高水平全面建成小康社会收官打下决定性基础，推动句容高质量发展走在前列，以优异成绩献礼新中国成立70周年。市委副书记、代市长周必松就做好当前工作作出部署，要求全力抓好全会精神的学习贯彻、全力抓好春节前各项保障工作、全力抓好“两会”期间各项工作、全力抓好政府隐性债务化解工作、全力抓好一季度经济运行“开门红”。

（市委办）

【中共句容市委十二届七次全会】 8月1日在市文化艺术中心大剧院举行。市委书记潘群代表市委常委会作题为《全力推进“一福地四名城”建设，决战决胜高水平全面建成小康社会》的工作报告。就下半年工作，全会强调，要以建设“一福地四名城”为抓手推进高水平全面小康。以迎大考、受检阅的良好状态，抓住关键、攻坚克难。要把握好“全面性”，聚焦于“高水平”。要紧紧围绕决胜高水平全面建成小康社会，加快融入长三角区域一体化发展战略，把各项目标任务落实到“一福地四名城”城市定位和“1355”战略部署的具体举措上来，统筹做好“稳增长、促改革、调结构、惠民生、防风险、保稳定”各项工作，奋力冲刺镇江市综合绩效考核“四连冠”、力争跻身全省高质量发展县市20强。

（市委办）

【中共句容市委十二届八次全会】 28日在市文化艺术中心大剧院举行。市委书记潘群代表市委常委会作了题为《决胜全面小康，奋力追赶超越，加快推进“一福地四名城”建设》的工作报告。市委副书记、市长周必松作当前工作部署。全会明确，2020年工作的总要求是以习近平新时代中国特色社会主义思想为指引，全面贯彻落实党的十九大和十九届二中、三中、四中全会以及中央经济工作会议精神，按照省委、镇江市委各项决策部署，深入践行新发展理念，按照高质量发展要求，坚持“深度对标苏南、奋力追赶超越”，深入实施“1355”战略部署，系统谋划“一福地四名城”政策体系并推动扎实落地，统筹做好稳增长、促改革、调结构、惠民生、防风险、保稳定各项工作，确保高水平全面建成小康社会和“十三五”规划圆满收官，奋力谱写“强富美高”新句容的精彩篇章。工作中要把握好决战决胜高水平全面建成小康社会“一件头等大事”，要紧扣住坚决贯彻新发展理念、奋力追赶超越、聚力“一福地四名城”建设、高质量发展永远在路上“四大工作主题”。

（市委办）

2019年句容市委发文目录一览表

表3

文件标题	文　号	印发日期
中共句容市委员会关于报批句容市机构改革方案的请示	句委发〔2019〕1号	1月5日
中共句容市委关于2018年度句容市实施乡村振兴战略工作情况的报告	句委发〔2019〕2号	1月16日
中共句容市委关于印发《中共句容市委常委会2019年工作要点》的通知	句委发〔2019〕3号	1月8日
中共句容市委　句容市人民政府印发句容市关于政府投资项目生成机制实施办法（试行）的通知	句委发〔2019〕4号	1月23日
中共句容市委　句容市人民政府关于表彰2018年度30强工业企业的决定	句委发〔2019〕5号	1月24日
中共句容市委关于市委机构编制委员会组成人员任职的通知	句委发〔2019〕6号	1月24日
中共句容市委　句容市人民政府关于上报2018年9—12月隐性债务化解情况的报告	句委发〔2019〕7号	1月29日
中共句容市委关于落实全面从严治党党委主体责任、纪委监督责任的实施意见	句委发〔2019〕8号	1月31日

续表 3

文件标题	文　号	印发日期
中共句容市委　句容市人民政府关于通报表扬 2017—2018 年度全市政法工作先进集体和先进个人的决定	句委发〔2019〕9 号	2 月 15 日
中共句容市委　句容市人民政府关于通报表扬 2017—2018 年度全市信访工作先进集体和先进个人的决定	句委发〔2019〕10 号	2 月 15 日
中共句容市委《关于巡视检查句容市委落实意识形态工作责任制情况的报告》整改工作方案	句委发〔2019〕11 号	2 月 27 日
中共句容市委关于市委常委工作分工的通知	句委发〔2019〕12 号	3 月 8 日
中共句容市委关于授予下蜀镇等 4 个领导班子、徐飞等 26 名同志 2018 年度“三争三好”活动荣誉称号的决定	句委发〔2019〕13 号	3 月 7 日
中共句容市委关于授予下蜀等 4 家单位集体三等功的决定	句委发〔2019〕14 号	3 月 7 日
中共句容市委关于省委第一巡视组巡视句容市反馈意见整改工作方案的通知	句委发〔2019〕16 号	3 月 18 日
中共句容市委关于市委全面深化改革委员会组成人员任职的通知	句委发〔2019〕17 号	3 月 19 日
中共句容市委关于印发 2019 年基层党（工）委党建工作目标责任状的通知	句委发〔2019〕18 号	3 月 21 日
中共句容市委印发《关于建设政治硬、肩膀要、作风硬、本领硬“四硬”型高素质干部队伍的实施意见》的通知	句委发〔2019〕19 号	3 月 21 日
关于申请选派第 12 批“科技镇长团”来句工作的请示	句委发〔2019〕20 号	3 月 15 日
中共句容市委关于省委第一巡视组《关于对句容市委巡察工作开展专项检查的情况报告》整改工作方案	句委发〔2019〕21 号	3 月 26 日
中共句容市委　句容市人民政府关于“大棚房”问题专项整理整治行动完成情况的报告	句委发〔2019〕22 号	4 月 2 日
中共句容市委关于省委巡视反馈意见整改情况的报告	句委发〔2019〕23 号	4 月 3 日
中共句容市委关于省委第一巡视组《关于对句容市委巡察工作开展专项检查的情况报告》整改进展情况的报告	句委发〔2019〕24 号	4 月 3 日
中共句容市委　句容市人民政府关于印发《2019 年全市扫黑除恶专项斗争工作要点》的通知	句委发〔2019〕25 号	4 月 4 日
中共句容市委　句容市人民政府关于印发《坚持农业农村优先发展加快推进乡村振兴的工作方案（2019—2020 年）》的通知	句委发〔2019〕26 号	4 月 3 日
中共句容市委　句容市人民政府关于上报《句容市化解地方债务隐性债务工作方案》的报告	句委发〔2019〕27 号	4 月 12 日
中共句容市委关于省委巡视反馈意识形态工作意见整改进展的报告	句委发〔2019〕28 号	4 月 17 日
中共句容市委关于给予夏宏伟开除党籍、开除公职处分的批复	句委发〔2019〕29 号	4 月 30 日
中共句容市委转发句容市妇女联合会《关于召开句容市妇女第十五次代表大会的请示》的通知	句委发〔2019〕30 号	5 月 6 日
关于第十一批科技镇长团部分成员延任的请示	句委发〔2019〕31 号	5 月 31 日

续表 3

文件标题	文　号	印发日期
关于“句容台泥水泥窑协同处置固危废项目开工建设”不列入我市个性考核指标的请示	句委发〔2019〕32 号	7 月 1 日
中共句容市委关于 2019 年上半年意识形态工作相关情况的报告	句委发〔2019〕33 号	7 月 23 日
中共句容市委　句容市人民政府关于庆祝中华人民共和国成立 70 周年活动安排相关事项的通知	句委发〔2019〕34 号	7 月 17 日
中共句容市委关于给予洪晓雨开除党籍、开除公职处分的请示	句委发〔2019〕35 号	7 月 26 日
中共句容市委关于建立村级小微权力清单制度的意见（试行）	句委发〔2019〕36 号	8 月 21 日
中共句容市委　句容市人民政府关于废止《关于促进旅游业转型升级发展的优惠政策》文件的通知	句委发〔2019〕37 号	8 月 27 日
中共句容市委　句容市人民政府关于印发《2019 年度镇（街道、园区）综合考核实施办法》的通知	句委发〔2019〕38 号	8 月 29 日
中共句容市委　句容市人民政府关于印发《2019 年度市级机关有关部门综合考核实施办法》的通知	句委发〔2019〕39 号	8 月 29 日
中共句容市委印发《关于加强和改进新时代人民政协工作的若干意见》的通知	句委发〔2019〕40 号	9 月 3 日
中共句容市委印发《关于开展“不忘初心、牢记使命”主题教育的实施方案》的通知	句委发〔2019〕41 号	9 月 16 日
中共句容市委关于申请建设新时代文明实践中心第二批全国试点县（市、区）的报告	句委发〔2019〕42 号	9 月 20 日
中共句容市委　句容市人民政府关于申请确认创建全国文明城市提名资格的报告	句委发〔2019〕43 号	10 月 10 日
中共句容市委印发《关于实施乡村振兴“头雁领航”工程的意见（试行）》的通知	句委发〔2019〕44 号	10 月 14 日
中共句容市委关于印发《村党组织书记专职化管理实施办法（试行）》的通知	句委发〔2019〕45 号	10 月 18 日
中共句容市委印发《关于加强专业化组织员队伍建设的实施办法》的通知	句委发〔2019〕46 号	10 月 18 日
中共句容市委印发《关于推行政府民生实事项目人大代表票决制工作的实施意见（试行）》的通知	句委发〔2019〕47 号	10 月 23 日
中共句容市委　关于巡视整改落实情况的自查报告	句委发〔2019〕48 号	11 月 25 日
中共句容市委　句容市人民政府关于印发《句容市乡村振兴战略实施规划(2019—2022 年)》的通知	句委发〔2019〕49 号	11 月 26 日
中共句容市委　关于召开市十六届人民代表大会第四次会议的批复	句委发〔2019〕50 号	12 月 3 日
中共句容市委　关于召开政协句容市第十届委员会第四次会议的批复	句委发〔2019〕51 号	12 月 3 日
中共句容市委　句容市人民政府关于句容市 2019 年河湖长制工作的报告	句委发〔2019〕52 号	12 月 24 日
中共句容市委关于 2019 年度意识形态工作相关情况的报告	句委发〔2019〕53 号	12 月 26 日
中共句容市委关于废止、宣布失效和修改部分党内规范性文件的决定	句委发〔2019〕54 号	12 月 30 日

组织工作

【概况】 2019年，句容市组织系统以习近平新时代中国特色社会主义思想为指导，全面落实“三个五五”基本布局，以党的政治建设为统领，强化责任担当，强化重点攻坚，强化创新落实，开展“不忘初心、牢记使命”主题教育，机构改革，村书记专职化管理，“头雁领航”工程，“四硬”型干部队伍建设等，为建设“一福地四名城”提供坚强保证。

（孙安恂）

【干部队伍建设】 2019年，市组织部门完成机构改革和干部人事调整工作。推进“四硬”型干部队伍建设，制定下发实施意见，举办专题培训班，开设“政治训练营”，开展“四硬”型干部评选。聚焦“五大工程”，深化“奔赴主战场、攻坚打硬仗”行动，选派70多名干部挂职锻炼。推进“三项机制”，把“三个区分开来”的要求具体化，前置监督关口，强化风险防控，做到职数必审、政治必检、档案必查、事项必报、举报必核、纪检必听。完善年度综合考核体系，开展访新访情“双访”活动和“一封家书、双向访谈”综合分析研判，推行公务员职务与职级并行，实施领导干部“三争三好”活动、年轻干部“双挂双培”工程。

（孙安恂）

【基层组织和党员队伍建设】 截至2019年12月，全市共有基层党组织1883个，其中市直属党委44个，二级党委45个，党总支225个，党支部1569个。全市建制村162个（含涉农社区10个），共有党组织555个；城市社区14个，共有党组织62个；机关事业单位党组织628个，国有、集体企业党组织141个，“两新”组织党组织497个。全市共有党员36945名，其中正式党员36486名，预备党员459名。农村党员23478名，城市社区党员1752名。全市党员中，女性7862名，35岁及以下的6725名，60岁以上的7569名，大专以上文化程度的16283名。

2019年，组织部门全面推进基层党建“书记项目”，按照“立项、指导、考核、验收”机制，对全市35个党委“书记项目”实施“闭环管理”。完成137个村党建标准化建设任务，建成率超过90%。落实基层减负要求，开展挂牌清理，176个村（社区）共清理标牌25项4300多块，清理上墙制度150多项14000多块。牵头抓实乡村振兴“头雁领航”工程试点，落实准入、回避、交流、退出四项机制，探索建立以“专职五级”为核心的专职化管理体系，实施全市统一标准、多部门参与实施、指标相互验证、重视全面素能的考核评价体系。制定组织系统扫黑除恶专项斗争“三方案一清单”，对全市1200多名村干部进行深入排查，清退受过刑事处罚等情形的19名。紧抓8个软弱后进村和12个软弱涣散基层党组织整顿，提交方案，由市委会议决定12名市领导挂钩联系，20名乡镇领导分片包村，新选派9名“第一书记”驻村指导，制定整改措施140余项，经测评，党员群众满意率达93.94%。

（孙安恂）

“四硬”型年轻干部培训班

【人才工作】 2019年，句容市设立500万元“亚夫基金”，乡土人才培养的创新探索在全省乡土人才“三带”行动计划推进会上交流发言。全年新增省“双创”4人、“金山英才”19人、“福地英才”33人。实扶持实体经济“1+9”人才政策，成立了75家企业人才工作服务站。围绕句容市重点产业发展方向和企业转型升级储备需求，不断优化“福地英才”品牌工程，到安徽、重庆、西安等地开展人才精准对接会11场，吸引76个高层次人才项目申报“福地英才”计划。成功举办第五届“青年创业大赛”，30个项目进入决赛并注册落户。实施人才培育系列工程，不断加深产业发展与人才锻造的契合度，设立“亚夫基金”，“亚夫团队工作室”及后白、茅山、白兔3个分室实质化运作，建立了赵亚夫等117名句容乡土人才库。年内举办句容市实体经济企业家厦门大学管理研修班、句容市高层次人才“爱国、奋斗、奉献”精神教育专题培训班、企业税务专题培训班、创业创新训练营等人才素质提升班次。（孙安恂）

【市级机关党的工作】 2019年，市级机关党组织紧扣“围绕中心、建设队伍、服务群众”三大核心任务，突出问题导向、创新引领，做到主动作为、有力推进，机关党建工作水平不断提升。机关工委所属47个党组织在完成“不忘初心、牢记使命”主题教育15项重点任务的基础上，围绕践行“亚夫精神”、传承“铁军精神”、弘扬“句容精神”，开展学习教育活动，彰显培树“句容特色品牌”。按照《中国共产党章程》和《中国共产党基层组织选举工作暂行条例》要求，按期完成工委所属102个党支部换届选举工作。召开机关党建大会，表彰16个先进党组织、38名优秀党务工作者、172名优秀共产党员。采用工委轮训、支部自训和党员自学结合的形式，分批次对机关1185名副科级以下在职党员、380余名机关党组织书记、196名党员发展对象进行集中轮训。建立健全“学习强国”平台安装使用情况定期通报制度，提高市级机关党员APP安装率、参与率。探索机关党建标准化建设，以省委“五聚焦五落实三年行动计划”中的五个基本为框架，初步形成句容市级机关党建标准化建设体系，税务局等4个试点单位完成阵地建设。按照机构改革的要求，按时有序完成18个市级机关部门党组织的撤、并、变更、新建和相关党员组织关系的理顺、调整。从严抓实党员发展工作，工委所属党组织全年共发展新党员29名。（孙安恂）

【公务员工作】 2019年，句容市以贯彻落实公务员法为主线，以建设高素质专业化公务员队伍为目标，紧扣打造“一福地四名城”，做好公务员管理工作。配合做好公务员登记工作，6月底、12月底前分两批集梳理并报送符合登记条件的招录、调任、选任等人员，做到登记前把关到位、登记中审核到位、登记后归档到位。落实公务员培训相关规定，将“铁军精神”“亚夫精神”融入到公务员初任培训、职业道德及能力建设培训、“送教下基层”等培训活动中，促进公务员队伍的政治思想素质、科学文化素质不断提高。科学规划和调控不同层级机关进人方式、数量规模和结构比例。通过考录、转任（遴选）等方式，不断优化干部队伍结构，加强公务员流动管理。严格对照政策，抓好带薪年休假、社会保险和抚恤、特殊岗位津贴、乡镇工作补贴等工作的落实，定期开展优秀公务员健康疗养。完善考核评价体系，在抓好公务员年度考核的基础上，完善平时考核机制。着重了解公务员在承担急难险重任务和关键时刻的工作态度、担当精神、作用发挥、实际成效等，全面准确评价公务员德才表现，做到考细考准考实。严格贯彻执行中央和省委职务与职级并行相关政策，有序开展综合管理类、专业技术类、行政执法类公务员职级晋升等工作，确保改革

市级机关党员轮训开班仪式

"送教下基层"专题培训

顺利推进。（孙安恂）

【综合考核工作】 2019年，句容市创新做好年度综合考核的探索与实践，聚焦职责任务，健全体制机制，把高质量发展要求量化为考核指标，调动各地各部门奋发有为、干事创业的积极性。成立市考核工作委员会，由市委、市政府主要领导担任主任、副主任，形成"市考核委领导、考核办统筹、牵头部门推动、责任部门落实"的"一体化"考核运行机制。在考核指标和权重设置上，进一步突出产业发展、项目建设、招商引资等重点，真正实现以考核促发展、以发展提升考核。坚持平时考核和年终考核相结合，常态化开展指标数据"月通报、季监测"工作，定期召开联席会议、重点指标通报会，对考核指标进行监测和分析预测，及时发现存在问题和工作进展情况，倒逼各地各部门把功夫下在平时、全程发力。落实"三项机制"要求，坚持激励惩戒并举，对考核优秀的加大表彰激励力度，对考核末位的进行提醒谈话。坚持绩效优先、奖惩分明，并适当拉开奖金差距。坚持"考人"与"考事"相结合，衔接用好考核结果，与"四硬型"干部培养、评选直接挂钩。（孙安恂）

【主题教育工作】 9月17日，句容市召开"不忘初心、牢记使命"主题教育动员部署会，贯彻落实第二批主题教育要求，聚焦主题主线，坚持"四个贯穿始终"，以"五着力五确保"为总体目标，为建设"一福地四名城"，推动句容高质量发展走在前列提供坚强保障。细化落实"3个责任清单"，创新"五学"工作法，创设"四个课堂"，开展"五个红色""四重四亮"等活动，引导党员干部深学细悟新思想。开展"四不两直"调研，将领办难题机制推广至各级领导班子成员，累计领办难题509个。围绕高质量打好污染防治攻坚战，全省率先建立"排口长"制，解决了城区污水入河影响河道水质的问题。创新开展"三听三问""五对照五检视"活动，被《中国组织人事报》《新华日报》在头版予以推介。开展"百日整治"攻坚行动，形成了"1+7"专项整治方案体系和"一周一报、两周一调度"工作制度，建立工作机制32个，出台规章制度102项。依托"亚夫精神"发源地优势，开展"学习亚夫精神、践行初心使命"活动，参与制作省委主题教育规定必看电教片《诺言》，精心打造赵亚夫事迹馆。利用本土红色资源，以铁军营、茅山新四军纪念馆、党园等为核心，打造"20分钟党性教育圈"；组建"初心讲师团"，开展"百场党课进基层"活动，累计参学党员10196人次。（孙安恂）

宣传思想工作

【概况】 2019年，句容市宣传思想文化战线把握"举旗帜、聚民心、育新人、兴文化、展形象"使命任务，宣传思想文化工作迈出新步伐，取得新突破。年内，全国文明城市创建成功恢复提名，新时代文明实践中心建设升格为全国试点，"葡萄架下的文明实践"获评省志交会金奖，文明实践智慧云平台获评全国"最佳县级融媒体业务奖"，其建设经验在全省推广。句容市获评全省基层党员冬训工作示范市、省书香城市建设示范市。承办全省道德模

范和身边好人现场交流活动，全年新增“江苏好人”5名，“镇江好人”9名，继续保持镇江辖市区第一。（许鹏峰）

【思想理论建设】 2019年，句容市把学习贯彻习近平新时代中国特色社会主义思想和党的十九大、十九届四中全会精神作为重要政治任务。组建市委宣讲团，深入开展面向社区、农村、校园、“两新组织”等基层组织开展党的十九届四中全会精神宣讲。全年共开展宣讲30场，承办省委宣讲团和镇江市委宣讲团在句容宣讲活动6场，开展专家讲习30余场，并举办全市村（社区）书记新思想学习培训班。围绕学深悟透新思想、结合高质量发展、“一福地四名城”建设，科学制定学习方案，全年开展市委理论中心组学习12次，组织交流研讨6次。围绕“城市规划”“依法行政”“宗教管理”等专题举办中心组学习扩大会，做到专题专学。对基层党委（党组）中心组学习进行检查，提升学习的制度化、规范化水平。推广使用“学习强国”平台，将党员学习情况纳入年度考核，全市学员总数超过党员总数的80%，活跃度达70%左右。依托镇村两级金山理论讲习所和新时代文明实践站（所），开展各类宣讲100余场次。依托“农村大喇叭”，开设《理论之声》专栏，实现精准化推送。

（许鹏峰）

【意识形态工作】 2019年，句容市坚持“两个巩固”的根本任务，把落实意识形态工作责任制作为主抓手，牢牢掌握意识形态工作领导权。对照省委巡视四个方面13项任务31条整改措施，形成闭环管理，年底前全部销号。建立市委专项巡察制度，修订完善巡察《工作手册》，完成对23家单位党组织落实意识形态工作责任制情况的专项巡察。召开2次意识形态领域情况分析研判联席会，做到发现在早、处置在小，防患于未然。将“扫黄打非”工作纳入意识形态工作责任制、纳入年度考核。完成176个村（社区）“扫黄打非”基层站点规范化标准化建设，开展“清源”“固边”“净网”“护苗”“秋风”五大专项行动。建立网络舆情监测中心和网络舆情全时全网监测制度，动态梳理排查风险隐患，科学应对处置各类舆情。一年来，全市未发生重大负面舆情，舆论生态持续向好。（许鹏峰）

【新闻宣传工作】 2019年，句容市以融媒体中心建设为抓手，以庆祝新中国成立70周年主题宣传为重点，营造“主旋律高昂、正能量充沛”的舆论环境。在市级主流媒体刊播“壮丽70年·奋斗新时代”专栏“巡礼”系列报道。宣传句容市“不忘初心、牢记使命”主题教育经验做法。全年央视上稿58条，《新闻联播》用稿14条，省台用稿539条。在《人民日报》《群众》《新华日报》等主流党报党刊用稿20余篇，《镇江日报》头版用稿26篇。举办第二届集体婚礼，通过组织新人为革命先烈献花、发布移风易俗倡议，形成推动移风易俗、倡树文明新风的浓厚氛围。以“庆祝新中国成立70周年”为主题，开展“身在福中抖爱句容”抖音挑战大赛，与腾讯合作开展“我和句容合个影”活动，吸引近20万网友参与。市融媒体中心正式挂牌成立，形成新闻策划驱动、一次采集、多种生成、多元传播格局。“句容发布”携手融媒体中心搭建主流新媒体矩阵，指数排名蝉联镇江、句容“双第一”。提炼出“尊上德、崇人文、勇拼搏、甘奉献”为表述语的新时代句容精神。建成赵亚夫事迹馆新馆，

句容市第二届集体婚礼

先后接待570个团队，成为“不忘初心　牢记使命”主题教育学习的重要阵地。投入3000余万元，新建4000个应急广播。

（许鹏峰）

【文化事业】　2019年，句容市以打造“最有味道的历史文化名城”为目标，着力以文化浸润句容城、激励句容人。举办“畅享句曲　精彩70年”第四届群众文化艺术节、百姓大舞台等群众文化活动，开展演出300多场次。举办“歌唱祖国”主题歌会，49

第二届“感动句容”人物发布仪式

支队伍、3000多人参与，被中央、省级媒体广泛报道。结合新时代文明实践，开展“文化四送”、“文化六进”及“文艺走亲”活动，全年送文化下乡200余场。举办“我们的节日—端午文化周”系列活动，赏民俗、诵经典、展非遗、忆传统，受到群众欢迎。举办非遗民俗文化展示展演百余场。电影《赵亚夫》完成公映，纪录片《红色茅山》在“学习强国”展示，进一步传承红色基因，弘扬新时代句容精神。推出《稻花香里说丰年》《我们句容景美人好》等作品，促进句容市精品文艺原创能力提升。9个重点文产项目建设目标进度均超过100%，投资总量和序时进度都排镇江首位。完成入库文化企业单位3264家，居镇江辖市区第一。（许鹏峰）

【新闻出版和电影工作】　2019年，句容市以书香城市为依托，举办第五届“文昌阅读节”、“书香句容·点亮梦想”阅读大赛、“我和我的祖国”句容市第六届金秋诗歌朗诵会等活动，浓厚全民阅读氛围。推进2019·全民阅读“111”工程，开展“书香八进”系列活动，承办“葡萄架下的红色阅读”——省农家书屋阅读推广示范活动。新建后白、天王两家乡镇影院，全年农村电影放映1836场次。（许鹏峰）

·精神文明建设·

【概况】　2019年，句容市以文明城市建设和新时代文明实践中心建设为抓手，打造“风尚美句容”道德建设品牌，建设向上向善的精神家园。紧盯群众日常生产生活中的痛点堵点，实施十二项整治工程，提升基础设施建设水平。修订“句容文明市民16条”，制作文明城市创建点位指导手册，指导基层文明创建实践。成立句容市新时代文明实践志愿服务总队。开展优秀志愿服务项目评选，吸引67家公益性社会组织面向基层开展230余项志愿服务。在城乡建立890多个基层文明实践点，以“葡萄架下的文明实践”为引领，打响“草莓棚里的文明实践”“草坪地上的文明实践”“苗木园里的文明实践”等一系列特色品牌，覆盖20万农民。举办全省道德模范和身边好人现场交流暨第二届“感动句容”人物发布仪式，开展2019年度“句容好人”、第三届“文明家庭”等各类道德典型评选活动。王秀燕获评第七届江苏省道德模范提名，刘树安参评“中国好人”。建成句容好人馆，新增标准化善行义举榜65个，好人工作室3个，好人街区1个，31个单位获评新一轮省文明单位，4个镇获评省文明镇，16个村获评省文明村，2个社区获评省文明社区，9个学校获评省文明校园。

（许鹏峰）

【文明城市创建】　2019年，句容市召开2次全市文明城市建设工作推进会，对全年工作任务进行细化分解，并制作文明城市创建点位指导手册。调整优化文明城市创建工作督查组，坚持日常督查、专题督查，派发限期整改单95份，印发专题通报简报9份。定期开展文明城市创建第三

市委书记潘群督查文明城市创建工作

方测评，及时通报测评问题及排名情况，做好省文明办年中、年底抽测和中央文明办复查迎检工作。紧盯群众日常生产生活中的痛点堵点，开展重点点位、领域的整治提升工程。实施华阳东、西、南、北路“白改黑”工程，开展交通秩序整治行动，在部分工地实施绿植公益广告提升工程试点。推进老旧小区改造，加强楼道文化建设，在城区16个小区建成60多个内容多样、形式新颖的“文明楼栋”。强化城区农贸市场周边环境整治，福地路菜场建成集贸市场示范点，实施烧烤店专项整治行动，《句容市市区犬类管理办法》2020年1月1日起实施。组织城区30多个文明单位参与“清洁家园行动”，改善小区环境，宣传创建知识，倡导文明新风。开展城市“啄木鸟”行动，推动群众反馈问题整改落实。开展“句容文明随手拍”“您文明驾驶，我为您加油”“啄木鸟在行动”“废纸回收”“母亲节书信”等一系列线上线下互动活动，激发市民参与文明城市创建的积极性。（文明办）

【新时代文明实践中心试点工作】 2019年，句容市成立句容市新时代文明实践志愿服务总队，在城乡建立890多个基层文明实践点，完成新时代文明实践中心装修并投入使用。立足“生态农业”优势，打造“葡萄架下的文明实践”志愿服务项目品牌，获评全省金奖，并被推荐参评全国学雷锋志愿服务“四个100”最佳志愿服务项目。打造新时代文明实践融媒云平台，全年完成2100多各类文明实践活动流程，参与的百姓群众超过14万人次，平台访问量超过100万人次。先后获评全国“最佳县级融媒体业务奖”，入选首届“江苏省智慧广电示范项目”。开通“文明句容”电视频道、“新时代文明实践中心”微信公众号。推动新时代文明实践所与镇级社区教育中心、图书馆分馆、校外辅导站等共建互促。2019年，吸引67家公益性社会组织面向基层开展230余项志愿服务。加强“志愿江苏”平台志愿者注册工作，注册志愿者占比达67.71%。开展2019年度新时代文明实践优秀志愿服务项目评比展示活动，持续开展志愿服务集市和“月月有主题”系列活动，全市1200余家志愿服务团队、公益性社会组织平均每天活动数量达60场次以上。（文明办）

统战工作

· 概述 ·

【概况】 2019年，句容市委统战部紧扣“围绕中心、服务大局”主题，把握“凝心聚力、共谋发展”要务，落实“团结稳定、促进和谐”责任，砥砺奋进，创新实践，各项工作取得显著成效。年内，加强党对统战工作的领导，年初市委常委会专题研究全年统战工作，并由常委统战部长在全市党建工作会议上作工作部署；年中市委常委会不定期听取道教论坛申办、筹备，宗教工作巡视整改等统战专项工作汇报，并作集体研究。同时，创新统战工作实践，指导民盟、民进、九三学社句容支部（社）完成换届工作，协助农工党镇江市委成立农工党句容支部。为民主党派争取财政支持，将工作资金从12万/年的基础上增加到17万/年。为各民主党派提供专门办公活动场所，支持引导民主党派和无党派人士围绕“一福地四名城”考察调研，建言献策，全年统战成员提交“两会”提案、议案达117件。以“三访三听三送”活动为载体，走访各类统战成员220余人，走访非公企业43家，走访基层干部及困难群众74人，收集汇总各类意见建议和问题反映44条，回复解释意见建议31条，协调帮助解决困难问题13条，走访对象满意率达100%。（施晓语）

【教育培训】 2019年，市委统战部连续两年组织全市统战干部到中央民族干部培训学院开展统战理论政策专题培训。结合多党合作制度确立70周年，组织党外代表人士到四川大学开展理想信念教育培训。5月，在北京中央民族干部学院举行句容市统战（民族宗教）工作能力培训班，集中讲授全国宗教工作会议精神解读、民族因素突发事件及应对、加强引导推进宗教中国化等系列课程。面向全市副科级以上领导干部、基层宗教专干、村（社区）党组织书记举办宗教政策理论专题学习报告会，邀请全国政协文史委副主任、原国家宗教局局长叶小文授课。（施晓语）

【党外代表人士队伍建设】 2019年，市委统战部建立健全党外代表人士数据库，结合“三访三听三送”活动，核实摸清各类统战成员信息，更新完善民主党派成员、非公经济人士、无党派知识分子、新的社会阶层人士、宗教人士、少数民族群众、港澳台侨企业等统战成员数据库；各镇（街道、园区）也同步建立更新人员数据库。加强统战团体建设，成立句容市新的社会阶层人士联谊会，并建立新的社会阶层人士统战工作联席会议制度。配合镇江成立留学人员联谊会，对全市留学归国人员进行摸底了解，并向镇江推荐7名人选。开展党外代表人士政治体检工作，对34名党外代表人士开展“政治体检”，建立党外代表人士“政治体检”档案。开展“无党派人士”政治面貌资格认证工作，按规定程序认定无党派人士101名，并向镇江市委统战部推荐重点人选12名。积极推荐使用党外干部，截至2019年年底全市共有副科级以上（含副科级）党外干部23人，年内新提拔3名党外干部，推动3名优秀年轻党外干部挂职交流，向组织部门推荐8名优秀党外正股级干部。（施晓语）

新的社会阶层人士联谊会成立

【非公有制经济工作】 2019年，市委统战部联合行政审批局、发改委、工信局、民政局、人社局等16个部门，开通“企业服务专线”。与市人社局联合主办“春风行动”大型招聘会，针对外贸订单不稳定导致用工不稳定等新情况，举办一场工商联会员企业专场招聘会。以本地非公经济人士的典型事迹为创作原型，组织商会成员自编自导自演了一场以“不忘创业初心，发展砥砺前行”为主题的文娱演出。（施晓语）

·民族工作·

【概况】 句容市是汉族聚居、少数民族散杂居地区。全市有35个少数民族，共3605人，占全市总人口0.6%。边城镇佴池村属全省42个民族村之一，是回民族聚居相对集中的地方。2019年，茅山新四军纪念馆入选“第六批全国民族团结进步”教育基地，边城镇佴池村扶贫项目（2017—2019年度）通过中央纪检组检查。

（施晓语）

【民族团结进步宣传月】 2019年，市委统战部围绕“七秩薪传石榴情，同心筑梦耀中华”主题，在全市范围内通过LED电子屏、黑板报、宣传栏发布民族政策、民族理论和民族知识。在各镇、街道、园区醒目的路段、墙体悬挂200多条民族团结进步宣传标语。组织全市各族干部群众参加全省民族团结进步网上知识竞答活动，举办主题文艺汇演2场、邀请少数民族群体到社区参加制月饼做花灯活动3场、开展红色主题教育活动10次、民族政策法规集中学习5次。（施晓语）

·宗教工作·

【概况】句容市是江苏省宗教工作重点县（市），宗教传播历史悠久，宗教文化底蕴深厚。全市现有佛教、道教、伊斯兰教、基督教四大宗教，经批准登记的宗教活动场所30处，其中，佛教4处，道教2处，伊斯兰教1处，基督教23处（含临时活动点1处）。茅山道院、宝华山隆昌寺是全国重点寺观。全市设有爱国宗教团体4个，登记备案的宗教教职人员98人，现有信教群众10000余人。2019年，成功申办第五届国际道教论坛。年内完成宗教工作督查整改任务，开展基层宗教工作专项巡查，深入推进宗教团体负责人述职测评大会等创新工作。全年宗教领域未发生一起影响安全稳定事件。

（施晓语）

【第五届国际道教论坛筹办工作】2019年8月14日，国家宗教事务局正式批复，第五届国际道教论坛将于2020年5月6日—9日在句容茅山举办（因新型冠状病毒感染的肺炎疫情影响，推迟至2020年9月上旬）。2019年年底，论坛总体活动方案报中央统战部、中国道教协会初审，会同市财政局、审计局确定论坛资金预算方案，完成开幕式启动仪式方案和开幕式演出策划方案。3月25日至27日，中央统战部和中国道教协会领导一行，到茅山调研第五届国际道教论坛筹备工作情况。12月9日，句容市召开第五届国际道教论坛筹备工作决胜大会，明确将论坛作为全市“一号工程”加以推进，全力筹办“世界瞩目、彰显特色、宣传句容、无与伦比”的国际道教盛会。（施晓语）

【民族宗教领域安全工作】2019年，句容市对全市30个宗教活动场所以及高校、工厂、民族村等民族宗教领域进行全面的安全隐患排查，特别对道观、寺庙公众密集场所的电气火灾、建筑坍塌、应急疏散、食品安全、消防器材、台账不全等方面情况进行了检查，全年累计共排查隐患80处，按整改的时间节点和要求督促整改到位80处。年内，向上级文物部门争取500万元进行隆昌寺内部建筑线路和文物消防设施的改造，2020年进行施工。（施晓语）

·侨务工作·

【概况】2019年，句容市归侨侨眷联合会（市侨联）围绕全市发展大局，坚持“以侨为本，为侨服务”的宗旨，有序推进各项工作。年内，加强组织学习，开展多次外出学习培训；重视参政议政，侨界政协委员参加大气污染防治督查推进工作，并提交“243省道快速化改造”和“规范市区养犬管理”等提案。在崇明街道中凌社区建立句容市微侨家，为侨届群众提供新的活动场所。

（施晓语）

【走访慰问】2019年，市侨联在重要节庆日走访慰问侨界群众，在春节、中秋节等节日前夕走访慰问侨眷属，还专门走访慰问江苏发展大会嘉宾亲属，加深与发展大会嘉宾的联系交流。3月，陪同镇江市侨联领导到江苏港峰

第五届国际道教论坛筹备工作决胜大会

市侨联组织侨联委员到泰州考察学习

香港江苏社团总会会长唐英年一行到句容参访

集团、崇明街道中凌社区参观考察；6月，陪同市政协领导到开发区江苏新顺福食品有限公司、江苏百利机械有限公司等部分侨港资企业进行走访调研，倾听企业需求，帮助解决实际困难。

（施晓语）

【对外交流】 2019年春节期间，接待来自德国的客人1批3人次。5月，接待参加第二届江苏发展大会暨首届全球苏商大会镇江行活动的复旦大学物理系研究员、博士生导师郑长林。同月，接待皇家墨尔本理工大学澳华研究学会主任、汉语水平考试中心主任陈杨国生。7月，接待德国江苏总会总商会会长王荣虎，并参加“德国江苏总会总商会镇江办事处”成立授牌仪式。11月，接待镇江侨商企业界代表一行10多人到句容市考察。

（施晓语）

·港澳台事务工作·

【概况】 2019年，统战部围绕第二届江苏发展大会和第十一届华创会，做好人选推荐、联络沟通、组织服务等工作，并服务好在句港澳台侨资企业。全年全市新批台资企业14家，总投资7551.3万美元；累计已批台资企业489家，合同利用台资28.61亿美元、实际到位台资17.09亿美元。

（施晓语）

【考察交流】 2019年，句容市共组织12批53人次到台湾考察交流，其中党政团4批27人次，企业团8批26人次。7月，市委书记潘群带队到台湾招商，促成台湾半导体产业园项目签约落户句容经济开发区。2月，句容市组织近十个灯组参加2019台湾新北祈福灯会。同时，邀请12批411人次各类团组到句容参观考察。1月7日，中国国民党新北市党部主任委员李乾龙一行10人到句容参访。3月25日，由国民党新北市党部主委、新北市三重区宗教文化发展协会理事长李乾龙带领的三重区宗教文化发展协会一行34人到句容茅山参访交流。7月28日上午，“文根艺魂携手同心”2019海峡两岸艺术家交流活动暨两岸书画名家巡回展在句容台湾小镇举行。8月20日上午，全国政协常委、香港江苏社团总会会长唐英年一行到句容市参访。12

月1—2日，由澳门镇江联谊会会长、江苏茅迪集团董事长马志强率领的澳门镇江联谊会考察交流团一行11人到句容参访。

（施晓语）

【服务慰问】 2019年，句容市做好对属地港澳台侨企业及台胞台属、侨属侨眷的服务，创新服务方式，提升服务质量和效力。针对镇江市“惠台56条”在句容的贯彻落实，及时将相关政策送达在句台企负责人，并联系相关单位跟踪了解“56条”的贯彻落实情况，辅导有需求的台企办理相关手续。同时，统战部将句容市相关涉台优惠政策整合，印制《句容市台胞台商服务手册》，并及时送到服务对象手中。

（施晓语）

机构编制

【概况】 2019年，句容市市镇两级党政机关机构设置为63个，其中：市委机构9个，市政府组成部门28个，市政府派出机构2个，人民团体、群众团体及工商联9个，人大、政协、检察院、法院机关4个，市辖镇（街道）11个。

全市市镇两级党政机关共核定行政编制2319名，实有在编人员2267人（详见附表4）。

全市共有事业单位413个，共核定事业编制11985名，实有在编人员10206人。（详见附表5）。

（彭常磊）

2019年句容市党政机关机构编制及人员情况一览表

（截止至2019年12月31日）

表4

类　别		机构数（个）	编制数（个）	实有人数（个）
机关	市级机关	48	899	877
	政法机关	4	756	888
	镇级机关	11	664	502
	小　计	63	2319	2267

2019年句容市事业单位机构编制及人员情况一览表

（截止至2019年12月31日）

表5

类　别		机构数(个)	编制数(个)	实有人数(个)
事业单位	参照公务员法管理事业单位	38	550	426
	市委、市政府直属事业单位	7	277	193
	市级部门所属事业单位	309	10320	8954
	镇级事业单位	59	838	633
	小　计	413	11985	10206

【党政机构改革】 2019年4月，句容市完成机构改革任务，实现机构设置到位、职责调整到位、转隶组建到位、“三定”印发到位。全市共设置党政机构37个，其中党委机构9个，政府工作部门28个。2019年5月，句容市党政机构改革工作通过省委编办检查验收。同时，市编办结合全市实际，与党政机构改革统筹推进完成8家承担行政职能事业单位改革工作，减少正科级事业单位1家。

（彭常磊）

【经济发达镇改革】 2018年，下蜀镇被江苏省明确为第二批经济发达镇行政管理体制改革试点镇，经过一年推进，形成“镇村治理一张网、政务服务一窗口、综合执法一队伍、日常管理一中心”的基层治理新模式，行政服务效率得到提升，创业创新环境得到优化。2019年10月，下蜀经济发达镇改革通过省委编办评估验收。

（彭常磊）

【机构编制管理】 2019年，市编办严格执行全市控编减编工作要求。推进机构编制管理科学规范，强化机构编制监督检查，实现全市财政供养人员只减不增的工作目标，未突破2012年年底的编制总额。完成全市编外用工清理规范工作，初步形成“优化结构、保障重点、有序化解、压减总量”的编外用工管理新模式。加强编外人员管理，减轻财政负担明显。

（彭常磊）

【事业单位登记管理】 2019年，市编办对全市397家事业单位集中开展年度报告公示和信用等级评定，年检率100%，组织全市50家事业单位法人进行集中培训，对6家事业单位开展“双随机、一公开”抽查。（彭常磊）

老干部工作

【概况】 2019年，句容市强化离退休干部党建工作，建立离退休干部党组织63家。落实老干部政治生活待遇，开展老干部走访慰问，组织老干部参观考察，做好老干部服务工作。发挥离退休干部政治优势、经验优势、威望优势和专业特长，引导老干部为党的事业贡献正能量。截至2019年年底，全市有在册离休干部84人，其中市管离休干部73人，垂直系统10人，易地安置1人。2019年，原四套班子领导去世2人，有在册十四级以上离休干部和原四套班子领导27人。

（老干部局）

【老干部走访慰问工作】 2019年春节前，市领导、市委老干部局走访慰问小组上门走访慰问原四套班子领导及离休干部。8月，对上海、苏州、南京等地的易地安置和生活的离休干部进行上门慰问。中秋、重阳、建国70周年大庆，市委老干部局分组走访慰问十四级以上离休干部和原四套班子领导。（老干部局）

【老干部服务工作】 2019年，市委老干部局建立以全科医生、签约医生、护士为成员的离休干部家庭医生签约服务责任团队21支，为家住句容市离休干部提供以签约医生服务为主导的离休干部健康保障机制。同时，继续实施离休干部医药费“二次报销”政策。老年大学、老年体协等涉老组织开展端午文化周知识竞赛、棋牌比赛、门球比赛、广场舞展示、书画摄影作品展览等文化娱乐活动。（老干部局）

【老干部参观考察活动】 4月22日，组织老干部参观历史文化名城建设情况。6月21日，组织老干部参观茅山风景区旅游项目建设。9月18日，组织老干部参观考察“宁句城际铁路、苏南沿江铁路”项目。11月8日，组织老干部参观视察市行政审批局。5月15—16日，组织老干部参观考察浙江嘉兴市南湖革命纪念馆和常州瞿秋白纪念馆。

（老干部局）

市委老干部局组织老干部考察宁句城际铁路

【发挥老干部作用】 2019年，以老同志为主体的关心下一代工作委员会，利用其市、镇、村三级关工委组织网络，组织老干部、老教师、老战士、老专家、老模范关心教育青少年，做好青少年理想信念教育、关爱弱势群体、引导农村青年科技致富、扶贫助学等工作。市慈善总会履行“扶贫济困、安老救孤、赈灾助医、行善助学”的慈善宗旨，为完善社会保障体系和构建和谐社会发挥积极作用。市老年协会、宁句一体化研究会、老科技工作者协会、老年体协、见义勇为基金会等社团组织都是由老领导担任主要领导和工作人员，他们利用其组织优势，引导老干部、老同志在助力产业升级、助力乡村振兴、助力社会治理等方面发挥积极作用。全市成立“银发生辉”志愿服务分队21支，队员188人。市农业农村局志愿服务队组建全国首家“农业互联网医院”，市民政局志愿服务分队在城上社区举行“弘扬宪法精神、建设法治句容”宣传活动。

（老干部局）

党校工作

【概况】 2019年，句容市委党校继续开展教育培训、理论宣讲、课题研究等工作。全年共举办培训班65期，累计培训8500人次；开展理论宣讲49场次，受众5589人次；完成9项研究课题。同时注重教师队伍培养、教育设施升级，出台《市委党校“师徒结对”实施方案》，打造“青蓝工程”青年教师培养平台，选派教师参加各类师资培训班、理论研讨班33人次；并对党校教学设施更新升级，改造教室、会议室，新增电子显示屏、高清投影仪、电视和音响设备。 （郑　正）

【干部教育培训】 2019年，党校举办培训班65期，累计培训8500人次。其中，举办“周末学堂”6期，培训副科级以上领导干部和高层次学历人才达3768人次；举办全市机关党员轮训7期，培训1139人次；举办全市初任公务员培训1期，培训52人次；举办党务工作者培训班1期，培训42人次；举办党组织书记培训班5期，培训795人次；举办党性教育培训班27期，培训1341人次；开展“送教上门”到机关服务中心、交通局和有关乡镇、街道、园区8次，培训521人次。 （郑　正）

【对外社会培训】 2019年，党校接待其他地区党校系统学员到句容市培训101人次，接洽外地企事业单位到茅山新四军纪念馆、赵亚夫事迹馆等红色文化教育基地进行党性教育97人次。组织异地培训136人次。 （郑　正）

【学历培训】 2019年，党校与江苏经贸职业技术学院、西南科技大学合作，通过函授、成人教育形式提供大专、本科学历教育。全年共计招生77人，毕业49人。 （郑　正）

【课题研究】 2019年，党校制定出台《科研资助办法》，激励科研队伍，共完成9项研究课题。2篇论文入选第十六届“长三角”地区党校校长论坛，3人获镇江市委党校“新中国成立70周年理论研讨会”优秀论文奖。累计公开发表理论文章13篇。 （郑　正）

档案工作

【概况】 2019年是档案机构改革馆局分设后的第一年。市档案馆根据这一新的变化，围绕党组织建设、档案主业两大目标，推进各项工作开展，确保档案馆工作的平稳过渡。全年共接待查档2621人次、查阅档案资料2907卷（件）；共接收进馆到期档案147卷15485件。档案史料展示中心全年接待中、小学生和社会各界参观600余人次。 （胡　伟）

【档案资源开发利用工作】 2019年，市档案馆贯彻落实习近平总书记有关大力整理研究抗战史料的指示精神，积极响应国家档案局《全国馆藏抗日战争档案汇编》系列丛书编撰出版工作要求，从馆藏句容抗战财产损失、人员伤亡和日军在句容罪行调查三个方面完成《馆藏抗日战争档案汇编》史料文献筛选组稿工作，并向国家档案局进行项目申报，在2018年编纂基础上进一步扩充完善《走进档案馆——档案中的句容记忆》一书文字稿，完成14万多字的编纂工作，计划用50多篇纪实性档案史料，讲述句容名人和历史上句容曾发生的有重要意义的事件和故事。6月4—6日，与市委办（市档案局）在句容市福地广场举办“档案·句容记忆”主题展，将馆藏一批新中国成立前档案文献、近现代句容籍名人档案和句容老照片向社会展出，让更多的市民了解句容历史和文化。 （胡　伟）

【档案安全保障工作】 2019年，是档案馆高度重视档案实体和档案信息安全工作，对馆内安全隐患进行专项治理。对重要设备、重点部位、珍贵实体存在的安全隐患开展排查和整改。对馆楼宇视频监控系统进行全面升级，加强对重点部位的监控和画面的有效切换，监控范围更广。对两层库房恒温恒湿系统和170组密集架进行维修保养，避免库房温湿度失控对档案实体的损害，保证档案上架、倒库和调阅人员的安全。对档案存放进行了整合，并清退一批寄存的外单位档案，确保库房有5—10年的存放空间，满足全市机构改革单位、下一轮到期文书档案及部分民生档案的

进馆和安全保管工作。（胡　伟）

【档案信息化建设工作】　2019年，市档案馆对数字档案馆应用平台进行升级和维护，并加强新平台技术应用培训。升级和维护后的系统功能模块更完善，自动化水平更高，检索更全面更准确，信息安全也更有保障。完成馆藏9个民国历史档案全宗数据库的核查校正工作，为进一步挖掘整理和研究民国句容历史文化提供了快捷服务和全数据支持。完成新进馆赵亚夫档案数字化工作，并对采集的“记住乡音、留住乡愁”口述家园历史影像档案实施了档案数字化处理。（胡　伟）

史志工作

【概况】　2019年，句容市史志工作完成年初预定的各项目标任务。《句容年鉴（2019）》出版发行，编纂出版2019年《句容大事记》2期，《中国共产党江苏省句容市组织史》（第三卷）出版发行，《全国革命老区县发展史（句容卷）》完成终稿。同时，继续推进镇（街道、管委会）、村志，名镇名村志编纂工作。年内，句容市政协副主席、史志办公室副主任倪定胜获全国地方志先进工作者。（陈龙浩）

【《句容年鉴（2019）》出版】《句容年鉴》是由市政府主办，市史志办公室编撰并公开出版发行的大型地方综合年鉴。《句容年鉴（2019）》是总第16部地方综合性年鉴。该工作自2019年1月起正式启动，广泛征集各单位、各部门资料，于5月初完成初稿，5月—6月，年鉴编辑部会同有关方面编辑审稿，7月送出版社审稿。12月底，《句容年鉴（2019）》由江苏人民出版社正式出版发行。（乔　清）

9月19日，省党史工委到茅山风景区管委会调研座谈

【《中共句容市组织史》出版】《中国共产党江苏省句容市组织史》（第三卷）编纂工作于2017年7月中旬正式启动，在中共句容市委领导下，由市委组织部和市史志办共同编纂，于2019年5月出版发行。全书约45万字，征编时限为1996年2月至2017年1月，系统收录该阶段句容市组织机构沿革和领导人名录。（乔　清）

【《全国革命老区县发展史（句容卷）》编纂工作】　2017年7月，市老促会、市史志办启动编纂《全国革命老区县发展史（句容卷）》工作。历经四轮修改，于2019年10月底完成约23万字的终稿。（乔　清）

【镇（街道、管委会）、村志编纂工作】　2014年9月，句容市正式启动镇（街道、管委会）志编纂工作。2019年，茅山镇、边城镇、郭庄镇、开发区、茅山风景区、崇明街道相继完成终稿，并报江苏人民出版社审稿；此外，《宝华镇志》通过终审。同时，句容市史志办指导白兔镇西井村开展《西井村志》编修工作，年内通过终审。（乔　清）

【江苏名镇名村志编纂工作】2017年1月，下蜀镇、华阳街道下甸村入选第一批江苏名镇名村志修编目录。2019年，《下甸村志》于11月通过省方志办验收，并安排出版发行；《下蜀镇志》报省方志办验收。（乔　清）

句容市人民代表大会

责任编校：陈东方

综　述

【概况】　2019年，句容市人大常委会在市委的领导下，在服务大局上求突破，在关注民生上下功夫，在自身建设上激活力，为推进全市经济社会发展和民主法治建设，高水平全面建成小康社会作出积极贡献。

2019年，市人大常委会紧扣“强富美高”目标，围绕“一福地四名城”建设，贯彻市委决策部署，综合运用视察调研、听取和审议报告、专项评议、执法检查、专题询问、督办审议意见等多种形式，促进市委决策部署更好地落到实处。贯彻落实人大机构改革任务，做好成立人大社会建设委员会的筹备工作。

市人大常委会加强依法监督，全力服务发展大局。2019年，市人大常委会听取和审议“一府一委两院”专项工作报告28个，作出决议、决定14项，任免国家机关工作人员98人次，组织执法检查3项，参与上级人大组织的立法调研5项，举行专题询问3场。视察科技型、创新型民营企业，听取并审议市政府关于推动民营经济高质量发展情况的报告；视察城北垃圾填埋场、焚烧发电厂、垃圾分拣中心，听取并审议市政府关于城市垃圾处理的工作报告；开展《中华人民共和国文物保护法》执法检查、代表小组专题调研，提出推进城上村遗址统筹规划利用的代表建议，专题视察茅山镇何庄村打造乡村振兴“句容样板”现场，推动乡村振兴落地见效。审议市政府关于“十三五”规划纲要中期评估报告，组织政情通报暨专题询问会，全程参与市政府组织购买的第三方96个服务项目绩效评价。加强人大信访工作，全年受理、督办信访80件次。加强重点生态环境领域监督，上下联动开展水污染防治执法检查，听取全市河湖治理与保护情况报告。听取并审

1月5日—7日，句容市召开第十六届人民代表大会第三次会议

议市政府关于《江苏省农村扶贫开发条例》执行情况的报告，实地视察重点片区扶贫开发产业项目推进情况，并会同审计部门对全市扶贫专项资金使用情况进行专题调研。推动市政府2020年民生实事项目代表票决制工作。对市政府机构改革方案、城市建筑垃圾管理办法等4件规范性文件进行备案审查。切实发挥基层立法联系点和人大代表作用，配合省和镇江市人大做好《江苏省人民调解条例》《江苏省电动车管理条例》《镇江市历史文化名城保护条例》等立法调研工作，为科学立法提供参考。

市人大常委会优化服务保障，发挥代表主体作用。创办《代表建议》，及时梳理汇总全市代表提交的意见建议，以专报形式报送市委、市政府和有关方面负责同志，畅通民意表达“直通车”。高质量办好人大机关刊物《代表之声》，展示代表履职风采和成果。规范开展闭会期间代表小组活动，突出“五个有”（有年度活动主题、有被采用的调研建议、有履职培训学习、有接待联系选民、有规范台账资料）。代表通过小组活动，深入到基层一线，参与到重大工程、重点项目、重要民生实事的监督中去，形成《积极应接南京打造紫东地区，加速打造宁镇扬一体化示范区》、《推进城上村遗址统筹规划利用，“三馆合一”展现句容历史文化名城味道》、《打造农业区域品牌，引领产业质效升级》等一批质量较高的代表建议。（翟伏雷）

5月23日，市人大常委会视察市水污染防治情况

重要会议

【市十六届人大三次会议】　句容市第十六届人民代表大会第三次会议于2019年1月5日—7日在句容举行。大会应到代表245人，实到代表241人。会议先后听取和审议市政府、市人大常委会和市法院、市检察院工作报告，书面审阅计划和财政报告，会议批准以上报告并通过相应的决议。会议选举周必松为句容市人民政府市长；补选朱群峰、孙太元、俞小俊为句容市第十六届人大常委会委员。（翟伏雷）

【市人大常委会会议】　2019年，市十六届人大常委会共举行8次会议。

1月23日，市十六届人大常委会第十八次会议审议通过《句容市人大常委会2019年工作要点》。

2月26日，市十六届人大常委会第十九次会议通过有关人事任免事项。

3月27日，市十六届人大常委会第二十次会议听取并审议市十六届人大三次会议确定的《关于统筹规划建设句容城南枢纽经济区的议案》和《关于持续推进生态文明建设，打造乡村振兴“句容样板”的议案》的办理意见，并作出决议；听取并审议市政府“十三五”规划中期评估报告，并作出决议。会议通过有关人事任免事项。

5月30日，市十六届人大常委会第二十一次会议审议《句容市人大常委会2019年专项评议实施方案（草案）》，并作出决议；审议代表建议、批评和意见处理办法；对市司法局局长和3名镇江市人大代表开展述职评议。

7月19日，市十六届人大常委会第二十二次会议听取和审议句容市政府关于2018年同级审计情况的报告；审查、批准2018年

市本级财政决算；听取和审议市政府关于2019年上半年国民经济和社会发展计划及财政预算执行情况的报告；听取市政府关于十六届人大三次会议代表建议办理情况的报告；审议市十六届人大常委会各工作委员会组成人员名单调整方案，以及与“一府一委两院”及相关单位工作联系分工。会议通过有关人事任免事项。

9月26日，市十六届人大常委会第二十三次会议听取并审议市政府关于市十六届人大三次会议代表议案和重点建议办理情况的报告；听取并审议市法院关于民事审判工作的报告；对市市场监管局局长和3名镇江市人大代表开展述职评议。会议通过有关人事任免事项。

11月28日，市十六届人大常委会第二十四次会议听取并审议市政府《关于提请调整2019年度财政收支预算的议案》；听取并审议市政府《关于突出环境问题清单落实解决情况的报告》；审议并作出《关于召开句容市第十六届人民代表大会第四次会议的决定》；审议并作出《关于实施市政府民生实事项目人大代表票决制的决定》。会议通过有关人事任免事项。

12月26日，市十六届人大常委会第二十五次会议研究政府民生实事项目人大代表票决制相关工作；审议《市人大常委会工作报告（审议稿）》；审议市十六届人大四次会议有关事项。会议通过有关人事任免事项。（翟伏雷）

【市人大常委会主任会议】 2019年，市十六届人大常委会举行13次主任会议。

1月23日，主任会议通过代表议案、建议调研分工。

2月26日，主任会议学习新《预算法》。会议要求，高质量服务中心服务发展，高水平加强和改进监督工作，高标准发挥代表主体作用。

3月26日，主任会议研究市十六届人大三次会议确定的3件重点建议办理意见。

4月18日，主任会议视察葛仙湖、北山水库、肖杆河等现场，听取市政府关于全市河湖治理保护情况汇报。会议建议，切实落实河湖长制，铁肩扛起河湖治理与保护责任担当；坚持统筹规划、科学布局，全面保护河湖生态资源；以系统治理与保护为路径，治护并重，永保河湖水清岸绿景美。

5月28日，主任会议视察市博物馆、城上村遗址、先吴文化博物馆等现场，听取市政府关于贯彻实施《中华人民共和国文物保护法》情况汇报。会议建议，加大抢救力度，让文物在漫长的岁月长河里延续“生命”；切实强化保护，让文物在完善的保护体系内永续传承；有效发挥价值，让文物在适度的开发利用中绽放光彩。

6月20日，主任会议视察省女子强制隔离戒毒所和市司法局社区矫正管理教育中心等现场，听取市检察院关于刑事执行检察工作情况报告。会议建议，认清形势、明确目标，增强做好刑事执行检察工作使命感；敢于监督、善于监督，全面推动刑事执行检察工作稳步发展；强化协同、部门联动，充分凝聚刑事执行检察工作合力；狠抓队伍、加强建设，不断提升刑事执行检察工作监督能力。

7月17日，主任会议视察边城镇空气凤梨培育基地、白兔镇扶贫大棚项目等现场，听取市政府关于贯彻落实《江苏省农村扶贫开发条例》情况汇报。会议建议，用足用好政策，努力创出句容的扶贫开发“脱贫经验”；推进产业富民，不断激发扶贫开发对象的“造血功能”；强化组织领导，切实扛起扶贫开发政府的“责任担当”。

8月27日，主任会议视察崇明社区卫生服务中心、黄梅社区卫生服务中心、黄金花园社区卫生服务站和西庙社区卫生服务站等现场，听取市政府关于全市城乡医疗卫生服务体系建设情况汇报。会议建议，合理配置城乡医疗卫生资源；加快推进城乡医疗卫生机构标准化建设；持续优化城乡医疗卫生机构服务项目；大力推进城乡医疗卫生队伍建设。

9月24日，主任会议视察市政府扶持民营企业发展情况，听取市政府关于扶持民营企业发展情况汇报。会议建议，在优化环境上再突破，进一步激发民营企业创新创业的热情和活力；在政策支持上更到位，进一步提高民营企业的政策获得感；在做强主体上下真功，进一步造就一支勇立潮头的民营企业家队伍。

10月25日，主任会议视察城北垃圾填埋场、垃圾焚烧发电厂、垃圾分拣中心等3个现场，听取市政府关于城市垃圾处理工作情况报告。会议建议，认清形势、提高站位，深化垃圾处理工作思想认识；梳理问题、精准施策，有效解决突出问题和短板；夯实责任、齐抓共管，凝聚全市垃圾处理工作合力。

11月19日，主任会议视察何庄村试点建设现场，听取试点单位所作的乡村振兴工作汇报。会议建议，注重生态立业，以绿色发展引领乡村振兴；坚持产业为先，因地制宜推进乡村振兴；突出要素保障，为乡村振兴提供支撑。

11月28日，主任会议研究常委会会议相关事项。

12月20日，主任会议听取市政府关于全年代表议案、建议办理情况报告；研究专项评议评定意见；研究各镇人大、街道人大工委“百分考核”结果。（翟伏雷）

【政情通报会】 8月16日，市人大常委会召开政情通报会，市长周必松通报上半年全市经济社会发展情况和下半年主要工作安排。王广辉、张秀凤、王仁俊等人大代表分别围绕市人代会确定的目标任务、议案和重点建议，以及枢纽经济、产业强市、生态环境工作等群众关注的焦点、热点问题进行现场提问，与会市政府领导分别作解答。（翟伏雷）

【专项评议大会】 11月28日，市人大常委会开展集中专项评议部门工作。在前期对市法院、民政局、生态环境局、住建局、自然资源和规划局、文体广电和旅游局、农业农村局、商务局、发改委、审计局等10个部门分阶段有序开展专项评议的基础上，会议分别听取并审议关于各被评议部门的专项评议报告，常委会组成人员现场投票，开展满意度测评，评议结果当场公布。（翟伏雷）

重要工作

【任免市政府副市长】 9月26日，市十六届人大常委会第二十三次会议决定接受冯琳辞去市人民政府副市长职务的请求。11月28日，市十六届人大常委会第二十四次会议决定任命吴明成为市人民政府副市长，决定接受孙桂林辞去市人民政府副市长职务的请求。（翟伏雷）

【五级人大代表统一接待选民】 11月15日上午，句容市开展“五级人大代表统一接待选民日”活动，637名五级人大代表在93个选民接待点接待选民1851人次，收集意见建议和诉求1102件，现场重点解答群众民生问题625件，同时开展法律宣传，发放《中华人民共和国宪法》手册200本。（翟伏雷）

市人大召开政情通报会

代表议案、重点建议办理工作

【概况】 2019年，市十六届人大三次会议期间，共收到代表议案111件（含并案11件），其中10人以上联名提出的议案38件，代表提出的建议、批评和意见73件。经大会主席团研究，立议案2件、重点建议3件，其余95件作为一般建议办理。经大会主席团研究，将后白代表团张明飞等10名代表提出的《关于规划建设句容城南枢纽经济区的议案》、茅山代表团侯伟等11名代表提出的《关于持续推进生态文明建设，打造乡村振兴“句容样板”的议案》作为议案办理。将宝华代表团颜利平等23名代表提出的《关于挖掘传承句容历史文化，建设“最有味道的历史文化名城”的议案》、崇明代表团任春香等15名代表提出的《关于改善城市老旧小区居住环境，提升居民生活水平的建议》、边城代表团罗明波等2名代表提出的《关于大力发展“医养结合”新模式的建议》作为重点建议办理。年内所提议案、建议全部办结，代表建议解决率达66.3%，超过上级年18个百分点，代表满意率和基本满意率达到100%。（翟伏雷）

句容市人民政府

责任编校：陈龙浩

综　述

【概况】　2019 年，句容市坚持团结和依靠全市人民，围绕市十六届人大三次会议确定的各项目标，深入贯彻新发展理念，推动落实“一福地四名城”城市定位和“1355”战略部署，全市高质量发展取得新进展。预计，全年实现地区生产总值 660 亿元，增长 6.5%。完成一般公共预算收入 53.5 亿元，同口径增长 7%，税收占比 90.2%；固定资产投资 251 亿元，增长 3.4%；先进制造业到账外资 5159 万美元；社会消费品零售总额 178 亿元，增长 6.3%；预计全体居民人均可支配收入达 38841 元，增长 8.3%；单位建设用地税收收入镇江排名第一；完成省下达的节能减排约束性指标。

年内，综合经济实力实现新突破，全国百强县排名跃升至第 50 位，全国投资潜力百强县市列第 41 位，全面小康指数百强县列第 42 位。交通基础设施实现新突破，宁句城际轨道交通和南沿江城际铁路全面开工建设，扬镇宁马铁路在句容城区并站，综合交通枢纽呼之欲出。农业农村发展实现新突破，创成全国首批农村产业融合发展示范园、国家电子商务进农村综合示范县和江苏省农产品质量安全示范县。全域旅游创建实现新突破，入围 2019 中国县域旅游竞争力百强县市，入选江苏省首批全域旅游示范区，成功申办第五届国际道教论坛和第十九届中国草莓文化旅游节。创新创业载体实现新突破，全国科技创新百强县列第 51 位，是镇江市唯一一家入选全国农村创新创业典型县的地区。2019 年海外院士句容行活动首次成功举办，镇江国家农业科技园区建设通过科技部验收。金融生态环境实现新突破，句容金融生态环境和银行业金融机构存贷比排名均列镇江辖市区第一，不良贷款余额和不良率在镇江继续保持“双最低”。　（政府办）

句容乡村风貌

重要会议

【市政府全体（扩大）会议】 8月5日召开，会议以习近平新时代中国特色社会主义思想为指导，全面贯彻镇江七届九次全会和句容市委十二届七次全会精神，深入推进“一福地四名城”建设，决战决胜高水平全面建成小康社会。市长周必松出席会议并讲话。周必松强调，市委提出“奋力冲刺镇江市综合绩效考核‘四连冠’、力争跻身全省高质量发展县市20强”，句容市必须要全面推进“1355”战略部署，必须要打赢三大攻坚战，必须要“创造性落实”“负责任做事” “高效率工作”。坚决做到责任到位、督查到位、创造性落实，奋力谱写句容高质量发展新篇章，以优异成绩庆祝新中国成立70周年。开发区、市住建局作表态发言。（政府办）

【政府常务会议】 1月14日，召开第十六届人民政府第20次常务会议。会议讨论《句容市镇村规划布局修编》；讨论《句容市基础教育质量提升五年行动计划（2018.9—2023.8）》；讨论《关于调整我市被征地农民和城乡居民基本养老保险待遇情况汇报》；讨论《关于平台公司融资土地抵押相关事项》；讨论《2018年句容市30强工业企业名单》；讨论《市长分工》。

3月25日，召开第十六届人民政府第21次常务会议。会议传达省委办公厅、省政府办公厅关于切实做好危化品等领域安全生产和镇江市安全生产大检查布置落实会议精神，研究句容市安全生产工作；听取《全市重大产业项目安排方案》；研究《全市招商工作计划》；听取《全市“大棚房”问题整改落实情况》；听取《全市河流湖泊“两违”整治工作情况》；听取《全市长江干流岸线利用项目清理整治工作进展情况汇报》；研究《今年以来全市大气污染防治工作》；研究《句容市加强低收入群体健康扶贫意见》。

5月5日，召开第十六届人民政府第22次常务会议。会议学习贯彻习近平总书记关于扫黑除恶专项斗争的重要指示精神，传达省、市扫黑除恶专项斗争督导句容市工作要求，研究部署2019年句容市扫黑除恶专项斗争；讨论《镇江市2019年度“十件实事百项工作”涉及句容市任务清单责任分解表》；讨论《拟纳入项目储备库的三个项目（“崇明街道老旧小区综合整治”“公交站台改造工程”和“大型车停车场建设”）》；讨论《关于解决2018—2019年度飞灰资金缺口的请示》；讨论《句容市人民政府 中国铁塔股份有限公司镇江市分公司共同推进信息通信基础设施建设战略合作协议》；讨论《句容市产业类固定资产投资项目综合评估工作办法（试行）》修订；讨论《关于人防专项治理工作有关问题的汇报》；讨论《句容市安全生产委托执法办法（试行）》；讨论《句容市打赢蓝天保卫战三年行动计划》和《关于建立句容市大气污染防治联席会议制度的通知》。

5月17日，召开第十六届人民政府第23次常务会议。会议讨论《修订句容市政府重点投资项目变更验收及移交管理细则》；讨论《句容市群租房安全隐患排查整治工作方案》；讨论《句容市2019年生态环境保护统筹强化监督（第一轮）迎检工作方案》；讨论《句容市集体土地上房屋搬迁管理暂行办法》；讨论《句容市安置房统筹建设管理暂行办法》；讨论《沿江高铁、宁句轨道交通（仅含车辆段）及乡镇安置房统筹建设方案》；讨论开发区安置房不动产证办理工作；听取河湖长制工作、国省考断面水质监测工作、长江引河水质达标工作情况汇报；听取建筑工地扬尘管控工作情况汇报；讨论《长江引水及第一水厂工程征地拆迁费用和勘察设计费用》；听取近期安全生产事故及隐患排查情况汇报；讨论《“葛仙湖公园景观设计方案”项目纳入项目库》；讨论《句容市加强低收入群体健康扶贫意见》。

6月6日，召开第十六届人民政府第24次常务会议。会议传达《国务院办公厅关于印发全国违建别墅问题清查整治专项行动工作方案的通知》；传达镇江市政协主席会议调研句容市乡村旅游会议精神；听取关于城乡居民基本养老保险基金委托投资情况汇报；关于镇江市审计局《句容市乡村振兴相关政策和资金审计专项审计报告》和《镇江市省重大项目推进情况跟踪审计》的落实整改；讨论《句容市2012年至2017年度政策性文件清理决定》；讨论关于城西小学、石狮中学等市政府重点工程项目报批及竣工验收工作相关问题；讨论《句容市城市建筑垃圾管理办法》；讨论《城北垃圾填埋场应急处理方案》；传达镇江市监委关于人防领域专项检查工作的监察建议，并研究整改措施；讨论《句容市化工企业整治工作》。

7月1日，召开第十六届人民政府第25次常务会议。会议传达贯彻镇江市政府第30次常务会议精神，部署句容市落实措施；听取“千华古村”景区定价情况汇报；讨论《关于加快推进政府投资项目历史遗留问题清理工作的实施意见（试行）》；讨论研究关于调整句容市住房保障有关标准；讨论宁句城际轨道东门站片区房屋征收工作进展情况；研究《句容市化工产业安全环保整治提升实施方案》和化工企业“一企一策”处置意见；听取2019年上半年信访工作情况汇报；听取2019年上半年安全生产工作汇报，研究下一步安全生产工作；听取2019年句容市城区黑臭水体治理工作进展。

7月31日，召开第十六届人民政府第26次常务会议。会议研究仑山湖国际度假区违建别墅问题整改措施，开展认真检讨；研究《全市违建别墅清查治理专项行动实施方案》；研究五家窑厂、建材厂关停补偿资金相关事宜；听取上半年政府依法行政工作汇报，研究法治政府建设工作；听取上半年大气污染防治工作汇报，研究长效治理措施；听取关于句容市覆盖拉网式农村环境综合整治项目建设、运营管理的情况汇报；听取关于全市食品药品安全监管工作情况汇报；听取关于江苏省句容经济开发区管委会资产划拨至江苏句容新农控股集团有限公司请示的情况汇报；研究兑现建华建材总部经济优惠政策；听取上半年为民办实事情况汇报，研究加快推进措施。

8月29日，召开第十六届人民政府第27次常务会议。会议学习中办、国办关于经济责任审计的新规定；研究政府投资项目储备库拟进入实施库项目的事项；研究对镇江一马先制衣有限公司实施搬迁改造的方案；研究《关于解决市行政审批局部分划转人员工资待遇及特岗津贴的方案》；研究《句容市直管公房管理办法》；研究《句容市住宅专项维修资金管理办法》；研究《关于组织开展集中处置低端低效企业的方案》；研究《句容市政府购买居家养老服务实施办法（试行）》；听取句容市工业企业燃气设施专项整治的情况汇报。

铃塘转盘改造暨南门快速通道

9月19日，召开第十六届人民政府第28次常务会议。会议听取扫黑除恶专项斗争情况汇报；传达贯彻长江大保护（南通）现场推进会议精神，研究贯彻措施；学习《政府投资条例》；通报财政部监测平台隐性债务剔除情况，研究进一步严控政府隐性债务措施；传达贯彻省政府主要领导、分管领导，镇江市委、市政府主要领导有关宝华镇万城项目批示精神，研究贯彻措施；研究二圣水库长效治理方案；听取《非报建工程安全生产职责工作建议》；听取句容市妇幼保健院项目概算调整方案汇报；听取关于储备库项目拟入实施库项目情况汇报；听取关于收回殡仪馆经营权、改扩建及长龙山、兆文山公墓景观提升改造的方案汇报；听取市信访局关于“防风险、保稳定、迎大庆”有关信访工作汇报；听取关于宁句城际轨道东门站片区房屋实施征收决定的情况汇报；听取华航、华港内河码头关停整治工作情况汇报。

10月15日，召开第十六届人民政府第29次常务会议。会议研究政府投资储备库“市政桥梁养护工程”项目拟入实施库事项；研究耕地占用税申报缴纳相关问题；研究句容投资集团工程建设项目实施方案；研究长龙山、兆文山公墓景观提升合作协议事宜；听取关于句容市执行省统一企业社会保险缴费基数过渡方案的汇报；讨论《关于进一步规范城市基础设施配套费征收管理的实施意见》。

11 月 8 日，召开第十六届人民政府第 30 次常务会议。会议传达学习镇江市农村人居环境整治提升推进会精神，进一步推动句容市农村人居环境整治四个专项行动；研究政府投资储备库“市政消火栓”“电瓶车充电桩”“宝华山门下喜舍一层游客服务中心装修工程”项目拟入实施库事项；研究《句容市引导不再承接产业目录（2019 年版）》（讨论稿）；听取关于拨付钤塘转盘改造暨南门快速通道工程、西部干线（104 国道至 243 省道段）建安费用的情况汇报；听取关于购买宝华消防站消防车辆的情况汇报；听取关于宁句城际轨道东大街站片区房屋评估基准价格的情况汇报；听取关于申请设立句容市茅山老区扶贫基金的汇报；讨论《长江句容段全面退捕和建立补偿制度实施方案；研究《句容市农药零差率统一配供模式实施意见》（试行）；学习《重大行政决策程序暂行条例》精神；讨论《句容市市区犬类管理办法》；听取关于长龙山、兆文山公墓景观提升改造、运营有关情况的说明。

12 月 4 日，召开第十六届人民政府第 31 次常务会议。会议研究加强句容市公共信用信息归集工作；听取关于碧桂园时代天汇 4、6 号楼剩余住宅及商铺回购方案的汇报；听取关于句容市洪武路（河滨南路—二圣路）改建工程项目变更的情况汇报；听取关于未成年人思想道德建设情况的专题汇报；研究《句容市土地出让工作规则》；研究《句容市森林火灾应急预案》；研究《宁武新材料安全环保整治提升方案》；研究《电子商务进农村综合示范实施方案》；研究边城镇土地置换意向书；听取关于保障北山、句容和二圣三座水库充足水源情况汇报；听取关于长江提水负一站应急抢险项目实施情况汇报；听取将宝华镇新城区域纳入句容市禁止燃放烟花爆竹区域的汇报；研究进一步规范政府合同审查与管理工作有关事宜；讨论 2020 年城乡居民医保筹资方案。

12 月 25 日，召开第十六届人民政府第 32 次常务会议。会议讨论《政府工作报告》；听取 2020 年民生实事候选项目的情况汇报；听取 2019 年度政府隐性债务化解工作及 2020 年化解方案；听取省、镇江市交办突出环境问题整改落实情况；研究国务院江苏安全生产督导组督查句容问题整改方案；听取句容市 2019 年度安全生产工作汇报，研究部署 2020 年安全生产工作；听取关于加快句容市应急避难场所建设工作的汇报；听取 2019 年度句容城区黑臭水体治理情况汇报；研究贯彻镇江市人民政府第 41 次专题会议纪要精神；听取关于修订《关于建立健全中等职业教育经费保障机制》等文件的汇报；听取关于信访维稳工作的情况汇报；听取关于全市食品药品安全监管工作情况汇报。（政府办）

2019 年句容市人民政府发文目录一览表

表 6

序　号	发文日期	标　题
1	3 月 4 日	关于市长副市长工作分工的通知
2	1 月 7 日	关于印发《句容市养殖水域滩涂规划（2018—2030）》的通知
3	1 月 10 日	关于陈崇磊等同志职务任免的通知
4	1 月 10 日	关于陈建伟等同志任职的通知
5	1 月 22 日	关于表彰 2018 年度全市人民武装工作先进单位和个人的决定
6	1 月 23 日	关于全市见义勇为先进个人和先进工作集体（个人）的通知
7	1 月 23 日	关于收回句容市乾鼎置业有限公司位于句容经济开发区句兴路南侧、致远路东侧 3 宗国有建设用地使用权的决定

续表 6

序　号	发文日期	标　题
8	2 月 1 日	关于印发句容市基础教育质量提升五年行动计划（2018. 9——2023. 8）的通知
9	2 月 13 日	关于做好当前和今后一个时期促进就业工作的实施意见
10	3 月 1 日	关于表彰 2018 上度全市人社工作先进集体先进个人和十佳劳动保障守法诚人示范企业的决定
11	3 月 13 日	关于李文富等同志任免的通知
12	3 月 13 日	关于焦桂葆等同志任免的通知
13	3 月 13 日	关于罗荣等同志任免的通知
14	4 月 1 日	关于成立 句容市创建国家现代农业产业园工作领导小组的通知
15	5 月 5 日	关于聘请市政府法律顾问的通知
16	5 月 7 日	关于修订《句容市产业类固定资产投资项目综合评估工作办法（试行）》的通知
17	5 月 16 日	关于印发《句容市打赢蓝天保卫战 2018 年工作举措和 2019、2020 年行动计划实施方案》的通知
18	5 月 28 日	废止《关于减免征收拆迁安置房和农民集中居住区住房收费项目的通知》等文件的决定
19	5 月 29 日	关于收回句容汇杰贸易有限公司国有建设用地使用权的决定
20	6 月 27 日	关于收回句容市郭庄镇人民政府葛村集镇地块国有土地使用权的决定
21	7 月 8 日	关于宣布废止（失效）和予以修订一批政府文件的决定
22	7 月 8 日	关于将江苏句容投资集团有限公司股权无偿划转至句容市财政局的通知
23	6 月 18 日	关于收回江苏句容福地生态科技有限公司国有土地使用权的决定
24	7 月 29 日	关于孙太元等同志职务任免的通知
25	7 月 29 日	关于成立 句容市农村信用体系建设工作领导小组的通知
26	8 月 23 日	关于 2019 年第三届“句容市最美乡村教师”和句容市优秀教育工作者的通知
27	8 月 28 日	关于王泰山等同志职务任免的通知
28	8 月 28 日	关于吴鹏飞志任职的通知
29	9 月 5 日	关于收回江苏仑山湖发展有限公司位于句容市仑山水库国有土地使用权的决定
30	9 月 9 日	关于印发《句容市政府购买居家养老服务实施办法（试行）》的通知
31	9 月 10 日	关于调整住房保障有关标准的通知
32	9 月 17 日	关于挖掘传承句容历史文化建设“最有味道的历史名城”重点建议的答复
33	9 月 23 日	关于持续推进生态文明建设 打造乡村振兴“句容样板”重点议案的答复
34	9 月 27 日	关于李艳等同志职务任免的通知
35	9 月 28 日	关于调整市长副市长工作分工的通知
36	10 月 8 日	关于梁发江、吴立根见义勇为先进个人的通知
37	11 月 6 日	关于进一步规范城市基础设施配套费征收管理的实施意见

续表 6

序 号	发文日期	标 题
38	11 月 27 日	关于吴明成等同志职务任免的通知
39	12 月 3 日	关于成立自然灾害应急救援总指挥部的通知
40	12 月 11 日	关于明确吴明成副市长工作分工的通知
41	12 月 12 日	关于将宝华镇部分区域纳入句容市禁止燃放烟花爆竹区域的通告
42	12 月 18 日	关于确认行政执法主体资格的公告
43	12 月 30 日	关于鲁邦辉等 3 名见义勇为先进个人的通报
44	12 月 30 日	关于修订《关于建立健全中等职业教育经费保障机制》等 6 份文件的通知
45	12 月 31 日	关于成立句容市城市管理委员会的通知

（政府办）

2019 年句容市规范化文件一览表

表 7

序 号	发文日期	发文标题
1	7 月 5 日	关于印发《句容市城市建筑垃圾管理办法》的通知
2	9 月 17 日	关于印发《句容市住宅专项维修资金管理办法》的通知
3	11 月 26 日	关于印发《句容市犬类管理办法》的通知

（政府办）

政务服务

【概况】 2019 年，句容市行政审批局围绕打造全市优化营商环境“第一窗口”的工作目标，助力句容市“一福地四名城”建设战略，推进“不见面”审批改革、“3550”改革和政务服务向基层延伸，打造更加公平公正的公共资源交易环境，建立 12345“总客服”便民服务热线品牌。

（李亚微）

【“3550”到“2440”改革】 2019 年，句容市在全面实现“3550”改革（开办企业 3 个工作日内完成、不动产登记 5 个工作日内完成、工业建设项目施工许可 50 个工作日内完成）目标基础上，推进“2440”改革（开办企业 3 个工作日内完成、不动产登记 5 个工作日内完成、工业建设项目施工许可 50 个工作日内完成），年内基本实现目标。开办企业“2”，推行企业设立全程电子化和代办服务，构建电子化服务专区；开展“一窗受理、全科服务”；出台《句容市实行“一件事一次办”改革工作方案》，整合梳理市场准入领域审批和办件量较大的首批 20 个高频事项，实行“前台综合收件、后台分类审批、统一窗口出件”，平均材料压缩 15%，办理时限压缩 60%。办理不动产权证“4”，优化一手房首次登记、抵押登记、转移登记等流程；推出公积金和银行贷款抵押“直通车”业务，合并办理二手房“抵押+转移”；设立“24h”自助服务区，建立“二手房+电、气、广电网络”过户手续一窗办结机制，开通微信、支付宝等快捷移动支付方式方便群众办事。领取施工许可证“40”，出台《关于推行工业投资项目质监、安监通知书和施工许可并联审批的通知》，推行质监、安监通知书和施工许可并联申报，提高审批效率。全年全市 2 个工作日内完成企业开办的占比 85.4%，4 个工作日内领取不动产权证的占 99.8%，40 个工作日内领取工业企业项目施工许可证的达 100%。（李亚微）

【“不见面”审批服务】 2019

行政审批局全面推进企业登记全程电子化

年，市行政审批局以“网上办”推动“不见面”。江苏政务服务网上句容市共有行政权力事项1286项，其中不见面审批事项1247项，不见面率97.0%。年内完善句容政务服务综合旗舰店信息、拓展手机APP客户端的功能。推进政务服务向基层延伸，全年基层自助终端设备打印卫生许可证156多张，工商营业执照3688多张，避免群众城乡来回跑。深化“互联网+监管”，全市28家部门单位对接国家和省“互联网+监管”平台，开设账号并认领监管事项，将日常执法、“双随机、一公开”、信用监管等工作逐步纳入，累计上报监管动态信息3000多条。（李亚微）

【公共资源交易】 2019年，公共资源交易中心完成各类公共资源交易项目412个，预算金额108.95亿元，节约资金5.24亿元，节支率为4.81%。开展句容本地远程异地评标21个，配合省内其他地区远程评标90个。采用“评定分离”的评标办法，完成葛仙湖片区景观提升EPC工程、长江引水工程及句容市第一水厂EPC工程总承包项目的招标。开展句容市建筑业企业年度投标保证保险试点工作。完成“不见面”开标大厅的升级改造，全年使用“不见面”模式完成开标9个；在镇江市范围内率先推出政府采购家具、物业、软件等13类评分标准参考模板与11类标准合同文本。（李亚微）

【“12345”政府服务热线】 2019年，市行政审批局开通“企业服务专线”，全天24小时在线解答企业投资者的疑难困惑。通过催办、督办、通报和综合考评，督促各单位及时处理好市民诉求，对部门处办不到位的工单坚决退回重办，提高诉求处办结果回访满意度。全年共接听群众来电63432个，微信594件、省平台交办工单2068件。其中，派发工单34972件，按时办结工单34790件，按时办结率99.5%。

（李亚微）

信访工作

【概况】 2019年，句容市信访工作坚持围绕新中国成立70周年大庆安保维稳工作，主动化解信访矛盾，化解信访积案，年内实现经济社会持续发展、信访总量持续下降的工作目标。新中国成立70周年大庆安保维稳工作，受到省委政法委和省人社厅联合表彰。（王仕健）

【矛盾纠纷排查化解】 2019年，句容市把矛盾纠纷的排查化解作为维护社会稳定的基础性常态性工作，坚持重心下移、关口前移，做到“不留空白、不留死角、不留盲点”。通过定期排查、专项排查、滚动排查、联合排查，及时调处重大矛盾隐患，使所有矛盾纠纷都处于可控状态。年内及时妥善处置、疏导和化解小区物业纠纷、土地流转、拆迁补偿等集访、越级上访事件。（王仕健）

【信访化解】 2019年，句容市把群众来信来访的办理作为群众工作的重要内容。市信访局每周召开一次情况汇报分析会，对信访问题分工到人，建立日常工作局长值班、局长联系点等制度，建立健全“日交办、周通报、月倒查”工作机制，跟踪交办信访事项办理情况，推进信访问题及时解决，确保不发生重复上访。对跨地区、跨部门以及重大群体性信访事项，以信访摘报形式及时向市委、市政府主要领导和分管领导汇报，全年报送《信访摘报》22件，100%被市领导采纳。

（王仕健）

【领导干部接访包案】 2019年，句容市以市、镇两级领导干部和与群众切身利益密切相关的职能部门领导干部为重点，开展领导干部接访活动，做到信访问题排查村（社区）全覆盖、信访积案领导全包案、群众合理诉求全解决。开展“信访积案化解成果巩固深化年”活动，化解信访积案。2019年上级交办的4件“四大重点”攻坚标识案件全部化解；1件省督办件已化解；省交办168件城乡建设领域信访问题已化解114件，化解率67.9%；镇江市交办的11件重点群体信访事项已化解10件。

（王仕健）

机关服务工作

【概况】 2019年，句容市机关服务中心提升服务水平，把服务对象满意与否作为衡量工作成效的标杆，开展服务满意工程。完善社会化服务管理机制，规范外包项目的购买流程和服务考核，强化基础设施和重点设备的管理，严格各类合同全流程监管。落实安全生产工作职责，加强集中办公区域安全管理和消防、食品、设备运行等重点安全防控，确保安全平稳无事故。年内做好党政机关办公用房信息统计报告工作，完成对卫健委大楼的修缮、改造与审计工作，对发改委电梯进行更换，并进行质量检测验收。加强公车管理，对中心90辆公务用车进行年审和车辆保险购置工作，对派驻单位公务用车加强监管，全年出车2000余次，行车42万公里安全无事故。做好全市公务用车处置更新工作，全年办理公务用车审批手续53辆，公开拍卖29辆，成交价67.7万元。食堂用餐实现“零事故”，全年共保障约12万5千余人次。会议服务部共为799次重大会议与重点活动提供会务保障，与会人员达25313余人次。

（沈方敏　韦　颖）

综　述

【概况】 2019年，句容市政协围绕“一福地四名城”建设和“1355”战略部署，坚持团结和民主两大主题，认真履行政治协商、民主监督、参政议政职能，在把握大局中明晰思路、在服务发展中精准定位、在履职实践中主动作为，为助推句容高质量发展作出积极贡献。开展以“政协离我们很近、委员就在身边”为主题的“四级政协委员接待日”活动，全年共征集上报社情民意信息119条、参政议政材料15篇、建议案和意见建议函10件，一批涉及群众日常生活的相关问题得以较好解决。编辑文史资料，挖掘和弘扬本土历史文化，出版发行43万余字的《句容非遗博览》。组织开展庆祝人民政协成立70周年系列活动，举办以“放飞中国梦，礼赞政协情”为主题的文艺演出等系列活动。围绕城市建管精细化，开展“高品质规划城市地上地下空间、建设精美城市”专题协商。围绕建设“最有味道的历史文化名城”，开展“挖掘句容文化底蕴，打造历史文化名城”专题协商。6月10日，省政协副主席阎立一行到句容市专题调研《关于深化科技体制机制改革推动高质量发展若干政策》的落实情况。7月18日，省政协主席黄莉新到句容市调研政协工作。

（张明中　刘　浩）

【庆祝人民政协成立70周年系列活动】 国庆前夕，句容市政协以“迎大庆、立新功、展风采”为主题，利用报刊、电视、网络、新媒体等载体对全市各级政协组织履职成果进行总结回顾，集中宣传人民政协的光辉历程，展示全市政协委员的业绩和风采。9月20日，举办以“放飞中国梦，礼赞政协情”为主题的文艺演出，庆祝人民政协成立70周年，回顾总结句容市政协40年发展历程。举办全市“不忘初心、牢记使命”主题教育举行专题画展，向全市

1月4日—6日，句容市召开市政协十届三次会议

9月20日，市政协举办庆祝人民政协成立70周年文艺演出

各级政协组织、政协委员和干部群众展示主题书画作品167幅，全方位呈现全市上下不忘初心、砥砺前行的精神风貌。

（张明中　刘　浩）

重要会议

【市政协十届三次会议】 2019年1月4日—6日，市政协十届三次会议召开。会议听取并审议政协常委会工作报告和提案工作情况的报告；听取委员大会发言；列席市十六届人大三次会议，听取并讨论《政府工作报告》和其他报告；会议听取并通过提案审查报告；通过《政协句容市第十届委员会第三次会议决议》。

（张明中　刘　浩）

【全市政协工作会议】 2019年9月5日，市政协协助市委召开全市政协工作会议，全面贯彻落实习近平总书记关于加强和改进人民政协工作重要思想，研究部署新时代人民政协工作，推动句容政协事业提质增效、创新发展。会议指出，政协组织要以高质量发展为主线，凝聚改革发展“正能量”，在服务大局中谋划科学务实之举、在协商民主中凝聚团结联动之力、在增进和谐中强化服务为民之责。会议印发《关于新时代发挥中共党员政协委员先锋模范作用的意见（试行）》《关于建立“双联双促”制度的意见》，进一步加强政协组织中党员委员的作用发挥。

（张明中　刘　浩）

【市政协常委会】 1月6日，召开市政协十届十二次常委会议。会议听取2018年度全市纪检监察工作情况。审议市政协十届三次会议决议（草案）和提案审查报告（草案）。

4月24日，召开市政协十届十三次常委会议，会议以“激发民营经济发展新动能，推动产业经济发展高质量”为主题，推进供给侧结构性改革，推动句容市产业经济高质量发展。会议视察宁武新材料和智达电气。听取市政府一季度经济社会发展情况通报，市工信局、税务局工作情况汇报，部分政协常委、委员围绕激发民营经济发展新动能议政建言、出谋划策。会议审议通过《关于民主评议大气污染防治和优化小区物业管理的决定》。

8月16日，召开市政协十届

10月24日，市政协召开十届十五次常委会议，视察第五届国际道教论坛筹备工作

十四次常委（扩大）会议。会议听取市政府上半年经济社会发展情况通报和市政协十届三次全会以来提案办理情况通报。会议审议通过人事任免事项。

10月24日，召开市政协十届十五次常委会议，专题视察助推第五届国际道教论坛筹备工作。会议视察崇禧万寿宫开幕式主场所和茅山道宫、洲际温泉度假酒店、康缘养生谷等项目建设现场，听取市委统战部、茅山管委会有关第五届国际道教论坛相关筹备情况汇报，常委们围绕道教论坛筹备工作进行交流发言。会议审议并通过相关人事任免事项。

12月24日，召开市政协十届十六次常委会议。会议审议通过人事任免事项，审议通过《关于召开市政协十届四次会议的决定》，确定召开市政协十届四次会议有关事宜；部分政协常委进行述职。（张明中　刘　浩）

【市政协主席会】 1月18日，召开市政协十届十七次主席会议。会议传达省政协十二届二次会议精神；讨论市政协2019年工作要点；讨论“送福送春联”活动方案；会议讨论其他事项。

3月12日，召开市政协十届十八次主席会议。会议围绕最优营商环境的建设议题，进行讨论。提出优化政务环境、优化营商环境；通过提升服务水平、加大支持力度和降低融资成本，更好地优化金融行业对实体经济的支持的意见建议。会议讨论其他事项。会议视察市行政审批局政务服务中心和江苏盈科汽车空调有限公司。

5月8日，召开市政协十届十九次主席会议。会议视察宁句城际轨道建设现场，观看“双铁”建设宣传片，详细解宁句城际、南沿江高铁两大重点交通项目的实施进展情况。

6月19日，召开市政协十届二十次主席会议。会议围绕“聚力文旅融合，发展旅游产业”开展视察活动，实地察看美人鱼生态园、梵净山庄和亚夫事迹馆等文旅项目。

7月25日，召开市政协十届二十一次主席会议。会议围绕“关注公共卫生健康，提高群众幸福指数”主题，视察市新建人民医院、妇幼保健医院和疾控中心等医疗卫生重点工程。

11月29日，召开市政协十届二十二次主席会议。会议听取各镇（街道、园区）联络委、城区联络小组和专委会的工作汇报，并对2020年度工作开展进行研讨交流。

12月6日，召开市政协十届二十三次主席会议。会议视察义台街警务工作服务站、巡特警大队和大数据指挥服务中心，听取公安工作情况汇报。

（张明中　刘　浩）

议政协商

【概况】 2019年，市政协议政协商坚持大团结、大联合思路，以社会意愿和民心民愿为出发点，营造同心同德、共谋发展的良好氛围。年初市政协十届三次全会上，政协委员通过分组讨论、提案等形式进行协商议政，11位委员作大会发言。委员们提出的“实施制造业强市战略，促进经济高质量发展”“擦亮‘生态农业’名片，闯出‘以农富农’新路”“为句容高质量发展提供技能人才支撑”“做好‘四篇文章’，推动乡村振兴”等意见建议，在市委市政府的决策中得以体现。年内重点对园区升级、乡村振兴、城市有机更新、垃圾分类、“医养康护”四位一体服务体系建设、“三医联动”“三保联动”、建设高质量教师队伍、社会平安工程等开展视察调研。（张明中　刘　浩）

【提案工作】 2019年，广大政协委员和政协各参加单位紧紧围绕市委、市政府工作中心和人民群众普遍关心的热点难点问题，深入开展调查研究，积极建言献策，共提出提案191件。经审查，立案156件，立案率81.7%。所有立案提案全部办复，委员满意和基本满意率100%。从办复情况看，所提问题已经解决、基本解决或已有明确工作方案的有121件；已列入计划逐步实施的有30件；因客观条件制约，有待今后创造条件办理或留作参考的有5件。提案所提的许多意见建议被市委、市政府和有关部门采纳并落实到相关工作中，为促进全市高质量发展发挥积极作用。市政协重视提案办理协商工作，在提案办理中坚持全过程协商、多层次协商、制度化协商。提案办理过程中做到“三协商”，办前解意图、个别协商；办中强化互动、沟通协商；办后及时回访、办复协商。运用网络、微信等现代信息技术手段丰富协商形式，加强委员和承办部门之间互动交流，提高协商的便利性和有效性。

（张明中　刘　浩）

【建言献策】　2019年，市政协围绕党政所思、群众所盼、发展所需积极建言献策。办公室围绕“产业+人才”，开展专题调研活动，在分析句容市人才队伍建设现状，梳理存在问题的基础上，提出产业人才的培养、使用以及“人才品质生活圈”等方面的意见建议。经济科技委员会围绕“培养发展枢纽经济”，调研分析句容市发展枢纽经济的现状、存在的问题，并提出对策建议。社会事业委员会围绕办好人民满意教育，积极关注宝华镇新市民子女入学难问题，深入广泛地开展调研走访，形成《关于缓解宝华镇学龄儿童入学难问题的建议案》，为市委市政府有效解决宝华片区入学难问题提供智力参考。围绕提升卫生健康水平，把完善社会保障、补齐民生短板作为履职之基，视察推进市新建人民医院、妇幼保健院和疾控中心等医疗卫生重点工程，在搭建“大健康”发展平台、加强医疗卫生人才队伍建设、推进智慧医疗惠及大众等方面提出有益的意见建议。港澳台侨和民族宗教委员会围绕“讲好句容道教故事，助力申办道教论坛”议题，推动句容市把论坛办成有亮点、有创新、有特色的文化盛宴，提出筹备工作的有效建议。围绕“激发民营经济发展新动能，推动句容产业经济发展高质量”进行协商建言，提出对内深度挖潜、对外积极招引、强化支撑保障、破解要素制约等意见建议，积极服务和助推工业经济提质增效。围绕金融业如何更好支持实体经济发展，做强实体经济，深入金融监管局、人民银行、农商行等单位开展调研，从加强政策引导、推动银企对接、加大支持力度、降低融资成本等方面提出对策建议，就进一步发挥实体经济的引领支撑作用建诤言、谋良策、出实招。为优化发展环境，落实市委打造最优营商环境会议精神，专题视察市政务服务中心和部分三十强企业，实地感受全市营商大环境的改善，提出优化政务环境、加强协调服务、提振信心干劲的意见建议。

（张明中　刘　浩）

7月18日，省政协主席黄莉新到句容市调研政协工作

民主监督

【概况】　2019年，市政协开展多级联动民主监督。全力配合镇江市政协做好“助力蓝天保卫战，政协委员在行动”主题活动，对全市35个重点项目的扬尘管控、深度减排、关停取缔工作进行民主监督，针对大气、水、土壤污染防治提出有效举措建议，推动“263”专项行动向纵深推进。

开展本级民主评议监督。选择“大气污染防治”“小区物业管理”两项内容工作，成立专项民主评议领导小组，通过专题视察、互动协商、问卷调查、民主测评等形式，形成《市政协关于民主评议大气污染防治工作的报告》《市政协关于民主评议小区物业管理工作的报告》。

开展重点提案办理民主监督。落实提案办理交办会、推进会、召开重点提案办理“回头看”等措施，列入年度重点提案的意见建议，比如“优化企业发展环境，加速推进制造业强市”“规范文明养犬，提升城市形象”“提升城市生活供水品质”等意见建议，得到相关职能部门的采纳运用。

（张明中　刘　浩）

综　述

【概况】　2019 年，全市各级纪检监察组织不断增强“四个意识”，坚定“四个自信”，做到“两个维护”，切实推动全面从严治党向纵深发展。全市全面从严治党满意度再上台阶。年内，市纪委监委在镇江市纪检监察工作高质量发展和句容市级机关部门综合考核中均位列第一；获省纪委监委“带头建设让党中央放心、人民群众满意的模范机关工作走前列纪检监察组织”称号，全市党风廉政建设和反腐败工作取得新成效。　　（市纪委）

【“清风护航”行动】　2019 年，以“清风护航”为统领，以更加科学、更加严密、更加有效的工作，推动治理体系和治理能力现代化，突出“政治建设、群众关切、深化改革、监督首责、政治巡察、标本兼治、内外兼修”等七个重点实施全面护航。围绕乡村振兴战略，创新设立“清风护航乡村振兴”专项办公室，探索基层“群腐”治理新路径，统筹镇（街道、园区）、派驻、监察员办公室等基层监督力量，全程监督乡村振兴各项工作。依托“清风惠民、清风助企、清风讲堂、清风微课、清风户外、清风正己”等系列清风活动，着力打造“清风”品牌，深度推进纪检监察工作高质量发展。　　（市纪委）

【村级小微权力清单制度】　2019 年，探索制定涵盖 8 大类 31 项具体内容的村级小微权力清单及流程图，建立运行公开、日常监督、责任追究、组织保障等 4 项清单运行机制，厘清村级组织和村干部权责边界，真正让人民群众一图读懂“找谁办、怎么办”，也让村干部“按图操作、规范履责”。该项工作相关经验做法在镇江市得到推广。　　（市纪委）

10 月 16 日，省委常委、省纪委书记、省监委主任蒋卓庆一行到句容市进行专题调研

“两个维护”工作

【概况】 2019年，把学习贯彻习近平新时代中国特色社会主义思想作为首要政治任务，以新思想引领新实践。市纪委常委会监委会议专题学习习近平总书记重要讲话和指示批示精神，开展党的十九届四中全会精神学习宣讲，努力做到深学笃行、知行合一。

（市纪委）

【政治建设】 2019年，开展“不忘初心、牢记使命”主题教育，紧密结合纪检监察工作实际，把学习教育、调查研究、检视问题、整改落实贯穿主题教育全过程。市纪委监委领导班子带头落实“一人一重点、领办解难题”机制，深入一线，掌握实情、破解难题、促进工作。

（市纪委）

【政治监督】 2019年，坚持党中央重大决策部署到哪里，监督检查就跟进到哪里。重点开展打好“三大攻坚战”、安全生产专项整治、违建别墅清查整治等16项专项监督，推进政治监督具体化常态化。贯彻“基层减负年”要求，把整治形式主义、官僚主义纳入政治巡察、监督检查、审查调查工作重点，全年查处形式主义、官僚主义45起88人。严把选人用人政治关、品行关、作风关、廉洁关，全年党风廉政意见回复60批次、2582人次。

（市纪委）

【“两个责任”落实】 2019年，协助市委制定“两个责任”实施意见，细化落实“责任清单”。充分发挥履责纪实信息平台作用，督促全市各级党组织、纪检监察组织履责纪实4万余条。对履行“一岗双责”不力的坚决倒查追责，年内先后对59名党员干部、7个党组织问责处理，推动责任传递触及“神经末梢”。（市纪委）

5月17日，句容市纪委监委扫黑除恶专项斗争工作推进会

群众身边腐败和作风问题整治

【概况】 2019年，坚持以人民为中心，聚力整治群众反映强烈、损害群众利益的突出问题，不断提升民生福祉。全年全市查处群众身边腐败和作风问题109起153人，给予党纪政务处分25人。

（市纪委）

【专项整治】 2019年，结合主题教育专项整治，全面纠治义务教育学校违规办学、高值医用耗材采购等群众反映强烈的问题。开展人防系统腐败问题专项整治工作，督促追缴违规减免缓人防工程易地建设费近2.5亿元，对2名责任人进行问责，督促完善制度5个。 （市纪委）

【基层治理】 2019年，深入开展“三治理一挂牌”巩固提升专项行动，处置扶贫领域问题线索49条，处理59人。充分发挥“清风护航乡村振兴”专项办公室作用，监督推进脱贫攻坚与乡村治理，及时回应群众疑惑，有效化解基层信访矛盾。充分发挥市委反腐败协调小组作用，加强与政法机关协同配合，把扫黑除恶同基层“拍蝇”结合起来，严肃查处涉黑涉恶案件背后的“保护伞”和腐败问题。全年共查处充当“保护伞”4人，涉黑涉恶腐败2人，工作推动不力8人。

（市纪委）

【纠治“四风”】　2019年，持续盯紧重要节点，深挖细查顶风违纪、隐形变异问题。先后开展违规吃请和公款吃喝专项整治、违反中央八项规定精神问题“三查”工作，全年共查处违反中央八项规定精神问题31起50人，曝光典型案例7起8人。协助市委优化营商环境，增聘40名优化营商环境监督员，畅通投诉热线、微信公众号和电子邮箱等受理渠道，督促明察暗访曝光的6大类38个问题有效整改。（市纪委）

监督工作

【概况】　2019年，强化监督首责，在日常监督、长期监督上持续用力，做到管好关键人、管到关键处、管住关键事、管在关键时。

【创新监督方式】　2019年，加强信息技术手段在监督中的应用，充分利用“三大监管平台”，开展全程监督、精准监督，助力打好“三大攻坚战”。升级完善纪检监察检举举报平台，积极融入全市大信访工作格局，全年各级纪检监察组织共接收信访举报309件次，同比下降32%。围绕对干部精准“画像”，进一步完善廉政档案，对全市922名科级领导干部廉政信息实施动态更新、智能管理。（市纪委）

【“四种形态”处理】　2019年，注重抓早抓小，防微杜渐，全年共运用“四种形态”（经常开展批评和自我批评、约谈函询，让“红红脸、出出汗”成为常态；党纪轻处分、组织调整成为违纪处理的大多数；党纪重处分、重大职务调整的成为少数；严重违纪涉嫌违法立案审查的成为极少数）处理633人次。其中，充分运用第一种形态约谈函询、批评教育425人次、占比67.15%，妥善运用第二种形态处理146人次、占比23.06%，准确运用第三种形态处理14人次、占比2.21%，果断运用第四种形态处理48人次、占比7.58%。“管住大多数”成为监督执纪常态，“惩前毖后、治病救人”的要求落到实处。（市纪委）

【巡察派驻监督】　2019年，聚焦“六项纪律”，先后对22个市直部门和单位开展常规巡察，发现问题422个，移交问题线索34件。积极延伸巡察触角，对边城镇等4个镇（街道、园区）所辖村（社区）、基层站（所）和茅山风景区党组织开展乡村振兴战略专项巡察，发现问题654个，移交问题线索25件。围绕省委“巡察工作专项检查”反馈的4个方面12个具体问题，认真制定整改方案及“三清单”，逐一整改销号。建立巡察报告问题底稿管理、巡察整改专项督查和评估、与审计机关协作配合等6项制度，全年提出问题整改反馈意见206条，推动建章立制73项，对23个被巡察单位和部门、8个镇（街道、园区）党组织进行综合评估。强化派驻“嵌入式”监督，主动发现问题线索60件，开展专项治理222项，立案45件，发出整改建议书37份，“派”的权威、“驻”的优势切实增强。（市纪委）

反腐工作

【概况】　2019年，深刻把握“反腐败斗争取得压倒性胜利”和“对形势的严峻性和复杂性一点也不能低估”的重大判断，保持高压态势，深化标本兼治。（市纪委）

【惩治腐败】　2019年，加大案

11月12日，句容市新任领导干部集体廉政谈话和法律法规廉政知识测试

件查办力度，坚决遏制腐败蔓延势头。全年纪检监察组织共立案214件，同比增长14.4%，结案214件，给予党纪政务处分196人，采取留置措施10人，移送司法机关17人。严肃查处夏宏伟、洪晓雨等一批严重违纪违法案件。（市纪委）

【标本兼治】 2019年，坚持一案一分析、一案一总结，结合日常监督、专项监督、审查调查中发现的突出问题，及时向有关地区和部门党委（党组）提出纪律检查、监察建议，并开展质量评估，督促建立健全完善的监督管理机制、有效的权力制约机制、严肃的责任追究机制，推动靠制度管权、管事、管人。（市纪委）

【警示教育】 2019年，对63名新任乡科级干部开展集体廉政谈话，并创新方式组织法律法规廉政知识考试。严格落实对受处分人员回访教育制度，开展回访教育213人次。协助市委召开全市领导干部警示教育大会，拍摄《莫让初心渐行渐远》警示教育片，用身边典型案例教育身边人，用好党风廉政教育基地，全年3万余人次接受教育。（市纪委）

湖光山色　徐海鸥摄

句容市总工会

【概况】　2019年，句容市各级工会坚持服务大局，服务职工，聚焦主业，凸显作用作为，各项工作取得实质性成效。按照工会改革方案，市总工会领导班子配备兼职副主席2名和挂职副主席1名。按照新的“三定”方案，调整配备内设机构和人员，现有内设机构为办公室、组织和基层工作部、宣传教育和网络工作部、权益保障部（市女职工委员会办公室、市总工会经费审查委员会办公室）、劳动和经济工作部、财务资产管理部。（严　露）

【职工帮扶工作】　2019年，市工会在“两节”期间，慰问困难职工、农民工共计445户，发放慰问金49.9万元。年内认定46名困难职工并发放第十轮特困职工证。对环卫、交警、重点项目建设工人开展夏季“送清凉”高温慰问，送出防暑降温慰问品2000余份。向10户困难职工子女发放金秋助学金3万元。扩大职工医疗互助保障工作覆盖面，全市各险种参保人数达3.8万余人，赔付慰问167人，送出慰问金115.3万余元。推进企业厂务公开民主管理工作。开展工资集体协商春季要约行动，全市工资集体协商签订数达独立建会企业95%以上。开展和谐劳动关系达标创建活动，11家企业创建成镇江市劳动关系和谐企业，黄梅街道创建成劳动关系和谐街道，更新镇级工会劳动争议调解组织。开展“尊法守法·携手筑梦”服务农民工公益行动，受理职工维权案例100余件。开展“法企同行”系列活动，举办送法进企业文艺演出三场次，送出法律读本600余份。加强安全生产教育培训，开展“安全隐患随手拍”活动，完成12家安康驿站的药品更新工作。开展“爱岗爱企爱句容、安全健康伴我行”劳动保护主题活动，推进工会劳动保护工作。组织全市职工开展“礼赞祖国·劳动最美”职工朗诵比赛、职工征文比赛、“歌唱祖国”主题歌会，“工会杯”象棋赛、足球赛，丰富职工文化生活。（严　露）

句容市首届“茅山长青”茶叶制作技能大赛

【职工培训工作】 2019年，市工会组织各类劳动竞赛、技术比武，培养人才。全市重点工程劳动竞赛中，华电句容发电厂二期工程、钤塘转盘改造工程完成。组织开展茅山长青茶叶制作技能大赛、首届“建华杯”牵引车驾驶技能大赛。年内在句容广兴集团组织举办镇江市“广兴杯”钢筋工职工职业技能大赛。发挥劳模引领作用，评选表彰句容市“五一劳动奖状”10家、“五一劳动奖章”20人和工人先锋号16个，新命名9家劳模创新工作室。探索建立区域性的白兔草莓劳模创新工作室联盟、行业性的渔业劳模创新工作室联盟，放大劳模效应。组织各级劳模共58人次参加各层面的疗休养活动。国庆前夕，开展70周岁以上劳模“四送”慰问活动。（严 露）

共青团句容市委员会

【概况】 2019年，句容市团市委围绕中心、服务大局，着力提升组织力、引领力、服务力。年内开展学习教育，强化思想引领，推进创新创业工作，做好服务青年工作，取得较好的工作成效。

（贡一景）

【青年教育工作】 2019年，团市委以建国70周年、“五四运动”100周年、少先队建队70周年为契机，组织发动全市各中小学校开展“我和我的祖国”系列活动、“青春心向党 建功新时代”纪念五四运动100周年主题团日活动、“争做新时代好队员”纪念少先队建队70周年主题队日系列活动。推进青年学习社建设，截至2019年年末已建成9家。开展青年大学习活动，全市范围内建设青年之家学习阵地17个，在线上线下开展微团课34节。重视新媒体宣传工作，团市委官方微信“句容青年”全年发布微信500余篇。苏青U+平台全年发布活动达75场。

（贡一景）

5月4日，纪念五四运动100周年特别主题团日活动在茅山风景区举行

【青年服务工作】 2019年，团市委开展志愿服务活动，在句容国际马拉松赛、文明城市创建等大型活动期间组织志愿者2000人次。春节期间，开展车站送春联、扶贫帮困等活动；学雷锋日，开展“小小雷锋净福地”活动；公祭日期间，招募志愿者参加全市公祭活动；暑期组织志愿者慰问孤寡老人。同时，做好青年帮扶工作。开展“圆梦行动”活动，全年通过向社会爱心企业、爱心人士筹款21.5万元以及上级拨款12.5万元，资助62名高中毕业考入大学的学生。参与共青团江苏省委“苏青益筹”网络平台，搭建希望工程线上平台，从全市学校乡镇摸排，录入一批事实孤儿和困难应届高中毕业生，同时录入一批公益爱心人士。（贡一景）

【就业创业服务】 2019年，团市委开展滁州行、合肥行等走访活动，并继续举办2019年“福地青年英才”创业大赛团市委分赛，向市总决赛推荐项目8个，在获奖项目中推荐参加江苏省“创青春”创业大赛的项目6个。举办“回乡看发展、梦是故乡圆”活动第六季，组织50多名句容籍大学生到句容郭庄协鑫集团下辖企业参观座谈；开展“故乡月明”暑期大学生双选会，帮助企事业单位和句容籍大学生进行双向选择。从青年中培育一批优秀典型，年内华梦丽获全国“青年致富带头人”称号，20名青年获镇江市“新农菁英”称号。联合市农委、市人社局等单位举办“新型职业农民”比赛，选出“十佳青年农

民”、“优秀青年农民”20人。

（贡一景）

句容市妇女联合会

【概况】 2019年，市妇联以引领妇女践行社会主义核心价值观，弘扬中华优秀文化为目标，深入开展最美家庭、优秀家风家训评比、道德典型学习宣传、巾帼志愿服务等新时代文明活动，开展形式多样的文明宣传、维权普法、志愿服务等活动，提升机关干部的文明素质、业务能力、服务水平和妇联组织形象。截至2019年年底，全市有乡镇妇联组织12个，城区妇委会48个，村、社区妇联组织182个。（王 莹）

【主题活动】 2019年，市妇联实施“家庭文明建设行动”，在全市家庭中开展寻找“最美家庭”“书香进万家”“优秀家风家训进万家”“一封家书”“传家训、立家规、扬家风”等主题活动，通过谈文明家风家规、晒家庭幸福生活、讲“最美家庭”故事，以优良家风滋养时代新风。推进《江苏省家庭教育促进条例》的实施，加强各级各类家长学校规范化管理。成立家庭教育公益行巡讲团，推进家庭教育巡讲进村镇、进社区、进学校、进家庭，提升家长科学教子的水平。全年先后举办各类“最美家庭”宣讲活动47场，征集好家风好家训600余条，评选表彰“最美家庭”260余户。推进“平安家庭”创建工作，完善“平安家庭”工作机制，将“平安家庭”创建与维护妇女儿童合法权益有机结合，共表彰10个创建先进单位和80户示范户。

（王 莹）

【妇女儿童帮扶工作】 2019年，市妇联结合“3·8国际劳动妇女节”“5·15国际家庭日”“6·1儿童节”“11·25”国际反家庭暴力日等重大节日和重要活动日载体，组织开展公益宣传、知识竞赛等活动。建立困境儿童救助机制，构建未成年人社会保护网络，争取和募集e万行动、音乐种子班、慈善春蕾班、99公益项目资金及社会各界爱心捐款210余万元，资助困境儿童3000余人次。开展“单亲贫困母亲”创业就业援助、“情暖单亲贫困母亲”慈善帮扶活动，向177名单亲贫困母亲发放慈善帮扶金16.9万元。组织开展巾帼志愿服务，培育“萱草花”“郁金香”“向日葵”等一批巾帼志愿服务品牌。以“萱草花”志愿服务项目、“在你身边”巾帼志愿服务·她行动等志愿服务项目为载体，组织机关干部和巾帼志愿者定期开展活动关爱困境妇女儿童。（王 莹）

【妇女儿童权益保障】 2019年，市妇联结合“三八”妇女节、“三八维权周”、禁毒宣传日等节点，开展普法宣传主题教育活动。组建“老妈妈”普法宣讲团，组织巾帼维权志愿者开展送法进社区、进学校、进家庭、进企业、进高墙活动，面向广大妇女举办《中华人民共和国婚姻法》《中华人民共和国妇女权益保障法》《中华人民共和国反家庭暴力法》等有关法律法规宣传活动85场，下发法律书籍、宣传资料万余份，惠及妇女2万多人次。搭建妇儿维权平台，联合公安、法院等部门构建反家暴联动工作机制，全面实施家庭暴力告诫和人身保护令制度。建立信访维权接待制度、妇联机关干部全员接访制度，累计接待来信来电来访48件，配合市法院下发人身保护令11份，信访调处率达100%。（王 莹）

【句容市妇女第十五次代表大会】 8月9日，句容市妇女第十五次代表大会举行，来自全市各条战线的245名妇女代表参会。会议表彰了句容市三八红旗手和三八红旗集体，并选举产生市妇联第十五届主席、副主席、常委。

（王 莹）

句容市科学技术协会

【概况】 2019年，句容市科协围绕句容市“一福地四名城”打造及乡村振兴工作，推进年度各项工作目标完成。年内，市科协被江苏省科协表彰为“基层科协能力提升计划先进单位”“2019年科普宣传周活动优秀组织单位”，获得江苏省第30届青少年科技创新大赛“基层赛事优秀组织单位”、2019年“金钥匙竞赛”（江苏赛区）团体二等奖。

（王 玮）

【科普宣传】 2019年，市科协加强科普载体建设，创建省市科普惠农服务站6个，镇江启迪数字天下科技有限公司被命名为江苏省科普产品研发基地；江苏农景生态建设有限公司命名为江苏省科普惠农服务站；后白镇古村村、白兔镇葡萄协会、行香草莓合作社、浮山东坡茶园被命名为镇江市科普惠农服务站。推进基层科普行动计划，江苏茶博园科普示范基地、句容市电子商务协会、句容市浮山东坡茶园科普基地、句容市崇明街道甲城社区4家被表彰为镇江市基层科普行动计划先进集体。全年开展科普进农村、进社区、进企业、进校园等各项活动53项（次），内容涉及消防、农技、安全、医疗、保健等多领域，其中“句容市茶叶技能大赛”被表彰为全国科普日特色活动。（王　玮）

【青少年科技教育】2019年，市科协打造“三赛品牌”，以金钥匙科技竞赛、青少年创新大赛、机器人大赛为抓手，提升全市青少年科技素养，总参赛达15000余人次，100多名学生获得省市级各类奖项。参加第30届江苏省青少年科技创新大赛，市科协获得基层赛事优秀组织奖。联合市教育局、机器人科技教育协会打造创客实验室。举办市第四届创新教育公益夏令营。（王　玮）

【人才工作】 2019年，市科协组织人才创新课题评选活动，领办市313人才工程，共收集专项课题52篇，资助26个专项课题。开展国家级科技信息企业推广应用，联合镇江科协共同举办专利应用工程师培训、赴武汉大学参训等企业科技创新服务应用各类推广活动。推动企业注册入驻中国科协企业创新服务平台。

（王　玮）

句容市文学艺术界联合会

【概况】 2019年，市文联开展系列文艺活动，确保文联全年工作有亮点、有特色，有影响，为推动句容文艺繁荣发展作出新的贡献。年内重点突出开展庆祝新中国成立70周年系列活动，广泛开展文艺志愿者服务活动，并加强对外文艺交流、合作。全年句容市有9件美术作品入选中国美协主办的全国性展览。

（王镇容）

【文艺服务活动】 2019年，句容市文联立足基层，主动作为，开展形式多样的文艺志愿活动。摄影家协会向社会公布“关于向各单位提供免费摄影服务的函”，为机关学校企业等服务，并免费为文明户，五好家庭义务拍照。书法家协会与镇江市书法家协会、镇江市文化馆联合开展为期三天的“大字书写”公益培训；开展国展入选作者经验分享交流会活动；与市广播电视台传媒中心等多家单位联合成立“书法公益讲坛”，组建“书法公益讲坛”师资团队，先后在御东国际、柏悦华府等处面向全市书法爱好者及广大中小学生及家长开设公益讲座，常年为市级机关各部门、单位及书法爱好者举办讲座培训辅导；开展书画篆刻公益培训，篆刻示范点在全市达到20个。与崇明街道结对共建，在其所辖的十三个社区开展了篆刻进社区文明实践活动，开展书画篆刻公益培训十多场次。开展戏曲、文学进校园活动，分别在华阳中学、崇明小学文昌分校、宝华镇中心小学开设戏曲课程；在新村社区、梅花社区举办诗词讲座4场，参

1月27日，由市文联、市摄影家协会主办的市第五届摄影艺术展览在福地广场开展

加学员 110 人。组织开展义务写春联活动 10 余场次。（王镇容）

【对外交流】 2019 年，市文联与南京市青年书协、南京市玄武区文联联合主办“南京句容两地青年书法家提名展”，编辑出版《南京句容两地青年书法家提名展作品集》。与江苏省摄协、镇江市摄协、句容市生态环境局共同主办“生态环境杯”美丽句容全省摄影大赛。承办江苏省摄协第二届“千华古村”杯摄影大展。

（王镇容）

【庆祝新中国成立 70 周年系列活动】 2019 年，市文联以书画、征文、歌咏、曲艺等多种形式，开展系列文艺活动。举办庆祝新中国成立 70 周年征文大赛，共收到 174 位作者 242 篇稿件，评出获奖作品 45 件。举行“摄影句容，记录辉煌”—新颜旧貌对比摄影作品展，收到稿件 260 件，有 110 幅作品入展，制作展牌 21 块，分别在文化艺术中心、福地广场、葛仙湖公园三处共展出 18 天。组织“我和我的祖国”快闪活动。举行“最美笑脸”、“画意句容”、第二届“精彩瞬间”摄影双年展。举办“容城巨变”书画摄影大展赛，于 9 月 5 日在市博物馆展出，共征集到四百五十余件书画、篆刻、摄影作品，展出作品 250 件，编辑出版《容城巨变庆祝新中国成立七十周年书画摄影篆刻摄影作品集》。举行颜真卿杯“句容百景”书画展。举行第六届金秋诗歌朗诵会，近千名观众观看演出。（王镇容）

句容市残疾人联合会

【概况】 2019 年，市残联推进残疾人社会保障体系和服务体系建设，继续开展残疾人就业创业、康复救助、扶贫保障等工作，营造扶残助残的良好社会氛围。年内全面落实低保家庭残疾人和低保外重残无业人员生活保障救助机制。全年共为 4668 名重度残疾人提供生活补贴；为 5153 名生活不能自理残疾人发放护理补贴；为 1184 名特殊困难残疾人发放生活补贴；为 1044 名低保内残疾人发放生活补贴；每年为 500 名贫困残疾人家庭发放临时救助。同时，为贫困城乡残疾人参加基本医疗保险和新型农村合作医疗保险，全年支出在 4000 万元以上。

（孙　浩）

【残疾人就业创业】 2019 年，市残联通过“春风行动”招聘会，帮助 80 名残疾人与用工单位达成就业意向。进一步加大按比例就业年检和奖励力度，全年发放奖励资金 17 万余元。对句容市区域内 56 家企业进行网上年审，建立职工档案。强化“残疾人之家”规范运行，正常运行 15 个残疾人之家，实现日托服务 350 人。全年开展各类技能培训班 6 次，新增实名制培训 80 人，帮助就业 20 人。选派 3 名残疾人参加全国残疾人职业技能竞赛预选赛，其中 2 名残疾人成功入选，笪春静获得全国手工编织四等奖。（孙　浩）

“春风行动”招聘会残疾人招聘专区

【残疾人康复救助】 2019 年，市残联落实残疾人辅助器具适配、0—14 岁儿童抢救性康复以及“三助一给”等补贴制度。全年精神病免费服药人数达 1200 人，购药次数超过 3000 人次。办理 0—14 岁儿童抢救性康复转介手续，资助资金达 114 万元。投入 30 万元，为符合条件的 120 名白内障患者施行复明免费手术。为 30 位听障人士配备助听器，做好残疾人假肢和矫形器适配工作，共为 45 残疾人免费安装假肢和矫形器。投入 23 万多元，完成 90 户残疾人家庭无障碍改造。（孙　浩）

【第二代残疾人证到期换领工作】 2019 年，为落实残疾人证到期重评申领工作，针对 2019 年到期的近 7000 人，市残联将根据上级残联部署要求，认真制定到期换领工作方案，有序推进换领工作，确保残疾人的合法权益得到有效保障。同时，对重新评定的鉴定费用给予减免，减轻残疾人的经

济负担。（孙　浩）

句容市红十字会

【概况】　2019年，句容市红十字会持续开展救护培训、人道救助、志愿服务等工作，各项工作稳步推进。年内获中国红十字总会颁发的全国红十字防灾避险知识竞赛最佳组织一等奖、中国红十字总会颁发的报刊宣传先进集体三等奖。（石　卫）

【救护培训】　2019年，句容市红十字会共开展71场应急救护培训，其中普及性培训48场，普训完成11907人；初级救护员培训23场，初训完成974人。发放救护员手册一千余册，市民安全手册1万余本，以及红十字知识等宣传材料3万余册。围绕世界红十字日、全国防灾减灾日等重要节点，在全市48所中小学开展青少年自救互救知识竞赛和中小学生逃生救护演练，其中全国红十字防灾减灾知识竞赛参加人数达1.3万人。（石　卫）

【“三献”工作】　造血干细胞捐献方面，2019年全市中华骨髓库志愿者新增登记125人，累计1469人，再动员20人，再动员成功6人，高分辨5人。其中胡阳荣、徐荣分别于7月、11月到南京市捐献造血干细胞，全市累计8人成功完成捐献。遗体和器官捐献方面，2019年新增捐献志愿者15人，累计登记129人。其中年内身故实现捐献1人，累计捐献者10人。（石　卫）

【人道救助】　2019年，句容市红十字会共计帮助困难群众2285人，救助款物总额达63.43万元。其中大病救助95人，大病救助总额9.51万元；联合东丰制衣厂等帮助敬老院老人等困难群体253人，救助物资2.53万元；助学1810人，资助金额50.5万元；助残127人，资助金额0.89万元。年内红十字会与百姓互帮网共同开展“我们是共产主义接班人”红色主题助学活动，协助百姓互帮网发放贫困生救助金惠及贫困学生30人；春节前后开展“博爱送万家”等活动走访慰问困难群众。（石　卫）

【志愿服务】　2019年，句容市红十字会围绕“5·8”世界红十字日主题和防灾减灾日主题，开展一系列活动。围绕“世界急救日”的主题“急救，关注易受损群体”，重点针对学生群体开展多场应急救护，覆盖城区各高中、初中，并且结合天王中心小学安全应急演练开展救护培训，在新村社区广场开展主题宣传活动。以博爱家园新村社区为中心，对新村社区50余户居民开展养老照护服务，进行不定期走访，全年开展养老照护知识讲座11场，培训500余人次。（石　卫）

中国民主同盟江苏农林学院支部

【概况】 2019年，民盟江苏农林学院支部全体盟员在思想政治建设、参政议政、组织队伍建设和岗位建功等方面发挥积极作用，为江苏农林职业技术学院的发展和句容市经济发展和社会进步做出积极的贡献。支部有11名盟员，其中具有正高职称的5人，副高职称6人，在职学院领导1人，学院中层干部3人，系部中层4人。1月，支部召开换届选举大会，选举产生新一届支部委员。（施晓语）

【支部活动】 3月，召开“两会”精神专题学习报告会。4月，召开座谈会讨论科技帮扶的合作对象和合作方向，并开展相关调研。5月，组织盟员到春城、后白等乡镇农村，为养鸡场、草业基地进行面对面技术指导，并建立长期的电话沟通服务。6月，镇江民盟、镇江残联、句容市委统战部三方来访，开展科技帮扶对接座谈会，就优势互补、推进科研合作、帮带互动等具体科技帮扶、扶贫救助实施方案在组织形式、细节把控等方面进行交流，达成一致意见。7月中旬，赴茅山镇袁相村就产业帮扶工作开展对接，与句容茅山镇袁相村农户进行了广泛和深入的交流。7月，组织盟员到句容各镇开展规模化种植产业发展调研活动，了解各地的特色种植业发展情况，对有关问题进行反馈。8月，组织盟员开展食用菌项目技能培训和技术指导。在开展的扶贫救助及社会服务等各项工作中，江苏农林支部在学院和社会上产生良好影响，盟组织的影响得到提高，江苏农林支部的知名度得到扩大。（施晓语）

中国民主同盟句容支部

【概况】 2019，民盟句容支部新增盟员4人，总计盟员31人。全年深入开展“活力支部、温馨之家”建设，精心打造“盟友开讲”社会服务品牌，切实履行参政议政和民主监督职能，为推动地方经济社会发展、打造“一福地四名城”作更大的贡献。8月22日，民盟句容支部召开换届工作暨二届一次会议，会议听取民盟句容支部5年工作报告，并选举产生新一届支委会委员。年内，在民盟江苏省委“庆祝中华人民共和国暨人民政协成立70周年”先进集体和个人表彰中，支部获得先进集体表彰，吴小香主委获得先进个人表彰。（施晓语）

【社会服务】 1月16日—18日，唐婉、谭伟军、韩利三位盟员老师参加由中央统战部牵线搭桥的、民盟镇江市委带队赴黔西南试验区望谟县开展的统一战线教育帮扶“烛光行动”。4月25日，盟内志愿者参加民盟镇江市委举办的“法润江苏·2019春风行动——走进句容监狱”大型主题帮教活动。5月23日，支部携手镇江市美术家协会副主席马宏峰走进句容市郭庄镇中心小学开展

民盟盟员许婧文医师为社区居民提供急救知识培训

“盟友开讲——书法艺术进课堂”活动。6月26日，周再兴副主委应邀为江苏省社科联举办“不忘初心、牢记使命”党性教育暨纪念建党98周年活动作共产党员楷模叶挺的革命事迹专题报告。10月1日，支部策划主办的首届“我的中国梦·我爱你中国”百人现场古筝演奏活动暨庆国庆文艺演出在贾纪山公园举行。

（施晓语）

【参政议政】 2019年，王群盟员在市政协十届三次会议大会委员发言上作《实施制造业强市战略 促进经济高质量发展》大会发言。刘玉斌盟员提交的《关于建设茅山博物馆群盘活“沉睡”旅游资源的建议》被省委统战部采用。支部申报并由王群盟员完成的《镇江市民营企业高质量发展调查与思考——以句容市为例》被列为镇江民盟2019调研课题，获评一类课题。 （施晓语）

【对外交流】 4月21日，市政协副主席、支部主委吴小香陪同民盟南京市科技创新专委会调研组到天王镇调研美丽乡村建设，交流盟务工作。11月13日，王一鸣盟员出席第五届世界浙商大会。12月5日，句容市政协副主席、支部主委吴小香、盟员张震参加镇江市首个青年读书会“为中华之崛起而读书”图书角在宝华镇铜山小学落户仪式。 （施晓语）

中国民主促进会句容支部

【概况】 2019年，民进镇江句容支部依照民进市委会的工作安排，开展“不忘合作初心，继续携手前进”主题教育活动，以建设一个有强大凝聚力的支部为目标，履行参政议政、民主监督职能。8月，支部完成换届工作，并按省委会的要求成立虚拟机构，下设参政议政科、服务社会科和办公室三个工作科室。截至2019年年底，支部共有会员24人，其中2019年新发展会员2人，由镇江民进转入一人。年内，支部获得“民进全省组织建设先进组织”称号；支部主委裔胜东撰写的文章《人大代表如何写好议案建议》获得句容市人大工作理论研究会调研成果一等奖；副主委王六生被江苏建筑业协会授予省级科技创新奖、QC奖，被中国建筑业协会授予国家优质工程奖、国家科技创新奖；会员丁志春的微课作品“传弘扬中国精神，共建精神家园”被全国林业职业教育教学指导委员会评为全国林业职业院校思政课程“十佳教学案例”，由她主讲的公开课“从诗词里走出来的家国情怀”被团省委评为“信仰公开课”省级示范课；会员邵华被教育部关工委授予“新时代好少年”主题教育读书活动“我为祖国点赞”指导奖二等奖；会员杨莹被省作协诗歌委员会、南京雨花宣传部授予“天降花雨大美雨花”全国诗文大赛优秀奖；会员陈正喜被江苏省援疆前指、兵团四师教育局授予“优秀援疆教师”；会员刘四红在教育部基础教育课程改革研究中心举办的2019年全国优秀录像课评比中获一等奖；会员赵荣华作品《孩子，我来帮你突围》获第十七届江苏省蓝天杯论文评比二等奖。

（施晓语）

【参政议政】 2019年，民进镇江句容支部通过政协委员、人大代表共提交提案、建议30多件。刘四红、徐明会员提出的“关于规范家庭文明养犬、提升城市形象”提案获得句容市政协2019年优秀提案。 （施晓语）

【支部活动】 2019年，民进镇江句容支部开展陈正喜会员援疆支教情况交流会；组织会员参加句容市委统战部举行的参观学习活动；组织会员参加句容政协70周年节目汇演；组织会员到江宁学习参观交流。社会服务方面，2月，协助句容市文化馆等举办“贺新春·闹元宵”元宵节灯谜展猜活动。3月，在句容市白兔镇开展科技服务社会活动。4月，举办第三季“助力家长，助推学生”民师大讲堂公益导学讲座。6月1日，到句容市华阳实验小学举行“送灯谜进校园”活动。7月，与司法局等单位合作到驻句部队开展“送文化进军营”活动。10月，与句容市司法局、句容市职工灯谜协会联合举办“法润句容杯”庆祝国庆灯谜有奖竞猜活动。 （施晓语）

农工党镇江市委句容支部成立大会

九三学社句容支社换届大会

中国农工民主党句容支部

【概况】 2019年5月28日，农工党镇江市委句容支部成立大会暨句容支部“农工之家”揭牌仪式在句容市崇明社区服务中心举行，农工党镇江市委句容支部正式成立。句容支部的成立标志着农工党在镇江全市范围内实现基层组织的全覆盖。截至2019年年底，支部有7名党员，5人本科学历，2人硕士学历，其中6人来自一线的医务工作人员。自支部成立以来，积极开展医卫方面的科普宣教及健康义诊等社会公益活动，带来良好的社会反响。 （施晓语）

【社会服务】 7月31日，农工党句容支部到中国人民武装警察部队镇江支队执勤二大队句容中队，对战士们开展健康体检，农工党句容支部全体党员参加此次活动。 （施晓语）

九三学社句容支社

【概况】 2019年，九三学社句

容支社坚持自我教育、自我提高的优良传统，履行参政党职能，提高政治把握能力、参政议政能力和合作共事能力，为句容市的政治、经济、社会各项事业的发展作出积极的贡献。截至2019年年底，九三学社句容支社共有社员18名，其中政协委员5名，政协常委1名。所有成员都具备本科及以上学历，博士1名，硕士研究生以上学历7名，正高级专业技术职称2名，副高以上职称9名，国家注册师2名；江苏省“333”科技人才1名，镇江市“169”科技人才2名，句容市“313”科技人才2名。8月23日，九三学社句容支社举行换届会议，大会选举林兴芳为主委，尚通亮为副主委，江吟、倪卫东为委员。（施晓语）

【社会活动】　2019年，社员许能俊先后在南师大、句容崇明小学、茶文化交流中心多次为大学生、中小学生及书法爱好者开展公益讲座；社员林兴芳为江苏农林学院学子传授财税经济专业知识，并在经管学院开展“直击营改增新政”大学生实践技能专题公益讲座；社员倪卫东开展市民义诊活动。11月15日，由南京市玄武区文联、句容市文联、九三学社句容支社联合主办的南京、句容两地青年书法家作品展在碧桂园凤凰城举行。（施晓语）

【参政议政】　2019年，九三学社句容支社发挥全社的人才和科技优势，紧扣社会关注的热点和难点问题，积极建言献策。《推进建筑农民工实名制管理中存在的问题及建议》和《发展农家乐不能以牺牲环境为代价》被社省委采纳，《建议推广太仓模式以校地合作培养新型职业农民》被中共省委的《江苏信息》采纳。提案《关于弘扬葛洪文化，助推我市全域旅游发展”的建议》被评为优秀提案。（施晓语）

句容市工商业联合会

【概况】　2019年，句容市工商联围绕句容“一福地四名城”战略定位，聚焦民营经济高质量发展，履职尽责，为建设强富美高新句容做出贡献。11月，召开十届五次全体执委会议，改选工商联主席、增选8名执委。年内，江苏省工商联重点工作推进会、省工商联十一届四次常委会、江苏民营企业百强新闻发布会、江苏民营企业法治保障研究调研座谈会、镇江市乡村振兴产业项目签约会和现场会重大活动在句容举办。完成省工商联建点扩面及直报工作任务，共完成国家级、省级直报工作300余份调查任务，再次被全国工商联评为2018—2019年度全国“五好”县级工商联和“民营企业调查点示范单位”。（祝震宇）

【企业服务】　2019年，市工商联会同市行政审批局、发改委、工信局、民政局、人社局、商务局等16个部门，共同参与“企业服务专线”开通和运行。年内，与市人社局联合开展句容市“春风行动”大型招聘会；与市人社局、市总工会共同举办金秋招聘月活动。“3·15”期间，参与组织筹办商品推介会，有36家品牌参与活动，现场签单315单。5月，组织各基层商会会长、秘书长开展民营企业减税降费服务推进会，与市税务局联合建立7个“纳税人之家”，加强税企沟通和征纳互动，帮助会员企业解决涉税问题。5月，组织5家企业参加全国工商联军民融合发展政策培训。10月，联合镇江市“同心律师团”，邀请律师为民营企业在人力资源方面遇到的问题制定详细的法律风险防控手册，为其提供规范的劳动合同等34个标准文本，帮助提升企业抵抗法律风险的能力，并加强法商服务平台的策划。12月，加入镇江市工商联商会调解委员会，加强诉调对接，同步谋划句容市商会调解联动机制。（祝震宇）

【对外交流】　2019年，市工商联与南京市栖霞区工商联缔结友好商会。组织浙江商会、广告商会、茅山商会和市财政、市编办等到武进和张家港工商联两地考察，并与其缔结友好商会。组织3家获评镇江市民营企业文化建设示范单位负责人到常州、无锡，围绕“学习先进促转型，文化引领助发展”主题开展企业文化学习调研。组织句容市装饰建材商会、下蜀商会、后白商会、崇明商会等到南京市工商联学习“四好商会”建设、“金陵讲坛”以及企业家创新创业培训等经验。（祝震宇）

【商会特色工作】 2019年，市工商联以句容市委宣传部“句容发布”平台为阵地，筹备“不忘初心，接力改革，弘扬企业精神”系列微电影，并上线《装饰建材商会十周年砥砺奋进》。下蜀商会开展四个“商会十”活动，发挥商会党组织引领作用。后白商会举行“庆祝新中国成立70周年座谈会暨后白企业家慈善捐赠仪式”。茅宝葛园举行“诗酒花茶忆江南”文化活动。白兔商会全年积极走访调研，帮助企业解决融资困难，开展法律教育宣传。茅山风景区商会率先实行月执委制度，做到“月月有活动”，对会员企业困点、堵点和诉求及时掌握并协调解决。 （祝震宇）

【社会服务】 1月，南京句容商会开展“春节助老郭庄行”“春节助学郭庄行”，为郭庄敬老院95位老人送去日用品和慰问金，为贫困学子送去节日礼包和助学金。9月，后白商会组织参与“后白镇爱心企业家慈善捐赠会”。全年各商会累计用于慈善和扶贫资金达300余万元。 （祝震宇）

句容市无党派人士联谊会

【概况】 2019年，市无党派人士联谊会新发展会员7人、3人调出、4人加入中国共产党、1人加入民主党派。截至2019年年底，共有会员107人，其中镇江知识分子联谊会会员3人（含理事2人），镇江人大代表4人（含常委1人）、政协委员1人，句容人大代表2人（含常委1人）、政协委员45人（含常委10人），4人当选句容新的社会阶层联谊会会员。年内，联谊会完成会员政治审查和省市统战部会员信息报送登记工作，撰写《关于进一步提升句容市无党派人士联谊会宝华联系点工作效率的调研报告》《无党派人士联系点的设立和服务社会的研究》《无党派人士参政议政实践及启示》等调研文章。窦长春会员书法作品获省社区书法大赛一等奖；姚锁平会员所在企业获江苏省五一劳动奖状、镇江市模范职工之家等荣誉。 （唐家亮）

【联谊会活动】 2019年，联谊会共组织各类活动11次，参观镇江博物馆和西津渡古文化街区、皖南泾县新四军军部、溧阳新四军江南指挥部纪念馆。参加第十二次“市长杯”乒乓球赛，获男团第一名、精英组第一名、50岁组第一名。参加庆祝人民政协成立70周年文艺展演；拍摄《我和我的祖国》快闪。到对口支援协作县陕西蒲城考察；募集资金帮扶困难群众，慰问华阳街道柏相村19位90岁以上老人及边城镇戴庄村建档立卡户。各联谊小组全年共组织各类活动39次。 （唐家亮）

【参政议政】 十届三次政协会议和十六届三次人大会议期间，联谊会提交集体提案1件，刘荣华等22名委员会员提出28件提案，其中蔡吉燕会员撰写的提案被市政协列为重点提案。两名人大代表会员提出议案、建议2件；联谊会集体提案1件。蔡吉燕、王中明、蒋苏娜、胡云翔等4人3件提案被表彰为优秀提案。十届四次政协会议上，联谊会组织任金萍等撰写《精细化管理城市，提升城市宜居度》参加大会书面发言。撰写《句容市宝华镇物流业现状及问题解决对策》等调研报告。 （唐家亮）

市无党派人士联谊会拍摄《我和我的祖国》快闪

综 述

【概况】 2019年，句容市政法系统维护国家政治安全、确保社会大局稳定、促进社会公平正义、保障人民安居乐业。全年句容市省测公众安全感指数达98.3%、法治满意度达99.1%。年内，市检察院被评为“2019年度全国检察宣传先进单位”“江苏省文明单位”；市法院被授予“全省2019年度优秀司法建议奖”；市信访局被评为“新中国成立70周年大庆全省安保维稳工作先进集体”“全省后续照管工作先进集体”；宝华镇调委会被司法部通报表扬。

2019年，句容市推进治安防控体系和“雪亮工程”建设，新建（接入）监控数达1.13万个。公安局加强“技防天网、巡防人网、情报智网”整合，建成大数据指挥中心，组建50人处突队伍，组织开展打击“两抢一盗”等专项行动。全年共侦破八类案件19起、侵财案件397起，先后破获2010年发生的“6·26”杀人案、公安部督办的“4·18”专案、“2019—131”号跨国贩毒案等重大案件，查处危化品、易制毒化学品企业3家、案件4起，处置天然气泄漏事件3起，收缴炮弹3枚和烟花爆竹280余箱，完成国际马拉松赛等各类安保工作20余批次。协助文明城市建设，开展机动车违停、电动三四轮车清理等整治行动，优化道路交通秩序，改善城中村、校园周边等治安环境。年内，句容市实现重要敏感时期“零进京、零非访、零登记”。推进建设领域农民工工资清欠工作，全年清欠总额7300余万元，涉及人数3945人。建设矛盾纠纷排查体系，打造综合性调解平台，全年调解成功率达99.9%。

7月19日，句容市召开群租房安全隐患排查整治工作现场会

2019年，句容市通过对本地“黄赌毒”等违法犯罪情况开展调查摸底，确定一批涉黄涉赌等违法犯罪活动的重点场所、重点人员和重点线索，开展查处打击整治行动。全年全市共破获涉黄、涉赌案件117起，查处黄赌违法行为人391名，采取刑事强制措

施38名。整治马槽巷治安乱点，抓获组织卖淫犯罪嫌疑人2名，卖淫嫖娼违法行为人12名。打击建筑工地赌博窝点，捣毁流动赌场3个，抓获开设赌场犯罪嫌疑人10名，赌博违法行为人26名。落实“两个一律”“一案三查”要求，立案审查调查涉黄、涉赌党员干部、公职人员3人，组织处理1人。加大社会面吸毒人员主动发现、查处打击等工作力度，消除吸毒人员肇事肇祸风险隐患，防止吸毒人员漏管失控、肇事肇祸，共抓获吸毒违法行为人78名，强制隔离戒毒14名，社区戒毒19名；破获涉毒案件15起，抓获涉毒犯罪嫌疑人24名，缴获各类毒品近6公斤；成功破获公安部挂牌的特大跨境贩卖毒品案，摧毁一个从缅甸跨境向重庆、湖南、广东和江苏镇江等地贩运冰毒的特大贩毒团伙。落实纪检监察机关与政法机关涉黑涉恶腐败问题线索和黑恶势力违法犯罪线索双向移送反馈机制、定期沟通衔接机制。市纪委监委开展涉黑涉恶案件“回头看”工作，派员同步介入公安机关侦办的重点案件，共同深挖涉黑涉恶腐败和“保护伞”问题。2019年，在“打伞破网”方面共立案7人，其中查处充当保护伞方面2人，涉黑涉恶腐败问题方面1人，因工作推动不力问题方面4人；采取留置措施2人，党纪政务处分5人，移送司法机关2人。同步进行抓捕涉案人员与清查涉案资产，加大对涉黑涉恶类犯罪财产刑惩罚适用力度。推进非法金融治理，完成中央部署的下沉督导等重大任务。市扫黑办、公检法机关全年核查线索327条，办结率95%以上；破获九类涉恶案件135起，抓获犯罪嫌疑人293人，摧毁黑社会组织1个、恶势力集团2个、“套路贷”团伙3个，破获案件20起，并对4名举报人进行了奖励。市纪委监委落实“两个一律”“一案三查”，全年查处涉黑涉恶腐败1人、充当“保护伞”4人、工作推动不力4人。组织部门加强基层组织建设，帮扶整顿软弱后进（涣散）党组织20个，清除不合格村（社区）干部19人。金融监管局、市场监管局联动推进非法金融活动“双随机、一公开”工作。自然资源和规划局、公安局联合成立打击盗采专业队伍，落实监察巡查制度，提升打击处理成效。城管、交通、住建、农业农村、水利、税务等部门落实主体责任，分别开展建筑渣土运输车、运输市场、工程招投标、农资打假、河道“两违三乱”、虚开增值税发票等专项整治行动。全市各地各部门通过发放公开信、开设专栏、召开新闻发布会、发送公益短信、户外屏宣传等多种形式，广泛发动群众，营造扫黑除恶氛围。

2019年，句容市深化网格化社会治理机制，在镇江市率先成立市综治中心，建成市网格联动指挥平台，共录入各类信息70余万条，配齐各地政法委员，系列平安创建覆盖率达100%，网格规范达标率镇江第二，全年共处置事件23万件，开展服务7.46万件。同时，镇村平台建设取得明显进展，茅管、宝华、下蜀投入实战应用，开发区、白兔、边城等地开始试运行，中凌社区、金山村、茅山村、寨里社区、太平村等一批村级平台相继建成并使用。政法委牵头的“平安铁路”创建成效居全省前列，获省政法委召开现场会推广，这也是此类会议首次在县级市召开。教育局推进“省平安校园建设示范市”创建，优化校园安全体系。妇联推进“平安家庭”创建工作。法院将执行工作纳入网格事项，减少因执行不能引发的矛盾。司法局书面警告社区服刑人员55人次，提请治安拘留4人，提请撤缓收监1人；在全省率先组织社区服刑人员赴监所开展体验式警示教育。

2019年，句容市政法各部门发挥法治保障作用，保障开展乡村振兴、营商环境等重点任务。市法院实施民事案件繁简分流，推进“一站式”多元解纷和诉讼服务体系建设，深化“分调裁审”机制改革，开展执行领域突出问题、虚假诉讼专项治理，共审理结案1.55万件，同比增长13.92%。市检察院全年办理公益诉讼案件35件，在镇江市率先设立公益诉讼资金专用账户，督促修复被毁林地30余亩，收回国有财产70余万元。成功办理2019年全省首件法院改判行政抗诉案件（经仁江诉句容市人社局退休金核定纠纷抗诉案）。市司法局牵头成立非公企业诉调对接中心和律师协会，推进“一所五站点”规范化建设，先后建立企业调解组织42家、开展“法治八进”活动85场次，行政复议案件同比下降53.5%，帮助农民工维权1000余万元。（市政法委）

公　安

【概况】　2019年，句容市公安局坚持维护全市稳定，服务全市发展的中心工作，严厉打击犯罪，加强治安管控，重视队伍建设工作，取得较好工作成效。1月2日，句容市举办首届“句容最美”警察揭晓仪式，10人获评首届“句容最美警察”。　（杨　光）

【打击违法犯罪】　2019年，市公安局结合句容市社会治安特点，提升打击效能，推进“平安句容”建设。年内开展以扫黑除恶为主的系列专项斗争，公诉566人，抓获逃犯195人，破获八类重大刑事案件25起、九类涉恶案件126起，其中包括1起悬案九年的恶性杀人案件。抓获涉黑涉恶违法犯罪嫌疑人277人，摧毁黑社会性质组织1个、恶势力犯罪集团1个，查封、冻结、扣押涉案资产1648.2万元，移交保护伞线索11条。组织打击“两抢一盗”、通讯网络诈骗等专项行动，破获侵财案件449起。开展缉枪治爆、“净网”、“清风”、禁毒“两打两控”等专项行动，查获并遣返传销人员71名，捣毁传销窝点20余个，破获毒品犯罪案件14起、捣毁贩毒团伙3个、抓获涉毒犯罪嫌疑人23名，破获娼赌案件106起、抓获娼赌违法犯罪人员375名。对全市投资理财类公司进行摸底，做好信息采集、告知相关法律规定等工作。打击工程建设领域犯罪，成功侦办碧桂园凤凰城建设工程中民刑交织的诈骗案件，为200余名民工讨回工资。打击涉税犯罪，成功侦办公安部挂牌的“4·18”涉税专案，移送起诉嫌疑人24名、嫌疑单位9家，挽回税款损失900余万元。

（杨　光）

【公安执法服务】　2019年，市公安局将公安工作融入句容市“一福地、四名城”城市定位和“1355”战略，服务社会发展。围绕文明城市建设，加强交通秩序整治，开展“文明出行”、机动车违停、电动三四轮车等系列整治行动。加强热点治安问题整治，净化城中村、校园周边等重点地区治安环境。围绕打造“宜居宜游名城”，做好交通、消防安全监管措施，清除各类安全隐患。强化对危害生态环境、景区治安、游客生命财产安全等各类违法犯罪打击力度。全年共完成天王樱花节、丁庄葡萄节以及国际马拉松赛、环太湖国际自行车赛等大小安保活动共32批次。深化“放管服”改革，进一步放宽落户条件，简化落户手续。对接外资引进战略，提供高效的入境办证服务，将出境证件办理周期缩短至5个工作日。加强对在句外国人的服务管理，对农林学院、碧桂园等外国人较多的单位，上门宣传法制和安全知识。增设办证业务便民服务点、发布互联网业务办理APP、建设自助办证系统，缩减服务半径。　（杨　光）

市公安局举行扫黑除恶专项推进会

【治安防控】　2019年，市公安局加强对涉及治安热点问题的举报线索和社会舆情动态反映的汇总分析，开展清查整治行动，净化治安环境，根治马槽巷、轿巷多年以来的治安问题。加强行业场所整治，将全市旅馆业、废旧金属收购业等470余家场所全部纳入管理范围。加强危险品监管，排查易制毒化学品企业188家，查处非法储存、运输烟花爆竹案件1起、收缴烟花爆竹150余箱；妥善处置江苏长江爆破工程有限公司、常州市苏南爆破拆房有限公司剩余爆炸物品；成功处置天然气泄漏事件3起。投资1.24亿元建设立体化信息化防控体系，建成大数据指挥服务中心大厅、一键点调系统，警力全部实现图上作战。建成治安岗亭8个、查报站3个，完成1个警务工作服务站主体结构建设。新自建监控2601个，视频汇聚总数达11309个，其中城市核心区58个公交站台完成监控部署；停车场、小区出入口安装智能抓拍比对设备383台；建设动静两套人脸识别系统，安装终端91台；13台高空瞭望实现城区重点部位视频图像的秒级获取。组建一支50人的区域处突机动队和一支20人的专门应急处突队伍，全年妥善处置群体性事件56起。注重网络突发舆情的处置，全年查处制造、传播政治谣言的违法行为人14名。（杨　光）

【交通管理】　2019年，句容市查处交通违法行为28.9万余起，其中，酒驾（醉驾）1027起（醉驾138起，饮酒889起），非现场违法75280起，非机动车和行人违法67971起。全市机动车保有量77146辆，共发生道路交通事故18505起，同比下降0.16%，其中发生死亡交通事故88起，同比下降8.33%。全年发生重大交通肇事逃逸案件3起，全部侦破。年内，句容市施划路内外停车泊位3000余个，开发学校周边停车资源，在学校、步行街附近增设2个免费停车场。科学信号灯配时、实现“绿波带”的协调控制，通过实施绿波技术，提高城市道路容量、交叉路口通行能力。升级改造数字化、高清化监控设备，全市安装有道路监控1375台，高清监控占比100%，城区8处制高点全部安装高像素级高空瞭望摄像机，所有监控全部联网接入视频监控实战应用平台；通过高空相机管线、路口球机管面和智能卡口管点，形成全方位、立体防控道路监控网络。通过“句容交警”微信、微博，对醉驾人员网上实名曝光，集中曝光违法犯罪人员678名。每月组织重点单位安全管理人员召开一次重点车辆安全管理例会，并对重点车辆驾驶人开展专题安全宣传教育。将酒后驾驶、醉酒驾驶、无证驾驶、机动车超载、超速、疲劳驾驶等严重违法行为的查处作为工作重点，加强对违法突出的地段、时段的管控。年内，交警大队车管所连续四次被公安部评为“优秀县级车辆管理所”、句容市公安局交警大队事故中队被省厅表彰为“全省公安机关先进基层党组织”。（杨　光）

检　察

【概况】　2019年，句容市检察院坚持“落实、稳进、提升”工作总基调，打击犯罪，服务社会经济发展，开展法律监督。年内，1名干警被评为全省检察机关“新时代优秀检察官”，2名干警被江苏省人民检察院记二等功表彰。

【打击犯罪】　2019年，市检察院共受理审查逮捕、审查起诉案件754件1079人，经审查，依法批准逮捕234件315人，提起公诉496件771人。依法严惩杀人、强奸、抢劫等严重暴力犯罪46件74人；办理盗窃、诈骗等多发性侵财犯罪142件216人；起诉侵犯公民个人信息、侵入计算机信息系统等电信网络犯罪13人；起诉毒品犯罪19人。贯彻宽严相济刑事政策，对474件664人适用认罪认罚从宽制度。坚持扫黑除恶、“打伞破网”“打财断血”一体推进，保持高压严打态势。年内贺某某、宓某某、谭某某等一批黑恶势力犯罪分子依法得到严惩，对任某、朱某某等“保护伞”依法提起公诉。落实督办案件检察长直接办理工作要求，设立涉黑涉恶犯罪办案组，统一履行“捕、诉、监、防、信”等职能。面向全市600余名村“两委”委员，开展“加强基层组织建设，

5月20日，检察院依法对宓某某等11人恶势力集团案提起公诉

深入推进扫黑除恶专项斗争”专题讲座，并在案发村组织派驻“第一书记”。

【查办预防职务犯罪】 2019年，市检察院落实检察机关反腐败的政治责任、法律责任，受理职务犯罪案件9件14人，起诉6件7人。会同市监察委形成《关于职务犯罪案件强制措施执行若干问题的会议纪要》，规范职务犯罪案件办理工作，确保“三个效果”有机统一。

【法律监督】 2019年，市检察院监督立案、撤案5件，纠正侦查活动违法9件，依法不捕29人、不诉12人，纠正漏捕9人、漏诉4人。加强刑事审判和执行监督，依法提出抗诉3件，发出再审检察建议3件，组织监管场所安全检查、清监活动12次。搭建信息监督平台，发现并及时纠正监管违法、律师违规会见等情形25件。通过开展羁押必要性审查，建议办案单位对31人提出变更强制措施，均被采纳。优化监外执行监督方式，监督纠正社区矫正中的履职不当情形1人，纠正脱管、漏管2人次，督促对1名严重违反监管规定的社区矫正人员依法收监执行。强化民事和行政诉讼监督，共受理民事申诉16件，对民事审判活动提出检察建议2件。开展虚假诉讼专项监督，提出再审检察建议5件。开展行政检察监督，提请抗诉并获改判的一起行政生效裁定适用法律错误案，是镇江市近8年来首例、全省2019年首例行政抗诉成功改判的案件，该案同时被评为江苏省检察机关“2019法律监督十大典型案例”。开展行政非诉执行专项监督，针对行政机关作出行政处罚后没有及时移送法院执行情形，提出检察建议2件。

【检察为民服务】 2019年，市检察院开展“非法金融活动专项治理”，严惩破坏金融秩序犯罪。起诉“套路贷”、虚开增值税发票等经济犯罪54人。依法办理案值达1.4亿元的单某某虚开发票、增值税专用发票案，共挽回国家税款损失790余万元。依托司法救助，救助因案致贫返贫困难群众12人，发放救助金17.1万元。建立服务民营企业检察绿色通道，严惩危害民营企业的侵占挪用、破坏生产经营等犯罪，起诉14人。注重将司法办案与化解风险、追赃挽损相结合，在办理的2起涉企案件中，为企业挽回损失211万元。全年办理公益诉讼案件35件，开展“保障千家万户舌尖上的安全”检察公益诉讼专项监督，立案3件，提起刑事附带民事诉讼2件。依法严惩严重侵害未成年人犯罪15件28人。对涉嫌轻微犯罪并有悔罪表现的3名未成年人，依法作出不起诉决定。开展未成年被害人保护救助工作，会同民政、教育、团委等部门及社会专业力量，帮助3名被害人及其家庭摆脱困境。推进新时代校园法治建设，选派33名干警担任全市47所中小学校法治副校长。举办预防校园欺凌、预防性侵等校园法治公开课36次，受教育师生及家长近万人次。建设智慧型12309检察服务中心，打造“一站式”检察为民服务新窗口。群众来信来访7日内程序回复，3个月内办理过程或结果答复均实现100%。全年开展送法“五进”宣传教育活动52场次。在镇江市检察机关中率先开展刑事申诉案件公开答复活动。针对基层治理、娱乐场所管理、建筑工地管理等方面存在的突出问题，发出社会治理类检察建议4件。

法　院

【概况】 2019年，市人民法院围绕全市经济社会发展大局，坚持司法为民、公正司法。开展“审判质效双提升工程”，深化司法改革，推进信息化建设，各项工作取得新进展。年内，市法院被镇江中院授予集体三等功，1名干警获评全省执行工作先进个人。

【刑事审判】 2019年，市人民法院审结各类刑事案件525件，判处罪犯752人。推进以审判为中心的刑事诉讼制度改革，加强人权司法保障，落实刑事案件律师辩护全覆盖。坚持罪行法定和宽严相济刑事审判政策，依法对313名被告人判处缓刑，对2名自诉案件被告人宣告无罪。依法打击故意杀人、故意伤害、强奸等严重暴力犯罪及抢劫、盗窃、诈骗等多发性侵财犯罪。推进扫黑除恶专项斗争，依法审理贺某黑社会性质组织、宓某某恶势力犯罪集团等具有较大社会影响的涉黑涉恶刑事犯罪案件。开展“套路贷”虚假诉讼专项治理。

【民事审判】　2019年，市法院审结各类民事案件9121件，解决争议标的22.08亿元。依法保障民生权益，巩固家事审判改革成果。依法服务保障乡村振兴，促进农村土地经营权有序流转。构建完善矛盾纠纷“一站式”解决机制，推行“审务进基层，法官进网格”。

【商事审判】　2019年，市法院服务供给侧结构性改革，以依法处置出清“僵尸企业”为重点，加强破产审判工作。强化产权司法保护，审慎适用查封、扣押、冻结、拘传及限制出境等强制措施，审结与公司、企业有关的纠纷166件。发挥司法裁判对市场交易秩序和交易安全的调节、引导和规范作用，审结买卖、租赁、承揽、运输等合同类纠纷1225件。审结建设工程、房屋买卖等案件886件，解决争议标的4.21亿元。强化金融安全保护，审结金融借款、民间借贷、票据、保险等案件2645件，解决争议标的7.97亿元。

【行政审判】　2019年，市法院审结各类行政案件116件，助推政府职能转变，深化“放管服”改革，推进法治政府建设。健全司法与行政良性互动机制，发送书面司法建议9份。助推行政审判机制改革，落实全省环境资源审判跨区域集中管辖和镇江市行政诉讼案件集中关系新机制。

【案件执行】　2019年，市法院执行结案5574件，执行到位标的4.26亿元。开展“打财断血”、职务犯罪财产刑、涉金融犯罪、民生、党政机关和国有企业拖欠民营企业债务等五大专项执行行动，累计开展集中执行44次。加大财产处理力度，完善网络查控、司法拍卖等工作，网上拍卖资产236件，成交126件，成交金额2.07亿元，平均溢价率22.4%。优化执行工作机制，推进执行指挥中心“854模式”实体化运行。推进网格员协助执行工作制度化，完善激励考核机制，网格员全年协助完成委托事项98件。加强联合信用惩戒，推进执行失信信息与公共信用平台对接共享。

【审判监督公开】　2019年，市法院主动接受人大和政协监督，走访代表委员71人次，邀请代表委员视察法院、旁听评议庭审、见证执行等19次，办理人大常委会转办信件5件。依法接受检察机关法律监督，邀请检察长列席审委会4次，建立法律监督案件统一接收登记、扎口管理、分析研判机制。接受纪委监委监督，对派驻纪检监察组提出的问题建议及时分析整改。接受社会监督，网上直播庭审5500件，上网发布裁判文书6993件，召开新闻发布会5场次。

【审判为民服务】　2019年，市法院开展普法宣传、帮扶慰问活动46次。推行“审务进基层，法官进网格”，在各乡镇设立审务工作站，法官、法官助理全网格覆盖，开展指导、参与调解等工作，选派17名法官担任全市中小学法治副校长。设立“诉讼与非诉讼对接中心”和“非诉讼服务分中心”，选聘人民调解员6名，推进婚姻家事、相邻关系、劳动争议等8类纠纷诉前调解前置，诉前调解分流案件560件。

【智慧法院建设】　2019年，市法院推进智慧法院建设，上线新审判业务系统，建立诉讼材料流转中间库，线上运行“智能云柜”、诉讼材料收发系统，实现诉讼材料流转短信通知、扫码取件、网上推送邮寄送达等功能。将集中扫描、邮寄送达、装卷归档等

12月17日，市法院首例线上无纸化办案庭审开庭

事务性工作服务外包，对律师群体启用微信送达，分离辅助性事务，提高工作效率。12 月 17 日，市法院首例线上无纸化办案庭审开庭。

司法行政

【概况】　2019 年，句容市司法系统继续推进建设法治政府，强化法治宣传教育工作，开展特殊人群管理，进行调解网络建设，提供公共法律服务。机构改革重组后的句容市司法局，涵盖行政立法、行政执法、刑事执法、公共法律服务体系等四大组成部分，将立法、执法、司法、守法普法等各个法治环节互动贯通，初步确立司法行政法治链条新格局。

（朱惠明）

【法治政府建设】　8 月，句容市召开市委全面依法治市委员会第一次会议，审议通过相关工作规则、工作细则、成员名单和 2019 年工作要点。对全市 2012—2017 年以市政府名义发布的 2110 件文件进行全面梳理，对其中 440 件政策性文件进行统一清理，宣布废止 107 件、失效 91 件、予以修改 32 件，对继续有效的 210 件政策性文件编撰印制成册。全市共审查各类政府文件和部门征求意见稿 48 件，其中省人大征求意见反馈 1 件，镇江市征求意见反馈 8 件。收到合同送审数 144 件，出具审查意见 111 件。严格行政执法监督，确认并公示公告 62 个行政执法主体，其中法定行政机关

2019 年句容市政府法律顾问聘任仪式

42 个，法律法规授权的组织 21 个，集中行政执法权的组织 3 个，完成对全市 27 家执法单位“三项制度”信息采集工作。行政复议案件数量较去年同比下降 50.9%，行政机关负责人出庭应诉率 100%。市政府法律顾问参与重大决策事项 23 件，列席会议、参加市长信访接待 27 次，审查政府文件和合同 189 件，涉案金额约 91 亿元。法律顾问受市政府委托代理行政复议和诉讼案件 21 件。

（朱惠明）

【法治宣传教育】　2019 年，句容市推进“谁执法谁普法”普法责任制落实，实现普法责任对全市党政机关的广泛覆盖。全年全市 45 家执法单位开展活动 48 场次。乐法、乐普、乐众、启航等社会组织到企业、学校、农村开展“德法涵养文明、共建绿色生活”普法活动。全市中小学举办法治教育 20 场次，受教育人数 3000 余人。4 月，开展“4·8 司法日”、法治惠民 12348 在行动“活动，接待群众 500 人次，解答法律咨询 80 余次。联合市公安局在网络平台举办线上”扫黑除恶“普法专题，共有 864 人参加。开展”法企同行“专项活动，组建 19 个小组走访企业 96 家，提供法律咨询 300 余起，解答涉法问题 62 件。推动宪法进企业、进农村等“宪法八进”活动。（朱惠明）

【特殊人群管理】　2019 年，句容市司法局继续与句容市许能华社会综合服务中心合作，采取政府购买服务的形式，为社区服刑人员提供社会功能恢复，为刑释人员和后续照管人员提供思想道德教育和心理健康教育，为特殊人群累计提供就业岗位 1000 余个。依托句容市中专学校，建立句容市特殊人群就业岗位培训基地。5 月，句容市特殊人群就业创业培训基地揭牌暨首期培训班（花卉园艺师班）开班仪式在句容市中专学校举行。全年接收社区服刑人员 368 人，解除矫正 385 人，在册 321 人，完成审前调查、

假释环境评估423件，办理居住地变更12起，书面警告61人次，提请治安拘留4人，提请撤缓收监1人，无一例因工作失职造成社区服刑人员脱管、漏管和重新犯罪。接受刑释人员381人，安置率97%以上，帮教率100%，刑释人员当年重新犯罪率控制在0.8%以内。新增后续照管人员28人，共有在册照管人员56人。

（朱惠明）

【调解网络建设】　2019年，句容市实现17家个人调解工作室在镇、街道、园区全覆盖。规范村（居）调委会建设，打造涵盖家事民事商事行政调解的“综合平台”。探索基层司法所“一所五站点”规范化建设，依法履行公证协办、法律援助代办、仲裁业务联系、行政复议受理、立法民意收集五项业务。全年全市各级调解组织共受理各类纠纷10663件，调解成功率99.9%。

（朱惠明）

【法律服务】　2019年，句容市“一村一顾问”积极发挥作用，提供法律咨询服务1000余次，办理诉讼案件8件，参与调解236件。法律援助中心全年办理援助案件859件，接待来访3510人次。设立不动产登记公证处便民服务点，为群众办理房产继承公正提供“一站式”服务。开展公证在线受理业务，网上受理4件。全年办理公证4461件，未发现错假证。5月，句容市律师协会登记成立。

（朱惠明）

【扫黑除恶】　2019年，市司法局通过网格化摸排，取得线索21条，协助抓获涉黑涉恶犯罪嫌疑人30名。全市律师代理涉黑涉恶案件14起，报送律师参与扫黑除恶专项斗争典型案例1起，涉及代理律师27人，均按要求依法辩护。

（朱惠明）

江苏省政府信访局局长姜金兵到句容市调研

人民武装

【概况】　2019年，市人武部紧盯目标任务，强化旗帜引领，聚焦练兵备战，勇于攻坚克难，注重创新发展，严格落实党委议战议训、战备值班、业务考核等制度，全面规范日常战备秩序，从讲政治的高度狠抓工作落实，按照年度训练计划，完成训练任务，落实兵役登记、完成兵员征集任务，以实际行动助力脱贫攻坚。年内，全市征兵工作围绕征兵“五率”考评，提前筹划，完成新兵征集任务。2019年，句容市人武部被省军区评为“安全管理先进单位”。（陈月圆）

【思想政治建设】　2019年，全市继续发扬“双拥”优良传统，深入学习习近平强军思想，主动适应新形势、新任务、新要求，进一步提高政治站位，强化责任担当，狠抓工作落实，奋力开创新时代党管武装工作新局面。开展“传承红色基因，担当强军重任”和“不忘初心，牢记使命”主题教育。4月3日，市人武部组织部分专武干部和民兵骨干参加清明英烈祭活动。（陈月圆）

【民兵训（演）练】　2019年，市人武部开展2019年度民兵组织整顿工作，编实编强各类民兵队伍，有序开展并完成好年度民兵整组、训练、备勤、迎检和省民兵应急连成建制比武考核工作。全年组织民兵11批次、动用车辆器材设备320台（套、件）参加防汛、防火等演训任务。1月，组织全市涉及森林防火任务的民兵立即成建制、成系统开始新年度森林防火训练，不断加强参训民兵森林扑救山火的能力，巩固防火分队民兵专业知识学习成果。（陈月圆）

2019年度预定新兵参加役前训练

【参加省军区教学法集训】 2019年5月，组织全市480名民兵参加省军区教学法集训暨民兵“四会”教练员比武竞赛、镇江军分区组织的集中轮训备勤暨年度民兵比武考核竞赛。此次竞赛为期8天，训练按照民兵训练实战化要求，携带各类装备600多套，把实战化要求渗透到轮训备勤的全领域。（陈月圆）

【双拥共建工作】 2019年，市人武部坚决贯彻落实上级关于双拥共建的指示精神，提升双拥共建工作质量。积极参加全市精神文明城市创建活动，在军地间架起沟通桥梁，协调解决多起涉军维权事件。继续开展帮扶活动，2月，投入资金10万元，支持天乐村党建工作和基础设施建设，在春节前，走访慰问结对帮扶贫困留守儿童、捐资助学茅山中心小学，改善学校办学条件，帮助贫困学生。充分利用辖区内宣传资源，开展国防教育，在村（社区）文化广场、重点路段大屏滚动播放宣传片，扩大国防教育传播力和影响力。（陈月圆）

人民防空

【概况】 2019年，句容市人防办进一步完善职能任务，按照《句容市“十三五”人防发展规划》确立的目标要求，推进各项工作落实。全年易地建设费收缴、新立项人防工程量、新开工人防工程量、已竣工人防工程量，均超额完成年度目标任务。推进城市防空警报网络建设，对全市警报器控制系统、电源系统、外部设备进行检测维护，新增2台电声警报器，连续18年成功鸣响防空警报，城区音响覆盖率达100%。完成人防专业队整组，抓好编组落实和按纲施训，调整优化结构。加强人防战备值班和通信业务基础训练，定期组织短波、超短波电台和机动指挥系统联网训练。参加省、市人防军事演练和远程拉练，在跨区域拉动训练和无人机操作竞赛中，均取得优异成绩。到大金山国防园开展人防军事技能训练，参加镇江战时交通运输动员（行动）演练。推进句容市人防基本指挥所及配套工程建设，构建战时防空、平时防灾一体化城市防护体系。（人防办）

市人防办开展流动防空警报试鸣

退役军人管理

【概况】 2019年，句容市成立市委退役军人事务工作领导小组，在不断完善三级服务保障体系建设的基础上，使退役军人事务工作向健康有序的方向发展。围绕“让军人成为全社会尊崇的职业”总目标，牢固树立以退役军人为中心的工作导向，严格落实政策规定要求，狠抓服务保障体系建设，高度重视退役军人的安置工作，对符合政府安排工作条件的军转干部、退役士兵安置工作，坚持公开公平，严格按照相关政策和规定加以落实，有效解决退役军人问题，推动退役军人工作高质量发展。2月20日，句容市退役军人事务局正式揭牌成立。（退役军人事务局）

【退役军人权益服务】 2019年，句容市各级退役军人服务中心（站）相继成立，全市及各乡镇街道覆盖率100%，明确市镇两级退役军人服务中心（站）编制和人员问题，初步实现县、乡、村全覆盖和有机构、有编制、有人员、有经费、有保障的工作目标。根据建设要求，挂牌退役军人服务中心1个，镇级服务站12

个，村（社区）级服务站挂牌177个。完成困难退役军人及其他优抚对象一本账工作，为困难退役军人建立一人一档，及时发放困难退役军人救助资金。全年围绕权益维护、政策法规等工作，共举办3期培训班，下发退役军人政策解答工具书、典型经验做法汇编、案例分析汇编等。组织换发光荣牌仪式，全年共换发“光荣人家”牌17000块。

（退役军人事务局）

【优抚优待】 2019年，句容市退役军人事务局扎实做好优抚服务工作，不断提升优抚服务水平。对全市在册优抚对象开展信息核查工作，完成率达到100%。同时，认真做好各类优抚对象申报审核工作，调整物价补贴，及时发放优抚资金，组织98名优抚对象参加矽肺病体检，汇总优抚对象健康数据。对部分困难退役军人建立一人一档。落实部分困难优抚对象大病医疗救助资金，发放优抚对象“两节”慰问金、水电气补助。2019年共为全市优抚对象发放各类优抚资金6041.03万元，优抚对象大病救助35万元，各类优抚对象帮扶救助慰问金18.7万元。此外，发放建国70周年纪念章30枚。

（退役军人事务局）

【双拥共建工作】 2019年，句容市召开句容市军地互办实事项目推进会暨“八一”军政座谈会，启动军地互办实事项目，走访16家驻句部队，听取驻地部队意见建议，协调解决部队需求，收集整理意见建议。市退役军人事务局看望慰问三界驻训的驻句某部队，开展“走进军营悟初心、对标典型担使命”联合党日活动。市妇联组织未婚女青年和部队开展“军地鹊桥会”活动；市文联组织书画家赴部队开展“书画进军营”活动；市司法局组织律师开展“送法进军营”活动。

各驻句部队充分发挥优势，开展拥政爱民活动，助推地方发展。开展“一旅帮一村、一连帮一户”帮扶行动；与郭庄镇虬北村开展结对扶贫项目，召开2019年退役士兵就业创业座谈会和退役士兵欢迎返乡及学历教育工作答疑会，组织了退役士兵专场招聘会。更新5块永久性大型宣传牌，对双拥八一爱民广场进行了提档升级。举办清明祭扫烈士、“庆祝渡江战役胜利暨句容解放70周年升旗仪式”和“9·30”烈士纪念日公祭仪式等活动。在全市范围内开展“句容最美退役军人”评选活动，评选出10名“句容最美退役军人”，并举行首届“句容最美退役军人”发布仪式。（退役军人事务局）

10月9日，市民兵应急连接受省军区点验

自然资源

【概况】 2019年，市将原国土资源局、原规划局的全部职能和市农委的林业以及发改、水利等部门的部分职能划转组建自然资源和规划局。2月28日，市自然资源和规划局正式揭牌成立。原国土资源局、原规划局因全部职能合并，率先完成机构、人员、业务整合。5月，市自然资源和规划局三定方案正式出台，明确15个内设机构和1个机关党委。成立句容市公益林管理中心，为市自然资源和规划局所属事业单位。成立华阳、开发区、宝华、下蜀、后白、郭庄6个副科级自然资源和规划中心所。2019年，市自然资源和规划局履行新组建部门“两统一”核心职责（统一行使全民所有自然资源资产所有者职责，统一行使所有国土空间用途管制和生态保护修复职责），推动“山水林田湖草”系统生态保护和修复，促进土地资源集约节约利用，服务民生和地方发展。

（自然资源和规划局）

2月28日，机构改革后新组建的自然资源和规划局揭牌成立

【自然资源调查和确权】 9月25日，句容市第三次国土调查成果通过省级验收，10月25日通过国家级检查，12月9日完成部级检查意见整改工作。年内，全面启动全市农村不动产权籍调查确权登记发证工作，完成全部权籍调查和50%登记发证工作。

（自然资源和规划局）

【地理信息测绘和管理】 2019年，市自然资源和规划局开展测绘市场、测绘活动、测绘质量监管和地理信息安全管理工作；做好地理信息成果管理和永久性测量标志的维护和管理工作；完成全市基础地理信息数据更新工作，对句容市范围内0.1米分辨率的正射影像图、1∶1000地形图以及句容市智能政务系统进行更新维护，通过智能终端实现国土管理的智能化、数字化、信息化。

（自然资源和规划局）

【林业管理】 2019年，句容市完成成片造林面积12500亩，其中新增造林9800亩，建成特色村6个，完成四旁植树60万株，培育珍贵树种54万株，林木覆盖率29.46%，森林覆盖率26.18%。开展森林防火工作，全年开辟防火阻隔带3公里，开设工程隔离带2公里，清理林内可燃物、易燃物面积达8500亩；集中招标采购53.7万元防火器材补给到森林防火单位；新建防火道路26.2公里，提档升级改造防火通道4公里，新建、改造护林站3个，新建5座集中焚烧池，新建1个防火物资储备库。开展林业有害生物监测和防治工作，全市松材线虫病清理防治面积1.96万亩；针对杨树食叶害虫、桑天牛、竹蝗、竹螟、松毛虫、美国白蛾、葛藤等12种全市林业主要病虫害有序开展预测预报，监测面积覆盖全市。全年共计产地检疫375家，进行产检700余次，年开证量近8000份。落实林地管理工作，组织开展并完成2019年度森林督查暨森林资源管理一张图林地变更工作，完成重点工程、重点项目和开发项目使用林地报批工作。

（自然资源和规划局）

【矿产资源管理】 2019年，句容市共有露天采石矿山3个（台泥、石榴园、康泰膨润土）；井下矿山3个（宝源、仙人桥、金拓）；探矿项目3个，全市所有砖瓦窑厂全部关闭。年内，按照自然资源部、省、市“矿业权人勘查开采信息公示”要求，全市市境内符合要求的6个采矿权、11个探矿权全部完成信息公示工作。

全市秋冬季森林灭防火工作会议

配合完成省、市对句容市4个矿业权（3探1采）“双随机”抽查工作。开展地质灾害防治工作，编制《句容市2020年度地质灾害防治方案》，对全市58处隐患点进行深入排查，进一步细化责任落实到人，健全群策群防网络。对下蜀、宝华山和赤山三个风景区内地质灾害隐患点根据设计方案进行工程治理。

（自然资源和规划局）

【自然资源行政执法】 2019年，市自然资源和规划局开展违法用地综合整治三年行动，对排查出的2013—2018年违法用地积极推进整改落实。开展省自然资源违法行为实时监管系统试运行工作。开展高尔夫球场专项清查整治工作。开展打击盗采工作，全年共抓获非法盗采4件，抓扣机械5台，并全部处理到位。进一步加大对违法破坏森林资源案件的发现和查处力度，加强森林资源保护管理工作。2019年共处理接处警案件40余起，报立刑事案件1起，抓获犯罪嫌疑人1人；立案查处林业行政案件26起，行政罚款25余万元。

（自然资源和规划局）

【土地市场】 2019年，句容市首次开展土地推介，共出让土地96宗，总面积3710.8亩，合同收取出让金95.2541亿元，其中经营性用地挂牌3期，出让土地57宗，出让面积2393.65亩，合同收取出让金91.6966亿元。工业用地挂牌3期，出让土地39宗，出让面积1317.15亩，合同收取出让金3.5575万元。工业用地实行弹性出让，2019年全市共有9宗土地弹性出让，出让年期30年，总面积218.47亩。

（自然资源和规划局）

【生态修复】 2019年，市自然资源和规划局加快推进句容市长江经济带废弃裸露矿山生态修复工作，62个图斑纳入生态修复实施方案，修复面积约3496亩，生态修复数量和面积均位列全省县市首位，拟投资4.3亿元，成功争取部省专项资金3.79亿元。按照“一矿一策”的要求，投入1500万元开展前期调查和治理方案编制工作。完成北山水库水源地保护区整治工程，整治区总面积1036亩，治理后形成可复垦面积约532亩，该工程被确定为优质工程。推进沪宁城际铁路沿线青龙山片区地质环境治理项目，计划总投资7479万元，治理区总面积473亩，治理后可形成可复垦面积约230亩。开展宝华乌鸦山片区整治工程，计划总投资9123万元，整治区总面积745亩，治理后可形成可复垦面积约380亩。

（自然资源和规划局）

城乡规划

【概况】 2019年，市自然资源和规划局坚持规划先行，建立健全城乡规划体系，以国土空间规划编制为统领，全面开展各镇总规、中心城区和各镇镇区控制性详细规划编制工作，全面实现城乡规划法定化，为城乡各类开发建设提供规划依据，进一步优化全市国土空间格局。

（自然资源和规划局）

【城市总体规划】 2019年，市自然资源和规划局着力建立国土空间规划体系并监督实施，将主体功能区规划、土地利用规划、城乡规划等空间规划融合为统一的国土空间规划，推动实现“多规合一”。年内全面启动国土空间规划编制工作，开展“三区三线”划定工作；科学拟定句容市国土空间总体规划编制工作方案（草案）；开展前期国土空间规划双评估以及重大问题专项研究工作；校核完成并向省厅上报句容市12个国家级生态红线的初步调整方案；配合修改句容市省级生态保护控制区的调整方案。

（自然资源和规划局）

【市政规划】 2019年，句容市编制《句容市城市综合交通规划》《南沿江句容站周边地区综合设计》。

（自然资源和规划局）

【村镇规划】 2019年，市自然资源和规划局修改完善句容市镇村布局规划并形成初步成果。完成句容市9个镇（管委会）总体规划、9个乡镇镇区控制性详细规划，填补句容市规划编制的空白，实现上位规划的法定性。按照“有条件的村庄都要组织编制、有建设需求的村要优先安排”和“应编尽编”的原则，完成市域范围内159个村庄情况摸排，并与镇江市局及时对接，以国土空间规划编制为契机，分年度有序推进村庄规划编制。2019年，指导边城镇青山村、后白镇西冯村、茅山管委会陈庄自然村、下蜀镇梁庄村4个村庄完成规划编制工作。（自然资源和规划局）

白兔镇上荣山工矿废弃地复垦项目一标段工程

环　境

·综述·

【概况】 2019年，句容生态环境局聚焦“一福地四名城”建设，以实施污染防治攻坚战为抓手，坚持“依法依规监管、有力有效服务”的方针，全力打好蓝天、碧水、净土三大保卫战，推进各项重点生态环境保护工作，较好地完成年度环境保护工作各项目标任务，全市环境质量稳中有升。经过 3 年的改革试点，5 月 31 日，镇江市句容生态环境局正式举行挂牌仪式。（徐　波）

·环境质量·

【概况】　2019 年，生态环境局以改善环境质量为核心，加大生态环境建设和保护力度，加大对各类污染源的监管力度，坚决打赢污染防治攻坚战，全市环境质量得到明显改善。（徐　波）

【水环境质量】　2019 年，全市主要河流和水库水质优于国家三类水标准，句容河城区段基本保持在Ⅳ类水标准，句容河其他段面保持Ⅲ类水标准，市区内无劣Ⅴ类水体存在。句容市集中式饮用水源水质优于三类水标准，市区和各镇饮用水水质达标率均为 100%。全市的 1 个国考断面和 2 个省考断面均达到年度考核目标。（徐　波）

【空气环境质量】　2019 年，句容市空气优良天数比率为 75.14%；PM2.5 浓度为 43 微克/立方米，同比 2018 年下降 2.2% 微克/立方米。茅山、宝华山、九龙山空气环境质量保持在国家一级标准。（徐　波）

【土壤环境质量】　2019 年，句容市共安全处置工业危险废物 11415.64 吨，医疗废物共安全处置 262.2 吨。生态环境部组织的“清废行动 2018”专项行动现场督查中，共发现 19 个问题，在 2018 年已全部整改到位并销号的基础上，2019 年组织开展“回头看”，没有发现死灰复燃现象。（徐　波）

【声环境质量】　2019 年，句容市环境噪声均达到功能区噪声标准。（徐　波）

·环境管理·

【概况】　2019 年，市生态环境局推进污染防治攻坚战，打好蓝天、碧水、净土三大保卫战，严格落实建设项目环境管理，抓好农村环境综合整治工作，加强环境监测现代化建设，加大强制性清洁生产审核力度，在全社会开展多层次、立体化、全方位的环境宣传教育活动。年内城乡环境质量得到持续改善。年内句容市胡云翔、王冬荣获评 2018 年度优秀“环境守护者”。（徐　波）

【大气污染防治】　从 2019 年 4 月 4 日开始，生态环境局大气管控人员共出动 1000 余人次，检查出大气污染问题场地 310 多个，市污染防治攻坚行动指挥部办公室将 310 多个问题以问题交办清单的形式交相关责任单位处理，并明确责任人、整改要求和整改时限，保证整改任务如期完成。（徐　波）

【水污染防治】　2019 年，生态环境局组织实施《句容市 2019 年度水污染防治工作方案》，全市实施水污染防治项目 13 项、太湖流域水污染防治工程 14 项，进一步提高Ⅲ类水质以上比例。落实河湖长制、断面长制、排口长制，推进国省考断面达标整治工作，全市 1 个国考断面（兆文桥）、2 个省考断面（北山水库、土桥）均达到年度考核目标。（徐　波）

【土壤污染防治】　2019 年，生态环境局贯彻落实 2019 年 1 月 1 日起正式实施的《中华人民共和国土壤污染防治法》。配合第三方对 2018 年 89 家重点企业土壤信息采集核查，其中 35 家核实不查。年内重点企业土壤信息采集增补 18 家，通过镇江市局组织的质控会和疑似污染地块空间信息图整合工作。严格危险废物安全监管，防范环境隐患风险，确保危废处置无闪失。全年共安全处置工业危险废物 11415.64 吨，医疗废物共安全处置 261.2 吨。截

墓东水库库区环境整治

至2019年底，句容市危险废物库存量为170.1吨。在生态环境部组织的“清废行动2018”专项行动现场督查中，共发现19个问题，在2018年已全部整改到位并销号的基础上，2019年组织开展“回头看”，没有发现死灰复燃现象。（徐　波）

【城西挥发性有机物治理】 针对西部城区异味污染，2019年，生态环境局施行“一企一策”8家重点排污企业VOCs整改和在线监控联网工作，其中6家通过验收，2家完成预验收。（徐　波）

【“排口长”制落实】 8月，句容市在全省首创“排口长”制，对市区9条河道168个河道排污口设立排口长，生态环境局每周监测，及时分析数据。全年编发监测快报23期，配合住建局及属地政府开展溯源分析，查清污水来源，基本实现消除黑臭水体目标。（徐　波）

【饮用水源地保护】 2019年，句容市落实最严格水资源管理制度，在水资源开发利用、保护、用水管理等方面形成了长效机制。开展北山水库、句容水库和二圣水库水源地执法检查，3个日供水万吨以上集中式饮用水水源优于Ⅲ类水质标准，水质达标率100%。实现水源水质在线监测数据实时联网共享，完善水源水质突发污染各部门信息共享机制。（徐　波）

【太湖水环境治理】 2019年初，句容市强化生活、工业以及农业面源污染治理，落实“河湖长制”“断面长制”和“排口长制”，完成太湖流域水环境综合治理重点项目4大类14个项目重点工程，完成年度总氮、总磷削减任务，实现太湖流域3个重点断面水质稳定达标。（徐　波）

【长江句容段生态保护】 2019年，是生态环境局协助属地关闭沿江1公里范围内危化品码头和化工企业，长江干流句容段保持Ⅲ类水质。（徐　波）

【污染减排】 2019年，镇江市下达给句容市的减排目标任务为水污染物减排指标化学需氧量、氨氮、总氮和总磷总量削减比例分别为3.21%、3.82%、2.6%、2.46%，主要减排项目有句容市深水水务有限公司二期工程、畜禽养殖场规模化治理及关闭项目；大气污染物减排指标二氧化硫、氮氧化物削减比例分别为1.0%、3.6%，主要减排项目有句容台泥水泥有限公司二条熟料生产线氮氧化物深度减排技改工程、江苏波尔顿农业发展有限公司清洁能源替代项目。3月，句容市把减排任务落实到具体减排项目之中，使主要污染物排放总量得到有效削减。经生态环境部认定，句容市减排指标化学需氧量、氨氮、总氮、总磷、二氧化硫和氮氧化物削减比例分别为5.50%、5.55%、2.6%、4.25%、1.0%、3.6%，均完成水主要污染物和大气主要污染物减排目标任务。（徐　波）

【建设项目环境管理】 2019年，句容生态环境局共审批建设项目环评文件28件，其中环境影响报告书3件、环境影响报告表25件。（5月1日—9月10日句容生态环境局的审批权限上收到镇江市生态环境局，上收期间，共审批句容市新建设项目6件，其中环境影响报告书1件，环境影响报告表5件），否决选址不当、不符合国家产业政策或区域总体规划的建设项目3个。（徐　波）

【强制性清洁生产审核工作】 2019年初，句容市完成第十四批重点清洁生产企业（江苏百利机械有限公司、江苏威尔迪威阀业有限公司、句容毅马五金制品有限公司、镇江北新建材有限公司）审核验收工作。句容市四家企业被列为第十五批强制性清洁生产企业，其中江苏中容电器有限公司、江苏久正光电有限公司、句容市金缘金属材料涂装有限公司分别于10月25日通过中期评估，12月24日通过审核验收；江苏德兴房车制造有限公司（江苏格瑞德交通科技有限公司）尚未完成验收工作。（徐　波）

【排污许可证核发】 2019年，句容市实现所有固定污染源排污许可证核发全覆盖。8月，全市11家污水处理厂全部通过审核，等待镇江统一发证。9月全市13家企业完成申报工作，其中7家企业完成了登记备案管理，6家企业通过镇江排污许可证审核，完成核发任务。12月，句容市开展排污许可证核发全覆盖工作，195家企业完成申报工作，130家通过排污许可证审核。市环保局新核发排污许可证 18 家、换证 27 家。开展 13 个重点行业的新版排污许可证核发，全市已完成火电、水泥、电镀 3 个重点行业新版排污许可证的核发工作。（徐　波）

【环境监测】　2019 年，句容生态环境局完成污染源监督性监测、服务性监测、水气声环境质量例行监测、农村环境质量专项监测等监测任务，全年共获得监测数据 472000 多个。（徐　波）

【空气自动站管理与实时监控】　2019 年，句容生态环境局环境监测站每日按时上报日报数据，并通过市局网站和省中心网站等方式向公众媒体发布。做到与镇江市空气质量实时公布平台和国家空气质量实时公布平台实时联网，在平台上可以直观看到每个点位各个监测指标的小时均值，并做到随测随公布。（徐　波）

【工业固废弃物处置】　2019 年，生态环境局将固体废物的综合利用纳入环保目标责任状之中，在日常的环境保护监督管理中，加强对工业固体废物的无害化处置和综合利用。工业固体废弃物处置利用率保持在 100%。

（徐　波）

【核与辐射环境管理】　句容市共有核技术利用单位共 31 家，其中三类射线 21 家、二类射线装置 6 家、4 家放射源单位。2019 年，未出现核与辐射安全事件。

（徐　波）

【企业环保信用评价】　2019 年，全省开展新的环保信用评价办法，企业环保信用评价实行 12 分动态记分制。根据新的评价办法，参评企业在网上注册参评，上传环保信用承诺书，同时针对企业违法环境行为进行信用扣分，系统自动生成评价等级。企业环保信用评价结果分别以绿色、蓝色、黄色、红色和黑色表示优秀、良好、一般、较差和极差，对相应等级的企业采取对应的鼓励性和惩戒性措施。2019 年全市有 420 家企业环保信用评价等级（蓝色 418 家、黄色 2 家）在省生态环境厅网站进行环保信用信息公开公示。

（徐　波）

【土壤污染修复】　2019 年，根据第二次全国污染源普查和新增在产及关闭搬迁企业等数据，句容市增补 18 家企业（地块）纳入调查范围，最终确定在产 4 家，关闭搬迁 4 家，核实不查 7 家，尾矿库 3 家。针对新增调查 11 家重点企业土壤基础信息采集及质控检查和评估结果，开展风险筛查结果审核纠偏工作，于 6 月通过市级组织的信息采集集中会审。2018 年—2019 年共自查 75 家重点企业，并通过市、省组织的质控会和疑似污染地块空间信息图整合工作。年内确定欧瑞特颜料、亚种化肥、长江建材、宁鑫标准件四家企业开展采样调查工作，年底前完成初步调查工作。

（徐　波）

【污染源普查】　句容市从 2018 年 1 月开始在全市开展污染源普查，2019 年全面完成普查任务。经普查数据审核、汇总和整改等工作，全市有工业源 1993 个、农业源 177 个、集中式污染治理源 14 个、移动源 54 个、生活源 186 个，并完成普查工作报告、总结和技术评估报告的编制工作。

（徐　波）

【秸秆禁烧】　2019 年，生态环境局抓好秸秆禁烧工作，全力打赢秸秆禁烧攻坚战。通过白天巡回检查、夜间布点督查、重点区域重点检查，实现秸秆“零火点”。

（徐　波）

【环境宣传教育】　2019 年，生态环境局围绕生态环保中心工作，开展系列宣传教育活动。3 月 4 日，在崇明街道义台街社区举行“绿色低碳宣传、环保法律咨询、环保投诉举报”活动，呼吁广大市民积极行动起来，主动参与到生态环境保护中来。6 月，联合《句容日报》、崇明街道、教育局、广电局、句容热线网等部门联合举行纪念“6·5”世界环境日 10 项系列宣传教育活动。10 月 7 日，生态环境局和市崇明街道义台街社区联合举行了“环保知识进社区”活动，向社区居民发放生态环保知识手册、居民环保意识问卷调查、展示低碳环保知识展牌、组织小学生向沿街商户宣传生态环保知识。（徐　波）

·环境建设·

【概况】　2019 年，句容生态环境局推动移动执法平台建设，打好污染污防治攻坚战，年内城乡生态环境有明显改善，环境监察和环境监测水平得到明显提升。

（徐　波）

生态环境局在崇明街道义台街社区开展低碳环保宣传

【生态保护空间优化】　句容市原有生态红线保护区划 6 大类，面积 315.32 平方公里。2019 年，句容市进一步优化调整生态红线区域，并上报省政府批准。

（徐　波）

【生态文明示范镇村创建】　2019 年，句容市确定了宝华镇和宝华镇铜山村、天王镇戴庄村、后白镇古村、华阳街道赵塘村 4 个村创建省级生态文明镇村。11 月，通过镇江市验收，验收材料已上报省生态环境厅。（徐　波）

【绿色学校创建】　2019 年 8 月，省生态环境厅、教育厅公示的全省 105 所省级“绿色学校”名单中，下蜀中心小学入选。

（徐　波）

【生物多样性本底调查工作】　省环保厅《关于开展生物多样性本底调查试点工作的通知》明确句容市为首批试点的单位。在 2018 年 5 月至 2019 年 4 月在全市范围内开展维管束植物、陆生脊椎动物、昆虫、水生生物和大型真菌的物种多样性本底调查工作。2019 年完成生物多样性本底调查工作，并上报省生态环境厅。

（徐　波）

【水质自动监测站更新改造】　2019 年，生态环境局投入资金 30 余万元，对北山水库饮用水源地自动监测站进行更新改造，新增叶绿素和蓝绿藻在线监测仪，该项目于 9 月公开招标，10 月完成安装投入运行。（徐　波）

· 环境执法 ·

【概况】　2019 年，句容生态环境局认真贯彻落实生态环保法律法规，坚持依法行政，文明执法，以中央和省环保督察组交办信访件以及我市列出的突出环境问题整改为契机，加强生态环境执法监管，组织开展生态环保专项行动、交叉执法等行动，并采取例行检查、突击检查、重点抽查、后督查等方式，加大监督检查力度。同时，建立完善生态环保部门和司法机关环境执法联动机制，充分发挥行政和司法机关的职能作用，实现行政执法与刑事司法的有序衔接，严厉惩治生态环境违法犯罪行为，切实维护人民群众的生态环境权益，解决了一批群众关注的环境信访问题。

（徐　波）

【54 件中央和省环保督察组交办信访件全部整改结束】　中央环保督察“回头看”交办信访件 32 件，省环保督察交办信访件 22 件，截至 2019 年 10 月底，已全部整改到位。（徐　波）

【突出生态环境问题整改】　2019 年，句容市通过清单化管理的模式，列出突出环境问题 40 个。市政府将 40 个环境问题按生态环保职能落实到相关部门单位和各镇（街道、管委会），并严格落实突出环境问题整改、调度、督查、销号一体化机制。通过一年的努力，我市已按序时进度完成了 30 个问题的整改。（徐　波）

【严格落实日常监管】　2019 年，生态环境局采用检查与抽查相结合、一般检查与重点检查相结合、定期检查与突击检查相结合、白天检查和夜间检查相结合，共出动检查人员 3100 人次，检查企业 812 厂次，严厉打击污染防治设施不运行、在线监测设备不运行、恶意排污、超标排放等各类环境违法行为。共下达责令改正通知书 84 份，全市环境行政处罚案件立案 52 起，处罚金额 285.89 万元。实施查封扣押 9 起，限产停

产1起，强制断电28家，有力地打击了各类环境违法行为，保障了我市的环境安全。（徐　波）

【持续开展“双随机”监察】生态环境局利用环境监察业务管理平台“双随机”功能对我市污染源进行监察，每季度随机抽取检查人员和企业名单，任务分派至各所监察人员账号。市环境监察大队做好名单抽查与现场检查两个到位。2019年共随机抽取我市181家企业，并保证对重点污染源与一般污染源的监察频次，并将抽取企业的名单在局网站上进行信息公开，接收社会监督。5个环保所根据各自工作计划，合理安排开展双随机现场检查。（徐　波）

【开展化工企业环境安全隐患排查】“3·21”响水特别重大爆炸事故后，根据镇江市局《关于开展全市化工企业环境安全隐患排查整治专项行动的紧急通知》文件精神，结合我市实际，精心制定了专项工作方案，认真开展了化工企业环境安全隐患排查。采取部门自查和专家深度排查相结合的方式，邀请专家2人，出动检查人员24人次，检查企业5家，督促企业整改5家。这次重点检查了企业环境影响评价、“三同时”制度执行情况，污染防治设施建设、运行及达标排放情况，危险废物的产生、贮存、转移情况，并建立挂单销号制度。对波尔顿等企业生活污水直接外溢等环境问题，责令企业立即整改到位。通过此次行动，解决了部分企业环境安全问题，增强了企业环境风险防范意识，降低了环境风险。（徐　波）

【交叉执法检查行动】2019年，先后参与生态环境部、省生态环境厅、镇江市生态环境局组织的到我市企业监督检查18次。按照《关于强化开展全市大气污染防治攻坚月交叉执法检查的通知》要求，抽调精干力量对润州、高新区进行检查，检查企业46家，发现环境问题106个，检查企业数、发现问题数均名列前茅，得到上级生态环境部门的肯定。先后抽调7人到外省参加督查，抽调的人员因工作作风踏实、成绩显著，得到生态环境部的肯定。其中，开发区环保所副所长颜林辉同志参加长江入河排污口现场排查工作，受到了生态环境部发函表扬。（徐　波）

【严控秋冬季空气污染】秋冬季是一年中气象条件最不利、区域性霾污染天气频发时期。9月，镇江市政府办公室印发《镇江市重污染天气应急预案》，生态环境局根据《预案》，委托有资质的第三方编制《句容市重点企业重污染天气管控清单》，涉及全市重点涉气企业126家、码头1家、重点汽修行业25家。《清单》严格按照大气污染防治网格化监管模式，逐级压实压牢大气污染防治主体责任，全天候盯防，全时段管控，落实精细化管理任务，确保各项工作落地见效，空气环境质量进一步好转，市区$PM_{2.5}$月平均浓度全省排名逐步上升。10月，句容市的$PM_{2.5}$平均浓度在全省54个县（市）中排名第35名，11月排名上升至28名，12月截至23日，排名上升至全省第18名。（徐　波）

【西部异味整治】2019年，生态环境局针对城西异味开展巡查300余次，其中夜查120余次，共出动人数860余次，重点检查了巨宝、中容等企业，督促企业完成整改60余次。对中容，天宁等重点企业展开废气监测。邀请南京大学环科院专家进行现场检查，对中容电气加漆间未配套废气治

推进秸秆禁烧工作

理设施的环境违法行为立案查处，要求减产 50%，并重新编制废气整改方案，落实整改措施。

（徐　波）

【环境安全隐患排查整治】 2019 年，市生态环境局在全市生态环境领域深入开展环境安全隐患排查整治工作。特别是对印染、制药、电镀等行业开展隐患排查，共检查相关企业 7 家，主要存在离居民区过近、危废存放等环境安全隐患。对于存在的环境安全隐患，生态环境局立即要求相关企业进行整改，不能完成整改的提请市政府关闭，从根本上防范化解了重大安全风险隐患。

（徐　波）

【环境信访工作】 2019 年，市生态环境局“12369”举报电话 24 小时畅通，做好与市政府“12345”服务热线对接工作，高度重视网上举报和上级及其他部门转来的信访举报。建立和完善积极下访、快速出访、及时回访、定期邀访的“四访”制度。对环保重点信访，特别是重复信访，实行局长大接访、局领导带案下访制度，解决了一批矛盾突出、群众反映强烈的环境问题。2019 年，生态环境局共接到各类环境信访 1233 件，同比下降了 19.52%，所有信访投诉件均及时进行了调查处理，并及时上报。同时将调处结果向投诉人回复，做到调处率、结案率和回复率均 100%。

（徐　波）

气　象

【概况】 2019 年，句容市气象局修订完善地面气象测报工作规章制度，开展业务培训和研讨，严格考核，每月通报综合气象观测业务质量和个人排名，要求本月业务质量排名落后的分析原因及时整改；定期开展区域站社会化保障抽查，定期进行国家站检定，确保数据的可用性和传输的及时率，增加报警提醒，数据非正常传输实时提醒。2019 年全市地面气象探测业务综合质量明显提高，各类气象信息传输质量达 99.99%（其中区域站 99.99%，自动土壤水分 100%）。（胡丹丹）

【气象服务工作】 2019 年，市气象局做好寒潮、雾霾、强降水等灾害性天气监测预警服务，完成春运、“两会”、高考、关键农事季节、句容国际马拉松赛事、环太湖自行车大赛等重大活动气象保障工作。与水利、防办等部门密切保持联系并建立了常态化的信息共享交换机制。修订和完善 2019 年汛期气象服务工作制度和工作流程，针对重大灾害性天气制定“突发灾害性天气应急流程”，利用“强天气综合报警追踪平台”系统，设置专岗人员监测省台指导灾害落区临近预报产品，及时订正和开展服务。建立完善交接班制度，对所有预警预报业务进行留痕管理。完成汛期气象服务自查和配合市局的检查工作，及时发现问题整改隐患。全年共发布《重要天气报告》17 期，气象服务材料 64 期。同时，提升公共气象服务水平，借助微博、微信、今日头条和抖音等新媒体产品，定时发布天气预报、实况监测等固定内容的同时，不定时发布热点天气气象事件、生活气象、气象科普等新产品。

（胡丹丹）

【气象科普宣传】 2019 年，市气象局作为全民科学素质领导小组成员单位，利用“3・23”世界气象日、“5・12”防灾减灾日、科普宣传周、安全生产日等时间节点积极开展气象科普宣传工作，通过“请进来，走出去”，“进学校，进社区”等多种形式，扩大气象科普影响力和覆盖面。

（胡丹丹）

发展规划管理

【概况】 2019年，句容市深入贯彻新发展理念，推动落实“一福地四名城”城市定位和“1355”战略部署，大力实施产业强市战略，强化履职、提升效能，积极推动质量变革、动力变革、效率变革，有力促进全市经济高质量发展。

2019年，句容市实现地区生产总值661.5亿元，比上年增长6.3%；完成一般公共预算收入53.5亿元，同口径增长7%，税收占比90.2%；先进制造业到账外资7153万美元，比上年增长17.1%；社会消费品零售总额174.9亿元，比上年增长4.4%；城镇居民人均可支配收入和农村居民人均可支配分别达到51017元和24223元，比上年分别增长7.6%和8.6%；单位建设用地税收收入镇江排名第一；完成省下达的节能减排约束性指标。全国百强县排名跃升至第50位，全国投资潜力百强县市列第41位，全面小康指数百强县列第42位。

2019年，句容市创成首批国家农村产业融合发展示范园（江苏省5家，镇江市仅句容市1家），丁庄村产业融合发展成效入选江苏省乡村振兴典型案例，市发改委荣获“2018年度全国优秀农村经济动态监测点”称号。句容绿色新能源小镇入选“第一轮全国特色小镇典型经验”（全国共15家，江苏2家入选），荣获2018年度优秀特色小镇称号，丁庄葡萄小镇申报第三批省级特色小镇并已通过省发改委现场审核；全年粮食产量32.9万吨，高标准农田占比达70.3%，跃居全省中游水平，新型经营主体适度规模经营面积达到62万亩，比重达70%，全市已建成国家级示范社15家，省级示范社28家，全年列入省级政府优先扶持名录的合作社176家。

2019年，句容市严格按照政府投资项目生成机制和政府投资项目变更验收管理细则相关规定，提高财政资金使用绩效，积极稳妥防范化解政府隐形债务风险。全年共有10个项目列入储备库、114个项目列入实施库。推进重点

句容市恒大文化旅游城项目

工程变更，全年共受理政府投资工程变更项目70个。组织开展工业项目综合评估工作，保障优质项目优先用地，全年评估项目26个，合计节约工业用地28.58万平方米。重点项目扎实推进，以重点产业项目“四大机制”为抓手，抽水蓄能电站等5个省重大项目完成投资40.03亿元；郭庄镇协通太阳能多晶硅切片等41个镇江市级重点项目累计完成投资103.44亿元，41个句容市级重点产业项目完成投资40.66亿元，顺利完成年度投资计划。

2019年，市发改委牵头编制完成《句容市集中式饮用水水源地安全保障规划（2019—2035年）》，全面加强全市饮用水水源地保护力度。编制完成《句容市乡村振兴战略实施规划（2019—2022年）》，按照高质量发展要求，结合实际注重把握句容市乡村地域差异与发展特征，探索句容特色的乡村振兴新路径。以该规划为总纲，坚持农业农村优先发展，促进农文旅深度交融，壮大农业农村经济，发展旅游和消费经济，推进“一福地四名城”建设，推动城乡融合均衡发展，实现全体人民共同富裕。发挥规划对全市经济社会发展的引领作用，全面启动“十四五”规划编制工作，印发工作方案，开展前期重点课题研究工作，完成编制“十四五”规划基本思路的初稿。

2019年，句容市深化“放管服”改革，开展“一窗受理、全科服务”，全市2个工作日内完成企业开办达85.4%，4个工作日内办结不动产权登记证达99.8%，40个工作日内办结施工许可达100%，“2440”改革目标基本实现，“不见面”审批服务事项占比达97%，下蜀经济发达镇改革试点通过省级评估验收。诚信体系建设不断加强，“信用中国”全国县级市综合信用排名第58位，位列镇江第一；举办首期失信企业信用修复培训班，发布五期诚信“红黑榜”，营造诚实守信的社会环境。扎实推进供给侧结构性改革，编制完成《句容市引导不再承接产业目录（2019年版）》，全面落实句容市扶持实体经济发展“1+X”政策，共扶持2018年度实体企业项目48个，发放资金1339万元，助推全市经济发展；保障更加全面，调整涉企收费目录清单，出台清费降本减负政策，严格核定收费标准，降低工商业电价，切实减轻企业负担6300万元；争取地方政府专项债和政策性专项贷，会同财政局梳理确定句容市2020年部分专项债券项目6个，新增专项债券需求规模56.5亿元；争取各级财政资金，江苏省建筑工程质量检测中心句容试验基地建设项目成功申报2019年国家服务业发展引导资金中央预算内投资1977万元。

宁句城际轨道建设稳步推进

2019年，句容市稳步推进宁镇扬一体化。以江苏省提升南京首位度、南京推动紫东地区大发展为契机，积极对接《南京市城市总体规划（2018—2035）》仙林—宝华科学新城、龙潭—下蜀滨江港城、湖熟—郭庄空港新城三个连片发展型区域，以及汤山—句容城区（含开发区、黄梅）联系紧密型区域。南沿江城际铁路和宁句城际轨道建设稳步推进，宁句城际轨道二期（句容城区至茅山段）前期工作进展顺利。全面对接仪禄高速、122省道改线和宁常高速公路前期规划工作，推动已建成道路与南京规划建设向东拓展路网规划对接。（笪　强）

国有资产管理

【概况】 2019年，市国资总公司坚持以全面实施深化企业创新改革为主线，聚焦国资精细化管理，以推进国资提质增效为中心，全面做好强监管、稳增长、抓党建、促改革、保稳定等各项工作，推动企业管理创新，优化国资监管方式，抓好存量资产的盘活，全力促进企业稳定增长。

（国资公司）

【资产公开招租】 2019年，市国资总公司抓好矿业公司盘龙岗生产生活区拆迁工作，拆除房屋8000平方米，按时交地45亩，全面完成所涉市属主管工程用地拆迁任务。完成对“双铁”建设所涉食品公司生活区地块和绿园屠宰场地块的资产评估。完成民爆公司重组和公司化改造，加强国资监管，提升资产效益。抓好存量资产的盘活，主要是分布于乡镇和矿山的闲置资产、土地，征集意向租赁，把好准入关。规范合同条款，既发挥闲置资产的效益，又保护好环境，不留后患。全年资产招租标的32个，年租金279万元，新增招租标的9个，年租金31万元。（国资公司）

【闲置资产处理】 2019年，市国资总公司推进乡镇食品站遗留问题的解决。主动协调配合律师事务所、会计师事务所等中介机构，及早形成并扎实推进方案的实施。提高闲置资金利用效率，托管资金以及资金存量较大的单位，主动谋求各种经营方式，在确保资金安全的前提下，尽量促使资金收益最大化。推进已回购农行债权清收工作，协调配合好民中律师事务所清收工作，进一步明确相关程序，重点做好私营以及个人债权的依法清收。切实落实系统内资产巡查工作，尤其是对资产管理的重点和薄弱环节加强巡查力度，各责任单位做到全天候巡查，及时发现问题、解决矛盾隐患。

（国资公司）

【国资监管】 2019年，市国资总公司进一步加强对各单位财务管理的指导和监督，将日常的工作检查和年度审计工作相结合，以严谨、规范、真实、准确为目标，提升财务管理工作水平。对系统内租金收取情况进行专项审计，加大对长期拖欠租金行为的司法追究力度，努力做到依法清收，应收尽收。扎紧制度“笼子”，进一步加强重要事项报告制度、资产财务管理制度执行监督。坚持突出重点，抓住关键，以重点关键环节的突破，带动企业创新改革工作的全面深入。稳妥推进国资系统事业单位分类改革，确保工作稳定开展。探索运营模式，健全内部管理制度，确保在国资系统统筹配置资源和盘活存量，实现“资源、资产、资本、资金”的良性循环。加强企业内部管理。组织开展降本增效、目标管理等活动，查找管理短板和瓶颈，推动企业管理集约化、精细化。深化全面预算管理，进一步降低经营管理成本，压缩非经营性开支。强化企业基础管理，推进管理工作的信息化建设，加强企业内部控制体系建设，重点加强风险管控，特别是抓好资金和资产风险管控，完善资产保险、租赁保证金等制度机制。

（国资公司）

【安全生产监管】 2019年，市国资总公司加大安全生产管理力度，强化安全责任意识，绷紧安全这根弦，克服松懈麻痹思想。落实安全生产第一责任人的责任和企业安全生产责任制，抓好隐患排查和治理，防止安全生产事故发生，营造安全稳定的企业发展环境。重点抓好大型商场、集贸市场、仓库、棚户区老职工宿舍、危化品仓储运输等重点单位、部位安全生产管理。督促资产租赁人做好安全生产和安全大检查工作，严格落实安全生产主体责任、监督责任，定期或不定期开展安全检查，全年开展安全检查不少于12次。对系统内的危房旧房继续加大维修改造和监管力度，矿业公司投入80余万元，对4000平方米的老三层危旧宿舍楼，进行全面加固出新。纺织协会投入10多万元，对纺机厂危旧三楼房屋进行加固，商业集团投入8万元，对工薪商场电线线路老化、楼顶水箱、紧急通道标识进行全面升级。坚决杜绝在危房旧房中住人囤货，消除安全隐患，开展安全知识培训和安全预案的演练。对大型商场、危化品经营单位要严格落实各项责任和措施，严防严控，科学管理，强化督查，确保安全。（国资公司）

财　政

【概况】　2019 年，句容市一般公共预算收入突破 53.5 亿元，全省排名第 16 位，同比增长 7%，位列全省第 3，税收收入占一般公共预算收入比重 90.2%，在全省位列第 2。全市镇级一般公共预算收入实现 46.42 亿元，占全市一般公共预算收入 86.8%，其中，宝华、开发区总量分别达 14.2 亿元、13.9 亿元。2019 年，全市一般公共预算支出 73.4 亿元，全市民生支出 60.9 亿元，占一般公共预算支出的 83%。2019 年，句容市财政局被全国普法办授予“七五”普法中期先进集体称号；连续九年被江苏省财政厅授予“全省法治财政标准化管理先进单位”称号；获“江苏省文明单位”；老干部党支部被授予镇江市级首批“六有一提升”示范党支部称号；公积金中心获“镇江市巾帼文明岗”称号。　（财政局）

【服务经济发展】　2019 年，市财政局充分发挥“苏科贷”“苏微贷”“助农贷”等 6 个政银合作融资产品作用，累计撬动信贷资金投放 4.5 亿元。安排农担业务风险补偿专项资金 1000 万元，按 1∶30 放大授信额度。支持优化营商环境。向社会公布行政事业性收费和政府性基金项目目录清单。落实增值税率下调、小微企业普惠性税收减免等税费优惠政策。支持多层次、多领域招才引智。支持综合交通枢纽建设。制定《句容市苏南沿江铁路建设征收资金管理办法》，投入 10.4 亿元支持南沿江城际和宁句城际轨道交通“双铁”建设。　（财政局）

【支持民生保障】　2019 年，市财政局围绕“更美丽的乡村”，支持建设高标准农田 4 万亩，支持丁庄、西冯 2 个村省级特色田园乡村建设试点工作。完成“一事一议”项目 42 个。围绕“更稳定的工作”，全年拨付就业创业专项资金 1688 万元，提供创业贷款担保 1.7 亿元，促进失业人员、就业困难人员及各类重点群体就业创业等工作，被省政府办公厅督查激励通报。围绕“更好的教育”，支持市区教育布局优化调整，保障文昌中学等 6 所学校投入使用。学生资助工作绩效评价连续五年获全省“优秀”等次。围绕“更高水平的医疗卫生服务”，城乡居民基本医保财政补助 2.2 亿元。围绕“更可靠的社会保障”，城乡居民养老基础金提高到每人每月 148 元，城乡居民基本养老保险金实现“九连涨”，企业退休人员基本养老金实现“十五连涨”。　（财政局）

【推动攻坚任务】　2019 年，市财政局为债务风险“筑防线”，从源头上严格项目管控，落实政府投资项目生成机制，开展财政承受能力分析论证，全面完成全市政府隐性债务年度目标任务。为脱贫攻坚“保成色”，全年用于城乡低保、困难弱势群体补助等近 2 亿元，支持百村万户达新标、富民强村建设，支持 79 个经济薄弱村、6447 户建档立卡户全部实现脱贫摘帽。为污染防治“强弱项”，积极争取长江沿线国土空间生态修复工程上级补助资金，支持市大道河片区生态环境综合治理、码头关停等整治工作，支持全市 25 个垃圾分类试点小区建设，切实解决一批关键环境问题。　（财政局）

市财政局组织党员干部开展“不忘初心、牢记使命”主题教育活动。

【财政管理】 2019年，市财政局树立“过紧日子”思想，除重点和刚性支出外，压减一般性支出10%以上，严控“三公”经费预算。完成绩效评价项目96个，获全省预算绩效管理工作考核优秀等次。充分发挥投资评审在财政管理中“定量基础”作用，预算（含概算）核减率6.6%，工程结算核减率12.5%。对财政资金开展竞争性招标存放。在镇江首家实现非税收入收缴和政务服务缴费全程线上办理。全面实施新政府会计制度，顺利完成新旧衔接，代表县级财政部门在全省会计管理工作会议上交流发言。政府采购资金平均节约率6.1%，获省厅政府采购监管工作考核一等奖。通过资产清查全面摸清全市国有资产“家底”，行政事业性国有资产报告工作被省厅通报表扬。乡镇财政管理亮点频现：后白所首家在全市通过资产处置变现化解政府隐性债务。华阳分局通过平台公司市场化运作，盘活经营性国有资产。乡镇财政电子支付系统实现同步运行，郭庄所率先完成。开发区分局项目工程资金监管信息软件正式上线运行。白兔所被省厅确定为“乡镇财政管理标准化建设工作”省级基层财政联系点。（财政局）

税　务

【概况】 2019年，句容市组织各项税费收入105.47亿元，同比增长9.4%，其中公共财政预算税收收入48.3亿元，同比增长8.05%。征收社会保险费18.68亿元，增长17.95%。全市纳税人（缴费人）实际已享受全口径税（费）收入减免11.26亿元，所有行业税负均不同程度下降。（卢腾跃）

办税服务厅工作人员解答纳税人咨询

【减税降费】 2019年，句容市税务局确保减税降费各项新政精准落地。第一时间组建政策解读团队、咨询团队等，吃懂弄透各项新政，做到有的放矢。累计举办减税降费专题培训21场次，涉及纳税人5000余户次，印发宣传册1.5万余册，组织开展企业大走访活动，主动问需于企，征询意见建议。通过基层调研走访、建立月度分析报告制度等方式，实时跟踪减税降费进展和成效，分析问题和不足，及时改进完善工作举措。（卢腾跃）

【税收改革】 2019年，句容市税务局积极推进个税改革工作，建立责任明晰、协调配合的改革组织领导机制，多渠道广泛宣传个税新政，开展专项绩效考评，确保个税改革稳步推进，个人所得税累计减免1.8亿元。推进社保费和非税收入征管职责落实。加强部门协作，建立社保非税征管工作机制和部门联系协调机制，认真做好信息化征管保障工作，改进完善缴费服务，启动并确定城乡居民医保费征收模式。扎实做好“金三并库”工作。全力完成系统测试、数据清理、问题纠错等任务，测试各类流程事项286项，测试数据近两万条，解决潜在问题事项53类，清理数据3万多条，实现业务流程、岗责体系、征管数据全面融合统一，为大数据治税奠定坚实基础。确立本地区税收征管新模式。成立专业化研究团队进行充分调研，根据省局相关文件精神和镇江市局指导意见，结合本地实际，制定出台优化方案及相关配套文件，确立了新征管体系建设的具体实施模式。（卢腾跃）

【组织收入】 2019年，句容市税务局始终坚持组织收入原则不动摇，严格依法依规征税收费，严肃组织收入工作纪律，严守依法征税底线，采取扎实有效措施全力保障高质量完成税费收入。加强组织收入规划和统筹，科学制定收入计划，切实抓好收入预测工作，健全完善收入预测分析机制，增强税源管控力度。优化分析机制，积极开展经济税源调查，理清税源结构，剖析收入增减成因，深入分析税收政策效应，充分利用分析成果，积极打造《句容税务》分析品牌，及时向市委市政府呈报分析报告。完善税收监管体系职责清单，强化税收管理风险防范；建立健全风险管理机制，实施风险应对任务统筹管理，分类建立风险管理团队，注重风险应对实效实绩，全年共实施风险应对289户，征缴入库税收2.24亿元。 (卢腾跃)

【营商环境优化】 2019年，句容市税务局聚焦优化税收营商环境，持续推进依法治税工作，规范税收执法，不断提升税收服务质量和水平。打造服务品牌，持续开展便民办税春风行动，组织“纳税人开放日”活动，推出16项73条便民服务措施，着力打造含3大类17项具体服务内容的“税e通”服务品牌，深化“放管服”改革，进一步压缩办税时间、办税资料，不断拓展“互联网+”服务，九成以上涉税事项实现“网上办、快递送、不见面”。规范税收执法，全面推行“三项制度”，清理现行税收规范性文件，统一行政处罚执行口径，完善落实法律顾问制度。加强权益保护，制定出台投诉举报处理制度及规范，建立受理、调查、处理、传递、回访“一条龙”处理机制，全年涉税举办投诉限期处理率、满意率均达到100%。畅通税企交流，成立7个“纳税人之家”，设立“句容市纳税人之家”微信群，健全运行机制，畅通税企交流。组织开展“大走访”活动，深入了解企业需求，收集纳税人意见建议，拓展税企交流渠道，增加税企良性互动。扩大宣传服务，广泛利用网络、报刊媒体大力宣传减税降费新政策、纳税服务新举措和税务发展新动态，办税服务厅两次登上中央电视台《新闻联播》。组织开展普法骑行、户外税法宣传咨询等现场宣传活动，营造良好法治环境。 (卢腾跃)

全市政府投资审计工作研讨会

审　计

【概况】 2019年，句容市审计局累计组织实施审计项目29个，完成市委市政府交办任务16项。查出主要问题金额15.03亿元，促进资金拨付9630.41万元，促进整改落实问题金额3.02亿元，审计建议被采纳34条。被江苏省文明委表彰为2016—2018年度文明行业。 (审计局)

【重大政策措施落实情况跟踪审计】 2019年，市审计局持续开展政府隐性债务审计，准确、及时掌握全市政府性债务、隐性债务、关注性债务数据，每个季度上报化解存量、严控增量工作推进情况，推动积极稳妥化解债务风险。开展乡村振兴政策和资金审计，跟踪检查乡村振兴战略规划及投入保障情况、扶贫政策落实情况、村级涉农财政资金及“三资”管理情况，审计在查错纠弊的同时大力揭示乡村发展不平

衡不充分的问题，促进补短板。开展重大项目推进情况跟踪审计，进一步夯实政策落实审计、民生审计力量基础。（审计局）

【财政预算执行审计】 2019 年，市审计局按照全面构建预算执行审计大格局的目标，首次将开发区预算执行和其他财政收支情况纳入审计范围；开展市税务局 2018 年度税收和非税收入征管审计。围绕财税体制改革进程，着眼预算编制、资金分配和预决算管理各环节，跟踪监督国有资本经营预算编制、财政存量资金与年度预算统筹衔接、财政转移支付和专项资金管理等重点事项；把财政支出作为预算执行监督的重点，追踪政府性专项资（基）金整合情况，分析财政支出结构、财政保运转压力和偿债压力；定期采集和分析财政预算执行底层数据，推广大数据技术在财政审计中的应用。坚持点面结合的思路，把部门预算执行审计作为财政审计在微观层面的拓展和补充。关注部门使用、分配的重点资金，沿着资金流向纵向到底，对行政审批局等 59 家单位预算单位 2018 年度“项目专项经费”公务经费、市直学校“三公两费”进行专项审计调查，让“八项规定”在基层落地生根。审计中还跟踪关注部门房产、土地等不动产的管理、处置情况，促进国有资产高效利用。（审计局）

【经济责任审计】 2019 年，市审计局先后对 8 名领导干部开展任期经济责任审计。统筹实施经济责任审计与“同级审”等项目，提高工作效率。对党政领导干部的审计，重点关注落实政策措施、经济发展、结构调整、防范化解风险、环境保护、民生改善、廉政建设等七个方面的重大责任；对部门领导的审计，紧扣全市中心工作和部门“三定”方案开展；审计中突出对“三大攻坚战”相关任务、重点改革事项的关注，落实“三个区分开来”要求，全面辩证地看待问题，客观界定责任类别，发挥审计对干部办事创业的推动力。（审计局）

【重点资金和重点项目投资跟踪审计】 2019 年，市审计局按照突出重点、量力而行、严防风险原则，统筹制定投资审计项目计划。开展对宝华仙林大道拓宽改造、243 省道铃塘转盘改造和政务中心装修工程等 3 个竣工的决算审计，安排对宁句城际轨道交通项目、市人民医院新建和北山水库水资源地矿山保护等 3 个在建项目的跟踪审计，积极贯彻审计署投资审计工作会议精神，把造价审计监督与各责任单位履职审计结合起来，维护全市建设市场秩序，促进权力规范运行。（审计局）

【内部审计】 2019 年，市审计局强化对内部审计工作的指导和监督，各部门、单位不断健全内部审计机构，下蜀镇招聘了 5 名社会化审计人员，宝华镇招考了 3 名在编内审人员，后白镇新组建了审计站。（审计局）

统　计

【概况】 2019 年，市统计局围绕中心、服务大局，周密部署全国第四次经济普查；强化经济运行分析研判，全面推进高质量发展指标考核监测；狠抓数据质量，全面启动“三四二”统计专项行

市统计局举办第十届中国统计开放日活动

动，为市委、市政府科学决策提供了客观、准确、及时的统计信息和对策建议。（张元军）

【服务型统计建设】 2019年，市统计局深入推进机构改革工作。召开党组会专题研究机构改革方案，对各科室人员进行科学合理调配，由原先的“一办五科”精简为“一办三科”，促进形成行为规范、运转协调、公正透明、廉洁高效的管理体制。加强统计队伍建设，培养选拔优秀的统计干部，激发统计队伍活力、加强统计行风建设，对统计干部精细培养、精确使用、精心关爱，6月组织一批统计人员赴武汉大学进行理论学习和业务培训。着力抓好经济运行监测预警，为新常态下的句容经济建设提供基础数据信息。稳妥推进各项改革，在推进GDP核算改革中，注重核算数据衔接，保持改革前后总量、结构和速度平稳过渡；在投资统计改革多轨制运行中，准确把握改革前后总量比重、结构变动情况，确保其符合大势、契合实际。加大统计新闻宣传力度，强化对前瞻性问题的跟踪分析，为党政领导提供快、精、准的统计参考。通过《句容快报》等渠道正式向社会发布《2018年句容市国民经济和社会发展统计公报》，向社会免费发放《句容统计年鉴—2018》，按季编印《句容统计资料》手册并公开发放，提升统计工作的影响力和美誉度。完成“中国统计开放日”系列活动，通过发文件、句容日报、统计网站、电视台滚动字幕和展示牌等多种方式宣传统计知识。（张元军）

【第四次全国经济普查】 2019年，第四次全国经济普查进入正式入户登记阶段。市委、市政府高度重视经济普查工作，政府常务会多次研究讨论“四经普”工作。市统计局严格按照《第四次全国经济普查实施方案》的要求，加强宣传，营造依法普查氛围。通过印发《告知书》等多种方式，宣传统计法律法规，营造良好的普查环境；通过地毯式清查，确保单位不重、不漏；严格普查工作要求，把握源头数据质量，从严审核源头数据过“三关”；开展普查督查调研，促进普查工作的顺利推进，扎实做好句容市第四次全国经济普查事后数据质量抽查工作。通过普查，句容市实现经济总量和结构双提升，人均GDP首次突破10万元，经济结构也上首次转变为三二一的结构。句容经济普查工作获得省级先进集体称号。（张元军）

【高质量发展指标考核监测】 2019年，市统计局作为推进高质量发展考核指标监测单位，参与制定句容市考核指标体系。根据省、镇江市2019年度高质量发展监测评价考核实施方案和实施办法，参与制定了“省监测、镇江考核句容市指标体系”、“2019年度镇（街道、园区）推进高质量发展考核指标体系”等具体内容。作为全市目视化联审小组成员单位市统计局配合市委督查室，共同研究、形成《句容市2019年度目视化联审重点指标考核细则》。每月对重点指标监控，提出挂旗约谈意见。加强对上联络，邀请省统计局领导到句容市进行高质量指标体系解读，对句容高质量发展指标在镇江市排位进行监测，并撰写“上半年句容市高质量监测评价报告”“1—9月高质量发展考核共性指标分析”“冲刺四季度，确保‘四连冠’措施分析表”等分析报告，为市委市政府决策提供参考。（张元军）

【统计规范化建设】 2019年，市统计局持续加强统计法治建设，认真做好各专业年定报工作，进一步加强调查单位的统一管理，严格按照“先进库、再有数”的原则，做好企业一套表调查单位增减变动审核确认工作。加强法制宣传，组织全市统计人员深入学习领会中央关于统计的批示指示精神，并在句容日报专版刊登统计法律法规知识。全面启动“三四二”统计专项行动，对“四上”单位进行统计数据核查，年内完成30%。成功申报全省“千佳单位”6个村（社区）和镇江市“双十佳”乡镇1个。统计信息化建设稳步推进，继续加强“统计数据直通车”维护。

（张元军）

市场监督管理

【概况】 2019年，句容市场监管局紧扣“推进高质量监管、助力高质量发展”主题，践行“守住安全底线、优化营商环境、规范市场秩序、助推高质量发展”的工作思路，立足服务促发展，立足民生守底线。（孙正瑜）

【行政审批制度改革】　2019年，市场监督管理局充分运用“互联网+政务服务”，进一步优化工作流程，打造便捷高效的政务环境。全面推进“不见面”审批，协助相关部门全力实现“2440”改革目标，做到个体工商户营业执照现场办结，推行网上办、不见面审批办。认领部门行政权力事项178项，共办理动产抵押登记6件，抵押物价值6733.21万元。

（孙正瑜）

【“四大战略”实施】　2019年，句容市新申请商标1498件，“句容戴庄大米”“西冯草坪”申报国家地理标志商标已进入公告期。全年申请专利393件，授权专利849件。农村基层党建标准化试点等8个项目被立为省级标准；4个项目被立为市级地方标准。

（孙正瑜）

【民生服务】　2019年，句容市加大《中华人民共和国消费者权益保护法》的宣传和执行力度，认真开展“信用让消费更放心”国际消费者权益日主题活动，现场接受咨询服务600多人次。积极开展“五进”活动，提升维权效能，形成多位一体、便捷高效的维权网络。截至2019年12月底，共受理投诉举报3543件，其中：“12315”消费者投诉举报热线受理1562件，“12345”政府服务热线转办1822件，为消费者挽回经济损失约560万元。加强与百姓生活密切相关的重点计量器具的强制检定工作，检定加油站加油机450余台，检定出租车计价器近380台，检定民用血压计

市市场监管局对超市进行监督管理

100余台。继续做好“两免费”检定工作，对我市11家集贸市场和50余家村级卫生室的在用计量器具实行免费检定，共免费检定各类计量器具4000余台件。积极打造“计量惠民”服务品牌，在3家大型超市设立“计量惠民服务点”，常年为市民开展血压计的免费检定。（孙正瑜）

【食品安全监管】　2019年，句容市市场监督管理局进一步落实食品安全监管工作责任，理顺监管体制，建立了“地方政府负总则、监管部门各负其责、企业是第一责任人”的食品安全责任体系，并形成了市、镇、村三级责任体系。进一步规范食品安全日常监管工作，大力推进电子追溯系统建设。扎实推进省级食品安全示范市创建工作。稳步推进食品安全电子追溯体系建设，句容市惠农油脂有限公司等25家生产流通企业和27家餐饮单位完成了电子追溯系统注册工作。实现了白酒、食品添加剂、镇江香醋生产企业的100%全覆盖，肉制品生产企业60%建成追溯系统。培育规范化农贸市场3家；放心肉菜示范超市3家；农村食品安全示范店25家；省级示范店（食堂）15家。对全市3家大型餐饮单位推行实施了“4D”等先进管理模式。大力实施“明厨亮灶”建设。全市已实现“明厨亮灶”经营单位1000多家，接入远程视频监控单位146家。养老机构食堂“明厨亮灶”覆盖率100%；学校食堂“明厨亮灶”覆盖率达98%，建成葛洪路餐饮示范街区。对2364家餐饮服务单位进行了动态量化分级评定和餐饮日常要点表检查。加大日常抽检监测力度。加大日常抽检监测力度。完成抽检2820批次，快检8000批次。进一步建立食品安全监管长效机制。组建了重大食品安全事故应急处理专家库，组织开展了重大食品安全

事故应急演练，提升了处置重大食品安全事故的能力。在食品生产、经营企业中，建立完善餐饮食品诚信管理系统和企业信用数据库档案，落实食品生产、经营企业主体责任。在全市乡镇、社区、行政村划分203个网格责任区，设置210名食品安全协管员和信息员岗位，实行网格化管理。认真开展“大排查大检查大督查”活动，持续开展“六小”整治。累计检查小餐饮店4200余户次，现场解决各类问题1800余个。年内，先后成功召开镇江市“食品示范小作坊”授牌仪式暨现场经验交流会、农贸市场监管现场会。句容市“省级食品安全示范城市”创建工作顺利通过江苏省食安委验收，同时获得“江苏省农产品质量安全县”称号，2019年满意度测评中，群众食品安全总体满意度达到81.62%，对创建工作的知晓率达到96.94%，对创建工作的支持率达到86.46%。（孙正瑜）

【药品医疗器械监管】　2019年，句容市市场监督管理局强化企业主体责任，督促全市230家药械经营企业实行质量管理责任制。突出抓好疫苗、特殊药品、中药注射剂等高风险产品监管，深入实施风险分类分级管理，提高科学监管水平。对药械安全特别是疫苗安全开展了全覆盖检查。共检查药械单位643家次，责令整改65家，约谈企业负责人35人次，发出行政提示书33份，有效规范药械市场秩序。认真开展化妆品监管工作，加强药品不良反应和医疗器械不良事件监测工作。共上报药品不良反应报告643例，医疗器械不良事件337份，化妆品不良反应60份，超额完成上级考核指标。年内，句容市市场监管局被评为镇江市药械不良反应监测工作优秀单位。　（孙正瑜）

【特种设备安全监管】　2019年，句容市市场监督管理局狠抓特种设备日常监管，成立特种设备专业委员会，推行“一企一档”管理模式，重点对全市5852台电梯、13.7万余个气瓶等涉及民生安全的特种设备、2344台压力容器、251台锅炉等涉及危化品特种设备等企业生产开展高频次、高强度专项检查，积极消除事故隐患，遏制事故发生。特别是上年“响水”大爆炸以来，结合全市特种设备安全生产形势，牵头组织召开全市特种设备安全生产专业委员会成员单位会议，先后开展了“两节”“两会”期间特种设备安全检查、特种设备安全隐患排查整治月活动、高校科研机构和制药企业安全隐患排查、涉危化品企业特种设备安全大检查以及安全隐患大排查大整治专项行动等9个专项整治工作。对全市17家涉危化品企业特种设备现场检查，发现并排除安全隐患22条。对全市27家自用燃气企业进行安全隐患“回头看”，督促企业切实消除隐患，保障安全生产。多次联合住建、消防等部门开展住宅小区电梯使用安全大检查，全年共受理电梯投诉180起，排除安全隐患35条。　（孙正瑜）

【产品质量监管】　2019年，句容市市场监督管理局以工业产品生产许可证、国家标准、企业标准监管为重点，引导全市工业企业树立质量意识，强化质量管理。加大流通领域质量抽检，每年对服装鞋帽、家用电器、化肥农药、烟花爆竹等67个批次商品进行质量抽样检验。以“六严六不准”为检查重点内容，对全市175家电动自行车生产销售企业进行了全面检查，发放行政提醒书200余份。　（孙正瑜）

【“双随机、一公开”监管】　2019年，句容市市场监督管理局全面推进“双随机、一公开”监管全覆盖、常态化。率先在全市实现“双随机”抽查事项全覆盖，累计部署“双随机”抽查任务470项，抽查市场主体4308户，实现“一次检查、全面体检”的监管方式，杜绝重复、交叉检查，确保不干扰企业正常生产经营活动。强化信用监管。以企业信息公示系统和市场监管信息平台建设为抓手，完善企业信用体系建设。多举措开展市场主体信息公示和抽查工作，企业年报率均在90%以上。深入推进证照联动监管联席会议制度，完善经营异常名录管理、黑名单管理等联合惩戒制度。依法对178户“僵尸企业”进行了批量吊销，共办理企业经营异常名录移出271户。

（孙正瑜）

【“互联网+”监管模式】　2019年，句容市市场监督管理局不断完善电子追溯系统建设，实现了白酒、食品添加剂、镇江香醋生产企业的100%全覆盖，肉制品生产企业60%建成追溯系统。与移动公司联合开发了远程视频实时监控系统，适时掌控146家重点餐饮单位厨房食品安全动态。

（孙正瑜）

【市场监督管理执法】 2019年，句容市市场监督管理局推进“双打”工作，开展扫黑除恶专项斗争和扫黄打非工作，加大传销监测和查处力度，联合公安部门共计捣毁传销窝点92处，查获传销人员138名。截至2019年12月底，立案查处156件，罚没总额292.97万元。利用“食品安全周”“安全生产月”“质量月”“3·15”“知识产权宣传周”等特色活动，加强《中华人民共和国食品安全法》《中华人民共和国特种设备安全法》等法律法规的宣贯力度。 （孙正瑜）

安全生产监管

【概况】 2019年，句容市推行安全生产“一体化”执法机制。建立四位一体监管执法模式。依托市应急管理局和各镇安监站现有执法人员，以市安全生产监督执法大队为中坚力量，整合全市安全生产执法干部队伍，分两个执法组，每月开展集中执法行动，实现“全员监管、全员执法”。实施安全生产委托执法，按照《句容市安全生产委托执法办法（试行）》要求，将安全生产相关执法权委托给各镇（街道、管委会），赋予基层自主执法权利，解决基层监管“看得见、难监管”的难题。按省委批准的下蜀经济发达镇行政管理体制改革试点镇，市政府赋权安全生产行政执法主体资格，在市级部门指导下开展执法。开展联合执法，整合应急、住建、卫健委、消防、市场监管、交通等行业领域执法力量，建立安全生产联合执法协调机制，根据工作需要不定期进行联合执法。年内，市应急管理局系统安全生产事前立案处罚数198件，其中通过移动执法终端处罚194件，行政处罚金额265.71万元，处罚金额单次高达9.3万元，案件均值达1.4万元；其他重点行业领域立案处罚数222件，处罚金额233.3万元。利用全国第十八个“安全生产月”，集中开展安全生产宣传教育活动，应急管理局和市文化馆联合举办的“防风险，除隐患，遏事故”安全文艺晚会在开发区、天王镇等12个乡镇进行巡回公开演出。 （应急管理局）

【隐患排查整治】 2019年，市应急管理局全面开展安全生产大排查大整治工作，第一时间开展危化企业突击检查，对全市10家危化企业和6家易燃易爆企业进行专家会诊，排查整治安全隐患47条；市委市政府领导采取“四不两直”方式，对全市大检查工作开展督查和“回头看”，检查企业单位243家，排查整治安全隐患679条；对省和镇江市明察暗访查出重大安全隐患67条进行跟踪督办，目前隐患已全部整改到位；同时制定长效工作机制，各专业委员会结合各自实际，在重点领域持续开展安全生产专项整治。经统计，大检查共检查危化及易燃易爆企业222家次，排查整治安全隐患1480余条，其中停产停业3家，停止使用相关设备17家，排查其他企业2000余家次，排查整治安全隐患6800余条。

（应急管理局）

【安全生产双重预防机制】 2019

句容市开展易燃易爆单位安全生产大检查

年，市应急管理局依托信息化平台建设和岗位应急处置卡创建工作，推进风险分级管控和隐患排查治理双重预防机制建设。通过科学制定建设方案，明确推进时间表和工作责任人，在11家重点行业企业率先开展先行示范，借助第三方中介机构和专家技术力量进行服务指导，在全市规模以上企业中全面推进，年内230家规模企业创建达标。

（应急管理局）

【企业安全生产责任保险】 2019年，市应急管理局根据《关于深入推进全市安全生产责任保险工作的通知》要求，积极部署开展企业安全生产责任保险的投保工作。去年全市安全生产责任保险投保企业共39家，保金37.39万元。

（应急管理局）

我家就在岸上住　王镇容摄

农业·农村

综　述

【概况】　2019年，句容市粮食亩产530公斤，总产30.3万吨，新增高效设施农业面积约499公顷（7486亩）。2019年全市生猪饲养量7.22万头，其中出栏6.17万头，比上年同期分别下降54.95%，44.03%；羊饲养量2.41万只，比上年同期下降18.25%；大牲畜饲养量0.12万头，比上年同期增长8.3%；家禽饲养量1127.2万羽，与上年基本持平，其中鹅34.26万羽，比上年同期上升10.65%。2019年，全市水产养殖面积3461公顷（约5.19万亩），其中特种水产养殖面积2740公顷（约4.11万亩），占水产养殖总面积的79%；全年实现水产品产量2.51万吨，实现渔业产值16.5亿元；实现渔业增加值9.52亿元，渔业为全市农民人均增收141.5元。全市绿色优质农产品比重为62%，其中种植业绿色优质农产品比重为42%，生态健康养殖比重83.13%。新型农村经营主体蓬勃发展，截至2019年年底，全市农民合作社共有1183家，其中列入省级政府优先扶持名录的176家。获得省级财政奖补项目的合作社1家，家庭农场19家。2019年全市新增农民合作社19家、家庭农场76家。（唐　明　杨　杨　巫爱军　王丽娟）

农村工作

【农村人居环境整治】　2019年，句容市围绕“四清一治一改”（清理农村垃圾、清理沟渠塘堰、清理农业生产废弃物、清理牛皮癣和广告牌，整治乱搭乱建、占道行为，改变影响农村人居环境的不良习惯）“四个专项行动”（农业废弃物治理、村庄生活污水治理、农村生活垃圾治理、农村厕所革命），在做好试点镇、村的基础上，启动垃圾、河塘、农业废弃物、无保护价值的残垣断壁的清理等工作，全市共有138个村（含涉农社区）、1423个自然

戴庄有机农业

村开展此项工作。2019年，天王镇唐陵村、茅山镇丁庄村成功入选农业农村部“千村万寨展新颜”名单；句容市农村人居环境整治工作位列全省第二等次。

（沈顺忠）

【脱贫工作】 2019年，句容市推进扶贫攻坚工作，开展“达新标”行动、“富民强村”继续行动等。在整体推进“达新标”行动的过程中，有5个村集体经济总收入达到80万元，村均集体经济总收入达到89.3万元，全市脱贫户数为100户223人，均已超过8000元。落实“两不愁三保障”政策，出台《句容市加强低收入群体健康扶贫意见》，针对全市建档立卡低收入户等九类人群，医疗可报费用报结率平均达到90%，特别困难群体达到100%；建档立卡户家庭学生享受资助人数995人次，享受资助金额74.3万元；完成全市建档立卡户农村危房改造135户。完成当年脱贫攻坚目标任务。

（刘书仁）

【屠宰环节监管】 2019年，句容市落实生猪屠宰环节“两项制度”，督促屠宰企业按照“批批检、头头检、全覆盖”原则开展非洲猪瘟检测工作，加强检测人员技术培训。5月1日开始，句容京江肉制品公司全面落实屠宰企业非洲猪瘟自检制度。9月，在生猪定点屠宰场安装远程视频监控系统，发挥监控作用，做好巡查记录，严格屠宰检疫工作。根据“五化四有”标准要求全面推进全市生猪定点屠宰场标准化建设。2019年，句容市京江肉制品有限公司生猪定点屠宰场标准化建设通过市级验收。

（赵江楠）

【无害化处理监管】 2019年，句容市督促各乡镇持续做好乱抛乱丢死猪等排查工作，发现问题及时规范处置。完成全市养殖环节规模猪场病死猪无害化处理工作并审核上报数据，共1352头。对辖区内收集点进行梳理排查。加强生猪屠宰环节病害猪无害化处理过程监管，规范各类记录台账，强化数据核查，确保屠宰环节病害猪及其产品能发现、实登记、全处理。截至2019年11月，生猪屠宰环节共无害化处理病死猪732头，其中病死猪518头，病害脏器1.92万公斤，折合病害生猪头数214头，已全部进行无害化处理。

（赵江楠）

【严把饲料兽药、禁用兽药监督关】 2019年，全市共发放兽药安全使用告知书，饲料安全使用告知书，禁用兽药名录各200余份，签订兽药安全使用承诺书，饲料安全承诺书各100余份。配合各级监管部门采集尿液42份、猪肉样42份、猪肝样32份、禽肉样119份、生鲜乳样10份、牛羊肉样12份、禽蛋样45份、兽药样30份、饲料样55份。

（赵江楠）

【动物卫生宣传引导】 与生猪调运户签订生猪调运告知书，告知不得非法违规调运生猪，承诺规范经营等行为，与生猪养殖户签订禁止饲喂餐厨废弃物承诺书和告知书，与肉片经营户签订守法经营承诺书，公布举报投诉电话，为生猪屠宰监管执法工作营造良好社会氛围。2019年，已发放宣传材料110多册，处理12345政府热线平台投诉9起。督促企业完成屠宰监管系统更新完善工作。

（赵江楠）

【农资市场专项整治】 2019年，市农委向广大农资经营户进行政策宣传，上门进行种子法宣传以及种子备案指导。对市场销售的适宜在全市销售的水稻种进行拉网式大检查，同时开展种子市场农作物种子样品的扦取检验工作，抽检水稻种17个样，玉米种4个样，蔬菜种7个样，油菜16个样，小麦26个样，各批次样品确认函全部发出，种子备案1300多条，共检查各类种子门店400多家次，出动执法人员1100多人次，发放宣传材料2000多份。完成省市农药、肥料执法抽检工作，完成随机抽取农药25个样，肥料10个样；自检农药25个、肥料50个；对限制使用的农药、身份证实名购买政策开展不定期检查，确保政策落实到位。

（赵江楠）

【非洲猪瘟防控专项行动】 2019年，句容市开展生猪屠宰监管“扫雷行动”，以定点屠宰企业监管、屠宰环节病害猪无害化处理监管等为重点，规范生猪屠宰经营活动，打击私屠滥宰、屠宰病死猪、注水或注入其他违禁物质等违法行为，确保猪肉产品质量安全。2019年共开展执法103次，出动执法人员440人次，共检查屠宰企业、养殖户、农贸市场经营户、临时摊位79个次。

（赵江楠）

农村经济

【农业新型经营主体发展和规范化建设】 2019年，句容市列入省级政府优先扶持名录的合作社176家。全市新增农民合作社19家、工商注册家庭农场76家。新型经营主体经营面积25706公顷（约38.56万亩），比重达75%，农户参加农民合作社比例达112.9%。全年新增镇江市级农民合作社示范社7家、省级示范家庭农场8家、镇江市级示范家庭农场15家，超额完成全年新增镇江市级以上示范家庭农场任务。（王丽娟）

茅山镇何庄村股份经济合作社揭牌

【村级一事一议财政奖补项目实施监管】 2019年，全市实施村级公益事业一事一议项目的共有10个镇（街道、管委会）27个村，奖补农业人口11.39万人，共安排42个一事一议财政奖补项目，其中村内道路硬化项目20个，道路亮化项目9个，村健身广场项目7个。项目总投资1305.69万元，平均项目投资31万元，其中财政奖补资金1052.94万元、一事一议筹资212.75万元、预留监理费、审计费与标志牌费用40万元。2019年所有计划项目全部实施完成，完成验收项目32个，准备验收项目10个。

（王丽娟）

【农业政策性保险工作】 2019年，全市政策性农业保险全年共计完成保费收入3700.19万元，同比增长2.8%，主要种植业保险保费1209.55万元，其中小麦承保9606.14公顷（约14.41万亩），保费317万元；油菜承保5407.73公顷（约8.11万亩），保费178.46万元；水稻承保17002.12公顷（约25.50万亩），保费714.09万元。高效设施农业保险共开办11个险种，保费2490.64万元，高效设施保险保费占比67.31%，同比增长3.89%，全面超额完成当年的目标任务。由于受雪灾、干旱、暴风和病害的影响，小麦、水稻和高效设施农业保险受灾较严重，全年共计赔款1570.93万元，农业保险简单赔付率达42.5%。其中小麦受灾面积约316.55公顷（4748.20亩），赔款75.10万元；水稻受灾面积约1079.54公顷（16193.05亩），赔款332.69万元；高效设施农业赔款1163.14万元。全年共计完成赔案1571件，理赔受益农户1836户。（王丽娟）

【农村集体“三资”管理监督】 2019年，句容市围绕管理制度创新、提升信息化管理水平、推进农村阳光行动等工作要求，进一步强化农村集体“三资”管理，制定出台《关于进一步规范农村集体经济组织财务公开的通知》，对村级财务公开的时间、内容、形式进行进一步规范。为巩固农村集体“三资”管理专项治理的成果，及时发现和纠正“三资”管理过程中的风险点，实现农村集体“三资”管理服务化、网络化、公开化，民主化，制定出台《关于巩固提升农村集体“三资”管理工作的通知》，聘请第三方对全市所有村2018年的“三资”管理情况进行全面的检查，发现问题及时整改。5月下旬，举办农村集体“三资”监管平台实务操作培训班，各镇（街道、园区）农经系统30余名负责“三资”监管的人员参加培训；6月下旬组织全市农经系统全体工作人员、所有村会计到扬州职业大学进行业务提升培训。（王　晋）

【农村集体产权制度改革】 2019年，句容市对尚未完成农村集体产权制改革工作的20个村统一部署，强化培训，督查指导。截至2019年年底，全市162个涉农村（街道）已经全部完成农村集体产权制度改革工作。同时，还依法依规完成农村集体经济组织登记赋码工作。（王　晋）

【农村承包地确权登记颁证“回头

看”】 2019年，为解决农村承包地确权登记颁证遗留问题，切实维护农户土地合法权益，全市农村承包地确权登记颁证工作开展“回头看”行动。市农业农村局制定《农村承包地确权登记颁证“回头看”工作方案》，要求全面排查证书未发放到户、暂缓确权等情况，抓紧纠正证书滞留在村（组）集体经济组织现象，解决漏人漏地、土地边界四方位置不准等情况，进一步规范确权档案和数据管理，确保将权证颁发到农户手中。 （王 晋）

句容市开展土地确权培训

【农村集体资产清产核资】 2019年，句容市在上年全面完成了农村集体资产清产核资工作的情况下，针对可能存在的数据不准、权属不明、档案不全等问题，按照省农业农村厅的统一要求，开展农村集体资产清产核资“回头看”行动。行动重点围绕清查数据是否真实准确、操作程序是否规范公开、产权归属是否明确清晰、档案资料是否完整规范、人民群众是否满意认可等方面开展。年内，162个村、3589个组的所有数据在线提交全国农村集体资产清产核资管理系统，此项工作全部完成。 （王 晋）

【农村产权交易市场和信息服务平台管理】 2019年，全市围绕规范农村集体产权流转和交易行为，规范农村产权交易市场和信息服务平台管理。截至2019年年底，句容市农村产权交易市场和信息服务平台累计进场交易项目总数2444件，成交标段2376个，成交总金额2.07亿元，溢价25.7万元，同比2018年增速107%。 （王 晋）

【农村电子商务发展优秀典型培育】 2019年，句容市创成江苏省农业电子商务示范县，4家单位创成江苏省农业电子商务示范单位；拥有江苏省智能农业示范区1家，省级乡镇电子商务特色产业园（街）区1家。天王镇天王村等9个村创成省级“一村一品一店”示范村。农村电子商务交易额突破12亿元。 （解科成）

种 植 业

【概况】 2019年，全市农作物总播种面积65753.3公顷（约98.63万亩），以小麦种植田块为主的轮作休耕面积4626.7公顷（约6.94万亩）。其中：水稻栽种面积23400公顷（约35.1万亩），比上年减少1666.7公顷（约2.1万亩），全市机插秧面积20066.7公顷（约30.1万亩），其中应用硬地硬盘育秧栽插面积6666.7公顷（约10万亩）。水稻亩产633公斤，比上年增加4公斤，总产22.22万吨，比上年减少1.43万吨；小麦播种面积8733.3公顷（约13.1万亩），小麦单产376公斤，比上年增长2公斤，总产7.56万吨；油菜种植面积7133.3公顷（约10.7万亩），比上年减少2133.3公顷（约3.2万亩）。油菜单产161公斤，同去年持平，总产1.72万吨，比上年减少0.52万吨。玉米种植面积约2666.7公顷（4万亩），大豆种植面积约1333.3公顷（2万亩），甘薯种植面积约1133.3公顷（1.7万亩），花生种植面积约500公顷（0.75万亩），棉花种植面积约20公顷（0.03万亩），种植面积除大豆和甘薯略微增长以外其它粮食作物均比上年有所下降。 （唐 明）

【绿色高质高效创建】 2019年，全市共建设水稻绿色高质高效示范片7个。通过开展绿色高质高效创建活动，推广应用优质品种，集成应用一批绿色高效技术。示范片内主推南粳5055、宁粳8号等优质食味品种，优质品种覆盖率达100%。示范片全面应用机插壮秧培育技术和精确定量栽培清洁生产技术，实行集中育秧，机插秧技术全覆盖。全面应用绿色防控、测土配方施肥等绿色高质高效栽培技术，提升稻米品质，减少化学农药、化学肥料的使用强度。（束华琴）

【新技术示范推广】 2019年，句容市开展稻麦新品种、新技术、新产品以及新模式的示范展示，共建立县级“三新”技术示范展示基地6个，展示稻麦新品种20个、新技术5项、新产品3种、新模式3项。粮食高效种植模式推广面积约533.33公顷（8000多亩），其中稻鸭共作推广面积约220公顷（3300多亩），均为3.33公顷（50亩）以上规模种养新型主体和大户，亩增效益1000元以上。（束华琴）

【轮作休耕】 2019年，全市轮作休耕申报面积约4625.9公顷（69389.48亩），共涉及行政村70多个，其中约1.33公顷（20亩）以上的大户400多户，小户近9000户。通过实施轮作休耕，既从一定程度上改善了耕地地力和土壤结构，又能有效缓解全市季节茬口矛盾，减少当季化肥农药使用量和后茬作物化学氮肥的使用量，减肥减药效果明显，减少农业面源污染，缓解生态环境压力。（束华琴）

【耕地质量提升】 2019年，句容市着力开展耕地质量监测，动态掌握土壤养分状况，建立3个省部级、6个镇江市级及9个县级耕地质量固定监测点，肥情监测点5个。市政府采购商品有机肥4500吨，全市有机肥施用面积达2000公顷（3万亩）；绿肥种植补贴面积约333.33公顷（5000亩）。全市共设立19个水肥一体化施肥技术示范点，通过示范点辐射带动技术的推广，在草莓、葡萄、茶叶和蓝莓等经济作物上应用水肥一体化技术面积约800公顷（12000亩）。（束华琴）

【绿色防控示范区】 2019年，句容市在水稻、草莓、葡萄、茶叶上开展绿色防控技术示范，绿色防控示范区内各种作物的用药次数减少，降低成本。水稻病虫防治减少用药2次，草莓、葡萄病虫防治减少用药3—4次，茶叶病虫防治减少用药1次。水稻病虫绿色防控示范区内综合防治效果较其它地区高了3—5个百分点，危害损失率控制在5%以下，水稻每亩节本增效约80元，草莓、葡萄、茶叶每亩节本增效分别约为200元、180元和150元。通过宣传和培训，发布病虫防治信息、发放技术明白纸和田间指导等手段，提高防治信息的到户率，减少盲目用药、乱用药的情况，降低农药使用强度，提高农产品品质。水稻、草莓、葡萄、茶叶绿色防控示范区内的病虫害防治基本上使用对环境友好的生物农药，还有农业生态技术、理化诱控技术等，实现综合防治，从而减少化学农药的使用量。据统计，水稻绿色防控示范区内化学农药的使用量下降了20%以上，草莓、葡萄、茶叶绿色防控示范区内化学农药的使用量下降了30%以上。（束华琴）

【高标准农田建设】 2019年，句容市共争取高标准农田建设项目资金8425万元，其中财政资金8375万元，自筹资金50万元；建设规模约2666.67公顷（4万亩）。2019年全市高标准农田建设项目

稻鸭共作

共5个，治理面积约2666.67公顷（4万亩），其中白兔镇高标准农田建设项目2个，各666.67公顷（1万亩），项目总投资3500万元；后白镇高标准农田建设项目1个，治理面积约333.3公顷（0.5万亩），总投资875万元；郭庄镇高标准农田建设项目1个，治理面积约333.3公顷（0.5万亩），总投资875万元；茅山镇高标准农田建设项目（生态试点项目）1个，治理面积约666.67公顷（1万亩），总投资3175万元，其中财政资金3125万元，自筹资金50万元。项目财政资金全部用于基础设施建设。2019年，句容市完成耕地土壤环境质量类别划分工作。

（王志建）

养殖业

【概况】 2019年全市畜牧生产稳定发展，全年未发生重大动物疫情。句容市在推广种草养畜（禽）模式，大力发展草食动物（鹅、羊）同时，也着力提高大中型生猪规模养殖比重，比重达75.36%。全年全市生猪饲养量7.22万头，其中出栏6.17万头；羊饲养量2.41万只；大牲畜饲养量0.12万头。家禽饲养量1127.2万羽，其中鹅34.26万羽。水产养殖面积3461公顷（约5.19万亩），其中特种水产养殖面积2740公顷（约4.11万亩），占水产养殖总面积的79%；全年实现水产品产量2.51万吨。

（杨　杨）

【重大动物疫病防控】 2019年，句容市持续开展动物免疫工作，继续执行“集中免疫和常年补免相结合”的方针，认真落实好重大动物疫病的强制免疫和计划免疫工作。按照“集中免疫和常年补免相结合”的方针，实施春、夏、秋3次全市突击防疫行动。

自动化蛋鸡舍

全年生猪口蹄疫7.35万头，牛口蹄疫0.25万头，羊口蹄疫1.37万头；家禽禽流感共防疫672.56万羽；生猪高致病性蓝耳病6.66万头；猪瘟6.61万头；小反刍兽疫2.17万头。动物疫病的总体防疫密度均达100%，开展抗体滴度经日常监测和飞行检测，总体水平达85%以上。

（杨　杨）

【畜禽养殖污染治理】 2019年，句容市加快推进畜禽养殖污染治理，提高畜牧业绿色发展水平，进一步改善农业农村生产生活环境。在前期畜禽养殖污染治理的基础上，继续开展畜禽养殖污染治理，全市有规模畜禽养殖场163户（已完成161户），治理率达98.77%；小规模畜禽养殖场260户（已完成245户），治理率达94.23%。

（杨　杨）

【畜禽养殖废弃物资源化利用】 2019年，全市开展整县推进畜禽粪污资源化利用工作，市农业农村局和财政局联合出台《句容市整县推进畜禽粪污资源化利用工作方案》，全市畜禽粪污资源化利用工作主要以“三分离+农牧结合”为主，结合畜禽粪污深度处理。全年畜禽养殖废弃物资源化利用率达97.42%。

（杨　杨）

【畜牧生态健康养殖技术推广】 2019年，句容市对15户畜禽养殖场进行畜牧生态健康养殖技术推广，累计推广率达83.1%，申报通过1家省级畜禽养殖标准化示范场。

（杨　杨）

【养殖水域滩涂规划编制】 2019

年，句容市发布《句容市养殖水域滩涂规划（2018—2030）》，其中禁止养殖区总面积5209.05公顷（7.81万亩），限制养殖区总面积6933.19公顷（约10.40万亩），养殖区4534.92公顷（约6.80万亩）。年内句容市如期完成省厅关于养殖水域滩涂编制工作的任务。（巫爱军）

【高效设施渔业建设】 2019年，句容市围绕生态、高效、安全的总体目标，推进高效设施渔业建设步伐，全市累计建成高效设施渔业面积1884公顷（约2.82万亩），其中2019年新增高效设施渔业面积约33公顷（495亩）。全市高效渔业养殖品种有河蟹、青虾、小龙虾、南美白对虾、草鱼、鲫鱼、甲鱼等，其中青虾养殖发展较快，截至2019年年底，全市青虾主混养养殖面积已达到1400公顷（2.1万亩），亩效益大多在2000元以上，最高的已达到5000元以上。（巫爱军）

【渔业增效工程】 2019年，全市实施包括以池塘立体复合养殖为主的渔业增效工程等六大富民工程。重点推广池塘混养甲鱼，河蟹池套养青虾、鳜鱼，青虾池套养泥鳅等新模式。截至2019年年底，全市推广池塘生态混养约666.67公顷（1万亩）。通过提供苗种、技术等有效的服务，较常规鱼养殖平均亩增效达到2000元以上。特别是鱼鳖混养模式亩均增效在3000元以上、高的在5000元以上。（巫爱军）

【休闲渔业】 2019年，全市休闲渔业企业数量达116家，投资总额达15826万元。休闲渔业面积达1253公顷（约1.8万亩），年营业额达13767万元。（巫爱军）

【渔业科技入户示范工程】 2019年，句容市连续12年实施渔业科技入户示范工程，在郭庄、后白、华阳、边城、宝华、天王6个镇和开发区开展渔业科技入户工作，共培育渔业科技示范户200户，示范面积约775.33公顷（11630亩）。选聘水产科技人员13名作为技术指导员，负责对全市200户示范户进行技术指导与服务。（巫爱军）

【长江句容段渔民退捕】 2019年，句容市启动长江句容段渔民退捕安置工作，出台并下发《长江句容段全面退捕和建立补偿制度实施方案》。截至2019年底，共签订退捕安置协议51户；征收并拆解渔船49户，147条，征收网具44户，30647个；安置渔民96户，251人，其中纳入社保204人（16周岁以下38人），自愿放弃47人，在镇江市率先全面完成了渔民退捕工作。（巫爱军）

农业产业化

【现代农业园区建设】 2019年，句容市以建设国家现代农业示范区为统揽，以推进现代农业产业园区为抓手，提升园区产业发展层次和综合竞争力，推进现代农业园区建设。全市8个现代农业产业园区被列入镇江市重点规划建设园区，占镇江总数的三分之一。2019年，全市园区固定资产投资增幅达5.2%，总产值达到90.68亿元，同比增幅达6.8%，园区规模经营面积新增8246公顷（约12.37万亩），新增规模经营主体19个。（解科成　陈文霞）

1995—2018年句容市农林场圃情况一览表

表9

名　称	所在镇	法人代表	联系电话	经营项目
句容林场	下蜀镇	朱树林	87768175	林木、茶叶
东进林场	茅山风景区管委会	张　明	87828209	林木、茶叶
磨盘山林场	茅山风景区管委会	翁行良	87481448	林木、茶叶
下蜀茶场	下蜀镇	谭圣伟	87761297	茶叶
九华茶场	开发区管委会	赵小平	87388127	茶叶
赵庄林苗场	边城镇	夏爱军	87631103	茶叶
张庙茶场	后白镇	张德敏	87501212	茶叶
茅山茶场	后白镇	戴军舰	87831080	茶叶
浮山果园	天王镇	程学文	87458018	茶叶
方山茶场	天王镇	黄成兵	87427087	茶叶
种猪场	后白镇	卜怀浩	87856999	种猪繁育
良种场	后白镇	张为强	87401288	农作物良种繁育

【省级农村一二三产业融合发展先导区】 2019年，茅山镇入选江苏省农村一二三产业融合发展先导区。茅山镇农村一二三产业融合发展先导区全面向休闲农业和乡村旅游产业转型，品牌优势显著，产业链不断提升，电子商务发达，区域内呈现高效设施园艺、农产品加工和乡村旅游三个产业深度融合发展态势。

（解科成 陈文霞）

【农业产业强镇建设示范项目】 2019年，句容市整合中央农业产业强镇建设示范项目资金1000万元、省级示范园项目财政资金2000万元，促进白兔鲜果生产基地建设建设和新型经营主体扶持工程建设，强化句容市白兔镇农业产业强镇建设，推进白兔镇应时鲜果一二三产业高度融合发展。

（解科成 陈文霞）

【农业龙头企业培植】 2019年，句容市围绕主导产业，重点培育农业产业化龙头企业，新增农业产业化省级龙头企业1家（全市共拥有省级农业龙头企业14家）；新增镇江市级农业龙头企业5家，新增句容市级农业龙头企业8家。探索“龙头企业+合作社+家庭农场+专业大户”现代农业产业化发展模式，开展农业产业化联合体建设，新增以句容市唐陵花木交易市场有限公司为龙头的句容市花木产业联合体和以句容市东方紫酒业有限公司为龙头的句容市桑葚紫酒产业联合体2家省级农业产业化联合体。

（解科成 吴昌静）

【农业龙头企业在省股权交易中心挂牌】 2019年，江苏汤氏园林有限公司、句容苏润米业有限公司、镇江水中仙渔业发展有限公司、句容市浩源生态农业科技有限公司4家省级农业龙头企业在江苏股权交易中心农业版正式挂牌。 （解科成 吴昌静）

【农村创新创业项目】 2019年，句容市成功入选全国农村创新创业典型县；天王镇华东森林产品电商城、后白镇福园电子商务创业园成功入选全国农村创新创业孵化基地、丁庄老方葡萄专业合作社方应明成功入选第三批全国农村创新创业优秀带头人。

（解科成）

丁庄葡萄

【休闲观光农业】 2019年，句容市举办茅山长青茶文化节、白兔草莓节、第十届丁庄葡萄节、第六届天王樱花节、后白郁金香文化节及2019句容农民丰收节等节庆活动。容北茶谷、岩藤农场2家单位创成全国休闲农业与乡村旅游五星级示范企业，伏热花海创成全国休闲农业与乡村旅游三星级示范企业；丁庄葡萄小镇被成功推介为全国休闲农业和乡村旅游精品线路；茅山风景区玉晨村、天王镇金山村成功创成江苏省休闲农业精品村；容南风景生态园和茅宝葛业2家单位成功创成江苏省主题创意农园；丁庄村入选首批江苏省乡村旅游重点村名录。 （解科成 钱荣志）

【农业品牌化建设】 2019年，“茅山长青”“戴庄大米”分别获评国家地理标志产品，全市累计拥有3个国家地理标志产品。年内，“丁庄葡萄”入选国家农产品区域公用品牌，“白兔草莓”“丁庄葡萄”入选江苏省品牌强农助力乡村振兴典型案例，洪玉定入选江苏省农业品牌与市场建设专家库。 （解科成 钱荣志）

【农产品展示展销】 2019年，句容市举行第四届句容优质农产品（南京）专场展销会，组织相关企业参加第二十一届（2019）江苏国际农业合作洽谈会、第二十二届中国农产品加工业投资贸易洽谈会、2019年中国—阿拉伯国家博览会、第十七届江苏名特优农产品（上海）交易会、第六届江苏名特优农产品（南京）展销会等。（解科成　赵　凯）

2019年句容市省级及以上示范家庭农场一览表

表10

序号	名　称	示范级	序号	名　称	示范级
1	句容市后白镇喜美家庭农场	省级	13	句容市茅山风景区如花家庭农场	省级
2	句容市华阳镇道银家庭农场	省级	14	句容市茅山镇黎常富家庭农场	省级
3	句容市天王镇袁琳家庭农场	省级	15	句容市后白镇果韵家庭农场	省级
4	句容市后白镇道兵家庭农场	省级	16	句容市茅山镇家乡美家庭农场	省级
5	句容市白兔镇小燕子家庭农场	省级	17	句容市后白镇绿梅湾家庭农场	省级
6	句容市茅山镇满园香家庭农场	省级	18	句容市三叶家庭农场	省级
7	句容市朝花夕拾家庭农场	省级	19	句容市天王镇康健家庭农场	省级
8	句容市莹惠园家庭农场	省级	20	句容市华阳镇紫薇小院农场	省级
9	句容市宁道龙琴家庭农场	省级	21	句容市白兔镇双丰家庭农场	省级
10	句容市春天家庭农场	省级	22	句容市华阳镇山本家庭农场	省级
11	句容市茅山洪氏果蔬种植家庭农场	省级	23	句容市茅山风景区句曲山隐家庭农场	省级
12	句容市下蜀镇横山家庭农场	省级	24	句容市郭庄镇丰伟家庭农场	省级

2019年句容市省级及以上农民专业合作社一览表

表11

序号	名　称	示范级	序号	名　称	示范级
1	句容市天王镇戴庄有机农业专业合作社	国家级	17	句容市苏苑稻米专业合作社	省级
2	句容市后白镇西冯花草木专业合作社	国家级	18	句容市蓝天茶叶专业合作社	省级
3	句容市华甸农产品专业合作社	国家级	19	句容市天王镇农旺畜禽养殖专业合作社	省级
4	句容市天王镇华安彩叶苗木专业合作社	国家级	20	句容市苏合农产品销售专业合作联社	省级
5	江苏爱农葡萄专业合作联社	国家级	21	句容市广发农机植保专业合作社	省级
6	句容市虎耳山无花果专业合作社	国家级	22	句容经济开发区润民食用菌专业合作社	省级
7	句容市捧花蜂业专业合作社	国家级	23	句容市粮满仓稻谷专业合作社	省级
8	句容市丁庄老方葡萄专业合作社	国家级	24	句容市丁庄万亩葡萄专业合作联社	省级
9	句容市茅山镇绿盾机械植保专业合作社	国家级	25	句容市后白镇西冯老方茶叶专业合作社	省级
10	句容市茅山镇丁家边紫玉桑椹专业合作社	国家级	26	句容市后白三水果品专业合作社	省级
11	句容市纪兵农业机械服务专业合作社	国家级	27	句容市华阳街道下甸果蔬专业合作社	省级
12	句容市宝华镇仓头村强民稻米专业合作社	国家级	28	句容市白兔镇致富果业专业合作社	省级
13	句容市二丫葡萄专业合作社	国家级	29	句容市容润茶叶专业合作社	省级
14	句容市宏伟农机服务专业合作社	国家级	30	句容市白兔镇新三农粮食种植专业合作社	省级
15	句容市边城科丰粮食种植专业合作社	国家级	31	句容市青江农机植保专业合作社	省级
16	句容市白兔镇庆生果品专业合作社	省级			

2019 年句容市省级及以上农业产业化龙头企业一览表

表 12

序号	企业名称	地址	序号	企业名称	地址
江苏省级（14 家）					
1	江苏绿苑园林建设有限公司	华阳街道	8	江苏天隆神怡生态农业园有限公司	天王镇
2	江苏南门市场发展有限公司	华阳街道	9	句容市天贵农副产品有限公司	茅管
3	江苏新顺福食品有限公司	开发区	10	江苏汤氏园林有限公司	华阳街道
4	味特佳食品江苏有限公司	天王镇	11	江苏茅宝葛业有限公司	茅山镇
5	句容市东方紫酒业有限公司	茅山镇	12	句容市唐陵花木交易市场有限公司	天王镇
6	江苏华桑食品科技有限公司	开发区	13	江苏天王园林之窗农业发展有限公司	天王镇
7	江苏岩藤农业发展有限公司	后白镇	14	江苏茅山人家生态农业有限公司	茅管

农产品质量监管

【绿色优质农产品供给】 2019 年，“茅山长青”农产品地理标志通过评审；推荐唐庄葡萄、虎儿山无花果、大山口板栗等 5 个产品，进行了普查登记备案。通过绿色食品认证 23 家，面积约 1413.33 公顷（2.12 万亩），农产品地理标志 1 个。绿色优质水稻基地 6466.67 公顷（9.70 万亩）通过省级认定。种植业绿色优质农产品比重为 42%，生态健康养殖比重 83.13%，全市绿色优质农产品比重为 62%，绿色优质农产品比重及农产品追溯覆盖率比重 60%。（刘 勇）

【“三定一考核”监管模式】 2019 年，全市更新种植业、水产品重点监管对象 169 家、畜产品监管对象 163 个，农资店 169 家、大户散户 831 户，明确镇级监管员 84 人、村级协管员 182 人，农资店监管员 39 人、协管员 21 人。按照分类监管的工作要求，落实网格化管理，开展 APP 巡查 2994 次，巡查覆盖率达 100%。制定镇级农产品质量监管站、监管员、协管员绩效评价细则。（刘 勇）

农产品质量追溯产品

【农产品质量安全专项整治行动】 2019 年，句容市继续开展农药专项整治、兽用抗菌药等 7 个专项整治行动，全年检查生产经营单位 2295 家次，出动执法人员 4637 人次，查处各类问题及违法案件 26 起，涉及金额 9.19 万元，罚没款 8.56 万元，处理并办结食品安全相关投诉举报 8 起，责令整改 5 起，开展指导培训 22 场次（1770 人次）。（刘 勇）

【产品风险监测与监督抽查】 2019 年，句容市开展种植业产品农药残留、畜产品兽药残留、水产品药物残留风险监测，完成市本级各类农产品风险监测 50617 批次，总体合格率达 99.9%以上，其中市本级完成各类农产品的定量和定性检测 1060 批次，各镇完成各类农产品检测 49557 批次。开展市本级草莓、茶、桃、肉鸡叶质量安全监督抽检 70 个样品，合格率达 100%。配合上级农业部门各类农产品抽送样任务 399 批次。

（刘　勇）

【农产品质量安全追溯】　2019 年，句容市完善农产品质量安全平台的巡查模块、追溯模块、产品抽检、信息宣传模块，在 11 个镇级监管站、村级工作站及基地检测点等三级检测体系中应用。购置 120 台蓝牙二维码打印机，对设备进行维护更新。制定农产品追溯示范基地评估细则，种植业电子追溯主体运行 114 家主体通过正常运行评估，评定 50 家追溯示范单位。2019 年追溯平台新增注册主体 45 家（累计注册 143 家）、追溯产品 357 个（累计 669 个）、新建生产档案 468 个（累计 1188 个）、追溯 2121 批次（累计 7044 批次）、打印二维码标签 89814 张（累计 239747 张），开展质量巡查 2908 次，进行产品抽检 51001 个，企业自检产品 2731 个。

（刘　勇）

【农业生物资源综合利用】　2019 年，句容市按照秸秆综合利用目标任务，落实各项秸秆综合利用措施，探索果园、茶园覆盖秸秆栽培技术模式、秸秆编织、秸秆造粒技术，增强农户对秸秆综合利用的认识水平与参与意识，年度秸秆综合利用率达 96.1%。

（刘　勇）

【农药化肥减量增效】　2019 年，全市通过种植绿肥、增施有机肥、水肥一体化等技术，提高肥料的有效利用率，实施轮作休耕约 4635.30 公顷（69530 亩）。2019 年全市化肥施用量比上年降幅达 5.5%，完成化肥施用量负增长的任务。通过强化病虫监测预警体系、开展新农药试验示范、推动绿色防控等措施，落实农药零增长任务，2019 年农药使用总量比 2015 年降幅达 14.03%。

（刘　勇）

【水产养殖污染管控】　2019 年，句容市划定禁养区约 5209.05 公顷（78135.79 亩），限养区约 6933.18 公顷（103997.75 亩），养殖区约 4534.92 公顷（68023.75 亩）。实施养殖池塘标准化改造 100 公顷（1500 亩）。通过建设养殖尾水生态组合净化池塘，实现养殖尾水的达标排放，进一步改善水域生态环境。

（刘　勇）

【农资包装废弃物回收】　2019 年，全市农膜年使用量为 302 吨，其中棚膜 214 吨，地膜 88 吨。地膜使用主要集中在草莓、蔬菜等园艺作物上。2019 年共回收 245 吨，回收利用率达到 81.1%。开展试点农药废弃物回收，逐步建立全市农药“零差率”统一配供体系，实施统一回收。（刘　勇）

农业科技推广

【科技帮扶对接机制】　2019 年，句容市加大产学研合作力度，组织科技专家驻村驻点，重点涉农主导村都有 1 名科技专家联系到村、服务到户，确保教学科研单位为相关行政村提供科技支撑。2019 年新申报合作村 12 个、产业研究院 2 家，全市“一村一所”覆盖率达 92.7%；同时在白兔镇倪塘村等 5 个镇 8 个村继续开展县级农业产学研合作试点，进行提档升级工程，打造一批乡村振兴的科技引领示范村。（刘　勇）

【农技人员进村入户指导】　完成 2019 年度科技入户项目实施，围绕主导产业，遴选 880 个科技示范户，选聘 88 名技术指导员，推广 20 个新品种和 27 项新技术新模式。2019 年在农业主导村继续遴选农业科技示范主体 500 户，提高示范主体的科学种养水平、自我发展能力和对周边农户的辐射带动能力。（刘　勇）

【农业信息化平台创新】　2019 年，句容市协同江苏农业科技服务云平台，对接农技耘 APP，开发农技耘—句容频道，在保留农技耘 APP 九大功能性栏目基础上，增加质量安全、农民风采等富有地方特色的栏目，做到农业农村局班子成员和主要业务站所全覆盖、乡镇农服中心及科技指导员全覆盖、村级服务站和村级技术员全覆盖、科技示范户全覆盖，用户稳定在 4500 人左右。

（刘　勇）

【农业科技示范基地建设】　2019 年，全市建成江苏现代农业（葡萄、茶叶）产业技术体系综合示范基地2个、江苏现代（葡萄、水禽）产业技术体系推广示范基地2个，新建省级蛋鸡产业技术体系推广示范基地、市级1+1+N项目各1个。同时新建茶叶水肥一体化等4个农业科技示范基地，开展新品种、新技术、新模式的引进、试验、示范和技术培训工作，引进示范新品种12个、新技术12个、新模式11个。

（刘　勇）

【农技推广人员培训】　2019年，通过组织农技人员参加省级研修、市级集中办班和现场实训等方式，提高农技人员的业务素质和服务能力。组织82名基层农技推广人员到扬州大学、淮安生物工程学院、苏州农业职业技术学院、南通科技职业学院进行知识轮训工程；组织16人到苏州、泰州参加省级培训。（刘　勇）

【转基因安全管理】　2019年，句容市结合农资打假、种子执法监管等专项行动，联合开展监督抽查，共检查种子生产经营企业、经营户15次，出动执法人员35人次，发放宣传资料170余份。结合新型职业农民培育等项目，开展科学普及宣传活动，开展转基因科普宣传活动1场，发放宣传读本、资料50多份。组织科教、植保、种子、执法相关科室人员以及乡镇农技人员等52人参加农业转基因生物安全管理培训班，普及农业转基因生物实验、生产、加工、经营等环节的安全管理及转基因科普知识。

（刘　勇）

【农民科技教育培训】　2019年，句容市在特色农业、规模农业、农业产业化及乡村振兴等重点工作和领域开展农民教育培训，全面提升乡村产业发展水平，全年开展高素质农民培训3300多人。建立农民手机应用技能“第一课”培训制度，围绕“手机助力农产品出村进城”主题，开展产品购销、短视频营销、涉农手机应用服务等为主要内容的手机应用技能培训。举办句容市第三届“十佳”新型农民评选活动。创建一家省级农民培训实训基地，完善6家镇江市级农民培训实训基地建设，累计培训和接待全国各地农民培训考察学习的学员达2.6万多人次。优秀学员华梦丽获得全国农村青年致富带头人和第五届中国“互联网+”大学生创新创业大赛金奖；方应明获全国农业劳动模范；三名优秀学员参加全国农民科技教育发展论坛；与南京华玥影文化发展有限公司合作拍摄乡村振兴系列纪录片第二部《大米进城》，影片以后白镇现代创新创业青年农民为代表，讲述新农人重返故土，重识故土，改造故土的故事。成立句容市“青年农民党员之家”，开展爱心奉献和扶贫帮扶活动，发挥农村党员示范带头作用。（刘　云）

农业机械

【概况】　2019年3月，句容市农业机械管理职能由市水利农机局转至市农业农村局。年内，围绕粮食生产全程机械化示范市建设这一中心任务，做好农机购置补贴政策实施、秸秆机械化还田、农机化新技术新机具推广等工作，提升全市农机装备水平、作业水平、科技水平、服务水平。

（马　骏）

【农机化新机具新技术推广应用】　2019年，句容市积极引进推广

农民培训田间课堂

新型高效适用的新机具新技术，促进农机化向全程全面、高质高效发展。开展侧深施肥施药栽插一体机、智能无人驾驶插秧机、植保无人机、田园管理机的现场演示、推广、观摩等活动。配合生产企业开展植保无人机操作技术培训班，有20多人取得结业证。组织全市基层农机管理人员、农机大户、农机合作组织负责人等60人到南京参观江苏国际农机博览会，组织开展新型职业农民培训班。（马　骏）

【粮食全程机械化创建】　2019年，句容市建成省级粮食生产全程机械化整体推进示范市。全市粮食生产耕整地、种植、植保、收获、烘干、秸秆处理等六个环节机械化水平分别达99.1%、89.3%、98.5%、99.9%、77.4%、84.6%，全部达到省级考核指标，其中高效植保能力、产地烘干能力两大薄弱环节的机械化水平分别由原来的34%、22%提高到77%、70.3%，水稻机插秧水平稳定在85%以上。按省级考核评价办法，全市粮食生产全程机械化总水平达89.9%，比创建前提高了20个百分点。全市11个镇（街道、管委会）全部实现粮食生产全程机械化。（马　骏）

【农机购置补贴】　2019年，全市新增补贴机具633台。其中插秧机137台（乘坐式插秧机134台），保有量达2374台；联合收割机14台，保有量达906台；大中型拖拉机44台，保有量达到1707台；开沟机16台，高效植保机械30台（无人机29台）、烘干机3台、秸秆还田机24台，保有量达2697台。受益农户510户。全市农机总动力达到57.94万千瓦。2019年省级下达句容市农机购置补贴资金823万元，上年结转1302.43万元，实际可用资金2125.43万元。全年共实施农机购置补贴资金713.559万元，结余109.441万元。（马　骏）

【秸秆机械化还田】　2019年，句容市作业补助覆盖所有实施秸秆机械化还田的镇（街道、管委会），组织25231个实际种植户参与实施，共计完成作业面积约12026.67公顷（18.04万亩），使用补贴资金180.40万元。其中夏季根据省秸秆机械化还田项目示范县建设要求，共计组织9263个实际种植户参与项目实施，完成省级秸秆还田项目面积约4366.67公顷（6.55万亩），使用省级补贴资金65.53万元。秋季根据省秸秆机械化还田项目示范县建设要求，共组织15968个实际种植户参与项目实施，完成省级秸秆还田项目面积7660公顷（11.49万亩），使用省级补贴资金114.9万元。（马　骏）

农田水利

【概况】　2019年，句容市冬春水利投资5150万元，完成水利总土方100万立方米。其中，疏浚乡级河道12公里，完成土方20万立方米，建设生态河道2条。（张白霞）

【2019年度镇江市级农村水利建设补助项目】　2019年度镇江市级农村水利建设补助项目共涉及边城镇青山村河道疏浚整治及茅山风景区管委会马埂村渠道衬砌工程2个项目，其中镇江补助资金60万元。（张白霞）

【2018年度小型农田水利重点县建设项目】　2018年度建设项目跨年建设，涉及茅山镇、白兔镇、边城镇、宝华镇以及郭庄镇，工程投资4060万元。建设内容包括引排河渠治理14.62千米，新增高效节水灌溉2650亩（内含7座灌溉泵站，计量设备7套），新建滚水坝（溢洪道）16座、泵站2座（计量设施2套）；新建U型渠34.28千米，新建机耕路1.7千米，新建农桥5座，管涵1座，治理大塘24座，下田桥33座、田间涵27座，改造排涝泵站9座，改造监控中心2座。年内该项目通过完工验收。（经守宝）

【市补农村水利竞争立项项目】　2019年，市补农村水利竞争立项项目为下蜀镇小营盘水库除险加固项及茅山风景区管委会牛塘水库除险加固两个项目，工程计划总投资1100万元。项目由各相关镇（管委会）严格按照水利基本建设程序要求组织项目实施，市水利和财政部门负责项目监督管理工作，验收合格后拨付市补资金。（舒作香）

【农村河道疏浚及生态河道建设】
2019年，句容市面上农村小型水利项目主要为村级小型水利工程。工程建设内容包括疏浚乡级

整治后的句容河城区段

河道17条、村庄河塘清淤整治100座、塘坝清淤扩容73座、小型泵站更新改造6座、渠道整治以及滚水坝等工程。2019年，句容市农村生态河道建设项目为肖杆河及万家河等2条河道，工程内容包含自然生态护坡7000米、人工生态护坡10200米、岸坡绿化及水土保持28.94平方米。（舒作香）

【2018年新增千亿斤粮食项目】

该项目位于边城镇光明村、东昌村、桥东村、双杨村及戴村，建设面积10000亩，年度投资1500万元。建设内容包括新建灌溉泵站6座（配套量水设施6套）；新建滚水坝7座，维修1座（维修挡墙、底板、消力池）；衬砌渠道2.21千米，其中梯形渠道1.05千米，灌排两用U80渠道1.16千米；发展高效节水灌溉2000亩（其中喷灌1800亩，微喷灌200亩）；整治排水沟（河）1.45千米，土方量约7.44万立方米；新建沥青道路5.375千米，共计21500平方米；塘坝整治8座。其中塘坝清淤4座，淤泥共计3.21万立方米；塘坝护砌6座，其中护坡3038.75平方米，挡墙26米。年内工程通过完工验收。（经守宝）

镇江市农业科学院

【概况】 2019年，全院共申报各类项目19个，合同经费521万元；发表各类论文47篇，其中学报级15篇，SCI论文6篇。镇稻448、镇籼优382、镇麦13号、镇麦15号通过江苏省审定。制定颁布江苏省地方标准2项，获准制定江苏省地方标准2项。“镇稻26”等7个稻麦品种申请品种权保护；申请发明专利25件，获授权发明专利11件；4个品种获品种权授权，小麦新品系“镇麦14125”和油菜品种“镇油8号经营权转让，合同收益333万元，成果转化收益到账727万元；4件专利对外转让，合同收益8万元；实现一般性服务收入和技术性收入合同收益75.8万元。参与获得一项国家农牧渔业丰收奖三等奖。（王敬根）

【粮油育种】 2019年，新育成的优质食味米新品系镇稻668品质极优，中强筋小麦新品系镇麦16和强筋小麦新品系镇麦18进入生产试验，强筋小麦品种镇麦12号在江苏省年推广面积达8万公顷（120多万亩）。育成多个中抗稻瘟病的镇稻新品系及抗赤霉病的镇麦新品系，筛选出两个具有较强杂种优势的杂交小麦新组合；引进、培育彩色（花色、叶色等）油菜取得进。（王敬根）

【蔬菜花卉研究】 2019年，筛选出综合性状较好的2个晚熟耐寒甘蓝新组合和5个青花菜新组合、优异小型西瓜和甜瓜杂交组合各1个、羽衣甘蓝新组合3个，选育出优良稳定的甜瓜自交系2个，完成红果色水果辣椒三系配套。推进青花菜、甘蓝、辣椒、睡莲等基础理论研究。（王敬根）

【果树研究】 2019年，持续开展草莓、桃、梨等新品种育种和引进筛选工作。加大省力化、高质化、生态化新技术配套研发；适合观光采摘、填补当地果品空缺的猕猴桃、大果樱桃等果树新种类研究进展良好，引进的13个大果樱桃品种均栽培成功并实现大量挂果。推进草莓早熟化育苗机理、葡萄和梨等果锈形成机制、耐涝猕猴桃品种发育机制等栽培

生理机理研究。（王敬根）

【生态农业研究】 2019年，试点的设施葡萄绿色高效生产关键技术使化学农药减量均达到50%，提质增效达30%以上；与省农科院果树所共同开展葡萄新品种新组合的筛选，获得200多份新组合。在草莓高效绿色生产、桃园绿色防控技术研究领域开展大量试验示范工作，配套多项草莓育壮苗技术、生化及物理协防技术、物理药剂防控技术以及水肥营养技术，使草莓果品的安全质量和效益显著提升。示范的桃高畦与生草栽培，生物改土技术，使化肥减少使用50%，综合物理防治技术有效解决虫害难题，筛选出3个防效较高的生物与化学新药剂组合。景观果树引进筛选、畜禽立体生态循环种养模式、丘陵地区土壤修复研究进展顺利，羊抗血清抗体提取技术成功完成。

（王敬根）

【植保研究】 水稻病虫害简约化防控技术进一步成熟，受邀在2019年全国植保学术年会汇报交流。水稻种传病害、种子处理防治水稻苗瘟和叶瘟以及小麦赤霉病防治研究取得明显成效。建成江苏省域果树（草莓、葡萄）主要病原物抗药性监测数据库，研发基于抗药性监测结果为依据的抗性治理技术。（王敬根）

【平台建设】 2019年，新挂江苏省现代农业（稻麦）综合示范基地、江苏省农业现代产业（梨）体系推广示范基地，建成江苏省种植业氮磷流失原位监测点，入选生物农药与生物防治产业技术创新战略联盟常务理事单位、江苏省草莓产业技术创新战略联盟副秘书长单位、薄壳山核桃产业技术创新战略联盟副秘书长单位。科技创新中心南扩工程的10.67公顷（160亩）土地完成基本设施建设，新建蔬菜钢架大棚20座。

（王敬根）

【农业科技服务】 2019年，全所共争取到科技服务项目3个、资金70多万元，科技人员和地方政府、各类农业经营主体、种植大户签订各类科技服务协议30余项，开展各类科技培训50多场次，现场观摩活动40多场次，累计培训农民近3000多人次，帮助新建种植基地133.33公顷（2000多亩），免费向农户发放科普资料1000多份，无偿赠送价值30多万元的各类农资。在省内多地建立西（甜）瓜示范基地、草莓、葡萄绿色防控示范基地3333.33公顷（5万多亩），直接带动3000多农户。指导服务科技示范户生产的优质草莓、桃产品，在行业评比中获得金奖6项、银奖3项、优秀奖12项。（王敬根）

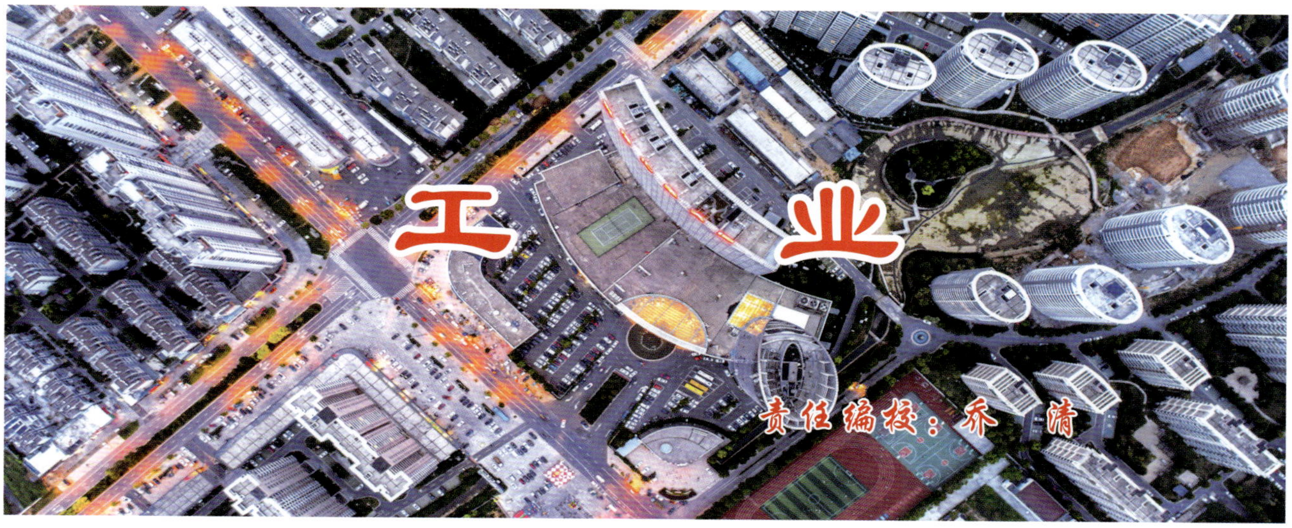

综 述

【概况】 2019 年，全市实现工业应税销售 566.2 亿元，比上年增长 7.2%，增幅位列镇江辖市区第一。开发区、下蜀、郭庄三大工业镇实现应税销售 426.9 亿元，同比增长 8.5%，占全市销售比重 75.4%，比上一年度提升 2.3 个百分点，拉动全市工业应税销售增长 6.4 个百分点。制造业投资达 50.3 亿元，同比增长 5.3%。新增规模以上工业企业 34 家。全市 85 家亿元以上工业企业实现应税销售 426 亿元，占全市工业应税销售 75.2%。 （姚淦橙）

2019 年句容市 30 强工业企业一览表

表 13

序 号	企 业	序 号	企 业
1	句容台泥水泥有限公司	16	江苏金陵奥普特高分子材料有限公司
2	巨宝精密加工（江苏）有限公司	17	镇江海天针织制品有限公司
3	华电江苏能源有限公司	18	江苏海田技术有限公司
4	建华建材（中国）有限公司	19	句容市天龙电气有限公司
5	镇江东丰制衣有限公司	20	江苏天工科技股份有限公司
6	江苏骏成电子科技股份有限公司	21	江苏华阳金属管件有限公司
7	句容宁武新材料股份有限公司	22	江苏汤辰机械装备制造股份有限公司
8	句容毅马五金制品有限公司	23	江苏电科电气设备有限公司
9	美亚建筑用品（江苏）有限公司	24	江苏智达高压电气有限公司
10	江苏新光环保工程有限公司	25	句容新利源服装有限公司
11	句容协鑫集成科技有限公司	26	江苏联博精密科技有限公司
12	柏霆（江苏）光电科技有限公司	27	江苏苏美达创意家纺实业有限公司
13	江苏德厚机电有限公司	28	江苏久正光电有限公司
14	句容市万顺轻工机械有限公司	29	镇江北新建材有限公司
15	江苏盛邦家俱制造有限公司	30	江苏科创电器有限公司

产业结构

【概况】 2019年，句容市三次产业增加值比重为7.2∶44.3∶48.5，相比2018年，一、二、三产业占比分别下降0.9个百分点、下降2.0个百分点、上升2.9个百分点，产业结构进一步优化。先进制造快速崛起。制造业与信息技术、服务经济加快融合，产业层次明显提升。一批优质项目，如晶能半导体、壹度光电、中科物栖等先后落地，部分已投产见效，提振全市发展先进制造业的信心；传统制造优势增强。建材行业不断加大技术研发投入，建华建材成功创出国家级技术中心。台泥水泥开展生产线技术改造，同时实现产能的提升和能耗的下降。智达电气、天力变压器等输变电企业加大创新研发投入以及国外市场开拓力度，产业链拉长、新产品贡献加大，市场应对能力不断增强。落后产能逐步淘汰。开展化工企业安全环保整治提升工作，关闭玉明化工有限公司，整治提升波尔顿生态农业、宁武新材料两家化工企业。淘汰落后产能企业4家。集聚效应开始显现。鼓励新引进项目向专业园区集中。已形成下蜀循环经济产业园、开发区机电信息产业园两个百亿级产业园。边城镇被核定为国家火炬（新材料）特色产业基地、郭庄镇加大绿色新能小镇创建力度。（姚淦橙）

企业结构

【概况】 2019年，句容市规模以上工业企业240家，其中，应税销售亿元以上企业85家，实现销售426亿元，同比增长10.3%，占全市工业应税销售比重75.2%，比上年度增长1个百分点。销售20亿元以上企业7家，实现销售177.8亿元，占全市销售比重31.4%；销售10亿元以上企业13家，实现销售267.5亿元，占全市销售比重47.2%；销售5亿元以上企业18家，实现销售299.5亿元，占全市销售比重52.9%。

（姚淦橙）

壹度光电智能制造项目

项目推进

【建筑产业化生产基地项目】 该项目位于下蜀镇，由江苏省第一建筑安装集团（镇江）产业化科技有限公司投资，总投资3亿元，建设1条标准化钢筋混凝土预制构件生产线（PC自动化生产线）及10条固定台模生产线，年产各类预制构件13万平方米。2019年，该项目已试生产。（任瑞翔）

【协鑫高效智能组件项目】 该项目位于郭庄镇，由江苏协鑫能源系统制造有限公司投资，总投资14.63亿元，年产2GW光伏高效组件。2019年，该项目已部分投产。

（任瑞翔）

【蝙蝠飞机项目】 该项目位于华阳街道，由斯洛文尼亚蝙蝠飞机制造厂投资，总投资50亿元，总建筑面积约4万平方米，建设飞机制造工厂、通用机场，配套建设航空培训学院、展示中心及通航物流中心，年产电动及混合动力斯洛文尼亚蝙蝠飞机各300架。2019年，该项目飞机制造工厂项目取得省发改委批文，机场取得临时起降点、机场场址审查意见，

省政府已向军方发函，空域审批工作开始启动。（任瑞翔）

【车载显示屏项目】　该项目位于经济开发区，由江苏骏成电子科技股份有限公司投资，总投资4.7亿元，年产车载显示屏80万对、车载显示模块组40万对。2019年，该项目已完成厂房、办公楼收购。（任瑞翔）

【第三代半导体材料项目】　该项目位于经济开发区，由江苏晶能半导体材料有限公司投资，总投资3亿元，年产4寸以及6寸高品质碳化硅片3万片。2019年，该项目部分设备进场安装调试，已试生产。（任瑞翔）

【半导体产业园项目】　该项目位于经济开发区，由华祥耀（江苏）电子科技股份有限公司投资，总投资20亿元，主要从事芯片设计、芯片封装测试、智能终端、纳米材料应用产品、FCCL（挠性覆铜板）等半导体相关产品的开发、生产及销售。2019年，第一批设备已开始安装调试。（任瑞翔）

【圣象复合木地板项目】　该项目位于下蜀镇，由圣象集团投资，总投资12.9亿元，年产多层实木复合地板500万平方米、EB复合地板600万平方米。2019年，该项目厂房主体建设。（任瑞翔）

【预制装配式混凝土建筑构件项目】　该项目位于下蜀镇，由江苏建华新型墙材有限公司投资，总投资3.84亿元，年产预制混凝土外墙板4万立方米、预制混凝土内墙板3万立方米等。2019年，该项目已建成投产。（任瑞翔）

句容协鑫集成科技有限公司

【华鑫新能源汽车及相关配件项目】　该项目位于郭庄镇，由协鑫集团投资，总投资60亿元，年产10万辆新能源物流汽车和10万辆新能源通用汽车及相关配件。2019年，该项目厂房开工建设。（任瑞翔）

【高档休闲食品研发加工项目】　该项目位于经济开发区，由江苏桃李科技有限公司投资，总投资5亿元，年产约2.2万吨食品类产品。2019年，该项目外管网、道路工程全部完成，设备开始进场。（任瑞翔）

特色产业

【电子信息产业】　该产业主要分布在句容市开发区，涵盖微型激光显示器、光学镜头、光学组件、电子元件、精密镀膜产品、监测控制器等产品。拥有巨宝精密、久正光电、久禾光电、骏升显示技术等一批企业，在行业内具有较强的竞争优势。2019年，产业实现销售约36.5亿元，同比增长1.2%。其中龙头企业巨宝科技实现开票销售20.5亿元，成为全球最大的笔记本外壳及配件制造基地和全亚洲最大的模具制造基地。（姚淦橙）

【绿色建材产业】　该产业分布在句容市下蜀镇循环经济产业园，以绿色建材为主导产业，龙头企业包括建华建材、北新建材、台泥水泥等，主要产品包括预应力管桩、新型墙板、环保石膏板等。该区域现正全力打造装配式建筑现代产业基地。由省一建与香港有利集团联合打造的，总投12亿元建筑产业化生产基地项目正在建设中。另外，中建科技、建华集团也在进一步扩大装配式建筑项目投资，综合实力和研发能力都很强，投资规模均有10亿元左右，随着这些项目的陆续落户投产，句容市现代建筑产业集聚能力会大幅提升，装配式建材产业

建华建材生产车间

规模将进一步扩大。2019 年产业实现销售约 175 亿元，占全市销售的 30.9%。（姚淦橙）

【新能源产业】 该产业主要分布在郭庄镇，是近年句容市招商的重要成果之一，年销售约 90 亿元，龙头企业包括协鑫集成科技、华君光伏，主要产品为太阳能光伏组件。目前该区域正在力打造绿色新能源小镇，推进绿色云仓、光伏智能组件等一批优质项目建成投产。2019 年特色小镇省级年度考核被评为优秀。（姚淦橙）

【新材料产业】 该产业是句容市重点发展的战略性产业之一，主要分布在边城镇交通新材料产业园和开发区机电信息产业园，拥有国家级博士后科研工作站 1 个，省级研究生工作站 1 个，省级工程技术研究中心 2 个，企业技术中心 16 家。行业内重点企业包括宁武科技、天工新材料、三超新材料、南瓷绝缘子、兆鋆新材料、苏博特、建华新型墙材等，重点发展聚醚、碳纤维预浸料、金刚石线、悬式绝缘子、高性能混凝土、高强石膏、保温隔热功能一体化墙材等产品，应用于高级公路、轨道交通、新型建筑等多个领域。（姚淦橙）

【输变电产业】 该产业主要位于句容市开发区、后白镇。已形成集变压器、电线电缆、电气元器件及智能电网软件于一体的产业基础，拥有中容集团、智达电气、华大天益电力科技园、天力变压器等重点企业，集生产、研发、检测、销售为一体，具有较强的产业优势和行业竞争力。企业之间形成了上下游配套生产，产品销路广阔，产业集聚优势明显。2019 年产业实现销售约 35 亿元，占全市销售比重 6.2%。

（姚淦橙）

【装备制造产业】 该产业主要集中句容市郭庄镇、开发区。其中，郭庄镇成功申报省级高端装备制造业特色产业基地，布局了一批新能源装备制造项目，围绕光伏产业进一步补链、强链。目前，全市正在推动句容蝙蝠飞机制造项目，总投资约 20 亿元，主要生产阿尔法两座纯电动飞机及大黑豹四座混合动力飞机，年产量各 300 架。项目可研报告、规划选址、用地预审、环评、稳评等工作已经完成，工厂的首期用地已摘牌取得（108 亩），已拿到工程规划许可证。（姚淦橙）

重点企业选介

【江苏三超金刚石工具有限公司】

江苏三超金刚石工具有限公司成立于 2014 年 3 月，是南京三超新材料股份有限公司的全资子公司，位于江苏省镇江市句容市经济开发区致远路 66 号，注册资本 2.4 亿元，占地面积约为 7.3 万平方米。在职员工有 331 人，具有大专及以上学历科技人员占员工总数的 20%以上。

该公司是专业从事超硬材料工具、光学辅料生产、光学材料加工的高新技术企业。主营产品为电镀金刚石线。金刚石线是一种新型的高效、环保、精密切割耗材，主要用于硅、蓝宝石等硬脆材料切割加工，目前公司产品产值和规模在细分产品领域国内同行企业中名列前茅。江苏三超共申请专利 30 件，包括 5 件发明，25 件实用新型，其中已授权专利18件，包括1件发明，17件实用新型。

公司现有研究中心为镇江市企业技术中心。目前研发中心拥有扫描电镜、激光测量仪、金刚石自动分选机、螺旋式空压机、收放线机、紫外分光光度计、密度计、电子万能试验机等，能满足高精度精密金刚石线的研发与测试需求。研究方向包括金刚石线的更细径、更稳定、更低耗、更耐用等，生产工艺优化包括生产加工的方法、技术和参数等优化，与河南工业大学建立了稳定的合作关系。

2017年至2019年企业的销售收入分别为1.5亿元、1.8亿元、1.6亿元。江苏三超获“民营科技企业”“江苏省科技小巨人企业”“镇江市单打冠军”“句容市30强企业”“中国好技术”等称号。

（任瑞翔）

【江苏壹度科技股份有限公司】

江苏壹度科技股份有限公司位于江苏省镇江市句容经济开发区，是一家与南京大学、南京邮电大学及句容市政府共同投资的校、政、企股份制公司。公司占地316亩，建筑面积达12万多平方米，总投资约30亿元。主要从事半导体先进封装测试、安防、汽车光学镜头、通讯物联终端技术、指挥系统集成、高端材料等产业的研发、生产、销售一站式专业制造服务。

半导体项目作为集团的核心产业，8号厂房通过引进国内纯内资企业首条12英寸半导体Bumping全自动生产线和镇江地区首台光刻机，具有当今全球最先进的12英寸晶圆凸块、封装测试、研磨切割生产线。同时10号厂房的COG车间设备已经全部就绪到位。

公司的半导体芯片项目作为战略性新兴产业，在2019年被列为江苏省重大项目。研发设计及生产制造上，专利申请96项，包含发明20项。同时，企业还是南京平板显示行业协会理事单位、省级专精特新小巨人企业；省工信厅认定的2019年江苏两化融合贯标重点培育企业，省级技术改造项目的企业，并通过国际权威机构SGSISO90001：2015质量管理体系的认证。

（任瑞翔）

江苏三超金刚石工具有限公司

对外及对港澳台经贸合作

对外及港澳台经济贸易

【概况】　2019 年，句容市外贸形势复杂严峻，为支持外贸持续稳定健康发展，促进企业扩大进出口规模，加快转型升级步伐，市商务局加大对全市外贸企业的服务力度，围绕全市进出口 20 强企业，每月实时研判企业生产经营情况，深入掌握突发事件、计划调整和政策改变等因素对企业的影响，保障重点企业对全市进出口的骨干支撑作用。针对五金工具、针纺织等重点进出口行业开展专题调研，及时传达、落实国家、省、市产业政策，发布行业预警信息，做大做强全市支柱外贸产业。与镇江市商务局积极互动，确保每月数据及时到位，分析数据异动情况，不断提高统计分析水平。密切关注中美贸易摩擦，及时向企业传达相关的信息。通过现场调研、座谈会、电话和问卷调查等形式十余次走访了华昌织物、盛邦家俱、都茂自行车、美亚建筑等数四十家企业，组织涉美企业参加应对贸易摩擦培训 5 次，并形成了调研报告两篇上报至市政府。

整合展会和政策等资源，服务新增长点、开拓市场和转型升级。市商务局组织企业参加海外市场投资说明会、信保宣讲会、商务政策宣讲会、应对贸易摩擦培训会和展会培训会等，帮助企业了解省内贸易促进政策，掌握各类展会的参会技巧。利用境内外展会资源，帮助企业开拓国际市场。全年共组织杰邦针织、海川新材料、志新自行车、华昌织物、茂华女装等 130 家企业参加进博会、华交会、广交会、高交会、中阿博览会、美国拉斯展、中国香港礼品展、东京礼品展、大阪展、巴黎服装展、法国复合材料展等境内外展会 70 场次。重

台湾半导体产业园项目

视品牌建设。积极组织企业参加广交会品牌展位培训，大力向企业宣传省市的外贸品牌培育政策，鼓励企业到境外注册商标，对照标准引导企业向省市外贸品牌方向发展。

积极贯彻落实国家、省市外贸稳增长政策，架起政企沟通桥梁，打通政策落地最后一公里。做好政策传达和解读。通过广交会企业核查、产业调研、座谈会、微信 QQ 推送等形式，宣传、解读优惠原产地证、进口贴息、“双反”应对等政策，全年共走访企业 50 余家。做好服务对接，积极与镇江海关、外管、银行、中国信保等涉外机构沟通，帮助企业和专业服务机构牵线搭桥，节约企业沟通成本，提高配对成功率，多次派专人到镇江海关等部门服务壹度科技、华祥耀等半导体项目。

2019 年，全市完成进出口总额 6.79 亿美元，完成年计划的 112.79%，超序时进度 12.79 个百分点，同比下降 1.2%；其中出口 5.97 亿美元，同比下降 0.6%，两项指标的增长幅度位于各县市区前列。一般贸易占比综合指数排名在各县市区中位居第六位。

（商务局）

【出口实绩企业】 2019 年，全市有出口实绩的企业 228 家，其中三资企业 48 家，三资企业的出口额占全市出口总额的 34.34%。主要出口产品为光伏、新材料、光电子、自行车、五金机械、纺织服装和其他等七大类，产品出口到美国、欧盟、东盟、日本、韩国、中国香港、印度、中国台湾、土耳其、澳大利亚、俄罗斯、加拿大、巴西、阿联酋、波兰、阿根廷、以色列、乌克兰、墨西哥、南非等 20 多个国家和地区。

（商务局）

【出口产品结构】 2019 年，句容市的出口产品结构如下：以协鑫集成为代表的光伏企业出口额占全市出口总额的 22%；以久正光电、骏成电子、骏升显示等为代表的光电子类企业出口额占全市出口总额的 15%；以都茂自行车为代表的自行车类企业出口额占全市出口总额的 8%；以宁武为代表的新材料类企业出口额占全市出口总额的 13%；以茵图工具、盛邦家具、美亚建筑等为代表的

1995–2019 年句容市进出口情况一览

表 14 单位：万美元

年　度	进出口	出口	进口
1995 年	1896	1379	517
1996 年	3795	1589	2206
1997 年	11560	3989	7515
1998 年	4387	3855	532
1999 年	3420	2581	839
2000 年	5245	3882	1363
2001 年	6099	4270	1829
2002 年	6487	4911	1576
2003 年	9691	5929	3766
2004 年	14330	8439	5891
2005 年	22152	14477	7675
2006 年	36175	27855	8320
2007 年	42325	32068	10257
2008 年	36476	27812	8664
2009 年	32107	19559	12548
2010 年	44158	30579	13579
2011 年	52879	38498	14381
2012 年	61000	44488	16511
2013 年	61460	47540	13921
2014 年	57916	45183	12733
2015 年	52800	45400	7426
2016 年	59300	47200	12200
2017 年	53962	45332	8631
2018 年	68781	60030	8751
2019 年	67946	59681	8265

五金机械类企业出口额占全市出口总额的 15%；以一马先制衣、辛西娅制衣等为代表的纺织服装类企业出口额占全市出口总额的 17%；，其他产品占 10%。

（商务局）

2019 年句容市十大出口企业情况一览

表 15

单位：万美元

序号	企业名称	2019 年累计	同期±%	序号	企业名称	2019 年累计	同期±%
1	句容协鑫集成科技有限公司	12713.96	56.4	6	美亚建筑用品（江苏）有限公司	2098.56	-24.3
2	句容宁武新材料股份有限公司	6282.33	4.82	7	江苏盛邦家具制造有限公司	1916.64	16.68
3	江苏久正光电有限公司	4568.34	-4.31	8	句容辛西娅制衣有限公司	1849.68	-0.04
4	镇江一马先制衣有限公司	2820.66	-18.92	9	镇江圣海兰进出口有限公司	1504.76	71.99
5	句容骏成电子科技股份有限公司	2407.14	15.6	10	江苏杰邦针纺织制品有限公司	1312.13	22.08

2019 年句容市十大进口企业情况一览

表 16

单位：万美元

序号	企业名称	2018 年累计	同期±%	序号	企业名称	2018 年累计	同期±%
1	江苏久正光电有限公司	2480.93	-8.66	6	句容宁武新材料股份有限公司	509.62	845040.4
2	巨宝精密加工（江苏）有限公司	934.28	38.91	7	大塚江苏汽车部件有限公司	388.67	869.61
3	江苏东丰制衣有限公司	790.43	28.63	8	句容协鑫集成科技有限公司	232.25	4738.57
4	江苏龙锦国际贸易有限公司	735.9	-48.08	9	江苏天晟药业股份有限公司	227.19	8.15
5	江苏壹度科技股份有限公司	720.17	513.14	10	江苏骏成电子科技股份有限公司	173.07	-14.65

利用外资及港澳台资

【概况】 2019 年，句容市新设外商投资企业 35 家，实际利用外资 1.26 亿美元，同比增长 39.51%；其中制造业到账 7153.40 万美元，同比增长 17.80%；注册利用外资 6.21 亿美元，同比 182.62%。 （商务局）

【项目规模】 2019 年，句容市新设外商投资企业共 35 家，平均投资总额 4293.69 万美元，平均注册资本 2144.12 万美元。新设与增资共 41 个项目，按注册资本划分：1000 万—3000 万美元项目 9 个（增资项目 2 个），3000 万—5000 万美元项目 6 个，5000 万美元及以上项目 6 个（增资项目 2 个）。 （商务局）

【三产利用外资结构】 2019 年，句容市第二产业继续回升，第三产业同步回落。第二产业利用外资 7153.40 万美元，占 56.53%，回升 10.41%；第三产业利用外资 5501.60 万美元，占 43.47%，下

降10.41%。（商务局）

【港台资情况】 2019年新设35家外商投资及港商台商企业中，港资企业13家，累计注册外资3.4315亿美元，占新批注册外资的72.03%；台资企业16家，累计注册外资6084万美元，占12.77%；2019年到账1.26亿美元中，其中港资1.1784亿美元，占全部到账的93.11%，台资到账308.2万美元，占2.44%。

（商务局）

2002—2019年句容市利用外资情况一览表

表17

单位：个/万美元

序号	年份	批准外企数	注册外资数	实际外资数
1	2002	75	50260.17	11849.96
2	2003	99	47881.8	21093.74
3	2004	123	58204.86	26117.94
4	2005	124	72003	22650
5	2006	41	27409.49	9816.08
6	2007	54	40234.36	18908.45
7	2008	28	34693.02	25360
8	2009	29	47179	25446
9	2010	26	25428	35053
10	2011	13	47812.16	44415
11	2012	16	43038	42638
12	2013	16	51603.85	58102.09
13	2014	17	30914.69	37443.64
14	2015	14	28036.31	48991.05
15	2016	18	22081.58	52282.95
16	2017	24	33312	53312
17	2018	16	22003	10965
18	2019	35	62186	12655
合计		768	744281	733913

综 述

【概况】 2019 年，句容市实现社会消费品零售额 155.6 亿元，同比增长 4.4%，其中，限额以上实现社会消费品零售额 58.7 亿元，增长 0.4%；限额以下实现社会消费品零售额 96.9 亿元，增长 6.5%；批发和零售业实现零售额 134.6 亿元，增长 3.4%，占全市消费品零售额的比重为 86.5%；住宿餐饮消费实现零售额 21.0 亿元，同比增长 12.2%。从城乡市场看，2019 年全市城镇实现社会消费品零售额 113.6 亿元，增长 -1.1%，乡村实现消费品零售额 42.0 亿元，增长 20.0%。

（商务局）

供销合作

【概况】 2019 年，市供销总社以为农服务为宗旨，深化综合改革，助推乡村振兴。“强化基层社合作经济组织属性”和“农综社”专项改革试点项目顺利通过验收，句容市供销社的改革经验在全省系统内推广。年内，市供销总社入选全国供销合作社 50 强县级社，位列第 9 位，比去年上升了 36 位。 （句供办）

【为农服务】 2019 年，句容市新建专业合作社 5 家，完成 5 家“农资惠”服务平台创建工作。新建后白宏伟现代农业综合服务中心 1 家，镇江高标准农村综合服务社 2 家，一二三产业融合体 1 家，“三体两强”示范基层社 1 家，新增乡镇综合服务体 1 家，农产品经纪人培训 210 人。继续采取大田托管、代耕代种等多种形式，在耕、种、管、收、烘、销等多个环节上开展“保姆式全程托管”或“菜单式”半托管服务，全年全系统农业社会化服务总面积达 14.05 万亩，同比增长 10%。6 月，在全市范围内开展“为农服务月”活动各镇农村消费合作社组织发动农机植保专业合作社，为入社农户开展小麦收割、水稻插秧、病虫害统防统治及农业咨询等服务；推动农机植保专业社为入社农户提供优惠、便捷的服务；组织农资连锁配送公司开展“送肥下乡”活动。依托农资配送中心和基层供销社的网络优势，及时将社员所需化肥和农药送到田头；便民超市连锁店开展“为农服务消费日”活动，活动当中，凡入社会员，可以享受近百种商品的 9 折优惠。与中国银行句容支行联合推行农村小额信用贷款。全年发放“益农贷”超过 2000 万元。 （句供办）

【农产品销售】 2019 年，市供销总社持续推进倍全电子商务“互联网+便利店”模式。市供销社、便民超市和北京联合倍全电子商务有限公司共同参股成立的句容倍全电子商务有限公司，通过“自营+联营”模式在镇江市区以及句容城乡开设了 10 多家连锁门店，整合线下门店和线上商城，为消费者和供应商搭建线上线下深度融合发展的商业零售开放平台。2019 年上半年，倍全模式入选商务部《2018 年城乡便民消费服务中心建设典型案例集》，为江苏全省唯一入选案例。

（句供办）

【农药零差率统一配供】 2019年，市供销合作总社草拟《句容市实施农药零差率统一配供模式试点实施方案》。11月8日，市政府第30次常务会议审议通过了该方案，并出台《句容市农药零差率统一配供体系建设实施意见（试行）》（句政办发〔2019〕70号）。农膜和农药废弃包装物回收试点任务交由供销社和农业农村局共同承担，两项工作将于2020年正式展开。（句供办）

【项目建设】 2019年，句容市供销e家电子商务运营中心项目建成并投入运营。该项目位于后白集镇福源社区，总面积1000平方米，总投资300多万元，项目依托新网工程，与云优电子商务公司合作组建。一楼为500平方米农产品展示体验区，二楼为培训中心和孵化创业中心。在网上打造“句容农产品精品馆”，截至2019年年底已有40多家句容当地名特优农产品销售。华达农产品加工产业系列化服务项目竣工，项目总投资300万元，占地700平方米，新建速冻冷库、冷库房、冷藏库及库房各一座，可增加1200吨果品加工能力，实现销售收入约1500万元。继续推进再生资源回收利用基地项目二期工程建设。全年共投入约50万元，对20余处资产进行维修改造，提升资产价值，增加资产收益。

（句供办）

区域性再生资源回收利用基地

粮　食

【概况】 2019年，全市粮食部门完成机构改革，围绕转变职能，注重产销衔接，完善质检体系，立足服务三农，保障粮食安全，着力打造粮食系统最优行业营商环境，组织开展各类粮油企业参加国家级展会1次，市级以上展会4次。（郑明桦）

【粮食安全】 2019年，句容市粮食部门严格落实省、市各级政府关于粮食安全首长负责制的要求，制定《句容市地方储备粮管理办法》，确保储备粮油数量真实、质量良好、储存安全，各级储备任务全部落实到位。2月27日，句容市正式启动全国政策性粮食库存数量和质量大清查工作，粮储中心认真开展督查备查工作；各购销企业积极准备、提前开展自查自纠；市粮油中心化验室承担全省及周边县市抽样2000余份，在县级粮油检测机构位列第一。全市大清查工作通过镇江、省级抽查。制定全年安全工作规划，与4家直接责任企业签订安全生产责任书，落实责任主体，实现一级抓一级，层层有人管的安全管理制度。（郑明桦）

【粮食购销】 2019年，全市粮食部门应对收购的新形势、新特点，深入开展调研，超前谋划，机关全体工作人员下基层服务收购。全市所有库点利用“满意苏粮”app开通预约收购、绿色收购，实行延时收购制度，坚决不留隔夜粮。所有国有粮食购销库点均添置除杂设备，对轻质赤霉病小麦进行筛理，使其质量达标；所有烘干设备全部对群众开放使用，解决群众卖粮难问题。对采用“分散式”储粮仓的种粮大户提供科学储粮技术指导，为减损增收提供技术支持。尝试电子交易平台定价销售1329吨，夏粮累计入库小麦2.89万吨，托市收购13026吨，秋粮收购工作有序开展，预计收购2.5万–3万吨。

（郑明桦）

【粮食仓储】 2019年，全市粮

食收购库点14个，总仓容共14万吨，其中高大平房仓9万吨，老仓库5万吨。由省财政补助资金200万元的粮食质量安全检验监测体系建设项目、由中央及省财政补助资金556万元的军供维修改造项目全部竣工并投入使用。投资85万元的袁巷粮库烘干机热源煤改电项目，于2019年6月完成建设。投资近50万元，对全市仓库及附属设施进行维修。

（郑明桦）

【粮油检测】 2019年，句容市开展粮食库存检查，确保全市库存粮食账实、账账相符。推进“中国好粮油”品牌建设项目，强化句容粮油质量检测体系建设，打造精品质检品牌，下属军粮供应站获评“全国放心粮油示范工程示范销售店”。将监测关口前移，为粮食储备企业和龙头加工企业配置重金属和真菌毒素快速检测设备，支持企业在收购现场开展粮食重金属和真菌毒素的快速检测，将粮食质量安全风险和粮食经济损失降到最低程度，严防不符合食品安全标准的粮食流入口粮市场。 （郑明桦）

烟　草

【概况】 2019年，句容市共完成卷烟销售2.66万箱，同比上升2.76%；销售金额10.9亿元，同比上升7.22%；实现税利3.36亿元，同比上升7.38%。共查获涉烟违法案件218起，其中50万元以上案件2起，100万元以上案件1起，查获各类违法卷烟421.052万支，案值468.67万元，罚没款6.18万元，拘留2人，判刑2人，有力地打击各种涉烟违法犯罪行为。年内，市烟草专卖局被江苏省文明委授予“2016—2018年度文明单位”。 （烟草局）

全国政策性粮食质量检测

食　盐

【概况】 2019年，句容市盐业有限公司累计销售盐产品4990吨，其中小包装销售2345（含KA69.83）；大包装食盐销售1827吨，工业盐销售894吨，实现销售收入698万元，主营收入566万元。年内，公司开展“百千万亿（淮盐）品牌专项行动”，共进行各类品牌宣传94场，发放和张贴各类宣传品4600多份。利用“3·15”、“5·15”等公益活动，并主动与市场监督局、卫生疾控、科协、教育、电视台等部门联系，在乡镇社区、企业、学校开展全民减盐、食盐加碘和食盐安全的科普宣传和淮盐品牌的宣传活动，收到较好的社会效应和经济效益。

（姚淦橙）

石　油

【概况】 2019年，中国石化销售股份有限公司江苏镇江句容石油分公司，简称中石化江苏句容石油分公司，下辖33座加油（加气）站，分布在华阳、宝华、茅山、后白、郭庄、黄梅等乡镇的国道、省道线上，担负全市近65%的工农业用油。年内，成品油销售总量为10.04万吨，其中，加油站零售9.15万吨。非油品销售额为2859万元。公司共有职工138人，其中正式工20人。

（石油公司）

【首个加油站环境优化系统上线使用】 2019年，中石化句容城东加油站首次使用环境优化系统，这也是江苏省首个上线使用的加油站环境优化系统。加油站大多是开放性大空间，频繁的加油车辆进出、启动，易造成加油站现场空间车辆尾气积聚和地面扬尘，PM2.5数值升高。加油站环境优化系统通过细水雾、大空间调节技术，能有效降低加油站作业空间环境扬尘PM2.5，调节优化加油站环境，促进周边城市环境的环保净化。（石油公司）

2019年句容市石化系统在营加油站情况一览表

表18

序　号	名　称	地　址	占地面积
1	中石化江苏镇江句容城区加油站	华阳镇华阳东路	956
2	中石化江苏镇江句容城东加油站	华阳镇五里墩转盘	2664
3	中石化江苏镇江句容城南加油站	104国道华阳镇南岗村	2326
4	中石化江苏镇江句容城西加油站	华阳镇人民路西段	2200
5	中石化江苏镇江句容城北加油站	101省道开发区三里井村	4872
6	中石化江苏镇江句容三岔加油站	104国道1175公里处	7928
7	中石化江苏镇江句容后白加油站	104国道1188公里处	6365
8	中石化江苏镇江句容茅山加油站	常溧公路144公里+200米	3554
9	中石化江苏镇江句容石狮加油站	104国道1162公里+900米	3223
10	中石化江苏镇江句容三里井加油站	101省道30公里+800米	2001
11	中石化江苏镇江句容黄二加油站	101省道24公里+700米	4787
12	中石化江苏镇江句容宝华加油站	312国道286公里+700米	3399
13	中石化江苏镇江句容下蜀加油站	312国道271公里处	1400
14	中石化江苏镇江句容河山加油站	312国道227公里+500米	4078
15	中石化江苏镇江句容郭庄加油站	句容市郭庄集镇	3000
16	中石化江苏镇江句容句茅路加油站	句茅路与弘景路交叉路口	2850
17	中石化江苏镇江句容白兔加油站	白兔站兔西村	4600
18	中石化江苏镇江句容西环加气站	华阳洪武路东侧下路村	5000
19	中石化江苏镇江句容文昌路加油站	文昌东路北侧肖杆路西侧	4800
20	中石化江苏镇江句容袁巷加油站	袁巷乡牧羊场	1915
21	中石化江苏镇江句容福地加油站	句容福地路与致远路交叉处	3000
22	中石化江苏镇江句容致远加油站	句容致远路与通宁路交叉口	2250
23	中石化江苏镇江句容后白二站	后白镇南300米104国道西侧	3102
24	中石化江苏镇江句容天王二站	句容市天王集镇菜场北侧	1900
25	中石化江苏镇江句容天王三站	天王镇104国道1195公里处	2000

（石油公司）

旅 游 业

责任编校：朱 峰

综 述

【概况】 2019年，句容市以创建国家全域旅游示范区为总抓手，通过抓统筹、促提升、补短板、强落实，有力地促进了旅游产业的结构调整和转型升级，大幅度提升全域旅游公共服务能力，开创了“旅游+文化”“旅游+体育”深度融合发展、区域协调发展、主客共建共享的新格局，创成首批省级全域旅游示范区。2019年，全年接待国内外游客2230.71万人次，与上年同比增长15.00%；旅游总收入246.54亿元，与上年同比增长15.01%。截至2019年底，国家AAAAA级景区1家、AAAA级2家，全国休闲农业与乡村旅游五星级园区2家，省级旅游度假区1个，江苏省三星级乡村旅游点41家，获全国“最佳旅游目的地城市”称号。年内，茅山镇丁庄村入选首批江苏省乡村旅游重点村名录，汤槿入选2019年度国家文旅部乡村文化和旅游能人支持项目。 （文旅局）

2019年句容市接待游客人数及收入情况一览表

表19

指　标	合　计	一季度	二季度	三季度	四季度
来句游客（万人次）	2230.71	605.86	536.67	546.41	541.77
旅游总收入（万元）	2465426.30	621540.52	664104.23	551500	628281.55

（文旅局）

2019年茅山风景区、宝华山森林公园收入统计一览表

表20　　单位：万元

单位	合计	一季度	二季度	三季度	四季度
茅山风景区	72762.10	15651.6	15678.8	13063.2	28368.5
宝华山森林公园	11789.33	2777.17	2863.9	2835.6	3312.66
合计	84551.43	18428.77	18542.70	15898.80	31681.16

（文旅局）

2019 年茅山风景区、宝华山森林公园接待人数情况一览表

表 21

单位：万人次

单位	合计	一季度	二季度	三季度	四季度
茅山风景区	691.48	193.28	188.99	156.35	152.86
宝华山森林公园	261.17	53.28	59.01	72.24	76.64
合计	952.65	246.56	248.00	228.59	229.50

（文旅局）

2019 年句容市其他游览点接待、收入统计一览表

表 22

单 位	接待（万人次）	收入（万元）
江苏茶博园	54.76	622.28
怡景湾度假村	8.53	855.66
茅山红木艺术馆	1.98	328
伏热花海	45.4	1405
茅山半岛	35	105
合 计	145.67	3315.94

（文旅局）

2019 年句容市星级旅行社一览表

表 23

名 称	星 级	地 址	电 话（0511）
句容市假日旅行社	三星	句容市华阳西路文体综合楼 8 号	87264880
句容市阳光旅行社	三星	句容市华阳东路都市晴园门面房 108 号	80781001
句容市茅山旅行社	三星	香江丽景民生银行向南 100 米处 句卓路 1-6 号	87231055
句容市旅行社	三星	句容市华阳北路青少年宫 2-3 号	87267570
句容市金色假期旅行社	二星	句容市双利路马扎里市区东	87276879
句容市环宇旅行社	二星	句容市华阳镇崇明路南侧宁杭路西侧崇华苑 02 幢 1-2 层	87300661
句容市蓝天旅行社	一星	句容市华阳南路芳邻雅居正大门旁	87309588

（文旅局）

旅游规划建设

【概况】 2019 年，句容市实行重大旅游项目跟踪服务机制，认真做好全市重点旅游项目的入库、更新、跟踪、统计、考核等工作，围绕项目建设，加强跟踪与服务，及时掌握重点旅游项目的建设动态。打造“长三角最令人向往的山水田园福地”，建设“具有最优营商环境的创新创业名城”“具有最佳人居环境的宜居宜游名城”“具有最美生态环境的养生养老名城”以及“最有味道的历史文化名城”。截至 2019 年底，恒大童世界完成全年计划投资 100%，康缘养生谷完成 120%，温泉谷完成 106%。（文旅局）

【旅游交通“快进慢游”系统】 2019 年，市文旅局梳理自然景

观以及历史文化节点，会同交通部门及相关镇、街道、园区，依托旅游轴线的现状和改造的新农路，打造富有文化底蕴、体现生态景观的“句容福道”，以路引景，为景串线，提升景区通达性，同时辅以公共厕所、停车位等服务设施以及道路标识标牌，为“快进慢游”系统奠定坚实的基础。（文旅局）

【旅游服务】 2019 年，市文旅局在高速道口、国省干线、重点旅游景区设置全域旅游导视图。深化厕所革命，完成景区独立母婴设施建设工作，新（改）建旅游厕所 26 座。提升国家 A 级旅游景区服务管理水平，茅山、宝华山、茶博园等 3 家景区入选镇江低碳景区试点单位。按照《句容市促进旅游业发展的扶持办法（试行）》，全年发放市级旅游奖补资金 518 万元。（文旅局）

【文化旅游建设规划】 2019 年，市文旅局牵头实施城市品牌战略规划项目，会同北京知行堂公司制定完成城市文化品牌空间战略规划以及实施方案。同时，围绕精美城市建设目标，推动城市品牌战略规划项目落地实施，丰富城市路灯、户外广告、标识标牌等文化表达。利用丰富文化旅游资源，发挥好“句容福道”纽带作用，将全市主要景区、旅游区、重点旅游村镇，以及城市主要出入口、客运枢纽中心等串联起来，打造成具有句容特色城市文化品牌。围绕建国 70 周年的主题，加大红色旅游的开发建设力度，相继推出 13 条“茅山红色研学线路。（文旅局）

卧佛山庄民宿

“全域旅游看句容”第二届峰会论坛

旅游宣传推介

【概况】 2019 年，句容市组织全市旅游景区、旅行社负责人到长三角、珠三角、京三角等参展 7 场。2019 年 9 月、11 月分别在苏州、上海举办“一福地、四名城”推介活动，多角度介绍句容景区的四季美景，展示句容的文化底蕴及独特魅力。加强与央视、新华网、凤凰网等高平台媒体的合作宣传，《乡村振兴看中国——不一样的句容味道》专题片在央视 7 套《美丽中国乡村行》栏目播出。（文旅局）

【句容全域旅游推介会走进南京大学】 2019 年 6 月 28 日，句容文旅局在南京大学仙林校区举办“2019 南京高校暑期‘三下乡’

句容市第六届樱花节

宝华山第十二届泡山节

走进句容社会实践活动暨句容全域旅游推介会”。现场开展茅山风景区、宝华山森林公园、赤山湖湿地公园等旅游景区一系列推介活动。（文旅局）

【《焦点访谈》关注茅山风景区旅游】 2019 年 6 月 4 日，中央电视台《焦点访谈》栏目推出了《中国为什么行，潜力无限的市场空间》的报道，报道开头以茅山风景区 2019 年“五一”假期旅游火爆为例，讲述了中国潜力无限的市场空间。（文旅局）

旅游活动

【概况】 2019 年，全市相关镇、管委会合作举办樱花节、草莓音乐节、郁金香节、茶香文化节、葡萄节等 20 余场节庆活动，吸引本地及周边城市线上、线下游客，促进本地旅游产业发展。年内，句容市举办第二届“全域旅游看句容”峰会，邀请长三角地区 60 多家知名媒体参加，并成立长三角地区旅游营销联盟。（文旅局）

【宝华山第四届花山古庙会】 1 月 15 日至 2 月 28 日，宝华山景区举办第四届花山古庙会。节庆期间，游客们可以上隆昌寺祈福，还可到千华古村逛庙会、赏花灯、看民俗。除了造型各异的花灯，景区还增添“抖音”等社交媒体上火爆的“网红”表演方式融入到传统的庙会之中。（宝华镇）

【第五届郁金香文化旅游节】 3 月 17 日，第五届中国·句容郁金香旅游文化节开幕式在岩藤农场举行。此次旅游节从 3 月中旬开始一直持续到 5 月中旬，除了赏花，还举办有歌舞杂技、民俗展示，抖音网红大赛、好声音歌唱比赛、遇见爱情相亲大会、汉服读书会，儿童风车风铃 DIY，手机摄影摄像大赛等活动。

（后白镇）

【第五届白兔草莓文化节】 3 月 24 日，句容市第五届白兔草莓文化节开幕。此次草莓文化节以“‘莓’好白兔，产业兴镇”为主题。开幕式当天，白兔镇为全镇 13 位在全国、省草莓评比大赛中获得金、银奖的莓农们，颁发证书和奖金，节庆期间还举办各种采摘、旅游、摄影、书画等活动。此次草莓文化节持续至 5 月。

（白兔镇）

【句容市第六届樱花节】 3 月 30

日，句容市第六届樱花节在天王镇浮山樱花园开幕。本届樱花节以庆祝“新中国成立70周年”为主题、以“乡村振兴”为抓手，整个节日期间安排了相亲会、美食节等丰富多彩的主题活动，并且依然采取免收门票的政策。（天王镇）

【茅山长青茶文化节暨茅山红色旅游年】 4月21日，2019茅山长青茶文化节暨茅山红色旅游年开幕式在苏南抗战胜利纪念碑前广场举行。开幕式上，茅山景区推出最新十条红色研学精品旅游路线，并借助此次文化节，宣传茅山长青，宣传句容茶文化。

（茅管）

【宝华山第十二届泡山节】 8月1日，宝华山第十二届泡山节开幕。此次泡山节以“梦里千华，相约宝华山”为主题，持续至8月31日。节庆期间，以“梦”贯穿全篇，雾森设备通过水汽制造云雾，并举行乾隆巡游、古典服饰穿越秀、庆祖国华诞主题荧光跑等多种活动。（宝华镇）

【第十届丁庄葡萄节】 8月18日，句容第十届丁庄葡萄节开幕。此次葡萄节举办玫瑰爱心花灯、亲子体验、夏日泡泡机、民俗文化表演、葡萄人偶合影、特色民宿等多种活动，并举行“中国·句容第十届丁庄葡萄节”摄影大赛。（茅山镇）

旅游行业管理

【概况】 2019年，句容市旅游主管部门贯彻《中华人民共和国旅游法》，加强对星级旅游饭店、旅行社的监督管理，不断提升服务质量，提升句容旅游整体形象及游客满意度。建立健全旅游投诉处理制度，通过投诉电话、12301旅游监管服务平台、12345政府热线等渠道，安排专人负责，确保旅游投诉处理及时高效，全年投诉办结率及满意度均达100%。

2019年，全市开展春节、国庆等假日旅游市场秩序检查以及旅游市场整治专项检查，查处并办结完成案件7起。组织全市导游员参加文化和旅游部资源开发司举办的“第三期A级旅游景区讲解员培训班及镇江市文化旅游宣传推介培训”，通过各类培训、比赛，导游、讲解员的综合素质得到明显提升。（文旅局）

芝樱小镇　陈燕摄

综　述

【概况】　2019年，句容市共有商业银行18家。截至12月末，银行本外币各项存款余额942.97亿元，比年初增加118.97亿元，增长14.44%；各项贷款余额1123.65亿元，比年初增加215.02亿元，增长23.66%。

2019年，全市共有产险公司14家，寿险公司19家。截至12月末，产险各家公司总保费3.24亿元，赔付1.68亿元；寿险各家公司总保费10.80亿元，给付1.15亿元。

2019年，全市正式营业证券公司共3家：申万宏源证券、南京证券、华泰证券，累计实现交易金额396.94亿元，比年初增加142.88亿元，增长56.24%；总开户数31148户，较年初增加4174户，增长15.47%。

2019年，全市共有融资性担保机构3家：中小企业融资担保中心、华夏万泉融资担保和省农担句容分公司，总注册资本2亿元，截至年末在保余额6.52亿元，比年初增加0.72亿元，增长12.41%。

2019年，全市共有5家在营业的农村小额贷款公司和1家科技小额贷款公司，注册资本总额7.32亿元，贷款余额6.55亿元，实现净利润2552.32万元，纳税974.39万元。

2019年，全市共有8家典当行，总注册资本3.26亿元，总交易余额1.88亿元。其中，动产交易余额7133.33万元；房地产交易余额5253.35万元；财产权利交易余额6369万元。　（庄宁宁）

12月26日，句容市金融系统党建联盟成立

金融管理

【句容市地方金融监管局挂牌成立】　2019年2月19日，句容市地方金融监督管理局正式挂牌成立，整合了相对分散的地方金融监管职能，明确了“7+4”（小额贷款公司、融资担保公司、区域性股权市场、典当行、融资租赁公司、商业保理公司、地方资产管理公司+开展信用互助的农民专业合作社、具有金融属性但不属于中央金

融管理部门监管的投资公司、社会众筹机构、地方各类交易场所）的地方金融监管事权，增强了金融监管力度。

（庄宁宁）

【金融系统党建联盟成立】 2019年12月26日，句容市金融系统党建联盟成立，银行、证券、保险、小贷、担保、典当等近70家金融、类金融单位党组织首次结成党建联盟，一举融通了金融系统原有不相隶属的组织形态，实现了组团式、扁平化、共建型党建合作，成功搭建出信息互通、阵地共享、活动联办、形象齐树的共建共享党建平台，为全市金融单位各展特色、合力服务提供了舞台。（庄宁宁）

【防范化解金融风险】 2019年，句容市地方金融监督管理局全力打好防范化解金融风险攻坚战，狠抓非法集资排查处置，积极疏解企业矛盾，稳定金融生态，是镇江辖市区唯一非法集资“零陈案”“零新案”地区。截至2019年12月末，全市不良贷款余额5.28亿元，不良率0.47%，不良贷款余额和不良率均为镇江最低。

（庄宁宁）

【支持实体经济】 2019年，句容市地方金融监督管理局引导金融回归本源，支持制造业和实体经济发展。截至2019年12月末，全市制造业贷款59.61亿元，占全市贷款总量的5.31%，较年初新增8.19亿元，制造业贷款新增量在总贷款新增量中占比为3.81%。根据“上市一批、培育一批、后备一批”的原则，分类推进企业上市挂牌工作。截至12月末，全市共有主板上市企业1家，“新三板”挂牌企业8家，四板挂牌企业55家。引导金融机构加大对科技创新型企业扶持力度，开展“苏科贷”“科贷通”等科技金融产品，实现科技贷款余额近18亿元。（庄宁宁）

【助力乡村振兴】 2019年，句容市地方金融监督管理局积极促进金融支持乡村振兴，引导商业银行做好精准扶贫和服务工作，句容农行以“一项目一方案一授权”的模式申报了“句容天王镇‘苗木贷’特色农业项目”和“句容天王镇特色有机农业项目”，大力支持当地特色有机农业；句容农商行在天王镇唐陵村开展“整村授信”试点工作，考察农户信用，以无抵押、无担保方式为农户快速提供线上贷款，满足三农融资需求。截至12月末，全市建成290个助农取款点，其中129个农村金融综合服务站，实现行政村全覆盖。积极引导金融机构“下乡”支持乡村振兴，天王镇成为全省开展金融支持乡村振兴试点示范的19个乡镇之一，也是镇江唯一试点。积极开展银企对接活动，搭建银企沟通桥梁，组织开展“农业龙头企业上市挂牌培训宣讲会”“普惠金融助力乡村振兴政银企座谈会”等活动，为全市“三农”送去政策和资源。

（庄宁宁）

【助推线上融资通道】 2019年，句容市地方金融监督管理局大力推广省综合金融服务平台，构建“线上”+“线下”的快速融资通道，节省融资中间成本，切实缓解了中小微企业融资难题。积极推进苏州农商行句容支行接入省综合金融服务平台，与市农业农村局及镇街道共同推进全市农业龙头企业、专业合作社注册使用平台。截至2019年12月末，全市上线企业3260户，当年新增453户，解决企业需求717笔，放款471笔，放款金额35.90亿元。

（庄宁宁）

句容市举行农业龙头企业上市培训宣讲会

【优化金融要素】　2019年，句容市地方金融监督管理局积极与上级金融机构交流对接，大力引进金融机构。兴业银行、光大银行、紫金农商行、华夏银行等相继在句容市开业，并举办银政企签约交流会，现场与市政府签订战略合作协议。省农担句容分公司成立，全年为全市176户农企提供2.11亿元担保服务。句容市中小企业转贷服务有限公司成立并于12月正式投入运营，与句容苏南村镇银行合作为全市3家企业提供960万元转贷服务，有效缓解了部分企业转贷难题。截至12月末，全市18家商业银行本外币各项存款余额942.97亿元，比年初增加118.97亿元，增长14.44%；各项贷款余额1123.65亿元，比年初增加215.02亿元，增长23.66%；存贷款增幅位均列镇江辖市区之首。同时，银行业金融机构实现存贷比119.16%，位列镇江辖市区首位，且是镇江唯一超过100%的地区。

（庄宁宁）

银　行

·人民银行句容市支行·

【概况】　2019年，人民银行句容市支行认真执行稳健的货币政策，防范金融风险，维护金融稳定，强化金融服务，助推句容经济金融高质量发展。全市各项存款余额942.97亿元，比年初增加118.97亿元，增长14.44%。贷款余额1123.65亿元，比年初增加215.02亿元，增长23.66%。全市不良贷款余额5.28亿元，不良率0.47%，分别比年初上升5232.8万元以及0.03%。（解炎静）

【服务实体经济】　2019年，人民银行句容市支行继续推进金融支持产业强市战略工程，全力支持制造业高质量发展。12月末，制造业企业贷款余额为59.61亿元，比年初增加8.19亿元，增幅15.93%，较去年同期上升15.93%。结合区域特点，推动更多金融机构开办“两权”抵押贷款业务，累计两权抵押贷款余额750万元，其中农商行550万元，苏南村镇银行200万元。组织实施“金融服务万户行计划”，截至12月末，小微企业贷款余额170.47亿元，比年初增加42亿元，增幅32.69%。扶持下岗失业人员、高校毕业生、返乡农民工自主创业超过2700多人，带动超过8000多人就业，富民创业担保贷款户数1647户，贷款余额14492.6万元。加强房地产市场管控，将房地产需要关注的问题，以专报件形式积极向政府汇报，支持地方政府落实好房地产调控的主体责任。1—12月全市新建商品住房销售239.03万平方米，同比增长16.31%，销售均价10843元/平方米，同比下降13.67%。房地产贷款余额649.86亿元，增幅25.58%，个人住房贷款余额538.14亿元，增幅21.23%。

（解炎静）

【银企对接工作】　2019年，中国人民银行句容市支行联合市金融监管局召开“普惠金融助推乡村振兴”政银企座谈对接会，9家农场经营主、小微企业、农民养殖户，农行、农商行、邮储银行等3家涉及金融机构参加座谈。现场签约6家单位，共1800多万元。（解炎静）

【金融稳定监管】　2019年，中国人民银行句容市支行发挥金融管理职能，做好存款保险工作，落实存款保险信息系统上线以及投保机构日常监测工作，指导和督促辖内2家法人机构按期做好保费申报和缴纳工作，切实维护投资者权益。同时做好金融机构评级工作，按季及时开展高质量的央行评级工作，强化日常风险监测，督促金融机构审慎、稳健经营，及时报告可能影响评级的重大事项。参与上级行开展的综合执法检查和自行开展的专项业务检查，督促金融机构合规经营；进一步完善金融机构综合评价办法，增强综合评价工作的针对性和有效性，提高金融机构执行人民银行政策的自觉性。持续开展金融投资者教育活动，进一步改善全市金融生态环境和投资环境，增强金融投资者风险意识和自我保护能力，促进辖内金融市场持续、健康、稳定发展。（解炎静）

【金融稳定评估】　2019年，中国人民银行句容市支行积极创建优秀金融生态环境，联合市地方金融监管局、市农业农村局、市财政局等部门成立句容市农村信用体系建设工作领导小组，制定《句容市农村信用体系建设实施方案》，推动句容市农村信用体系建设，助推金融支持乡村振兴。牵头组织开展“2016—2018年度金融生态优秀县”申报工作。句容辖区金融生态环境2019年位列江苏省第30位，镇江全辖排名第一。（解炎静）

【货币发行管理】 2019年，中国人民银行句容市支行积极开展“人民币满意工程”建设，创建现金服务示范区工作。开展违规使用人民币图样专项整治宣传工作，制定2019年句容市反假货币庙会宣传计划，在21个集镇开展假币收缴和反假宣传工作，同时做好假币收缴工作。确定句容市天王镇为创建现金服务示范区，持续推进创建工作。做好新版人民币发行准备工作，组织银行业金融机构收听收看人总行举办的新版人民币发行工作的部署和新版人民币识别和防伪培训电视电话会议，开展商用机具的升级改造工作。（解炎静）

【支付结算管理】 2019年，中国人民银行句容市支行加强人民币银行结算账户管理，做好机关、实行预算管理的事业单位、社会团体以及1、2月份企业账户许可工作，全年共办理账户许可960户，其中基本存款账户898户、专用存款账户28户、临时户34户。做好取消企业银行账户管理工作，从2月25日开始，企业银行账户开设由核准制改为备案制，至12月末，取消企业账户许可后各银行机构直接办理企业开户5076户、变更973户、撤销768户。深化农村金融综合服务站建设，1—12月，农村金融综合服务站累计交易14.35万笔，交易金额7738.24万元。（解炎静）

【国库管理】 2019年，中国人民银行句容市支行严格业务操作，不断规范操作流程，实现国库资金“零在途”“零差错”的目标。开展库款拨付电子化工作，利用电子化系统实拨资金业务模块，协调财政部门推广实拨资金无纸化业务，改变原有纸质凭证传递模式下工作效率低下、业务差错较多的局面。2019年全年共办理税款入库47.72万笔，金额207.79亿元，退库6126笔，金额9.09亿元，预算拨款100136笔（包括集中支付），金额205.68亿元。（解炎静）

【征信管理】 2019年，中国人民银行句容市支行调整个人征信自助查询机位置，为群众提供便利服务。全年，查询个人信用报告31431人次，其中收费1866人次，查询企业信用报告1320份，发放机构信用代码证199份，变更38份。继续推进农村信用体系建设工作，完善句容市农村信用体系建设实施方案，推进农村信用体系建设，持续开展农村青年信用示范户评选工作，与团市委、四家涉农金融机构共同参与农村青年信用示范户的评选工作。（解炎静）

【普惠金融工作】 2019年，中国人民银行句容市支行将金融知识纳入国民教育体系，句容支行与句容中等专业学校合作，签订金融知识进课堂教育合作协议，挂牌成立“金融知识进校园示范基地”。联合编写《金融基础知识——校企合作金融知识进校园系列教材》，对财会专业的学生进行教学。深入贯彻落实《推进普惠金融发展规划（2016—2020）》，持续优化支付服务环境，为句容“福地生鲜汇”智慧菜场采取“全付通内嵌+市场统一监控+商户单独结算”的方案；为句容市公交系统全面上线移动支

人民银行组织开展金融精准扶贫实地调研

付功能，辖内所有银行机构的借记卡和贷记卡均可直接支持公交移动刷卡支付。截至12月末，辖内银联二维码交易量5.88万笔，交易金额284.01万元。（解炎静）

【保护金融消费者权益】　2019年，中国人民银行句容市支行成立句容市金融消费纠纷人民调解委员会，同时设立调解室，制定相关制度和工作流程。“12345”政府服务热线专线接入支行，全年共受理“12345”政府热线平台金融消费者投诉158起，办结率和消费者满意率均为100%。制定《句容市金融广告发布自律公约》，并将落实情况纳入支行综合评价。

（解炎静）

【外汇管理】　2019年，中国人民银行句容市支行致力改进外汇服务方式，助力涉汇主体健康发展，有序推动联合年报和存量权益登记工作，强化外汇监管，营造良好的营商环境。针对中美贸易摩擦，联合中行等金融机构实地走访都茂机电等重点涉汇企业，开展“外汇服务银企行”活动，解决企业外汇业务难题。开展外汇管理政策宣讲活动，货物贸易和资本项目等外汇管理政策要点向辖区80多家作详细解读，提升企业依法合规经营意识。强化跨境资金双向流动监测，严防异常资金流动风险，对62家企业开展货物贸易外汇收支非现场监测，实施现场核查企业9家，开展风险提示2家。加强对银行的考核管理，强化银行自我约束和监管。完成新版银行外汇业务评估系统下外汇局机构管理等工作；对工商银行句容支行和江苏银行句容支行分别开展国际收支现场核查和外汇业务合规性检查。了解辖内银行对外汇政策执行传导上存在的短板和经营优势，针对性地开展政策宣讲服务，防范外汇业务风险，促进地方涉外经济健康有序发展。（解炎静）

·中国工商银行句容支行·

【概况】　2019年，2019年，句容工行有营业部1个，辖营业网点9个，有员工144人。截至2019年年末，支行人民币存款合计100亿元，比年初增加1.14亿元；人民币贷款余额131亿元，比年初增加9.58亿元，增幅8%，其中个人贷款余额93亿元，比年初增加12亿元，增幅12%；资产质量继续保持优良，个贷不良贷款余额2172万元，不良率0.17%；公司类贷款连续8年保持零不良；实现拨备前利润4.18亿元，比上年增加0.13亿元，增幅4%。全年新开人民币账户1142户，比同期多开217户。

2019年，支行围绕全市经济热点，全力向上争取资源，积极支持政府重点项目，竭力为全市经济发展服务，完成了三个项目贷款审批，授信总额为12.5亿元，实现二个项目贷款发放，发放贷款合计5.7亿，其中句容启迪科技发展有限公司“启迪数字科技城（句容）科技园项目”发放2.7亿、江苏句容新农控股集团有限公司“句容经济开发区国家级众创产业园项目”发放3亿。发展普惠金融业务，进一步提升服务实体经济水平，改进普惠金融服务实效，至年末句容工行普惠贷款余额合计超过3亿元。

（工行）

·中国农业银行句容支行·

【概况】　2019年，中国农业银行股份有限公司句容市支行有营业部1个，辖营业网点15个、自助银行10个，有员工242人。2019年，支行各项存款126.73亿元、新增9.95亿元，同比多增6.84亿元。各项贷款125.87亿元、新增26.86亿元。强推“一项目一方案一授权”模式，全行“三一”项目达16个，全年投放白名单客户228户，金额达2.93亿元。2019年，实现营业收入5.09亿元、拨备前、拨备后利润分别为4.17亿元、3.94亿元，中间业务收入1.15亿元。掌银月动户新增1.3万户，线上银行业务新增消费类场景8个，新增智慧类场景1个。信用卡有效客户新增8691户，信用卡分期额达1.64亿元。新增现金管理及银客链接系统客户1户，企业掌银网银活跃客户数新增1444户，其中在线开户836户，达成电子化开户率要求。全年发放农户线上贷款“金穗快农贷”36户207.82万元，签约网捷贷客户404户3009.21万元；发放法人线上贷款38户1537.52万元。

2019年3月，句容支行与句容市图书馆就智慧图书馆项目达成合作共识。按照省分行“灵活就业人员和城乡居民社会保险费税银系统”建设工作部署，支行与句容国税局不断加强协调沟通，5月31日待报解账户开设成功，6月7日税银系统验证成功。

（农行）

·中国银行股份有限公司中国银行句容支行·

【概况】 2019年12月末，中国银行句容支行人民币一般存款余额36.74亿元，比上年末下降3.6亿元，增幅-8.92%。其中，储蓄存款12.53亿元；企业存款24.18亿元。外币存款余额1688万美元，比上年末下降538万美元，增幅-24.16%。人民币贷款余额119.89亿元，比上年末增加22.79亿元，增幅23.47%。其中，公司贷款50.3亿元；零售贷款69.56亿元。外币贷款余额984万美元，比上年末下降1418万美元，增幅-59.03%。全年实现营业净收入2.76亿元，比上年末增加0.24亿元，增幅9.5%。

2019年，支行通过加强项目营销，加强产品创新，扩大收入来源。改变固有思路，抢规模、抓机遇、提进度，最大规模实现信贷资金投放，持续推进经营性类贷款、普惠金融、全量消费分期的结构优化工作，提升资产收益。2019年6月，成功为建华建材办理2亿元外债归还汇出。年内与句容市实验高级中学、句容市保安服务总公司建立党建暨廉洁伙伴共建关系，并与上述单位落实手机银行代缴党费、代发薪等业务合作。（中行）

·中国建设银行句容支行·

【概况】 2019年，中国建设银行句容支行有营业室1个，辖营业网点7个，自助银行36个，有员工118人。截至2019年末，支行本外币存款日均余额73.22亿元，较年初新增2.59亿元,；其中对公存款余额50.04亿元，较年初新增了0.61亿元。本外币各项贷款余额160.82亿元，较年初新增20.26亿元。其中公司类贷款余额47.06亿元，较年初数下降0.82亿元。全年完成中间业务收入10131万元。

2019年，支行利用普惠金融产品的低价策略、效率优势，以抵押快贷为核心产品，辅之以“小微快贷”、“评分卡”等抢占市场份额。推进对1000万元以下的小微企业抵押快贷的投放，运用大数据产品实行线上自动审批。主动对接当地政府，了解当地发展规划，着力对接2019年以来落地句容市范围内的大型企业以及政府重点建设项目。加强与相关部门联系与沟通，将当地发展需求与支行信贷政策结合，把握营销契机，拓宽和创新融资渠道，满足客户融资需求。全年支行成功获批江苏句容福地生态科技有限公司8亿元固定资产贷款、句容市福地置业发展有限公司4.95亿元固定资产贷款、江苏三超金刚石工具有限公司0.4亿元流动资金贷款。（建行）

·中国邮政储蓄银行句容市支行·

【概况】 2019年，中国邮政储蓄银行句容市支行下辖29个营业网点，二级支行7个、代理网点22个，员工218人（内含邮政金融从业人员125人）。截至2019年年底，句容邮政金融系统储蓄存款余额达55.68亿元，各项贷款余额达82.09亿元。全年实现标准保费75063万元；销售理财11.91亿元；销售国债6206.07万元；发行绿卡31549张，加办个人网银27532户；信用卡累计发卡18288张。

2019年，支行一方面积极协调信贷规模做好华电、抽水蓄能项目的信贷投放支持，做好“三区一链”企业客户走访和服务；另一方面坚持服务“三农”、小微和社区的定位，出台专项考核办法，重点服务个人生产经营、小企业法人、消费与财富管理三类客户群体。发挥天王小贷特色支行的优势，加大对专业大户、家庭农场等新型农村经营主体的扶持力度，全年天王支行经营贷贷款累计净增量占全行的25%。发挥财政担保基金杠杆作用，推进“助农贷”产品，全年共发放160笔，金额4121万元。发展公司业务，新增投放江苏句容抽水蓄能有限公司固定资产贷款1.1亿元，办理票据贴现56笔，金额10.4亿元；共办理福费廷业务3笔，金额合计1.9亿元。（邮政储蓄）

·江苏句容农村商业银行·

【概况】 2019年，句容农商行有营业部1个，辖营业网点35个、离行式自助银行26个，有员工471人。截至2019年年底，各项存款余额237.76亿元，比年初增加16.17亿元。其中，储蓄存款余额167.91亿元；各项贷款余额173.08亿元，比年初增加22.53亿元；贷款户数23601户，比年初增加4518户。

2019年，句容农商行创新金融产品和服务方式，加大信贷支农力度，对农业龙头企业、合作社等农村经济组织实行资金倾斜政策，通过优质服务和定制化产品助力其产业规模和特色经营不断提升。支持市委市政府打造的“环南京科技创新带”产业一体化的示范区，主动为南京产业转移做好金融配套支持。同时加大实体经济支持力度，与科技局联合开发“科才贷”信贷产品，与财政局联合开发“成长型小微企业风险资金”贷款、“科技型企业风险补偿资金池”贷款，重点突出对科技型、成长型、创业型小微企业的扶持。深化“农商行+”模式，将农商行金融服务触角连接到各个平台，形成支农惠农综合体。与组织部合作“党员创业致富贷”和“红色引擎贷”，与农业合作社合作“惠农贷”等，全年发放“农商行+”系列特色贷款3.62亿元。（农商行）

·江苏银行句容支行·

【概况】　2019年，江苏银行句容支行下辖营业部、句容长江路支行两个营业网点，有在行式自助银行2个，员工人数共34人（含借调1人）。截至2019年12月末，本外币各项存款余额531104万元，较年初新增63545万元，占句容地区新增市场份额4.31%；其中对公存款余额418906万元，较年初新增40531万元，储蓄存款余额112198万元，较年初新增23014万元，个人贷款新增8.8亿元，理财金融资产新增14451万元。

2019年，句容支行紧盯省委提出的“乡村振兴战略”，紧抓科技贷款、人才贷、三农金融等特色业务，强化对接力度，以系列政银暖企活动为抓手，狠抓重点区域获客渠道建设。年内走访下蜀、开发区、郭庄、后白、白兔、边城、华阳等重点乡镇，与句容组织人事部人才办、市自然资源和规划局、科技局、金融管理局，各重点担保公司均保持良性互动，加大对中小企业支持力度，为推动句容地区中小企业发展提供坚强动力和资金保障。（江苏银行）

·交通银行句容支行·

【概况】　2019年，交通银行镇江句容支行有营业部1个，辖自助银行1个，有员工21人。截至2019年12月末，支行人民币日均存款为89365万元，其中对公存款日均余额为62159万元，储蓄存款日均为27205万元。人民币贷款余额为194884万元，按公司贷款与个人贷款划分，对公条线贷款69510万元，个人贷款余额125160万元。

2019年，支行营销服务小微企业，利用“税融通”“线上抵押贷”等线上优势产品，通过与政府担保机构合作，加大对小微企业“三农”经济的投放力度，为24户小微企业客户投放8000万元资金贷款。向四家制造业企业发放40笔共1.1亿元资金贷款，支持当地实体经济的发展。加大政府项目投放力度，参与天王镇金融支持乡村振兴试点工作，推动长江引水工程项目、何庄“美丽库区幸福家园”项目、康缘中华养生谷项目等大产业大项目建设。完成了句容非税代收缴系统、“公积金”系统、镇江市（句容）预售房资金监管系统的测试工作并成功上线。

（交通银行）

·光大银行句容支行·

【概况】　2019年，光大银行句容支行有营业部1个，辖营业网点0个、自助银行1个，有员工15人。截至2019年年末，各类存款余额18.48亿元，比年初增加12.2亿元、增幅194.21%；各项贷款余额26.03亿元，均为2019年新增量；理财产品余额约1.7亿元，比年初增加0.72亿元、增幅73.47%。

2019年，支行积极支持、配合地方政府化解政府隐性债务风险，开展一批政府隐性债务置换业务，投放约16亿元。召开服务民营企业普惠金融推进会，将支持民营、小微企业发展作为一项政治任务落实、作为一项长期工作抓。开展与省农担句容分公司的合作，推进三农业务发展。与宝华燃气合作开展云缴费，燃气费缴纳更加便捷。（光大银行）

·苏州农村商业银行句容支行·

【概况】　2019年，苏州农商银行句容支行有营业部网点1个、自助银行1个，有员工13人。截至2019年年末，各项存款余额14.85亿元，比年初减少4.04亿元。其中对公存款余额13.82亿元，个人存款1.03亿元。各项贷款余额为14.49亿元，比年初增加0.92亿元。理财余额为1.97亿元。（苏州农商行）

·紫金农商银行句容支行·

【概况】　紫金农商银行句容支行于2018年12月18日成立。2019年，紫金农商银行句容支行有一个营业网点，营业网点内有1个在行式自助银行服务区（有2台ATM机具），有员工15人。截至2019年年末，句容支行存款余额为7.62亿元，比年初增加7.15亿元，贷款余额为11.56亿元，比年初增加11.31亿元。辖内普惠金融贷款余额1.75亿元，其中个人经营性贷款金额0.28亿元。2019年底理财产品余额共计483.6万元。

2019年，支行争取地方政府支持突出投放重点，项目贷款有序进行，如句容市北部新城原水管道及配水管网工程、句容市茅山革命老区现代化农业等项目。利用句容市地方经济特点和农业优势，先后对接天王苗木、后白草坪、白兔草莓、丁庄葡萄和句容茶叶等协会商会，加大涉农信贷投放，扶持有潜力的新型农业经营主体发展。发挥总行普惠金融产品的优势，推广房易融、税信贷等产品，截至2019年年末，支行房易融产品投放13户，共计金额达到854万。（紫金农商行）

·中国农业发展银行句容市支行·

【概况】 2019年，句容农发行有营业网点1个，员工19人。全年累计发放贷款16.95亿元，至12月末各项贷款余额44.01亿元，比年初增加12.76亿元；贷款日均余额37.64亿元，比年初增加8.29亿元；企事业单位存款余额20.23亿元，比年初增加5.08亿元；存款日均余额17.25亿元，比年初增加4.13亿元，无不良贷款。

2019年，支行围绕重大规划，形成持续性的框架合作协议，以服务农业供给侧结构性改革为主线，探索新的发展路径。请市政府整合涉农财政补贴，将农村土地流转和规模经营与精准扶贫结合起来，支持茅山革命老区农业现代化项目贷款2.6亿元，该项目被省扶贫办作为政策性金融扶贫合作典型示范项目。支持江苏乡村振兴试点茅山何庄村乡村振兴项目6.5亿元，支持句容天王片区改善人居环境项目6.2亿元，天王镇被省银保监会评为十九个金融支持乡村振兴示范试点之一。通过“银行+银行+专业合作社+农民”的模式，投放2000万元支农转贷款支持丁庄葡萄合作社。全年支持民营小微企业3户，申报小微企业贷款700万元，发放400万元。（农发行）

小贷公司

【概况】 2019年末，全市共有5家在营业的农村小额贷款公司和1家科技小额贷款公司，注册资本总额7.32亿元，贷款余额6.55亿元，实现净利润2552.32万元，纳税974.39万元。（庄宁宁）

【小贷行业发展】 2019年，句容市地方金融监督管理局继续严格执行“扶优限劣”政策，立足小贷公司发展实际，实施分类监管、区别对待、正向激励、扶优限劣。对华源、崇明、华阳等经营状况良好、运作规范的小贷公司，鼓励其解放思想，创新经营模式，积极开展新业务。2019年，华源农贷参与中贷协与蚂蚁金服的“小贷星计划”项目正式上线并推广。（庄宁宁）

交　通

·综述·

【概况】　2019年，句容市推进“1355”战略、“一福地四名城”建设，加快构建综合交通运输体系，提升交通运输基本公共服务水平，做好运输管理，确保安全稳定。华阳东西南北路“白改黑”工程历时3个月，于国庆前完工通车。2019年11月5日，句容福道品牌通过市级验收。宁句城际轨道交通项目完成除东大街片区以外的征地拆迁工作，开展U梁预制、架设，盾构机始发等作业，黄梅站主体结构顺利封顶。新改建农村公路提档升级改建道路60公里、桥梁11座；完成何庄乡村振兴大道一期工程路基土方和涵洞施工；推进句茅公路、茅山景区道路、白云线建设。完成句容市普通国省干线国土空间规划工作，形成十四五综合交通规划初步成果。开展122省道改线外迁的相关规划工作，配合做好宁常高速公路的前期研究工作，仪禄高速被省交通运输厅推荐采用东线方案。质量监督在建公路工程项目29个，总里程72.72公里，平均合格率93.8%。

华阳东西南路“白改黑”工程

年内，市交通运输局开展交通行政审批工作，做好“互联网+监管”动态管理系统中部门事项的认领、录入和后续事项的整改工作。推进“不见面”清单县级行使权力增加项目工作。配合政务服务中心“一件事一次办”改革工作，协助成立联合办事窗口。全年行政许可普通货运124件，运输证配发383件，运输证年审3543件，涉路施工许可4件。全年实施行政许可事项4054件，行政处罚174件，全年按时、按期办理人大代表建议、政协委员提案39件，办理“12345”“12328”工单959件，办结率100%，满意率100%。市交通运输局根据“三必须”（管业务必须管安全、管行业必须管安全、管生产经营必须管安全）原则，开展多次安全生产全面排查。聘请第三方安全专家，对全市部分客运企业、货运企业和驾校进行安全专项检查，共排查出各类安全隐患和不足101

条，均整改到位。（朱　莉）

·交通建设·

【概况】　2019年，华阳东西南北路“白改黑”工程历时3个月，于国庆前完工通车。2019年11月5日，句容福道品牌通过市级验收。宁句城际轨道交通项目完成除东大街片区以外的征地拆迁工作，开展U梁预制、架设，盾构机始发等作业，黄梅站主体结构顺利封顶。新改建农村公路提档升级改建道路60公里、桥梁11座；完成何庄乡村振兴大道一期工程路基土方和涵洞施工；助力茅山道教论坛，推进句茅公路、茅山景区道路、白云线建设。完成句容市普通国省干线国土空间规划工作。形成十四五综合交通规划初步成果。开展122省道改线外迁的相关规划工作，配合做好宁常高速公路的前期研究工作，仪禄高速已被省交通运输厅推荐采用东线方案。质量监督在建公路工程项目29个，总里程72.72公里，平均合格率93.8%。（朱　莉）

【华阳东西南北路“白改黑”工程建设】　2019年，句容市华阳东西南北路“白改黑”工程项目全长7.22公里，范围以中央广场交叉口为起点，东至东昌中路、西至洪武路、南至钤塘隧道口、北至文昌东路。7月，该工程开工建设，对原有路面进行沥青化改造，而且对改造前复杂拥堵路段进行渠化，增设右转专用车道和实体岛，提高行人、非机动车的过街安全性和通行效率，提高群众的获得感与幸福感。10月1日前改建完成通车。（朱　莉）

【“句容福道”品牌建设】　句容福道规划全长365公里，通过融入象征句容城市形象的“福印”元素，在全线365公里长的福道上，以每一公里为单位节点，将“福印”+“福道”以组合设计形式出现在每个节点上。句容福道线路规划覆盖句容全域，通过联动发展沿线山区、湖区、景区、园区、村庄等，合理构建“一环—多联—五片—福星点点”的福道总体空间布局体系。展现句容市特色农村公路形象，句容市先期打造句容福道之南片区经典线路，该福线起于句容城东243省道与句宝线交叉口，向南延伸至九龙山后，从西侧返回句容市后白镇，终于句容城南钤塘隧道，规划福线长118公里，途经茅山镇（春城）、茅山风景区管委会、天王镇、后白镇，沿途集中展示句容山水田园福地资源特色，彰显“一福地四名城”的城市定位。2019年11月5日，句容福道品牌通过市级验收。（朱　莉）

【何庄乡村振兴大道开工建设】　2019年8月18日，句容市茅山镇何庄乡村振兴大道在何庄村姚凹地块破土动工，正式开工建设。规划建设一条长约7.6公里的组团景观环路—振兴大道，路线起点位于新的高家村聚居点东南角，依次途经高家村、方家村、姚凹村等9个村聚居点，最后回到高家村起点处。为配合乡村振兴其他工程的建设需要，项目先期开工实施振兴大道一期K0+000至K4+736段落，采取新建及老路加铺罩面的建设方案，路面宽6米，路基宽8米，沥青混凝土路面。（朱　莉）

【宁句城际首片预制U梁架设成功】　2019年10月26日上午9点，在句容市宝华路与华阳路交

茅山“福道”

叉口，宁句城际轨道交通首片预制U梁架设成功。U梁桩号为JY55-JY56，长度为30米，重约209吨。首片梁的铺架标志着南京至句容城际轨道交通工程总承包DS6-TA02标正式进入上部结构施工阶段，为全线通车打下坚实的基础。（朱　莉）

・交通运输・

【概况】　2019年，句容市进一步优化城市公交线网，新辟城区至黄梅新村公交专线1条，在该专线新设停靠站点17个，方便1万多黄梅新村市民出行。服务好“全域旅游”建设，在春节旅游旺季，先后开通豆腐村、岩藤农场等多条特色旅游专线。城市公交更新新能源公交车10辆，镇村公交更新公交车10辆，完成新建农村客运候车亭30座。“掌上公交”APP实现市、镇、村三级客运网络全覆盖，方便市民的日常出行。高考期间组织出租车开展“爱心送考”活动，服务考生283人次。完成2019年度句容市机动车维修企业质量信誉评定工作，评定AAA级企业5家，AA级企业6家，A级企业14家。扎实推进实施汽车检测与维护（I/M）制度，句容市3家汽车维修企业通过M站的专家认定并投入运营。开展道路运输市场大检查3次，共查获非法营运（非法网约车）57辆，查获超范围经营网约车3辆。抽调精干力量配合公路部门开展联合治超工作，共查获非法改装车辆41起。积极投身联合交通管理执勤。持续深入做好“扫黑除恶”工作。完成扫黑除恶专项斗争线索摸排8次，“黄赌毒”线索摸排1次，工作推进部署会议12次，层层谈话39次，应知应会考试1次，共悬挂横幅89条，制作宣传展板22块，并利用出租车LED显示屏进行循环播放宣传标语，发放宣传材料300余份。狠抓行业安全监管。邀请专家对“两客一危”（从事旅游的包车、三类以上班线客车和运输危险化学品、烟花爆竹、民用爆炸物品的道路专用车辆）企业进行安全检查3次。重要节假日期间对运输企业进行4次安全检查，2次联合公安车管部门对重点车辆单位安全检查，查出安全隐患排查20次，下发整改通知书20次，整改率达100%。利用“一车三方”（营运车辆动态信息在交通、公安、安监等部门之间实现数据共享）平台先后10次对出租车不规范经营行为进行严密监控，违规车辆转报出租科。着力打造特色服务品牌，拟定2019年“书记项目”行动方案，组织开展“不忘初心，毅路同行”等主题党日活动。认真履行党风廉政主体责任，开展廉政教育和集体“廉政谈话”活动。党员先锋车挂牌上路。10月23日，举行了出租车行业“党员先锋车”授牌仪式，首批10辆“党员先锋车”已正式亮相街头，在营运中将严格按照“五统一”配置标志上岗。扎实开展全国文明城市创建工作，对照市文明办最新发布的文明城市实地考察项目及内容，对车站、公交、出租车等行业和农村客运候车亭文明宣传标语进行了1次全面排查，通过监控平台和日常督查加强对车站、出租文明服务情况进行督查。积极参与社会公益事业，春运期间，4名志愿者参加交通志愿者服务活动，为春运旅客送去暖心服务。在“慈善捐赠月”活动中，组织61名干部职工募集善款8500元，为社会伸出援助之手。组织17名干部职工参加无偿献血，献血总量为5000毫升。

（朱　莉）

【城市公交开通支付宝扫码乘车】　2019年3月1日，市城市公交携手支付宝及南京市民卡公司开通支付宝扫码支付乘坐公交，城市公交14条线路开通。乘客用手机打开支付宝主页搜索金陵通乘车卡然后按步骤领取个人电子卡，或用支付宝扫描公司在车内张贴的支付宝二维码然后按步骤领取个人电子卡，在乘坐公交时，打开支付宝点击付钱页面，在付钱页面下方会出现一个乘车码，打开乘车码对准车内的POS机，待听到提示音之后，即表示扫码成功。

（朱　莉）

【党员先锋车挂牌上路】　2019年10月23日，句容市举行出租车行业“党员先锋车”授牌仪式，首批10辆“党员先锋车”正式亮相街头，首批“党员先锋车”10名驾驶员是经严格筛选的退伍军人，并多次获得市出租车行业“拾金不昧典型”的荣誉称号。10辆“党员先锋车”营运中将亮明党员身份，并按“五统一”配置标志上岗，即驾驶员统一佩戴党徽，统一使用专属标志灯，统一安装带标识的座套，统一使用“党员先锋车”服务证，统一上衣着装。推行精细化、规范化和党员个性化服务，切实发挥党员的

先锋模范作用，展示“党员先锋车”全心全意为乘客服务的精神风貌，引领规范经营、文明服务的行业潮流。（朱　莉）

【汽车检测与维护（I/M）制度实施】　2019年，句容市交通运输部门会同生态环境部门制定汽车检测与维护（I/M）制度业务流程以及汽车尾气排放污染治理技术规范和标准，制定M站认定标准，同时不断加强宣传，鼓励有条件的汽车维修企业申办M站。万通、东旭、兴驰3家汽车维修企业通过M站的认定。9月1日起，市环保检测结果超过排放标准的车辆须经M站维修并经复检合格后方可上路行驶，超标车主可自主选择M站维修。（朱　莉）

【新建农村客运候车亭】　2019年，句容市完成30座公交站台建设工作。其中，句茅路两侧建设24座，“四好农路”线路建设2座，行香集镇更新2座，73091部队营房门口建设2座。考虑到沿途乘客的出行习惯和新建站台的地理位置，经过前期对公交站台的外观式样、大小、规格、造价等方面的比选，11月建成2座公交站台样板，其位置分别位于句茅路和73091部队营房门口。

（朱　莉）

·交通管理·

【公路管理】　2019年，句容干线公路完成沥青路面灌缝2.7万米，沥青路面病害维修1.5万平方米，维修改造排水设施950米，维修桥梁12座。对大中修工程的进度、质量、计量进行全面的监管和控制。完成104国道17处车辙处治，完成243省道路面大修5.3公里，完成122省道路面大修8.1公里。积极推进7座桥农村公路危桥改造工程，完成有机农业圈线14公里大修工程，完成句下线1.5公里车辙集中处治。办理行政许可案件16件，处理案件100件，处置安保设施缺损情况359处，清除摊点26个，清除非标悬挂物39块。通过多次协调，实现治超点，路政、公安、运管联合24小时驻站，超限治理一站式完成。查处车辆823台，交警罚款765050元、扣3218分，监督卸驳载21894.33吨。（朱　莉）

市交通运输局举行出租行业“党员先锋车”授牌仪式

【航道管理】　2019年，句容市航道管理处坚持依法上航，保持航道畅通有序。航政巡航里程820公里，巡航人次39人次，安全畅通率100%。完成大道河航道工程疏浚5879立方米、清障扫床5.4公里。开展《江苏省水路交通运输条例》的学习宣贯活动。为宁句城际轻轨交通项目下穿句容河航道、南沿江铁路项目上跨句容河航道的行政许可提供专业航道资料和技术咨询服务。开展扫黑除恶专项斗争线索排查工作，对涉航企业、船民、码头工人进行全面的调查问卷和涉黑涉恶线索摸查工作。（朱　莉）

【公路路政业务】　2019年，句容市公路处办理行政许可案件16件，处理案件100件，处置安保设施缺损情况359处，清除摊点26个，清除非标悬挂物39块。建立中队长领办制度，梳理材料清单，一次性告知前来办理审批的企业和群众，提高路政行政审批效率。采取微信群、登门等方式及时与申请人对接，为申请人提供高效、便捷的服务。（朱　莉）

【超限治理工作】　2019年，路警联合执法超限超载治理查处车辆823台，交警罚款765050元、扣3218分，监督卸驳载21894.33

路政联合交警开展超限超载治理

市邮政公司举行花海邮局——伏热花海明信片首发活动

吨。（朱　莉）

【智慧公路平台投入使用】 2019年3月，“句容智慧公路”正式投入使用。依托这一平台，建立起了《句容公路网巡制度》。路网值班员充分利用109路监控视频，每天进行网络巡查，及时将路段实时动态反馈给路政巡查人员。与此同时，全处21辆执法车加装GPS设施，实时显示每辆车的位置、行车轨迹、巡查线路。其中6辆路巡中队车辆加装监控视频，实时显示视频信息。智慧公路平台还涵盖许可事件、处罚事件、涉路工程事件、治超事件。

（朱　莉）

【农路公路管养】 2019年，句容市农村公路日常管护日趋专业化，推进清理非标，整修路肩，路面维修，路树修剪等工作。清除非标180块，整修路肩35万平方米，维修水泥砼路面8750平方米，沥青路面1210平方米。网络化管理模式更加便捷，通过“四好农村路”微信群相互交流农路管理状况、解决难点工作方法、布置工作任务更加快捷、透明。

（朱　莉）

邮　政

【概况】 2019年，市邮政公司业务收入达1.374亿元，比上年增长13.05%，邮政代理金融业务收入比上年增长7.17%，储蓄余额规模占镇江邮政全区余额规模的22.32%。全年邮政包裹进口量311.2万件，比上年增长93.8%。加快邮政农村电商扶贫步伐，累计建成“邮乐购”加盟店578家，并同步配套安装邮掌柜应用系统，基本实现信息化管理。提升邮政普遍服务水平，建立“警邮合作”共建点9个，所有网点开办电瓶车登记上牌服务，累计上牌5000余辆。结合地方文化和名人自主开发谭木匠《一梳百顺》《赵亚夫》邮折长线销售。全年收寄国内平常信件11.16万件，国内挂号信件8.9万件，国内本埠给据信件3.93

万件，国内邮资机函件13.18万件，邮资封片卡销售61.93万件；国际及港澳台函件272件；销售通信邮票6.7万枚；全年收寄国内包裹612.03万件，其中普通包裹0.23万件，快递包裹611.8万件；全年收寄机要邮件1127件；全年投递各类报刊1127.35万份，杂志28万份。至2019年年末，邮政投递道段总长度4432公里，其中城市1478公里，农村2954公里，道段全年运行里程2041632公里。

2019年，市邮政公司实施营揽投资源整合，将句容范围内的5个原邮政班组与3个揽投部实行资源整合，成立4个营业投递部。树立安全发展理念，以深入开展“平安邮政”创建活动为主线，持续推进“135工程规划”建设，全年组织开展安全知识讲座、消防灭火演练、安全驾驶培训等活动18场。开展“反假邮路”，对普通居民进行人民币反假宣传，对镇政府、事业单位等进行人民币反假宣传的同时进行预防职务犯罪宣传。年内周江获评“全国交通技术能手”，汪文平获评“江苏好青年”。（刘新颖）

【邮政快递】 2019年，句容邮政快递业务量完成658.41万件，比上年增长74.3%，业务收入完成2492.27万元，比上年增长32.47%。快递业务投递量611.83万件，比上年增长88.05%，日均投递量为1.68万件。“双11”期间快递（含邮政包裹）日均处理量为8.24万件，日均收件量为5.64万件，日均派件量为2.62万件。同城快递业务量15.37万，比上年增长176.44%，业务收入110.28万元，比上年增长146.77%。异地快递业务量642.85万件，比上年增长72.53%，业务收入2376.14万元，比上年增长38.77%。国际及港澳台业务量0.19万件，比上年增长28.54%，业务收入55.36万元，比上年增长10.16%。推动绿色发展，EMS快递用帆布包装袋替代寄递盒配送机动车牌，并实现包装循环利用。全年在农村电子商务产品业务方面推进生鲜速配、丁庄葡萄、春城有道农场、虎耳山无花果专业合作社等项目，实现快递业务量超10万件。成功运作“智慧”法院项目，全面推进法院“集约送达”工作，推广“一网通办”政务高频寄递事项。推动快递服务“进校园、进社区、进村组”，有末端综合服务网点25家，快递网点在乡镇覆盖率为100%，行政村快件直投覆盖率为100%。全年进行检查169次，出动检查人员338人次，下达责令整改通知书28份，进行约谈1次，实施处罚21人次，处罚金额达2770元。（刘新颖）

物　流

【建华物流有限公司】 2019年，该公司拥有重型牵引车、自卸车、罐车、吊车等车辆2000余台，管控社会车辆15000余台，仓储面积80万平方米。从整车运输、集装箱运输到大件运输，公司通过智能管车系统和安全监控平台，实现对车辆和货物的智能化、可视化管理。建华物流是国家AAAAA级物流企业，国家AAA级综合信用评级企业，中国公路货运五星级车队，江苏省重点企业，中国物流与采购联合会常务理事单位，中国交通运输协会智慧物流专业委员会常务理事单位，中国物流运力俱乐部联合发起单位，通过ISO 9001质量管理体系认证。2019年实现营业收入4751.74万元，上缴税金252.74万元。（姚淦橙）

【句容市唐陵富民物流有限公司】

2019年，该公司主要经营范围包括搬运装卸、货运代理（代办）、货运配载、普通货物仓储服务等，尤其擅长大件物流和超重物流运输，主要从事苗木运输，唐陵村成立苗木合作社，建立苗木商会，组建苗木经纪人队伍500多人。主攻高档苗木品种达20种，向全国20多个省份、城市供苗，苗木销售突破50亿元。2019年，实现营业收入5120.12万元，上缴税金210.47万元。（姚淦橙）

【镇江市志宏物流园有限公司】

2019年，该公司涵盖物流仓储、信息发布与交易、商业服务、商务办公，形成完善的全配套物流产业园，占地面积5.6万平方米（83.97亩），建筑面积为14280平方米，钢结构面积为21420平方米，园区有大库8栋198间，专线80多家。园区每天进出车辆1600次以上，日运输吞吐量达数万吨。2019年，实现营业收入501万元，上缴税金15.1万元。（姚淦橙）

综　述

【概况】　2019 年，句容市加大通信基础设施建设力度，不断提升建设水平，稳步提升信息基础设施综合承载能力。年内互联网使用率进一步提高，信息化应用更加广泛，应用水平不断提高，信息基础设施建设力度不断加大，企业信息化带来的变革更加明显，信息化深入发展。2019 年，全市固定电话用户数 89507 户，比上年增长 9.2%；移动电话用户数 644321 户，比上年增长 4.9%；固定宽带用户数 260803 户，比上年增长 7.9%，其中光纤用户数 254419 户；全市有线数字电视用户数 174500 户，互联网电视用户数 181267 户；全市 4G 通信基站 2461 个，5G 基站 52 个，5G 用户数 3821 户，移动互联网用户数 56.13 万人。

2019 年，句容市深入推进“两化融合”。积极推动企业开展两化融合贯标工作，华君电力和壹度科技 2 家企业通过省级两化融合贯标重点培育企业认定，倍福德新型建材（江苏）有限公司、江苏赛达电子科技有限公司通过两化融合贯标评定。引导企业参与各类信息化建设培训班，支持企业通过学习提高信息化建设水平。先后组织企业参加企业上云与工业互联网、工业 APP 应用与推广等一系列培训，让企业通过课堂学习和现场教学思考信息化建设方向和方法，推动企业加快建设步伐，提升建设水平。推动企业互联网+先进制造融合和智能化融合，推进企业工业互联网建设，促进信息化与产业服务体系建设，建华建材工业互联网标杆工厂项目获得省专项资金支持、句容市广电网络有限公司获得省智慧江苏建设重点工程项目专项资金支持。加强对工业企业信息安全工作的指导和监督，组织壹度科技和协鑫集成科技两家企业开展工业信息安全自评估工作。

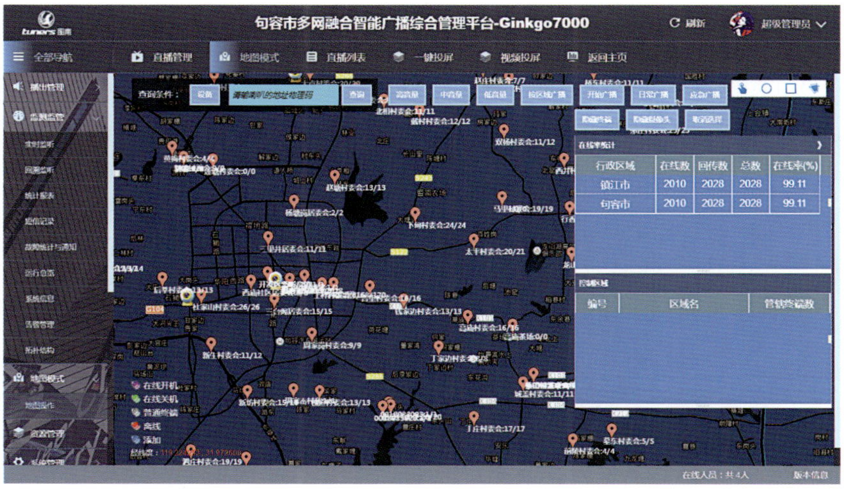

句容市多网融合智能广播综合管理平台

2019 年，句容市推动企业上云建设。推进互联网、大数据及人工智能与实体经济深度融合，激发企业活力。与上云服务商联合开展“企业上云”政策解读工作，将“企业上云”政策送进企业内部，送到企业管理人员手中；组织派欧汽车零部件、建华物流等5家企业开展“企业上云”工作，其中3家企业通过省三星级企业上云认定，1家企业通过省四星级企业上云认定。（艾学松）

通 信

·中国电信股份有限公司句容分公司·

【概况】 2019年，中国电信股份有限公司句容分公司（以下简称句容电信）位于江苏省句容市华阳北路10-2号，是句容地区综合信息服务提供商，主营业务有天翼移动电话、宽带互联网接入、ITV网络电视以及4G网络建设、ICT系统集成、行业信息化等业务。至2019年年底，全市固定电话用户7万余户，移动电话用户约15万户，互联网电视用户约10万户，互联网宽带用户约10万户，家庭宽带平均带宽109兆，有员工153人。019年，获得“句容市放心消费创建活动示范单位”“2016—2018年度江苏省文明单位”等荣誉称号。（句容电信）

【网络建设】 2019年，句容电信持续推进光进铜退、宽带普及提速工程。加快实施城市光纤到小区、光纤到楼、光纤到户和农村光纤到镇村光缆网络建设，全面提升带宽和网速，光纤宽带覆盖率达100%。加快5G规模建设，同步网络优化，与4G协调并进，至2019年12月底，共开通5G通信基站14个，4G通信基站978个。公共场所WLAN接入AP数2000个。对酒店、商场、医院、会所等公共场所，市政、交通、车站、码头、旅游景点、体育馆、图书馆等公益性场所，进行热点区域广覆盖，提供免费上网，完善Wi-Fi热点覆盖广度和深度。（句容电信）

【信息化建设】 2019年，句容电信致力服务地方发展，完成中高考期间重要客户的保障等工作。完成天王樱花节、后白郁金香节、国际马拉松赛事的网络保障。携手启迪数字科技城（句容）共建句容首批5G数字园区，助推句容成为宁镇扬同城化、科技创新与产业升级典范。依托互联网和电子政务外网，整合原有各个社会综合管理系统，搭建起政务服务信息化平台，推动“互联网+政务服务”的模式，提升城市综合治理的能力与水平。（句容电信）

【客户服务中心】 2019年，句容电信成立专业中心“客户服务中心”，负责统筹管理前后端服务工作，定期通报客户投诉重点问题和政策机制完善情况，将服务风险管控嵌入业务管理流程，实现服务工作“事前管控有抓手，事中管理有规范、事后投诉有流程”。关注用户“痛点”，聚焦“账单不清晰”、“异常流量”等重点服务问题，建立定期预警机制，着力管控服务风险、经营风险。（句容电信）

·中国移动通信集团江苏有限公司句容分公司·

【概况】 2019年，中国移动通信集团江苏有限公司句容分公司（以下简称句容移动）参与到文明城市、综治平安创建工作中，配合文明办、综治办做好相关宣传工作。员工队伍达128人，本科以上学历员工达50%以上。年内先后获得“江苏省文明单位”、“江苏省级放心消费先进单位”、“镇江市先进集体”等多项荣誉称号。（句容移动）

【网络建设】 2019年，句容移动推进4G网络和宽带覆盖建设，累计建成1269个4G宏站，432个2G宏站，基本完成城区、农村4G信号全覆盖。移动宽带新增覆盖3.5万户，累计覆盖45.45万户，家庭用户覆盖率达99%以上，基本实现所有行政村的覆盖，且带宽容量支持提供全市家庭100M以上，共投入资金244.15万元。（句容移动）

【信息化建设】 2019年，句容移动承建句容市房产业发展服务中心物业资金监管平台等建设项目，并顺利通过评测。与教育行业多方面合作，参与城西小学、石狮中学、二圣小学、农林职业技术学院等多家智慧校园项目建设。助力民政行业实现数据迁移，将便民服务平台、12349呼叫热线等大量数据迁移至云端，确保数据安全。（句容移动）

·中国联通句容市分公司·

【概况】 2019年，中国联通句容市分公司（以下简称句容联通）发展重点是流量经营和发展模式转型，移动业务高效提速发展；布局培育重点领域创新业务，稳定固网业务，打造未来增长新动能；应对激烈市场竞争，以“高带宽、大视频、大融合”促进用户消费升级和融合发展。句容联通公司围绕腾讯王卡、沃家固话等互联网产品的线下地推，细分市场，精准营销，以低营销成本高效触达目标用户。

在技术网络的规划和建设工作方面，句容联通全力打造优势网络，提升支撑能力，提高网络能力和支撑水平，加快移动业务、固网业务、行业应用、增值业务、国际业务发展，改进提升客户服务能力。提高管理的精细化水平和工作效率，推动客户服务迈上新台阶。同时借助网络覆盖的完善进一步全力加快全业务的发展，提升市场份额；全力推进体制创新，提升效益水平；全力加强基础管理，提升工作效率；全力推进队伍建设，提升企业活力。

2019年，句容联通正式对外发布“联通小燕”服务品牌，向客户传递“快速响应、在线受理、上门服务”的服务理念。

（中国联通句容市分公司）

广电网络

【概况】 句容市广电网络有限公司（以下简称广电网络公司）是经市政府批准，由江苏省广电有线信息网络股份有限公司和句容市广播电视台共同出资组建的国有文化传媒企业，公司注册资本8500万元，内设6个职能部门，下设10个镇广电网络服务站。2019年，广电网络公司聚力打造“党媒政网民屏”，坚持两手抓，一手抓社会效益、公共服务，把广播电视网络打造成传达党和政府声音、传播先进文化的主渠道，丰富人民精神文化生活的主平台；一手抓经济效益、产业经营，不断调整和布局产业发展机构，从过去仅靠有线电视单一业务，发展成为以视频业务、宽带数据、信息服务三大业务为主的综合运营商。

2019年，广电网络公司加快落实“高清江苏”工作部署，大力推进4K超高清电视的普及，融合丰富的视频内容和百兆、双百兆光宽带，大力发展云媒体业务，满足高端用户需求。同时加快推进网络优化和光纤入户工作，满足高宽带的稳定接入，改善用户体验。（广电网络公司）

【网络建设】 2019年，广电网络公司设备机房进行升级扩容，城南机房的建设及投入使用、宝华京东机房升级万兆环路、各个乡镇机房至二级站机房带宽扩容，完成模拟平台的升级改造，打通联通宽带出口，实现广联合家欢业务的落地及维护。同时，广电网络公司进行大范围光纤改造工作，完成全市42个新小区、62个自然村光纤覆盖工作，覆盖用户3万余户。全面启动HiNoc改造，HiNoc是在不对现有电缆网进行大改动，电缆网络基础较好的区域，使用高频EOC方案达到高带宽接入的目的。新发展数字电视用户6160户，数字电视终端达到24.9万台。继续开展高清惠民行动，高清电视终端突破7.4万台，4K超高清用户近2万户。广电宽带用户达到3.4万户。

（广电网络公司）

【信息化建设】 2019年，广电网络公司配合市公安局完成句容市升级版立体化防控体系建设任务，打造社会面群防群治，延伸拓展多领域业务。基本实现全市公共安全高清视频监控“全域覆盖、全网共享、全时可用、全程可控”的防控体系建设目标。配合市委宣传部高标准率先建成新时代文明实践中心融媒云平台，基于覆盖全市的广电网络基础，整合全市融媒体分发、广电云平台、大数据分析系统、应急广播数字平台等优质传播资源，构建“一云四屏一声”为主体的系统性智慧云平台，实现工作管理的信息化、为民服务的精准化、群众参与的便捷化。配合市委组织部打造基层党建标准化记实管理平台，围绕解决“基层党建有痕化负担”难题，在学习平台、资源整合、考核管理等方面积极探索，开发建设基层党建标准化记实管理系统，建立党建频道电视平台，通过信息化手段实现基层党建工作记实管理，引导党员通过党建频道加强自主选学。2019年全市党建记实管理系统覆盖镇村基层党组织，获得“2019年度江苏省智慧广电示范项目”。

（广电网络公司）

【应急广播体系建设】　2019年，广电网络作为党委政府的宣传主阵地，广电网络公司结合句容网格管理、视频监控特色优势，制定应急广播建设技术方案和实施方案，充分整合并完善广电有线网络资源，高质量建成多媒融合数字广播综合平台。全年建成1个市级平台、12个镇级分平台、176个村级平台，4085个户外数字音柱广播，全市自然村全覆盖，实现全域覆盖、全网共享、全媒互动的应急广播体系建设目标。　（广电网络公司）

雁归　郑军摄

城市建设

【概况】 2019年，句容市实施13项市重点工程，南大街桥梁工程、碧桂园片区道路工程、疏港大道主污水管对接贯通工程、辛西娅污水配套管网（河滨南路段）、二水厂急需改造项目已竣工，黑臭水体整治工作基本完成，雨污分流、公交站台、民兵训练项目、市政桥梁养护工程、柏悦华府地块内市政道路及相关配套工程、长江引水及第一水厂建设工程、关闭边城水厂改由城区供水项目在推进中。全年共创成句容市级文明工地43个、镇江市级文明工地26个，申报江苏省文明工地16个。全年处理农民工工资投诉142起，涉及农民工约3945人，解决拖欠农民工工资7333万元。（戴一平）

南大街桥建成

【城区征收拆迁工作】 2019年，句容市住建局推进宁句城际轨道东门站片区房屋征收工作。截至年底，私人住宅已签约110户，交房74户；经营性用房意向性签约4户；食品公司公房私住已签约11户，交房10户。拟定《句容市集体土地上房屋搬迁管理指导意见》、《关于统筹推进征地搬迁相关工作的实施意见》和“双铁”项目所涉及开发区、华阳街道办、茅管、茅山四个乡镇的《集体土地上房屋搬迁实施导则》。年内配合句投集团做好上路村庄整理项目的回迁安置工作，已回迁安置1250套，回迁安置率近92%。（戴一平）

【招投标工作】 2019年，完成227个标段工程的发包工作，中标价100.36亿元。其中房建和市政工程招标发包57个，中标价27.73亿元；直接发包100个，发

包价 68.43 亿元。（戴一平）

【房屋白蚁防治】 2019 年，签订新建房屋白蚁预防公共服务单 35 份，面积 316 万平方米，施工工程 51 项，施药面积约 10.66 万平方米，施工面积约 492.8 万平方米，后天灭治项目 156 项。

（戴一平）

【抗震节能】 2019 年，句容市完成 74 个项目 530 幢 314 万平方米的节能建筑专项监督验收工作；完成 80 个项目 258 万平方米的施工图审查（其中：公共建筑 84 万平方米，工业建筑 27 万平方米，住宅建筑 147 万平方米）；完成 46 项绿建方案审查、25 项抗震设防专项审查、56 项勘察报告审查，156 项勘察设计备案；完成 28 项 220 万平方米装配式建筑专项方案审查；完成 57 个雨污分流及小区配套项目审查。（戴一平）

村镇建设

【概况】 2019 年，句容市申报试点村庄 2 个，镇江市级特色田园乡村 1 个；通过省级验收的美丽乡村 2 个（茅管李塔村和天王顶冲村），市级验收的美丽宜居镇 1 个——茅山镇。全年共摸排危房一百余户，由中央财政拨款翻建、修缮。（戴一平）

【美丽乡村建设】 2019 年，试点村庄丁庄村建设完成；省级特色田园乡村试点村庄茅山风景区管委会陈庄村和天王镇唐陵东三棚村建设工作主体土建工程基本完工。全年共建成 3 星级康居村和省级美丽乡村 22 个，完成美丽宜居乡村建设达标村庄 35 个，累计达到 95 个。（戴一平）

丁庄村

市政建设·公用事业

【概况】 2019 年，市住建局对城区各条主要路段、背街小巷的人行道板和歪斜的道边石、窨井盖进行疏通维修更换。负责好城区内所有的路灯设施的安全、设备完好及灯容灯貌。（戴一平）

【市政基础设施维护】 2019 年，市住建局完成对主城区管养范围内 44 条市政道路，33 座城市桥梁及各项市政实施的管理维护工作。全年市政养护人行道约 36000 余平方米、快慢车道约 3200 余平方米；完成市政道路挖掘许可证发放 5 起；完成雨水收集口清掏 3200 余座，安全网更换 4200 余套、管道疏通 26000 余米，清理各类垃圾 80 余车；支援开发区、华阳街道应急抢险 3 次。

（戴一平）

【路灯养护】 2019 年，市住建局更换电缆 9865 米，各类光源 1159 套，镇流器 4057 个，灯泡 3368 个，触发器 3215 个，熔芯 2597 个；校正灯杆 108 个；补装灯具 297 套。（戴一平）

建筑业·房地产业

【概况】 2018 年，全市有在册房地产开发企 129 家，叁级资质企业 31 家。拥有在建项目的企业为 69 家，其余均为拟建或尾盘销

2019 年住建局市政重点工程建设情况一览表

表 24

序号	工程名称	工程实施单位	计划完成情况	实际完成情况
1	南大街桥梁工程	市政中心	竣工	竣工
2	碧桂园片区道路工程	市政中心	竣工	竣工
3	雨污分流	市政所	完成 6 个片区 6 条道路（管网）改造	2019 年需改造的 1 个片区、4 条道路已全部完成。剩余 2020 年需要改造的 11 个片区、2 条道路（原为 5 个片区，后根据市政府要求将华阳街道辖区内的部分片区纳入住建局雨污分流改造范围内，合计 11 个片区 2 条道路。）已进入前期手续办理阶段，预计 12 月底完成招投标工作。
4	黑臭水体	市政所	完成 5 条黑臭河的整治工作	目前黄金河干流、黄金河支流正在进行扫尾工作，瓜子沟、万家河、玉清河已基本完成。
5	公交站台	市政中心	竣工	正在进行主体施工
6	疏港大道主污水管对接贯通工程	市政中心	竣工	已完工
7	民兵训练项目	拆迁办	进场施工	已完成初步概算，完成施工图及审查。
8	市政桥梁养护工程	市政所	进入政府采购程序	根据句容市人民政府常务会议纪要（第 29 号）第一条原则同意该工程进入政府投资项目实时库的意见，正在开展项目前期手续办理工作。
9	柏悦华府地块内市政道路及相关配套工程	市政中心	进行初步设计	进行可行性研究报告，办理选址意见书阶段。
10	辛西娅污水配套管网（河滨南路段）	水务集团	完工	已完工
11	二水厂急需改造项目	水务集团	完工	已完工
12	长江引水及第一水厂建设工程	水务集团	完成设计图纸的 30%	已完成施工总承包的招投标工作，正按流程进行全过程咨询服务的招标工作；完成取水口稳评报告并通过丹徒区多部门联审；原水管线穿越铁路方案通过专家审查；完成初步设计。
13	关闭边城水厂改由城区供水项目	水务集团	完工	DN200 管道施工 1000 米。

（戴一平）

售的企业。全年全市商品房销售 239.03 万平方米，同比上升 16.31%。销售 20354 套，同比上升 13.07%。销售金额 259.2 亿元，同比上升 0.41%。其中，商品住房销售 227.6 万平方米，同比上升 20.8%。销售 18864 套，同比上升 22.1%。销售金额 247.3 亿元，同比上升 2.5%。全市有建筑业企业 264 家，其中总承包一级企业 6 家、总承包二级企业 50 家、总承包三级企业 116 家；专业承包一级企业 9 家、专业承包二级企业 22 家、专业承包三级企业 14 家。（戴一平）

【商品房预售管理】 2019 年，全市累计批准商品房预售 169 件，

面积249.24万平方米，同比上升3.16%。（戴一平）

【物业管理】 2019年，全市共有物业管理小区216个。城区共有小区311个，其中：物业小区128个，业主自治6个，失管小区177个；全市物业备案企业126家。（戴一平）

【住宅专项维修资金】 2019年，全市共收住宅专项维修资金3.26亿元，累计收住宅专项维修资金13.69亿元。（戴一平）

【建筑企业监督管理】 2019年，句容市住建局累计监管在建工程项目258个，建筑面积1485万平方米，工程造价305亿元。开展春节复工专项检查、脚手架、起重机械设备、施工用电、消防安全、高温及汛期安全、深基坑、高支模、冬季施工安全等各类和各季度专项检查活动，出动检查人员6500余人次，共检查、巡查在建工程项目达1750多批次，发现并纠正各类安全事故隐患达9000多条，开具安全隐患整改通知1500余份，局部停工整改通知书98份，办理终止施工安全监督告知书150份，安全生产约谈4次，移交执法立案66起。全年共受理并检测塔吊、施工升降机、物料提升机、高处作业吊篮、桩机等施工机械设备4327台次。（戴一平）

【建筑企业信用管理】 2019年，句容市住建局共向江苏省、镇江市建设主管部门新申报企业资质8家，增项申报企业资质14家，向住建部提交建筑业企业资质升级申请2家。全年共受理、申报26家企业安全生产许可证的新办申请、56家企业安全生产生产许可证的延期申请，变更申请28家；完成监理合同备案102项，施工合同备案133项，项目登记144项；对建筑企业安全管理人员3836余人进行了继续教育培训工作，办理安全管理人员证书延期1130人次。（戴一平）

住房保障

【概况】 2019年，句容市城市棚户区新开工1026套，城市棚户区基本建成3704套。全年共分配公共（廉租）租赁住房9套（间）；发放经济适用房货币化补贴1户、补贴金额20万元；发放廉租住房租赁补贴46户、18.49万元。列入年审的保障家庭共143户，审核通过79户，剩余64户补充材料中。调整句容市住房保障标准，低收入住房困难家庭收入保障标准由申请家庭人均月可支配收入2200元（含）以下，调整为2300元（含）以下；中低收入住房困难家庭收入保障标准由申请家庭人均月可支配收入2751元（含）以下，调整为2900元（含）以下。（戴一平）

电力供应

【概况】 2019年，句容全社会用电量32.12亿千瓦时，同比增长4.44%；完成供、售电量30.29亿和29.14亿千瓦时，同比分别增长4.31%和4.32%。截至2019年年底，全市区域内拥有35千伏及以上运行变电站35座，变压器总数64台，总容量302万千伏安。其中500千伏开关站1座；

住建局对在建工程开展监督管理

220千伏变电站6座，总容量126万千伏安；110千伏变电站17座，总容量155万千伏安；35千伏变电站11座，总容量21万千伏安。管辖110千伏线路34条，总长487千米；35千伏线路26条，总长231千米；10（20）千伏线路287条，总长4280千米；低压线路总长1.4万千米；配电变压器共6516台，总容量253万千伏安。年内，市供电公司“双轮四驱”青年员工管理模式获江苏省电力行业创新成果一等奖，用电检查班获评国网公司先进班组，建成全省首家县级公司智慧档案系统，职工书屋获江苏省“最美职工书屋”称号。（王　勇）

【安全生产】　2019年，市供电公司开展“七项主题安全专项活动”，严格安全管控系统应用，落实到岗到位制度，加大“两级督查”力度。年内接受省公司安全巡查，完成安全性评价专家查评，开展6项专项行动，整治各类隐患83条。全年排查重要高危用户用电隐患810处，发放整改通知书270份。（王　勇）

【电网建设】　2019年，国网镇江供电公司与句容市政府签署战略合作协议。句容市供电公司配合政府部门编制完成《句容市电力设施专项规划》，电网发展规划全面融入地方发展战略和产业布局。年内，220千伏华阳变移址新建项目取得省发改委立项核准，推进220千伏新坊输变电工程选址选线，推进110千伏肖杆、滨河、华南输变电工程及后白变电站整体改造工程。110千伏茅山输变电和35千伏信达光伏线路送出工程投入运营。优化35千伏网架结构，退役35千伏六里变电站、行香变电站和前进变电站。全年配农网工程投资2.47亿元，投运110千伏浮山、茅峰变电站10千伏配套项目，新增改造配电变压器299台，维修改造中低压线路630千米。深化配网自动化实用化，线路覆盖率达95%，终端在线率保持98%以上。（王　勇）

1月31日，国网镇江供电公司与句容市政府签署战略合作协议

【供电服务】　2019年，市供电公司优化电力营商环境，高低压业扩平均接电时长同比下降52.36%和8.06%，保障20余个重点项目按时送电。一般工商业平均电价再降10%，减少用户电费成本近4000万元。投用宝华山森林公园客车直流充电站。年内，句容市出台“建设综合能源服务平台”政策性文件，建成句容市综合能源服务中心，布局能效监测点1600个，接入28家重点企业用能数据。实施镇江唯一国有粮库电烘干改造等电能替代项目。全年替代电量达2.41亿千瓦时。（王　勇）

自来水供应

【概况】　2019年，市供水6288万吨，全市城乡DN75及以上管网累计2234公里。全年大小维修、上门服务共10983次，其中DN500以上维修、抢修共54次。年内，水务集团对原水和出厂水进行13项的日检，每月对集团的水源水进行29项检测，出厂水进行42项检测，定期对出厂水进行106项水质指标的检测，定期在水质监测点采样化验，随时掌握管网水质变化。全年出厂水、管网末梢水、水质综合合格率为100%。（林　婷）

天然气供应

【概况】　2019年，句容市除宝

华镇外新建中压管道48.165千米，高压管道1.01千米，累计建设中压管道总长225千米，高压管道总长25.81千米，低压管道总长为582千米，高中压调压站已建2座、在建2座，中中压调压站2座，累计天然气用户达9.9448万户，累计工商用户483户（其中商业433户、工业50户），年销气量超过6485万立方米；宝华镇建设管道总长195千米，居民用户数52459户，商业用户110户，新建中压3.9千米，累计建设中压38.8千米，低压156.2千米。截至2019年年底，句容市已完成20个老小区的天然气改造，完成乡镇管网建设20.207千米。（戴一平）

【燃气安全】 2019年，句容市对液化石油气储配站和便民服务点进行了联合安全大检查。共检查50家便民服务点，取缔1家无证经营供应点。经检查，全市共有违规建设燃气设施工业企业29家，截至2019年年底，共整改完成27家。（戴一平）

城市管理

【概况】 2019年，市城管局聚焦“一福地四名城”城市定位和“1355”战略部署，实施城市精美工程，创新管理方式，打造具有最佳人居环境的宜居宜游名城。年内先后被评为镇江市2018年度城市长效管理先进集体、2015—2017年度镇江市文明行业、镇江市“有难大家帮——慈善互济添保障”活动优秀组织单位。

（黄　潇）

【市容环境治理】 2019年，市城管局成立市容集中整治工作组，组织开展整治活动70余次，清理无照游商、店面外溢5.9万余起，乱堆乱放、卫生死角3200余处，清理占用停车位6400余次，清理落地广告牌1300余件。开展违法建设治理，查处违法建设292起，拆除违建5310平方米。查处违法夜间施工270余起。设置公益性宣传广告100余块，查处私设店字店招80余起、未审批拱门或气柱等广告100余起。施划华阳东、西、南、北路、建设路、南工路、宁杭南路等26条路7049个停车位，新增1300个停车位。招聘200余名非机动车停车秩序协管员，规范车辆有序停放。

（黄　潇）

【环境卫生管理】 2019年，市城管局采取定人、定时、定路段清扫保洁制度，对城区重点路段和商业繁华地区实行“早五晚九”16小时保洁制，对学校、车站等地区进行白天不间断保洁，保证城区范围内的生活垃圾日产日清。全年清理城市小广告“牛皮癣”28万起，清运城区生活垃圾约6.7万吨。落实“湿法作业”，对主次干道及污染路段循环冲洗，多功能抑尘车保持19小时循环作业，截至2019年底，共喷雾及洒水降尘约5900车次，道路冲洗约2300车次，机械化清扫约4200车次。（黄　潇）

【垃圾处理】 2019年，句容市新增19个垃圾分类试点小区，开展分类设施布设及宣传工作。对已实施垃圾分类的55个试点小区进行优化完善，增设垃圾分类设施600余个，开展垃圾分类宣传活动100余次。完善垃圾分类中转设施建设，建成运行可回收物分拣中心，处理能力达20吨/日。生活垃圾焚烧发电厂全年共焚烧

环卫工开展积雪清扫工作

处置生活垃圾约 21 万吨，无害化处理率达 100%。同时，加强农村垃圾收运体系建设。督查各镇按标准配置保洁员，对保洁员强化业务知识培训和安全教育。农村生活垃圾集中收运率达到 98%，无害化处置率达到 100%。

（黄　潇）

【环卫设施建设管理】　2019 年，市城管局推进餐厨废弃物应急处置及渗滤液处置项目，年内完成对应急处置设施、配套收运车辆的采购招标及相关审批工作。做好城北垃圾填埋场、天王垃圾填埋场封场治理。强化生活垃圾焚烧发电厂监管，督促第三方公司做好对焚烧发电厂的“一进四出”（一进：生活垃圾，四出：垃圾渗滤液、烟气、飞灰、炉渣）全过程生产指标以及环保耗材的足量投加等数据进行有效监管。加强农村环卫基础设施建设，组织各镇更换老旧收集容器，维修升级转运设施，统一喷涂转运车辆。截至 2019 年底，共改造垃圾房 110 座，密闭化改造垃圾清运车辆 43 辆。

（黄　潇）

【城市管理综合行政执法】　2019 年，市城管局严格落实“敬礼、亮证、说明来意”“三步式”执法要求，提升城管执法形象，并采取早七点至晚九点不间断巡查。利用对讲机做好工作协调和支援配合，发挥无人机违法建设巡查优势，使用执法记录仪做好真实执法现场的记录和取证工作。同时，12319 城管服务热线、“文明句容智慧城管”公众号 24 小时受理市民举报。截至 2019 年底，数字化城管平台共上报案卷 54018 件，立案 51813 件，处置 30144 件。

（黄　潇）

【乡镇管理】　2019 年，市城管局在农村环境卫生长效管理上，按照“组保洁、村收集、镇转运、市处理”的模式，加强农村垃圾收运体系建设。在推进农村公厕建设上，明确专人在开展全市农村公厕实地考察的基础上，加强与各镇、街道、管委会的沟通对接工作，完成全年 66 座农村公厕新建改建目标任务。　（黄　潇）

“望山驿站”智能公厕

【城乡“厕所革命”】　2019 年，市城管局深化“厕所革命”，推进 7 座公厕改扩建工程。全年完成 7 座公厕改扩建任务，并投入使用。同时，推动各镇（街道、管委会）实施农村公厕新建、改建工作，明确专人负责，确保农村“厕所革命”工作落到实处。（黄　潇）

城市绿化和园林建设

【概况】　2019 年，句容市城市建成区绿地率 33.24%、绿化覆盖率达 35.43%、人均公共绿地面积 10.62 平方米；由市城管局直接负责管养的绿地面积为 273.46 万平方米（其中城区为 211.84 万平方米、开发区为 28.62 万平方米、华阳镇为 33 万平方米）。

（黄　潇）

【园林绿化工程建设】　2019 年，市城管局完成句容河二期景观带绿化工程建设，并推进葛仙湖公园扩建工程，打造成环成片的亲水滨河空间。实施城区绿化提档升级、“一路一品”工程，开展洪武路、西部干线南延、华阳南路南延等道路绿化亮化工程。配合宁句线地铁项目部和市政部门工作，移植小苗约 1700 平方米，各种球类灌木 90 多棵，乔灌木 1300 多棵。配合交通部门完成华阳四路“白改黑”工程移植苗木工作，移植小苗面积约1000平方米，各种球类及乔灌木70多棵，铺设草坪3000多平方米。（黄　潇）

【绿地养护】　2019年，市城管局做好日常绿化养护工作，对城区管辖范围内绿地进行5—6遍循环病虫害防治。对管辖范围内的30多条路段的树木、绿篱及草坪进行循环修剪4—5次。夏季高温、秋季干旱期间，安排水车加班加点先后出车2000多次。对城区各路段、公园等地的草坪进行冷、暖季型复播约5.3万平方米；对各公园、广场、城区绿地集中补植约1.3万平方米。（黄　潇）

【公园广场管理】　2019年，市城管局更换葛仙湖公园、崇明公园等公园广场文明城市建设标语200余块；出新大圣塔门窗油漆约1000平方米。维修城区公共绿地内的景观灯、树池、座椅、垃圾筒等公共设施共约1000起，绿地内硬地铺装、木栈道约1500平方米，改造汀步约280平方米。处理绿化带内乱堆的杂物、树上的悬挂物、绿地内种植菜地等损绿、毁绿事件约400起。（黄　潇）

水利设施建设与管理

【概况】　2019年，全市水资源总量4.92亿立方米，年用水量3.38亿立方米。境内河流分属秦淮河水系、太湖水系和沿江水系，特定的地形条件，使得句容成为水旱灾害频发的地区，也决定了水利在全市经济社会发展中始终占有特殊的地位。截至2019年年底，全市已建成在册中小型水库57座，湖泊2座，省名录骨干河道13条，镇级河道67条，灌排泵站402座，干支斗农渠道1110千米，各类水工建筑物21974座。这些水利设施的建成，使全市基本形成了比较配套完善的蓄、引、提、调、排、灌水利工程体系，在历次防洪抗旱过程中，发挥了巨大的社会和经济效益。

（陆秀才）

【水利规划】　2019年，句容市加强农田水利建设、深入推进农业水价综合改革，全面实施河长制，保障水生态文明建设，创新体制机制，以河长制为抓手，开展农村河道疏浚和生态河道治理，推行水利设施社会化专业化管理。

（张白霞）

【重点水利工程建设】　句容市重点水利建设项目有句容市仑山水库除险加固工程。2017年12月由镇江市水利局、句容市水利农机局组织有关专家对仑山进行安全鉴定，结果水库为三类坝，建议尽快进行水库除险加固。2019年11月13日，句容市水利局委托江苏鸿成工程项目管理有限公司对句容市仑山水库除险加固工程勘测设计进行公开招标，2019年11月21日，淮安市水利勘测设计研究院有限公司中标句容市仑山水库除险加固工程的勘测设计工作，2019年12月底，完成仑山水库除险加固的初步设计方案。

（卞伟嘉）

【水利工程管理】　11月21日，句容河、后白中河堤防及句容、二圣两座水库通过镇江市水利局的蚁害达控和复查验收。11月28—29日，潘冲、李塔、石山头、老虎洞、马埂、迎春、白沙、跃进、溧西等9座水库大坝通过句

二圣水库水源地通过行政验收

容市蚁害复查验收。12 月 9—10 日，句容市白沙、金山（天王）、仑环 3 座水库通过省规范化小水库考核验收。至此，全市有 40 座小水库创成省规范化小水库，创建率达 78%。（张佳丽）

【水政水资源管理】 2019 年，市水利部门突出管理创新，坚持依法行政，强化规范管理，加强监督指导，依托科技保障，完成水利管理各项工作任务。年内，句容市创建“国家级节水型社会达标县”通过省级验收；江苏智达高压电气有限公司、江苏赛达电子科技有限公司、巨宝精密加工（江苏）有限公司、江苏苏南药业实业有限公司、江苏兴文包装有限公司、江苏华桑食品科技有限公司、江苏新顺福食品有限公司、建华建材（中国）有限公司成功创建镇江市节水型企业。同时，开展“世界水日”“中国水周”宣传纪念活动，先后举办微信集字互动宣传、水法知识宣传咨询、抖音宣传推广等活动。（舒作香）

【水库移民后期扶持项目】 2019 年，江苏省水利厅共计下达各类后期扶持资金 5032.62 万元，其中直补资金 1088.16 万元，自主外迁移民补助 14.46 万元，大中型水库移民后期扶持项目资金 3930 万元。年内，重点助推乡村振兴试点何庄村，总投资达 2460 万元。（舒作香）

2019 年句容市水库一览表

表 25

序号	水库名称	水库规模	所在乡镇	序号	水库名称	水库规模	所在乡镇
1	北山水库	中型	华阳街道	22	小马埂水库	小（1）型	茅山风景区
2	句容水库	中型	华阳街道	23	上杆水库	小（1）型	茅山风景区
3	仑山水库	中型	边城镇	24	仑环水库	小（1）型	边城镇
4	二圣水库	中型	后白镇	25	何家坝水库	小（2）型	白兔镇
5	茅山水库	中型	后白镇	26	邹培塘水库	小（2）型	白兔镇
6	墓东水库	中型	茅山风景区	27	尹巷水库	小（2）型	白兔镇
7	潘冲水库	小（1）型	茅山风景区	28	小沿坝水库	小（2）型	边城镇
8	李塔水库	小（1）型	茅山风景区	29	团结水库	小（2）型	边城镇
9	石山头水库	小（1）型	华阳街道	30	东庄水库	小（2）型	边城镇
10	固江口水库	小（1）型	黄梅街道	31	茅陈水库	小（2）型	茅山风景区
11	虬山水库	小（1）型	郭庄镇	32	东塘水库	小（2）型	后白镇
12	王庄水库	小（1）型	白兔镇	33	白云观水库	小（2）型	茅山风景区
13	中心水库	小（1）型	白兔镇	34	南庄水库	小（2）型	茅山风景区
14	龙山水库	小（1）型	天王镇	35	东进水库	小（2）型	茅山风景区
15	马埂水库	小（1）型	茅山风景区	36	民兵水库	小（2）型	茅山风景区
16	方山水库	小（1）型	天王镇	37	蟒蛇洞水库	小（2）型	茅山风景区
17	幸福水库	小（1）型	白兔镇	38	五四水库	小（2）型	黄梅街道
18	红旗水库	小（1）型	茅山风景区	39	黄坑水库	小（2）型	宝华镇
19	老虎洞水库	小（1）型	茅山风景区	40	五里冲水库	小（2）型	宝华镇
20	肖庄水库	小（1）型	华阳街道	41	白沙水库	小（2）型	天王镇
21	青菜地水库	小（1）型	天王镇	42	杨家坝水库	小（2）型	天王镇

续表 25

序号	水库名称	水库规模	所在乡镇	序号	水库名称	水库规模	所在乡镇
43	跃进水库	小（2）型	天王镇	51	迎春水库	小（2）型	天王镇
44	龙海水库	小（2）型	天王镇	52	溧西水库	小（2）型	天王镇
45	金山（袁）水库	小（2）型	天王镇	53	四清水库	小（2）型	天王镇
46	石龙洞水库	小（2）型	华阳街道	54	草塘水库	小（2）型	天王镇
47	戴木坝水库	小（2）型	茅山镇	55	林华水库	小（2）型	天王镇
48	南塘水库	小（2）型	茅山镇	56	深坑水库	小（2）型	下蜀镇
49	青年水库	小（2）型	天王镇	57	冷水孔水库	小（2）型	下蜀镇
50	金山（天）水库	小（2）型	天王镇				

（舒作香）

5 月，赤山湖水利枢纽完成提升改造

科学技术

责任编校：刘明亮

综　述

【概况】　2019年，全市科技工作紧紧围绕实施创新驱动发展战略，深化科技体制机制改革，推动科技经济紧密结合，加快产业转型升级，大力推动高质量发展，科技各项工作成效明显。中国中小城市高质量发展指数研究课题组等发布中小城市高质量发展指数，句容位居2019年度科技创新百强县第51位，比去年提升2个位次。2019年，每万家企业法人中高新技术企业数达74.37家（有效期内高新技术企数92家），规模以上工业企业中有研发活动企业数占比达34.17%。年初，科技日报社中国科技网等发布中国区县专利与创新指数，句容位列全国百强县第31位。

高新技术产业发展加快。2019年，依托全市现有产业基础，瞄准战略性新兴产业发力，加快推动产业做大做强。全年申报国家高新技术企业3批80家（重新认定25家、新申报55家），获批高新技术企业43家。全年申报高企入库培育企业56家，获批入库培育49家，入库培育企业比上年翻三番。全年通过国家评价的科技型中小企业97家。全年申报省科技民营企业9家，认定9家。

科技创新载体持续加强。2019年，句容市积极做好孵化载体绩效管理，获省孵育计划奖补资金152万元，在全省县（市）里排名第一。对各级载体平台认定配套奖励、补贴资金721.5万元。新增1家国家级企业技术中心，2家企业获省工程技术研究中心绩效评价优秀评级，1家企业通过省级企业院士工作站验收。全市省级以上载体、平台82家，其中国家级科技孵化器3家，国家级众创空间2家，省级科技孵化器3家，省级众创空间5家，省级众创社区1家，省级科技产业园4家，孵化园区总面积达到55.5万平方米，在孵企业数300余家；省重点研发机构3家，省级院士工作站2家，省级研究生

7月，上海大学专家到句容市考察交流

工作站36家，省级工程技术研究中心21家；省级科技公共服务平台2家。

科技金融结合成果丰硕。2019年，句容市依托科技金融服务中心、高新创业投资公司、科技小贷公司等多个金融平台，充分运用和创新金融产品和服务，重点支持科技型中小企业发展，全年共为34家企业办理“苏科贷”备案放款1.23亿元，华阳科贷贷款余量达1.4亿元，全年撬动银行资本超过3亿元。充分发挥省地联动融资平台各项资源优势，积极开展科技企业融资路演活动，助力企业创新发展，全年共开展6场专业化科技金融路演活动，路演企业现场获得银行对接意向55项8600万元。落实科技型中小企业研发费用奖励政策，对符合条件的31家企业给予605.3万元奖励。

现代高效农业特色明显。2019年，镇江国家农业科技园区顺利通过科技部考核。句容市彩叶苗木星创天地获省科技厅备案，省农科院与白兔镇人民政府共建句容草莓产业研究院，江苏省草莓产业技术创新战略联盟获批省级农业产业技术创新战略联盟。全市拥有国家级星创天地3家、省级星创天地6家、省级农业产业技术创新战略联盟2家、省级农业科技型企业12家、省级科技型农民专业合作社4家、各级农业科技示范园64个，以“园区+孵化+高校院所+科技企业+科技平台”发展模式，推动农业科技创新、示范推广快速发展，实现传统农业向现代农业转变。

（科技局）

【省级企业院士工作站通过验收】2019年，省科技厅公布2019年省级院士工作站验收结果，由该市建华建材（中国）有限公司承担的江苏省企业院士工作站顺利通过验收。该工作站由中国工程院院士缪昌文领衔，共有55位专业人才团队参与。该院士工作站筹建期间，共承担省级以上科技计划项目4项，其中国家级项目3项，获得省部级以上科技成果奖1项，申请发明专利15件，形成关键核心技术4项，研发出新型目标产品11件，转化创新成果5项，发表学术论文9篇。

（科技局）

科技管理

【概况】 2019年，句容市根据改革部署要求，全面推进深化科技体制机制改革，将知识产权管理转隶至市场监管部门，外国专家管理服务由人社局转入，并结合科技管理实际，成立综合计划和对外合作科，牵头管理市级科技计划管理，将原来单一科室管理改为多业务科室分阶段管理，线下申报改为线上申报评审，进一步推动由管理向服务转变、由重立项向重实施转变，切实公平、公正、公开的将科技项目作为推动企业创新发展、转型升级的最强动力。（李　权）

【科技项目管理】 2019年，句容市研究制定出台《句容市科技计划项目监管制度》，加强科技计划项目过程管理，完善科技项目实施和经费使用监管。优化完善句容市科技计划项目申报系统，高效实现科技计划项目的网上运作和管理，项目评审更加“公平、公正、公开”。重新修订《句容市创新企业培育实施办法（试行）》及《句容市促进科技成果转化奖励办法（试行）》2个管理办法。（张　颖）

【科技政策宣传】 2019年，句容市成立市科技局科技政策宣导队伍，加大全市科技政策宣传力度，全年组织开展“两送一问”活动20次，服务企业30多家，发放科技创新服务手册1100余份。全年举办各类科技政策座谈、现场业务培训、对接活动等18场次，培训人数达900人，其中科技金融融资路演活动6场次、高企政策和实务培训6场次，培训及辅导企业150多家。邀请财务专家赴企业开展苏科贷备案、税收减免、研发费用加计扣除等问题现场辅导4次。（李　权）

科技活动

【概况】 2019年，句容市坚持以科技创新引领供给侧结构性改革，持续加大政产学研合作力度，激发全市科技创新活力，全力助推产业转型升级和高质量发展。积极带领全市科技企业到高校院所对接，推动企业与高校深度合作，全年共签订各类产学研合作协议40项。组织企业参加产学研对接活动6场次。（李　权）

10 月，句容市举办 2019 海外院士句容行对接活动

2019 年句容市科技计划项目（镇江市级以上）情况一览表

表 26

序号	项目名称	承担单位	项目类别	项目层次
1	草莓采后储运生物保鲜技术集成应用与示范	江苏龙山湖生物科技有限公司	重点研发计划（现代农业）	镇江市级
2	大银鱼人工繁育关键技术集成应用与示范	句容市华南水产养殖专业合作社	重点研发计划（现代农业）	镇江市级
3	MDA5 基因遗传变异与 HCV 病毒清除关系流行病学研究	句容市人民医院	重点研发计划（社会发展）	镇江市级
4	句容市帕金森病前驱期队列的建立和早期综合诊断指标体系的研发	句容市人民医院	重点研发计划（社会发展）	镇江市级

（科技局）

【产学研活动】 2019 年，句容市分片区、分园区、分产业组织企业与同济大学、上海大学、张江科技园、哈尔滨理工大学等高校院所和孵化器开展产学研专场对接与科技招商活动，共向全国相关高校院所发布技术需求 50 项，签订各类产学研合作协议 40 项，省农科院与白兔镇人民政府共建句容草莓产业研究院，建华建材与海南大学签订 1.2 亿元的共建海堤防腐蚀预制混凝土研制项目，唐邦机电、盛邦旅游与上海大学机器人产业研究院签约智能下肢助行康复机器人项目，句容投资集团与上海大学初步达成河道污染治理合作。10 月，举办 2019 海外院士句容行对接活动，俄罗斯、乌克兰、白俄罗斯等独联体的 11 名海外院士参加对接，有 3 家企业与院士深入洽谈，初步达成合作意向。（李　权）

科技计划

【概况】 2019 年，句容市坚持以科技项目实施带动企业创新，加强对服务对象的帮扶指导，不断提升企业创新能力和水平。全年共申报省级以上重点科技计划项目 13 项，其中产业前瞻与共性关键技术 4 项、现代农业 7 项；镇江市级重点研发计划项目 14 项，立项 4 项。积极做好句容市科技计划申报立项工作，最终立项 111 项，全年下达本级科技计划项目和科技创新奖补资金 2233.8 万元（科技金融专项资金 3700 万元单列使用）。（李　权）

【科技项目申报与立项】 2019 年，句容市共申报各级各类科技计划项目 27 项，其中省级 13 项、镇江市级 14 项；共立项 4 项（现代农业 2 项、社会发展 2 项），争取科技经费 36 万元，其中江苏龙山湖生物科技有限公司承担的“草莓采后储运生物保鲜技术集成应用与示范”项目和句容市华南水产养殖专业合作社承担的“大银鱼人工繁育关键技术集成应用与示范”项目分别获得经费 15 万元；句容市人民医院承担“MDA5 基因遗传变异与 HCV 病毒清除关系流行病学研究”项目和“句容市帕金森病前驱期队列的建立和早期综合诊断指标体系的研发”项目分别获得经费 3 万元。

（李　权）

科技成果

【概况】 2019年，全市科技创新工作成效明显，尤其是平台载体建设、科研平台搭建、科技成果转化上亮点纷呈，企业创新能力和水平明显提升，共新增1家国家级企业技术中心，2家企业获省工程技术研究中心绩效评价优秀评级，1家企业通过省级企业院士工作站验收，获评国家科技进步奖二等奖1项，获评“中国好技术”1项。 （李 权）

【创新载体建设】 2019年，句容高创园、光明中小科创园获得省级A类优秀评级，东恒空港高创园、富达创业园、国华健康科技孵化器和万城青年人才创业园获得省级B类良好评级，共获省孵育计划奖补资金152万元，在全省县（市）里排名第一。积极开展市级平台载体培育认定及省级以上载体平台奖励，全年对各级载体平台认定配套奖励、补贴资金721.5万元。天晟药业和苏南药业省工程技术研究中心绩效评价获得优秀评级，建华建材院士工作站通过验收，建华建材创成国家级企业技术中心。 （曲剑华）

【获评国家科技技术进步奖】 2019年，国家科学技术奖共评选出296个项目和12名科技专家，镇江市有4项科技成果获奖，句容市江苏金沃机械有限公司范刚华参与的“混合材高得率清洁制浆关键技术及产业化”项目获评国家科技进步奖二等奖1项，全国造纸行业也仅有4个项目获此殊荣。 （孙有喜）

【获评“中国好技术”】 2019年，由中国生产力促进中心协会组织开展的“中国好技术”评选结果公布，全国共评出89项“中国好技术”成果。镇江市2项技术榜上有名，句容市获得1项，该项技术是江苏威尔迪威阀业有限公司的“国内首创DN1600超大口径长输管线球阀项目”。 （孙有喜）

雪后仙境　杨志国摄

综　述

【概况】　2019 年，全市有 3 所普通高中，1 所中专校，11 所初中，27 所小学，1 所九年一贯制学校，1 所特殊教育学校，1 所句容碧桂园学校。普通高中学生 6019 人，初中学生 12236 人，区域内小学毕业生全部入学，入学率为 100%，年巩固率为 99.92%；初中毕业生升学率 98.46%，小学生 27593 人，入学率 100%，巩固率 100%，特殊教育学生 119 人，特殊学校为省特殊教育现代化示范学校。践行细节教育理念，落实立德树人方针，全面加快育人水平与教学质量的提升。全年有文昌中学、洪武路小学、勤学路幼儿园等 6 所学校建成交付使用。继续深化“县管校聘”改革，激发全系统的发展热情。对幼儿园小学化倾向、校外培训机构、义务教育学校违规办学行为和学校安全风险隐患进行专项整治，进一步优化教育的秩序与环境。出台《句容市教育系统装备采购管理办法（试行）》，严格落实好安全“一岗双责”制，以创建“江苏省平安校园建设示范市”为突破口强化校园安全管理，推动教育治理水平不断提升。全社会尊师重教的氛围日益浓厚，设立宝华玉兰基金，各镇助学兴教政策激励在各学段得到全覆盖。教育局在 2019 年市级机关部门绩效考核中取得大满贯，获 2019 年市级机关部门综合考核第一等次、市级机关部门高质量发展“重要贡献奖”、被表彰为“市级机关部门服务高质量发展十佳单位”。在省义务教育质量监测中，句容市小学教育质量超省和镇江的平均水平，在镇江市名列前茅。句容市被评选为首批江苏省 STEM 教育县域实验区。

（周长鹰　谈海利）

【义务教育质量提升】　2019 年，句容市在省义务教育质量监测中，小学教育质量超省和镇江的平均水平，在镇江市名列前茅；中考成绩实现通过 3 年左右努力达到辖市平均水平的目标。此外，学前教育和职业教育在全省地位持续提升。　（谈海利）

【招生与教育资源整合】　2019

9 月 6 日，句容市举行宝华玉兰教育基金启动仪式

年，句容市对城区和宝华镇等地的招生进行规范，制定详细的招生方案，做到原则性与灵活性相结合。撤并二圣中学、黄梅中学、石狮中学、大卓中心小学等学校，在城区新建文昌中学、洪武路小学，城区初中由三足鼎立变成四轮驱动，校政企合作开办凤凰城小学和幼儿园。科学整合教育资源，确保新建学校办一所成一所。（谈海利）

【高考质量提升】 2019年，句容市学习借鉴周边高中教育管理先进经验。对高考奖进行审核发放，真正拉开差距，修订宝华玉兰基金发放办法和新的高考奖励办法，起到很好的激励作用。在生源逐年减少的情况下，高考录取本科的绝对人数与本一达线率都稳步提升。（谈海利）

【教育管理规范】 2019年，句容市深入开展教育领域人民群众反映强烈的突出问题专项治理，对幼儿园小学化倾向、校外培训机构、义务教育学校违规办学行为和学校安全风险隐患进行专项整治。严格落实好安全“一岗双责”制，以创建“江苏省平安校园建设示范市”为突破口，强化校园安全管理。进一步加强财务管理内控制度建设，出台《句容市教育系统装备采购管理办法（试行）》，严格按要求进行过程管理，防范廉政风险，保证教育的和谐稳定。（谈海利）

【教育保障】 2019年，句容市市镇两级落实教育优先发展战略，全社会尊师重教的氛围日益浓厚。全年有6所新建的学校交付使用。在债务管控的情况下，财政对教育的支持力度不减，全系统工会福利有保障，志愿导学专项资金得到落实。学前教育专项经费、特殊教育融合中心建设经费都得到保障。各学段的政策激励得到全覆盖。（谈海利）

教师队伍

【概况】 2019年，句容市有在岗教职工4876人（其中专任教师4059人）。新增正高级教师2人。全市共有省人民教育家培养对象3名，特级教师14人，正高级教师8人，镇江市有突出贡献中青年专家5名，省“333高层次人才培养工程”培养对象9人，镇江“169工程”学术技术带头人5人、镇江“169工程”科技骨干29人，句容市“313工程”学术技术带头人4名、句容市“313工程”科技骨干34人，镇江市名校长4人、句容市名校长11人，镇江市学科带头人36人、镇江市骨干教师183人、句容市学科带头人440人、句容市骨干教师共有911人，镇江市教坛新秀32人、句容市教坛新秀90人。省级乡村骨干教师培育站2个，镇江市名师工作室6个，句容市级乡村骨干教师培育站10个，句容市教师工作室25个。（毕道玉）

【教师培训工作】 2019年，句容市制定《句容市教师培训规划（2019年—2023年）》，进一步完善覆盖全员、遵循规律、分层施训培训体系。修订《句容市优秀教育人才奖励与引进工作实施办法》，明确部属师范院校和985、211大学优秀毕业生通过人才引进或者公开招聘到句容任教，转正定级后，考核优秀每年奖励2万元、合格奖励1万元，连续发放5年；省乡村定向师范生高于一本线10分以上的发放大学期间补贴4万元—6万元。教师在职进修获得硕士、博士学位的分别奖励2.4万、3.6万元。成立南京师范大学、陕西师范大学实习基地，招聘师范生到句容市实习，给每名实习生每月发放2000元生活补贴。2019年，引进公费师范生16名，录用的省乡村定向师范生35人中32人达到本一线及以上。教师硕士进修奖励经费高达40万。评选教育系统第五批后备干部76名；先后举行青年干部论坛、后备干部培训班、暑期领导干部培训班等。积极创建市、县级教师发展示范基地校，其中省句中创成镇江市级示范基地校，实验高中、市二中、华阳中学、华阳实验小学、实验幼儿园创成句容市级示范基地校。（毕道玉）

【师德师风建设】 2019年，句容市组织2019年“师德建设主题月”活动。启动“四有”（有理想信念、有道德情操、有扎实学识、有仁爱之心）好教师团队建设，成立“四有”好教师团队49支。举行主题为“老师您好!”第35个教师节庆祝表彰活动，表彰全国优秀教师1人，镇江市十佳教师8人、镇江市优秀教育工作者25人，镇江市师德标兵4人、镇江市师德先进个人11人、镇江市优秀班主任16人、镇江市德育先进工作者10人，第三届句容市最美乡村教师3人、最美乡村教师提名奖6人，句容市优秀教育工作者50人、句容市先进教育工作者60人、句容市师德先进个人60人、句容市优秀班主任101人。

（毕道玉）

【交流工作】　2019年，句容市安排西藏达孜教师跟岗培训活动3次；组织推荐第二批援疆教师8人（高中7人、初中1人）；做好援陕教师送达与交接工作，组织到陕西蒲城慰问支教教师活动，落实援陕教师保险事项。举办省定向培养师范生培训班，接待秦皇岛抚宁区教育局代表团、河北昌黎县教育代表团来该市交流县管校聘等师资队伍建设工作。

（毕道玉）

【“县管校聘”人事制度改革】　2019年，全市中小学开展适岗竞聘工作。撤并的石狮中学、黄梅中学、二圣中学、大卓中心小学，共144名教职工在全市“竞争上岗、双向选聘”。组织片区内城乡学校管理人员、教师互派交流，共计27人。暑期教师交流教师达401人，占符合交流条件教师的16.8%。校长交流12人，副校长交流17人。探索集团化办学模式，成立华阳中学教育集团（华阳中学、文昌中学），实验小学教育集团（实验小学、福地小学、洪武路小学），崇明小学教育集团（崇明小学、文昌小学、凤凰城小学），有力地促进新校的发展，放大优质教育资源的辐射面。

（毕道玉）

【教师补充渠道优化】　2019年，句容市将教师招聘时间提前，采用综合评价和面试相结合的简化程序，组织到校园招聘研究生。引进、招聘公费师范生6名、研究生9名，落实5名省免费男幼师入编工作，招考各类教师113名。联合编办、人社招录29名人事代理教师，在宝华镇试点合同教师制度，为宝华中小学招聘合同制教师39名，合同制教师经费全部由镇财政承担，由劳务公司实行劳务派遣。

（毕道玉）

9月1日，句容市凤凰城小学（崇明小学凤凰城分校）举行揭牌仪式暨入学典礼

教育督导

【概况】　2019年，句容市教育督导工作以教育高质量发展为统领，紧紧围绕市重大决策部署和教育中心工作，积极开展教育督导体制机制改革探索，扎实开展督政、督学、质量监测工作，致力推动教育优质均衡发展，落实立德树人根本任务，各项工作取得新成绩，促进市教育持续健康发展。

（鲍春进）

【义务教育优质均衡发展市创建】　2019年，句容市对评估细则精准研读，学深悟透，厘清创建中的重点难点问题，针对问题列出整改目标、时间表和路线图，对全市42家义务教育学校的台账资料按科室进行逐一初审，并面对面反馈问题，督促整改。进行校校行现场督查，与校长面对面交流，不仅进行创建重要意义的宣传，还对迎检工作提出指导意见。发了致全市人大代表、政协委员的一封信，着重从教育发展呈现出的良好态势等方面进行宣传和介绍。

（鲍春进）

【督学队伍建设】　2019年，句容市聘任新一届责任督学26人，机关6位退职科长兼任责任督学。先后组织责任督学到四川成都、陕西西安参加责任督学挂牌督导创新实践研修，提升督学理论水平，学习先进督导方法。在镇江市组织开展的优秀督导案例评选活动中，该市报送的案例有8篇分获一、二、三等奖。开通“句容教育督导”公众号，有序推行“掌上督导”。进一步优化和完善督学考核管理办法，综合考核更加关注工作过程和督导成效。

（张晓蓉）

【督导活动开展】 2019年，句容市共开展常规督导768次，下发反馈单682份，听课815节，电话访谈家长3840人次，座谈走访教师2526人次、学生3808人次、家长1282人次，问卷调查教师2882人次、学生4258人次、家长286人次。强化“一月一督”，开展联合督导、需求督导。 （张晓蓉）

【学前教育挂牌督导】 2019年，句容市在学前教育挂牌督导全覆盖的基础上，进一步提升对幼儿园挂牌督导工作的针对性与实效性，促进各级幼儿园办园水平不断提升。开展办园行为督导，对全市18所幼儿园进行了办园行为实地督导评估，15所幼儿园被评为优秀等第，3所幼儿园被评为良好等第。组织幼小衔接专项督导，先后对全市26所公办园开展前期调研和专项督导。 （张晓蓉）

【教育现代化建设】 2019年，句容市做好教育现代化监测分析工作。完成2018年度教育现代化建设监测分析工作，得分为91.42分，比2017年度高0.4分。按序时要求审核上报2019年度教育现代化建设监测数据。做好“双创”“回头看”复查工作。对22家“双创”“回头看”单位进行专项督导。规范开展满意度调查。共对4538名教师、54711名学生和9400名家长进行网上问卷调查。

（张晓蓉）

教育基础建设

【概况】 2019年，句容市文昌中学、洪武路小学、黄梅中心小学、凤凰城小学、勤学路幼儿园、凤凰城幼儿园等一批教育工程交付使用；石狮小学、城东南小学、下蜀桥头小学、水畔新居、新城樾府两所小区配建幼儿园等一批在建工程稳步实施；宝华新城实验小学和幼儿园、福地路小学和幼儿园、省句中等项目有序推进。继续督促碧桂园凤凰城、恒大童世界配建学校的建设。 （教育局）

【城镇小区配套幼儿园治理】 2019年，句容市政府办牵头，成立由教育局、住建局等多部门和属地政府组成的专项治理领导小组，制定治理工作方案，9月，迎接镇江市教育局督查。至2019年12月，征收配建费4.32亿元，为后续幼儿园资源建设提供资金保障。

（教育局）

【改善市属学校办学条件】 2019年，句容市将河滨路小学运动场改造、崇明中学、崇明小学及文昌校区维修改造共408万元，按项目生成机制流程办理，竣工验收；安排华阳中学109万元专项补助；安排512万元用于市二中、华阳中学、实验小学、崇明小学购置设备；投入1450万元新建实验高中艺术综合楼。 （教育局）

教育装备

【概况】 2019年，句容市教育装备工作积极推行“标准+特色”教育装备发展模式，精细管理，科学使用，紧抓省智慧校园认证的契机，不断提升教育信息技术与装备理水平。 （教育局）

【规范装备管理】 2019年，句容市出台《句容市教育系统装备采购管理办法（试行）》，对学校采购项目进行分类指导和过程管理，进一步规范装备采购行为。实行装备管理项目负责制，市级装备管理坚持旬查月通报制度。初步构建基教、教研、督导和装备四位一体的装备管理联动机制。积极参加实验教学技能大赛、说课比赛等，该市教师有5人获省一、二等奖，20余人获镇江市一等奖。该市选手代表镇江市参加高中物理技能团体赛，获一等奖。

（教育局）

【教育特色发展】 2019年，句容市初步形成以数字化实验室为主的区域特色。各校也根据办学传统和办学特色，建设特色装备，形成一校一品的格局。省句中的STEM教育，天王中心小学的太极拳、黄梅小学的机器人、郭庄中

宝华镇开展冬季校车安全演练

校外培训机构专项治理检查组开展实地检查

心小学的校园足球等初具影响。（教育局）

【教育信息技术建设】　2019年，句容市稳步推进“智慧校园”创建。该市有10所学校顺利通过镇江市智慧校园验收，25所学校申报江苏省智慧校园合格校，启动句容市教育局网站群及教育城域网等级保护测评工作；有序推进“省名师空中课堂”的注册、推广、应用工作，全市义务教育阶段的学生基本完成平台开通，学生账号开通率达92%。（教育局）

学校安全

【概况】　2019年，句容市有25所学校创成省级平安校园，44所学校创成镇江市平安校园，26所学校为句容市平安校园。全市有29家学校食堂推行“5S”食堂先进管理模式，有6所学校创成省级餐饮安全示范单位，该市学校优秀食堂85家，占比达86%以上，超过全省和镇江市平均水平。2019年9月，通过镇江市委政法委、市公安局专家对9所申报“镇江市五星平安校园”的学校审核验收。（教育局）

校外培训

【概况】　2019年，句容市共有215家各类校外培训机构，其中证照齐全的学科类培训机构57家，艺体类培训机构98家（全部持有营业执照），托管服务类机构60家（全部持有营业执照），没有无证无照违规经营的非法办学机构。（教育局）

【校外培训机构专项治理】　2019年，句容市精心做好完善专项治理工作长效管理机制、加强校外培训机构审批审核进程、进一步规范校外培训机构办学行为、多方位健全学校课后服务制度、提高舆论宣传质量做好思想引导五方面的工作，确保各类违规培训机构规范有序，对非法培训机构发现一起查处一起。（教育局）

学前教育

【概况】　2019年，句容市有幼

儿园51所，其中公办园41所，民办园10所，公办园占比80%；省优质幼儿园37所、镇江市优质幼儿园5所，省优占比为79%，优质园占比89%。2019年在园幼儿16056名，其中托班155名（10个班），混合班95名（5个班），特教班7名（1个班）；在公办幼儿园和普惠性民办幼儿园就读幼儿14474人，占比为91%；在优质园就读幼儿14344人，占比为90%。全市幼儿园共有流动人口子女3006人，其中在公办幼儿园或普惠性民办幼儿园就读2504人，占比83%。

（颜　玲　孔　慧）

【学前教育优质资源增长】　2019年，句容市积极推进学前教育五年行动计划，完成句容市实验幼儿园勤学路分园和黄梅街道中心幼儿园凤凰城分园标准化建设，并投入使用；完成3所江苏省优质幼儿园创建，2所江苏省优质幼儿园复审，2所镇江市优质幼儿园创建。　（颜　玲　孔　慧）

【幼儿园保教管理】　2019年，句容市防止学前教育“小学化”倾向，通过分享交流、实地参观、共同研讨的方式共同探讨预防小学化倾向践行课程游戏化的实施路径，大力推进全市幼儿园课程游戏化建设，细化幼儿园养成教育，提高科学保育教育水平。以培养幼儿良好的生活习惯为切入点，推进养成教育的有效实施。扎实开展学前教育宣传月活动。

（颜　玲　孔　慧）

【课程游戏化特色推广】　2019年，句容市形成较为丰富的幼儿园户外环境建设和游戏活动本土课程资源，涌现一批具有特色的课程游戏化项目园，滋养出2名省级课程游戏化指导专家。先后为省内外27个地区3200多人次提供课程游戏化现场观摩活动，并先后为上海、天津、江西、新疆、西藏、陕西浦城、睢宁、南京等地区提供跟岗学习。该市有26篇课程游戏化案例被推为省、部优，并在省基础教育信息管理系统等各大平台中宣传推广。课程游戏化成效多次被《中国教育报》《江苏教育报》《学前教育》等媒体专题报道。

（颜　玲　孔　慧）

小学教育

【概况】　2019年，句容市有小学27所小学，1所九年一贯制学校，1所十二年一贯制民办句容碧桂园学校，共有小学生27593人，入学率100%，巩固率100%。洪武路小学（实验小学分校），凤凰城小学（崇明小学分校）全面投入使用，共招生7个班，开启市集团化办学的新篇章。（唐　莉）

【新校建成投入使用】　2019年9月，洪武路小学（实验小学分校），凤凰城小学（崇明小学分校）建成，全面投入使用，共招生7个班，开启该市集团化办学的新篇章。　（唐　莉）

【教育内涵建设】　2019年，句容市在省基础教育内涵建设项目申报中，华阳中心小学“走好每一步”象棋特色文化成功申报小学特色文化建设项目；市边城中心小学“小小盆艺师”、黄梅中心小学“少年‘军历’特色课程建设”项目在镇江市基础教育内涵建设项目申报中获得立项。

（唐　莉）

初中教育

【概况】　2019年，句容市有13

句容市洪武路小学

所初中学校，1所九年一贯制学校，1所民办十二年一贯制句容碧桂园学校。共有初中学生12236人。（吕益泉）

【学校拆并】　2019年9月，句容教育布局继续优化，句容市二圣中学拆并，教师分流，档案和施教区划归后白中学，升入初三的学生也整体并入后白中学。拆并开发区管委会区域内的石狮中学和黄梅中学，新建并启用文昌中学。（吕益泉）

【志愿导学】　2019年，句容市积极落实《镇江市人民政府办公室印发关于开展中小学生课后服务工作的指导意见（试行）》（镇政办函〔2019〕49号）精神，全市初中学校为有需求的学生和家庭提供放学后时间的在校延时服务，市财政为城区三所市属初中配套126万元，用于课后服务的专项资金发放。（吕益泉）

【智慧校园创建】　2019年，句容市文昌中学、行香中学、春城实验学校等12所学校通过镇江市智慧校园评估。有14所学校申报争创下一年度的镇江市智慧校园，力争到2020年市智慧校园数达全市学校总数的70%。（吕益泉）

普通高中教育

【概况】　全市有3所普通高中，1所十二年一贯制民办句容碧桂园学校，普通高中学生6019人。（周长鹰）

【高考达线率】　2019年，句容市高中教育质量有明显提升。高考中，全市3所普高本一达线550人，达线率35.3%，比上一年提高2.3个点，超省11.7个百分点；本科以上达线88.8%，比上一年提高5.6个点，超省平均29个点；文科390分以上2人，理科400分以上11人，各分数段均有显著提升。（周长鹰）

【建立长效激励机制】　2019年下半年，句容市在原有“高考奖励”的基础上，教育局多方协调，争取到“玉兰教育基金”和“高三过程性奖励金”两项助学兴教奖励金，同时明确各项奖励方案，向一线教师，向多干优干教师群体倾斜的原则，让广大教师实实在在地感受到多劳多得，优劳优酬，营造良好的氛围。（周长鹰）

职业技术教育

【概况】　2019年，江苏省句容中等专业学校新招学生1241名，东西协作招收云南普洱籍学生102名。毕业生实习安置率达98.5%，中级工技能鉴定100%。智慧校园一期项目工程顺利完成。申报数控技术应用、旅游管理江苏省职业学校现代化专业群，汽车应用与维修、旅游综合江苏省职业学校现代化实训基地。汽车运用与维修专业入选首批教育部1+X证书制度试点。承办2019年江苏省职业院校教学大赛旅游服务组和农林牧渔组（中职组）现场决赛。学校与句容市华夏汽车修理厂开展产教融合型企业建设培育试点。2019年，省句容中等专业学校在省创新创业大赛荣获1个特等奖，1个一等奖，4个三等奖；在省技能大赛中获得1块银牌、25块铜牌；在省教学大赛获2个三等奖。（滕庆林）

【对口高考工作】　2019年，在对口高考中。省句容中等专业学校共有212名学生参加技能和文化理论考试，本专科录取率100%，其中本科录取38人，“3+4”转段升学54人，全部转段升入南京晓庄学院和三江学院本科院校。（滕庆林）

社区教育

【概况】　2019年，省标准化社区教育中心和省标准化社区（村）居民学校实现全覆盖。各社区教育中心密切联系各部门大力开展创业就业、岗位技能、实用技术等从业人员培训。承办“全国城乡社区教育宣传工作培训”。茅山镇“丁庄葡惠学习苑”被认定为全国终身学习品牌项目，被省委宣传部等部门表彰为“三下乡”先进集体；白兔镇的“茗苑农业（茶叶）基地”被省教育厅确认为“江苏省教育服务三农高水平示范基地”。开发具有地方特色的社区教育课程和乡土教材，《宝华之古树名木》荣获全国十佳优秀乡土课程，《天赐福地　王者樱

花》荣获全国优秀乡土课程。市教育局荣获全省“社会教育宣传报道先进集体”。（滕庆林）

【全民终身学习活动】 2019年10月28日，句容市全民终身学习活动周启动仪式在赤山湖湿地公园隆重举行。全市各镇（街道、园区）广泛开展学习型单位、学习型企业、学习型家庭等“三项学习型组织”和学习型个人评选活动。句容市被中国成人教育协会评为“2018年全民终身学习活动周优秀组织单位”。

（滕庆林）

特殊教育

【概况】 2019年，句容市特殊教育指导中心成功申报省特殊教育发展工程项目；全市建成31个融合教育资源中心，确保每个镇（街道、管委会）建成符合省相关标准的学前、小学和初中融合教育资源中心各1个。（教育局）

高等教育

·江苏农林职业技术学院·

【概况】 江苏农林职业技术学院创建于1923年，学院发展成为以涉农专业为特色的多学科、综合型高等职业技术学院，形成以校本部为主体，江苏农博园、江苏茶博园相呼应的“一主两翼”校园格局。

学院占地面积400余公顷（6000余亩），建筑面积47万平方米，设有农学园艺学院、风景园林学院、畜牧兽医学院、茶与食品科技学院、经济与人文学院、机电工程学院、信息工程学院、马克思主义学院、国际教育学院、继续教育学院等10个学院，56个专业（方向），在校学生13000多人。2019年，学院成功入选中国特色高水平高职学校（A档）建设单位。

2019年，学院对接江苏八个千亿级农业领域，组建和打造7个专业群，其中现代农业技术和园林技术两个专业群立项“双高”计划重点专业群。该院学生获国家级比赛一等奖4项、省级竞赛奖170项，学院成立全国首个大学生农机驾驶考培基地，设立“中德作物生产与农业技术示范园”农机人才培训基地。学院获评全国高校教学管理50强、高等职业院校教学资源50强，该院师生主持设计的“江苏园”获2019北京世界园艺博览会组委会大奖。

2019年，学院获得国家自然科学基金依托单位资格，获批多个国家级科研平台。牵头成立省草坪产业技术创新战略联盟。获全国农业丰收奖一等奖1项、“中国林业产业创新奖”2项、省科技进步奖及省农业丰收奖2项、省教育教学成果奖（自然科学类）2项。学院获2019年高等职业院校服务贡献50强称号。

2019年，学院积极探索集团化办学，成立“中国现代宠物职业教育联合体”。与中航国际合作，推进肯尼亚大中专学校师资培训，与老挝、乌干达、加蓬、澳大利亚、法国、荷兰等合作，建设研习基地，输出农学类专业建设和技术资源。2019年招收学历留学生100人。

江苏农林职业技术学院组织农技专家到天王镇农户家中进行技术指导

2019年，学院坚持依法办学、民主管理，优化内部治理，促进文化育人，获2019年度全省大中专学生志愿者“三下乡”社会实践活动先进单位等荣誉称号，获批2016—2018年度江苏省文明校园。获首届江苏青少年新媒体工作新媒体建设先进单位提名奖。

（农林学院）

·南京财经大学红山学院·

【概况】　南京财经大学红山学院成立于1999年，是一所经教育部批准，由南京财经大学创办，培养普通全日制本科人才的独立学院。学院拥有桥头和福建路两个校区，校舍建筑总面积33万平方米，自有馆藏图书110余万册。学院有在校生8800多人，一、二年级学生就读于桥头校区，三、四年级学生就读于福建路校区。2019年，顺应国家对独立学院改革发展的新要求，南京财经大学和安徽新华集团建立历史性战略合作关系。

2019年，学院紧密依托南京财经大学的优质学科和师资资源，坚持经管为主，兼具文法的专业特色，设置国际经贸系、金融税收系、会计系、工商管理系和文法系等5个系，开设国际经济与贸易、贸易经济、法学、英语、会计学、财务管理、审计学、人力资源管理、金融学、保险学、税收学、工商管理、市场营销、电子商务、物流管理等15个本科专业。

（红山学院）

明亮校园　郑芳摄

文化·体育

责任编校：陈龙浩

文　化

·综述·

【概况】　2019年，句容市以建设“最有味道的历史文化名城”为目标，推进国家公共文化服务体系示范区创建。充分发挥文化馆、图书馆等市级文化设施的总揽作用，通过分馆、文化站、村级基层文化服务中心等基层服务点建设，融合文体广场建设，实现文化资源的有机整合。年内，边城镇综合文化站荣获省基层公共文化服务效能提升示范工程奖，白兔镇太平村被镇江市委、市政府评为“十佳基层综合文化服务中心”，郭庄镇建成综合文化站，通过镇江市验收。　（文旅局）

·公共文化服务·

【概况】　2019年，句容市着力打造“最有味道的历史文化名城”，发挥公共文化机构的基本职能作用，规范各类公共文化机构服务项目和服务流程，加强公共图书馆、文化馆、博物馆设施免费开放工作，着力提升农村公共文化服务水平和服务效能，全市文化惠民各项工作扎实开展。句容市文化旅游局依托文化服务平台，开展各项新时代文明实践活动。平台囊括机关、图书馆、文化馆、博物馆、乡镇文化站等功能场所，串联起网格社区服务中心、城市书房、书吧、农家书屋等特色实践点，整合现有阵地资源和独特的句容文化内涵，构建服务群众的大平台。各场馆以社会主义核心价值观为要求，发挥特色，开展各项文明实践活动。

（文旅局）

【图书馆事业】　句容市图书馆是句容市公共图书馆，于2015年实行全面免费开放服务政策，新馆建筑面积达1.5万平方米，功能区设置主要有电子阅览室、数字图书馆、学术报告厅、亲子乐园、少儿借阅、成人借阅、期刊报纸、残障人借阅、24小时自助图书馆、

句容市图书馆举行“世界读书日”全民阅读活动

密集书库等。同时，句容市图书馆成立204个流通点，每个场馆约有图书2000册，按照中国图书馆分类法进行分类，各类图书一一编码，在每个流通点安装了图书借阅系统，可以办理读者证，在全市范围内图书通借通还。2019年，句容市图书馆共办证3141张，流动人次68万多人次，全年书刊文献外借20.6万册次。全年开展各类读者活动、公益讲座近300场，吸引5000多人次。句容市图书馆围绕“4·23”世界读书日推广全民阅读，开展了“同在一座城，同读一本书”为主题的图书以旧换新活动，市民可用自己闲置的图书换回自己感兴趣的“新书”。（文旅局）

【文博事业】 句容市文博单位主要包括句容市博物馆和句容市先吴文化博物馆。句容市博物馆位于葛仙湖公园内，占地0.58公顷（8.8亩），建筑面积1800平方米，拥有展室四个。全市拥有各级文物保护单位13处，馆藏文物两千余件和古钱币十万枚。现有句容通史陈列、碑刻陈列、民俗文物陈列长期对外开放。2006年8月被授予“镇江市爱国主义教育基地”，2012年1月1日，改造一新的历史展厅正式免费对外开放。句容市先吴文化博物馆位于镇江句容市茅山风景区内，占地面积1.67公顷（25亩），建筑面积达6230平方米，原名江南土墩墓博物馆，2013年12月8日，正式建成对外开放，2018年3月，更名为句容市先吴文化博物馆。

2019年，句容市以“文化双抢”工程为引领，向国家文物局报批《隆昌寺消防工程设计方案》《隆昌寺戒坛附属建筑、屏教所项目计划书》，推进宝华山隆昌寺明清建筑群的保护工作。句容市博物馆协助市“双铁办”完成宁句轨道交通、南沿江铁路沿线的考古勘查；协助白兔镇实施巫恒通旧居维修工程，将秦淮花灯、张家镗舞、摇花船、犟驴子等非遗展演融入元宵灯会、中秋灯会中。国家非遗项目“秦淮灯彩”参加台湾元宵灯会，传承人陈柏华参与2019年度央视中秋晚会节目录制。句容市博物馆、市先吴文化博物馆全年免费接待总人次达18万以上。（文旅局）

庆祝新中国成立70周年主题歌会

【文化惠民】 2019年，句容全市16个文化场馆常年免费开放，市文化馆免费开设少儿和成人文艺培训，共招收近千名学员。举办“百姓大舞台”“畅享句曲”和“业余文艺团队技能大比拼”等群众性文化活动，举办句容市第25届少儿故事比赛。围绕新中国成立70周年举办的“歌唱祖国”主题歌会，吸引了全市45家单位近1500人参赛。第七届广场舞大赛参赛队伍超过137支，创历史新高。“文化四送”和“文化六进”活动全年送文化下乡120多场；农村电影放映2000余场，免费向城乡居民送春联2000余副。年内，边城镇综合文化站获省基层公共文化服务效能提升示范工程奖；开发区新建文体广场3个，累计面积达5500多平方米；句容市文化馆被镇江市命名为全民艺术普及基地；白兔镇太平村被镇江市委市政府评为“十佳基层综合文化服务中心”。

（文旅局）

·文化产业·

【概况】 2019年，句容坚持以文促旅、以旅彰文，围绕建国70周年的主题，加大红色旅游的开发建设力度，相继推出了13条“茅山红色研学线路”，许多文旅产品屡屡登录中央电视台、省市等重要媒体，深受市场追捧。及时掌握重点文旅项目的建设动态，服务好重点项目建设。年内，茅山景区入选“中国品牌旅游景区”江苏省20强，茅山新四军纪念馆获评第一批“江苏省党史教育基

地”。截至2019年年底，恒大童世界完成全年计划投资100%，康缘养生谷完成120%，温泉谷完成106%。（文旅局）

【文化市场管理】 2019年，句容市文旅局成立文化旅游安全生产专委会，制定文体广旅系统安全生产专项整治行动工作方案，开展“七黑”专项治理行动，查处“黑网吧”“黑歌厅”“黑车”“黑导”“黑社”“黑广播”“黑健身房”，取缔无证和证照不全的经营场所。开展隐患排查，出动安全生产专项检查1000余人次，检查企事业单位2900余家次，向司法机关移送1家非法经营场所，全年未发生一起安全生产事故。。强化企业主体责任，采取日常巡查、联合检查、重点排查等形式，抓好文体广旅市场专项整治、“扫黑除恶”等工作。共出动执法人员2120次，全年检查印刷厂和书店、网吧、歌舞厅、高危体育项目、景区、旅游区、星级酒店等经营场所5860家次，收缴非法音像制品27张，收缴非法出版物1500余册。立案查处违规经营50家次，下达责令整改及停业通知书共13份，处罚数额累计达27.4万元。（文旅局）

【出版管理】 2019年，句容市以优质服务提升印刷发行和版权管理。年初，完成全市市63家印刷企业、52家出版物发行单位和15家音像制品单位的年度报告公示、统计年报工作。年内开展“双随机、一公开”检查，对出版物印刷企业、校园周边书店等重点企业进行抽查，发现问题现场指出、限时整改、到期复查。组织全市印刷企业负责人到苏州参观中国印刷业创新大会、第二届江苏省印刷行业创新发展博览会以及参加镇江市印刷企业负责人培训班，通过走出去参观培训，提高企业法规意识、安全意识和环保意识。组织开展关于著作权作品版权登记的培训会议，并对句容市的部分企业单位进行了作品著作权免费登记等相关业务知识进行了上门服务。发动系统内外摄影、书法、绘画、剧目、非遗等创作人员申报作品版权登记。（许鹏峰）

【茅山新四军纪念馆加入省红色文化资源战略联盟】 8月14日，“学习强国”江苏学习平台“E起学习”工作室成立暨“红色宣讲映初心”首播活动在新华报业传媒集团举行。茅山新四军纪念馆等省内17家红色文化单位和新华日报签约结成全省红色文化资源战略合作联盟。（茅　管）

·文化遗产·

【物质文化遗产】 2019年，句容市以市博物馆考古人员为主体，配合完成宁句轨道交通沿线的考古调查。完成南沿江铁路考古调查勘探工作。协助镇江博物馆进行曾布墓的调查和发掘工作，新增发现石人石马，出土有人物形状瓦当等文物。对茅山镇乡村振兴项目进行考古勘探，并通过省专家组验收。完成后白镇政府修缮乐善桥工程验收；帮助白兔镇实施巫恒通旧居维修工程，并组织验收。配合南京博物院进行沿江高铁考古和城上村遗址调查勘探。协助句容投资公司，完成葛洪纪念馆的文物征集阶段任务，配合中国中医药科学院完成展览大纲初稿。协助茅山风景区管委会和句容道教协会，与清华大学遗产研究院共同做好洞天福地申报世界文化遗产的基础性工作。协助茅山风景区管委会，完成南镇街修复项目。全面运行文物保护单位的视频监控系统，开展省市级以上文保单位的文物本体核查，安装春城土墩墓群文物界桩。完成国家级青铜器、陶器修复工作，与岗下遗址，孔塘遗址阶段性考古项目一起均通过国家验收。（文旅局）

【非物质文化遗产】 2019年，句容市以志愿服务、经典诵读、节日民俗、文化娱乐等活动为载体，坚持立足本土、因地制宜、就近就便，积极挖掘传统节日的文化内涵，创新传统节日的载体形式。举办“非遗”专题展演活动，推进“非遗”民俗文化项目的活态保护。春节期间民俗花灯非遗项目在千华古村展演；元宵节期间将“秦淮灯彩”融合在元宵灯会活动中，并在台湾新北市举办秦淮灯彩大型元宵灯会；“我们的节日”端午文化周系列活动中，以“旱龙舟”比赛活动促进非遗项目“花船”在全市各乡镇的传承、交流和提高。市文旅局会同有关部门，开展“识百草”实践体验以及包粽子、做香囊、挂艾草等非遗展演活动。（文旅局）

·文艺活动·

【概况】 2019年，句容市坚持

句容市第四届群众文化艺术节

江苏省农家书屋阅读推广示范活动

以文化服务平台阵地建设为基础，以服务群众为导向，以活动培育为抓手，健全志愿服务工作机制，聚焦文化实践活动，发挥文化旅游资源优势，打造新时代文化艺术新高地。年内开展“送文化下乡”惠民演出、“倡导移风易俗弘扬时代新风”群众文艺巡演、“齐抓共管共创平安”群众文艺创作展演、“文化进军营共颂鱼水情”军民联欢晚会、新中国成立70周年“百姓大舞台”文艺专场等多场文艺活动，举办10多场次书画展。华阳街道获评全省广场舞大赛“基层优秀组织奖”。

（文旅局）

【第四届群众文化艺术节】 5月30日，第四届群众文化艺术节开幕式暨2018年度“句容好人”“句容市新乡贤”颁奖活动举行。此届文化艺术节以“壮丽70年，奋斗新时代”为主题，开展首届业余文艺团队大比拼优秀节目展演、“歌唱祖国”主题歌会、“身在福中，dou爱句容”短视频大赛等活动。活动中，罗江霞、陆明桂、戴礼高等20人获2018年度“句容好人”称号；赵贤财、严秀林、史海金获第二届句容市“新乡贤”称号。

（文旅局）

【“歌唱祖国”主题歌会】 2019年，为庆祝中华人民共和国成立70周年，唱响时代主旋律，展示句容人民爱国爱党、奋发向上的精神风貌，营造“一福地、四名城”建设的浓厚文化氛围，句容市举办“歌唱祖国”主题歌会，全市47家单位50支队伍近3000人参赛。经过初赛、复赛的角逐，最终18支队伍晋级决赛。9月24日，歌会决赛在市文化艺术中心广场举行，

（文旅局）

·书香城市建设·

【概况】 2019年，句容市以国家公共文化服务体系示范区建设为抓手，推动“书香句容”建设，全民阅读活动“书香八进”创成特色阅读活动品牌。全年免费发放各类图书1000余册，举办100余场国学讲座、44期书香句容—朗读者活动、100余场豆丁读书节、50余场悠礼悦读节等一系列阅读推广活动，组织开展青少年国学经典诵读活动、“庆祝中华人民共和国成立七十周年”读书分享会，图书借阅量累计达21.6万余册，接待读者61万人次。

（文旅局）

体　育

·综述·

【概况】 2019年，句容市群众

体育、竞技体育、体育产业三者相互融合、相互促进、共同发展，将体育作为助推器，推动句容全民健康建设。推进公共体育设施建设，实现市、镇、村（社区）三级体育健身场所全覆盖。开展形式多样的体育活动，年内先后组织开展乒乓球、羽毛球、足球、篮球、游泳、自行车等12项全民健身系列赛事活动。办好品牌名赛，提升句容体育赛事影响力，年内举办句容国际马拉松赛、赤山湖国际公开水域游泳挑战赛暨铁人三项邀请赛等重大体育赛事。大力发展体育产业，体彩销售额突破1.18亿元。（文旅局）

2019“世界无车日”绿色骑行

句容市“千台万人”乒乓球选拔赛

·群众体育·

【体育设施建设】 2019年，句容市新建1个体育小公园、3个镇江市级多功能运动场、健身步道10公里。新增健身路径60套、室外乒乓球桌40副、室内健身器材25套、室内乒乓球桌60套。根据全国普查情况，截至2019年年底，全市共建成体育场地设施1982个，体育场地面积195万平方米，人均3.1平方米，其中公共体育场地设施面积超过110万平方米，人均1.76平方米。全市12个镇街、12个城市社区、153个行政村均建有文体活动中心（广场），实现市、镇、村（社区）三级体育健身场所全覆盖。

（文旅局）

【全民体育活动】 2019年，句容市开展各类健身活动100余次，参与人数超10余万人次。开展句容市全民健身系列赛事活动，计划赛事乒乓球、羽毛球单项赛、毅行赤山湖、象棋、围棋、篮球、自行车绿色骑行、游泳、登山、足球、羽毛球团体、国家体育锻炼标准、冬泳共13项，超过1万人次句容居民参加。市文旅局与老年人体育协会，乒乓球、足球、篮球、登山、围棋、马拉松、武术、钓鱼、冬泳、掼蛋等各体育类社团联合举办群众体育赛事活动40余场，包括迎新春乒乓球赛、象棋赛、红红火火过大年活动、“走遍句容”户外健走系列活动、老年人健身项目展示、老年体育节开幕活动、太极拳公益授拳、足球联赛、篮球联赛、“舞动江苏”广场舞大赛句容海选赛、70周年门球赛、少儿围棋比赛、掼蛋海选赛等各级各类的赛事活动。句容市两支门球队获镇江城市门球业余联赛总决赛的冠、亚军。开展教体融合，举办太极拳、广场舞和门球项目三级社会体育指导员培训班，300余名社会体育指导员参训。镇、街道、管委会举办各类农民体育节，活动包括篮球、乒乓球、拔河等近十项结合农民生产生活的体育项目，参与居民10000余名。（文旅局）

【体育类社会组织建设】 2019年，句容市根据《社会团体登记管理条例》的规定，审批掼蛋运动协会、众乐户外运动俱乐部、句容市茅山六字诀俱乐部、一路童行少儿运动俱乐部、渐悟泳技俱乐部等体育类社会组织。句容市体育总会、社会体育指导员协会、乒乓球协会、门球协会等协会按规定组织改选，各社会组织的年检工作正常有序进行。截至2019年年底，句容市体育类社会组织共73家。（文旅局）

·竞技体育·

【概况】 2019年，句容市立足实际，充分挖掘自身潜力和比较优势，办好品牌名赛，不断提升句容体育赛事影响力，成功实现办赛服务能力和城市品牌影响双提升，社会效益和经济效益双跨越。年内，福地句容国际马拉松比赛、赤山湖国际公开水域游泳挑战赛暨铁人三项邀请赛、环太湖国际公路自行车赛连续举办，使得这些赛事具备一定的知名度和影响力。年内获2019第十届环太湖国际公路自行车赛群体工作组织奖。（文旅局）

【2019句容国际马拉松赛】 4月27日，2019福地句容国际马拉松赛在文化艺术中心广场开跑，来自10个国家的1万多名参赛选手参赛。本次赛事分为全程、半程和迷你3个项目，赛道途经茅山风景区、涵田半岛等多个知名景点，在设置全程、半程男女子组冠军的同时，还设置了中国籍选手特别奖，以中国籍运动员按照净计时成绩单独排列名次。最终全程马拉松男子、女子组的第一名分别被来自肯尼亚的选手那戈瑞·福兰斯·麦娜和柯兹亚·万基库摘走。半程马拉松男子、女子组的冠军分别由埃塞俄比亚选手阿布拉和范迪获得。（文旅局）

第十届环太湖国际公路自行车赛句容赛段比赛

【句容赤山湖国际公开水域游泳挑战赛暨铁人三项邀请赛】 8月31日，康师傅2019句容赤山湖国际公开水域游泳挑战赛暨铁人三项邀请赛开幕。比赛分两天进行，并设有铁人三项全程分龄组、铁人三项半程分龄组、公开水域竞速组和公开水域畅游组。来自全国各地近2000人参赛，赛事在线直播量近100万。（文旅局）

【第十届环太湖国际公路自行车赛句容赛段比赛】 10月14日，2019第十届环太湖国际公路自行车赛句容赛段比赛在赤山湖国家湿地公园开赛，来自世界各地的21支专业车队126名车手参加赛事。最终来自法国德科马赛普罗旺斯车队的琼斯以2小时59分55秒的成绩获赛段冠军。此次比赛被CCTV5、旅游卫视以及新浪、腾讯等平台直播，多家国际媒体直播或转播。（文旅局）

【第九届LTW国际路亚（BASS）大赛】 11月16日，第九届“N·S blackhole杯”LTW国际路亚（BASS）大奖赛在仑山湖国际路亚基地开幕。此次比赛登陆湖南卫视、荔枝新闻、四海钓鱼等8家电视台以及20家网络媒体直播平台，共有海内外路亚爱好者36组72位钓手参赛，为期两天。最终张勇、余峰组合获得冠军，勇毅炜、滕祝峰二人获亚军，王文才、王朝亮获第三。（边城镇）

【其他体育赛事】 4月，举办句容市第四届校园足球联赛，全市初、小学校一共97支代表队参赛。5月，举办第十五届中小学生乒乓球比赛。10 月，举办第三十届中小学生田径运动会，全市所有中小学全部参赛。11 月，举办句容市第十三届中小学篮球比赛，全市 35 个中小学校全部组织男女队伍参加比赛。12 月举办第八届中小学象棋比赛。中小学生各组别前两名参加镇江市校园篮球总决赛和镇江市“市长杯”校园足球赛。4 月 19—21 日，江苏省体育局主办、句容市人民政府承办、句容市广电体育局协办的江苏省青少年乒乓球冠军赛（第一分站赛）在句容市举办。2019 年，市优秀运动员夏小茜在 2019 红双喜奥星杯全国少儿乒乓球比赛中获女子乙组 A 组单打冠军、双打冠军、团体冠军；并在全国新星杯比赛中获双打第一、单打第三、团体第三；在全国少年乒乓球比赛（南方赛区）中获得女子单打第四名；在全国四环杯比赛中获得团体第三；在江苏省冠军赛上获冠军。在 2019 年江苏省青少年田径锦标赛暨县级田径比赛（第一赛区）中，句容市华阳实验小学运动员王滔获男子丙组 60 米和 100 米两项省冠军，并创造句容市两项新纪录。（文旅局）

·体育产业·

【概况】 2019 年，句容市根据全市体育产业发展现状，在对接优质资源、引入先进业态、做好营销宣传等方面，大力扶持培育体育产业主体，培育体育产业龙头企业。全年体彩销售额突破 1.18 亿元，网点数达到 126 个。（文旅局）

跑操　卢家首摄

大众传媒

责任编校：陈龙浩

新闻宣传

【概况】 2019年6月，句容市融媒体中心组建并挂牌成立，9月，市融媒体中心党委批准成立。年内，市融媒体中心围绕全市中心工作和发展大局，以“守正创新、融合发展”为重点，发挥媒体深度融合和聚合共振效应。创新“广电+”产业模式，提高产业核心竞争力。承办《2019茅山长青第二届茶文化节》《第十届丁庄葡萄节》《政协七十周年文艺汇演》《第二届感动句容》等一系列大型活动。持续开发少儿市场，办好广电小记者团，开办小演员培训班，继续开拓中老年旅游市场。获“2016—2018年度江苏省文明单位”荣誉称号。（曹小旭）

【电视新闻宣传】 2019年。句容市融媒体中心围绕建设“一福地四名城”、“1355”战略部署、“70周年庆”等主题主线，开设《专家学者眼中的一福地四名城》《高质量发展》《不忘初心 牢记使命》《壮大产业经济巡礼》等20多个专栏，着重报道重点工程、重大项目建设推进、举措和成果。其中《走出舒适区 攻坚打硬仗》从禁放、一夜雪无、文明城市建设三个点例阐述全市上下一心攻坚克难的精气神；《解读新精神》从过去、现在、未来三个维度阐述“尊上德、崇人文、勇拼搏、甘奉献”十二字内涵。《啄木鸟在行动》栏目关注民生热点，服务百姓生活，从周播到日播，全年播出281条，超过90%的报道有追踪、有回应、有解决，舆论监督实现常态化长效化。选取文化遗迹和古今名人系列题材，开播《记忆句容》第3、4季共12集短纪录片。（曹小旭）

6月30日，句容市融媒体中心正式揭牌

【报纸媒体宣传】 2019年，《句容日报》聚焦重大部署，推出《零距离》《大走访，走出新气象》《新中国成立70周年》《句容解放70周年》等新闻专栏，采写《葡萄架下说文明》《“大走访”圆耄耋老人心愿》《92岁老兵难忘抗战经历》等一批高质量稿件，刊发《风雨滋润草木、奋斗成就梦想》《创最优营商环境让“双创”活力迸发涌流》等评论。关注民生动态，开设“融媒观察”栏目，推出《持续干旱 秋收秋种怎么办》《厚植文明沃土构筑道德风尚高地》《诚信制度建设是根本》等一系列记者调查稿件。强化对新闻的策划调度，如“走进百企”栏目，推出《捧花蜂业：辛勤酿造“甜蜜事业”》《新光环保在高速高铁上烙上边城印记》等一系列企业发展故事。

（曹小旭）

【新媒体宣传】 2019年，《看句容》APP进行改版，实现新闻+政务+服务。打造客户端“智慧服务”，开展对各乡镇、部门、单位进驻“政务”版块的邀约工作；丰富“看句容”APP的政务和服务的功能种类；开设“电商”版块，为广大用户提供商品展示和线上预订。全年，“句容TV”总阅读达到122万人次，“看句容”APP总阅读达到81万人次，手机平台日均阅读达到6000多人次，头条号和搜狐号转载阅读量超675万次。年内制作《1分钟带您走过句容70载!》，推出《代表委员话一福地四名城》《打赢脱贫攻坚战》《醉美秋色看句容》等系列报道和微视频报道，开展《我和国旗合个影》照片征集、《融媒主播 祝福祖国》（快闪）等活动。

（曹小旭）

【媒体融合发展】 2019年，句容市融媒体中心与江苏省广播电视总台“荔枝云”平台合作，开发“荔枝云”平台与本地融媒体平台接口，通过专用网络实现两个系统的对接。部署“宣传管理”“‘荔枝云’平台采集和汇聚”“综合服务”“外宣通联”“‘荔枝云’采编发应用服务”“数据分析”等六大模块，促进各类媒资要素有效整合、融通共享、职能协同，打造先进的媒体深度融合的标准化融媒体平台。聚焦70周年庆，开展《壮丽70年 奋斗新时代》一福地、四名城大型新闻行动，以新媒体、电视、广播、报纸记者组团集中采写方式，展现各种媒体特点和优势，经集中生产制作后形成短视频、电视报道、新媒体报道、平面报道、广播报道产品系列统一在各终端发布，实现融媒体传播“+”效应。

（曹小旭）

【助推乡村振兴】 2019年，句容市融媒体中心通过“媒体+外宣”，打造高溢价旅游产品。十一期间，将茅山景区特色文旅活动推上中央电视台《新闻联播》，帮助景区节省宣传运营费用超过100万元。通过“媒体+文创”，聚合产业功能。10月，中央电视台新闻微博客户端发布了一条由市融媒体中心拍摄的天王粉黛乱子草的短视频，阅读点击量高达143万，持续两个月的粉黛花季，芝樱小镇的营收仅门票收入就达到300万元。通过“媒体+活动”，形成高端效益。丁庄第十届葡萄节全程由市融媒体中心承办，游客数量突破55万人次。与市茶叶协会共同策划举办句容茅山长青茶叶节，茅山长青茶品牌价值大幅度提升，茅山长青茶品牌2019年评估价值达13.82亿元，较两年前增长4.36亿元。 （曹小旭）

广播电视管理

【概况】 2019年，句容市继续推进数字电视网络、智慧广电工程建设。建成以有线、无线互为备份的两大应急覆盖网络，具备多路应急广播并发能力。建立健全应急广播体系使用规范，指导推动各有关方面积极使用应急广播体系开展社会管理和应急处置工作，年内获评2019年度江苏省

8月18日，句容市融媒体中心承办的“句容第十届丁庄葡萄节”主题晚会举行

境外卫视传播秩序专项整治工作先进单位，新时代文明实践智慧云平台和党建标准化记实管理系统获得“江苏省首届智慧广电示范项目”，新时代文明实践智慧云平台获得第三届全国广电集客业务“最佳县级融媒体业务奖”。

（文旅局）

【数字电视】 2019年，句容市广电网络有限公司新发展数字电视用户6160户，数字电视终端达到24.9万台。继续开展高清惠民行动，高清终端突破7.4万台，4K云媒体用户近2万户，广电宽带用户达到3.4万户。全年，数字电视《电影院线》栏目更新500部最新电影资源；上线《炫力少儿》最新栏目；推广省教育厅发布的“名师空中课堂”版块，对教师、学生家庭新开户、置换提供100元的收视补贴；对低保户家庭和贫困学生家庭减免有线电视收视费。同时，市广电网络有限公司推进智慧广电工程建设，开展新时代文明实践中心智慧云平台、智慧党建二期、雪亮工程、应急广播、智慧磐石、智慧监所、智慧安监、智慧镇村等大小近30个智慧广电工程。完成全市应急广播体系建设，实现全市应急广播终端行政村全覆盖，架设农村“大喇叭”4000余个。

（广电公司）

【广播电视安全播出监管】 2019年，句容市完善安全播出应急预案，责令广电台开展虚假医疗广告的自查自纠，自觉接受群众监督，举一反三，自觉清理同类广告并书面反馈，保障广告播放规范有序。开展互联网视听节目和境外影视节目播放监管，规范频道频率使用，开展卫星电视广播、传播秩序专项整治，共查处2处“黑广播”。

（文旅局）

网络媒体

【概况】 2019年，句容市市网络媒体管理坚持“正能量是总要求，管得住是硬道理，用得好是真本事”，打造最优舆论环境和最稳网络保障。年内，组建市委网信办，“句容发布”公众号排名继续保持镇江区域官方发布号、句容区域公众号“双第一”。

（许鹏峰）

【网络宣传】 2019年，句容市依托网络阵地载体，开展形式多样、亮点纷呈的特色网络宣传活动。举办第二届网络嘉年华活动，举办第二届集体婚礼暨移风易俗推广活动。结合“庆祝新中国成立70周年”主题活动，与百度、字节跳动等主流平台合作，开展“身在福中抖爱句容”抖音挑战大赛，有近60条作品参赛、总播放量达1100多万。借助H5等新媒体形式，创新“两会”、全会等呈现方式，激发政务传播新活力。邀请网红大咖，自带流量开展“句容福道”竖屏传播，成功推向全网。“句容发布”公众号携手融媒体中心，掌握重大消息首发权、政策事项阐释权、热点事件回应权，推出一系列精品力作。建成市级主流新媒体矩阵，指数排名跃居镇江第一。（许鹏峰）

【网络管理】 2019年，句容市召开市委网信委第一次会议，成立句容市委网信委和网信办，增设舆情应急和指挥中心，建成网络舆情监测中心，出台《句容市网络舆情全时全网监测实施方案》，建立7×24小时全网全时监测制度。强化域内网站、媒体管理，出台《网络媒体互授权转载“白名单”制度》，全面加强网络版权保护。密切上下横向联系，动态梳理排查风险隐患，坚持“对内执法”“对外协调”两手抓，科学应对处置各类舆情。突出敏感领域和“三重”工作，科学研判舆情风险，“一事一策”制定预案。上线“句容发布网”，协同82家职能单位入驻“微问答”，打造本地权威网络咨询问政平台。

（许鹏峰）

【网络安全】 2019年，句容市将网络安全作为确保政治安全和意识形态安全的头等大事来抓，制定《网络安全工作要点》等系列文件。加大全市关键系统漏洞的排查力度，配合镇江市对市人社局金保系统、市市场监督管理局开展网络安全专项检查，对检查出的100余个安全漏洞做好整改。开展国家网络安全周主题活动，网络安全试点学校华阳中学完成挂牌。在全市开展两轮关键信息基础设施隐患排查，先后收集信息40余条。开辟互联网举报及辟谣平台，常态化开展有害信息举报，确保每月不少于900条。开展“清朗2019”专项整治行动，整治网络色情低俗、虚假谣言、诈骗赌博等有害信息，关闭关停非法网站50余家。（许鹏峰）

卫 生

责任编校：刘明亮

综 述

【概况】 2019年，全市拥有各级各类卫生机构223个，比上年增加15个，医院数10个，病床总数1954张，比上年增加70张。在岗职工4128人，比上年增加197人，卫生技术人员3286人，比上年增加145人，在岗注册乡村医生235名。2019年，完成诊疗总人次447.23万人次，其中出院病人4.89万人次。卫生事业费23272.63万元，比上年减少24.5%。全系统固定资产89171.1万元，平均每一门诊人次医疗费用148.4元，每一出院病人医疗费用7996.2元。全市无甲类传染病报告。加强紧密型医联体建设。院府合作取得实质性进展，2月28日，江苏省人民医院句容分院正式挂牌，省人民医院主任孔连宝等10余位专家到句容分院工作。县域内市人民医院与华阳、崇明两个社区卫生服务中心医联体工作有序开展，通过名誉院长专家门诊、带教查房等形式有力促进优质医疗资源下沉。市人民医院异地新建项目完成总投资的98%；市妇幼保健院进行内装饰施工；后白卫生院综合楼项目进行设计方案调整；白兔中心卫生院综合楼项目进入施工扫尾阶段。12月，天王中心卫生院住院楼项目投入使用。投入500余万元，年底建成12家标准化预防接种门诊，标准化预防接种门诊建成率达100%。公立医院债务化解工作圆满完成，累计完成债务化解任务9807万元，其中财政资金化解6577万元。 （华 超）

江苏省人民医院专家进驻句容分院

【家庭医生签约服务】 2019年，句容市卫健委印发《2019年句容市家庭医生签约服务工作方案》，优化重点人群签约服务包设计，完善家庭医生签约服务激励机制。个性化服务包包含“建档立卡对象人口”“残疾人”“计划生育特殊家庭”三大类。在全市范围内开展企事业单位职工建档签约工作。结合信息系统建设，开发家庭医生签约服务模块，逐步实现家庭医生签约服务的信息化，提升基层医疗卫生机构签约服务工作效率。各基层医疗卫生机构及健康管理团队利用公众号、微信群等手段畅通医患之间的沟通，为签约服务对象提供健康教育和健康咨询服务，提升健康管理服务效果。年内，在城区范围内建成2—3个家庭医生工作室，每个镇（管委会）至少建成1个家庭医生工作室。服务内容包括中医体质辨识、中医养生康复、中医“治未病”指导等中医药服务；开展慢性病等重点人群自我管理小组活动；转诊、预约就诊、建立家庭病床等联络登记服务；合理用药指导，鼓励提供配送医嘱内药品、代购药品等。（卫健委）

【构建整合高效医疗服务体系】 2019年，句容市卫健委大力整合医疗卫生资源，扩大优质医疗服务供给，全面提升区域内医疗卫生服务水平。深化“院府合作”，实质运行省人民医院句容分院。成立“院府合作”管理委员会，制定管理委员会章程，明确相关职责权限和议事决策规则，推动句容分院与省人民医院在医院管理、学科建设、教学科研、质量安全、信息共享等方面的深度合作，全面加强重点专科和薄弱科室建设，强化医疗服务能力，加快实现与省人民医院的一体化管理、同质化服务。积极引进大城市三级医院优质医疗资源，推进高级专家工作站、知名医生工作室建设，增强优质医疗服务供给能力，推动市人民医院由主要诊治常见病、多发病向诊治危急重症、疑难病症并重转变，承担起市域医疗服务中心的责任。

（卫健委）

【区域医疗中心建设】 2019年，句容市坚持以基层为重点，持续加强医疗服务能力建设，有序推进基层医院提档升级工程。完善全科医生、基层医务骨干和外地到句容工作医学生培养使用激励机制，留住人才，服务群众。服务“1138”全域战略和群众需求，加强下蜀、天王、郭庄、边城、宝华等基层区域医疗中心和华阳社区医院建设，医学人才向中心集中、设备技术向中心集聚，巩固下蜀、天王二级医院创建成果，推动华阳、郭庄、边城创建二级医院。开展“优质服务基层行”活动，大力推进基层特色科室、全专科联合门诊和孵化点建设，建强居民健康的“守门人”。

（卫健委）

【医疗集团组建试点】 2019年，句容市优化整合服务体系，试点组建市医疗集团，制订实施方案和相关操作办法，推动形成人事管理、医疗服务、检查检验、医保结算、绩效考核、后勤保障“六个统一”以及行政管理、医疗预防、技术服务、集团发展、后勤保障“五个一体化”的紧密型“医共体”。加强市中医院和基层中医馆、名中医工作站建设，扶持中医重点专科建设，组建中医专科联盟，提高中医药服务能力，加快构建以市人民医院为龙头、市中医院等市级医院和基层区域医疗中心为骨干、一般卫生院和村卫生室为基础、民办医疗机构为补充的整合型医疗服务体系。

（卫健委）

【推动形成分级诊疗】 2019年，句容市加强医疗质量安全管理，狠抓18项医疗质量安全核心制度。推进临床路径管理应用，进一步规范诊疗行为。持续选派二级医院医务骨干扶持基层，巡诊坐诊，带教查房，推广适宜医疗技术，提高医疗服务能力，使基层医院“接得住”病人。综合运用绩效考核导向、医保支付方式改革等，推动二级医院将恢复期、康复期病人转诊到基层，使二级医院“转得出”病人。整合市人民医院和妇幼保健院，做好新一轮镇江市级临床重点专科评审工作，加大儿科、妇产、急诊、重症医学、传染、精神等弱势专科建设力度，加快建设胸痛、卒中、创伤、孕产妇、新生儿五大救治中心，建立全市血液透析网络，最大程度提高救治成功率，推动全市医疗服务水平再上新台阶。

（卫健委）

【“联合国糖尿病日”主题宣传活动】 2019年11月14日是第13个“联合国糖尿病日”，宣传主题是“防控糖尿病，保护你的家庭”。句容市疾控中心联合老年人体育协会在宝华社区教育中心举办“联合国糖尿病日”主题宣传活动，开展健康教育。市疾控中心邀请南京医科大学教授沈冲进行糖尿病防治、健康生活方式知识讲座，现场通过悬挂横幅，知识答疑，免费测量血压，设立咨询点，摆放糖尿病宣传展板，向群众发放糖尿病核心信息宣传手册和糖尿病运动管理金字塔挂图等方式来向群众科普知识。该次活动参与人数200余人，参与讲座90余人，测血压150多次，发放糖尿病科普知识宣传资料250余份。（卫健委）

疾病预防控制

【概况】 2019年，句容市通过科研教学相结合，综合能力进一步提升，取得多项突破，获镇江市预防医学会“先进会员单位”表彰。专技人员结构进一步优化，本科以上学历增加至40人（其中硕士10人），占70%以上，副高级以上职称人数增加至10人，占17.24%。科研教学水平进一步提高，运用慢性病防控社会因素调查数据利用与队列研究成果，发表SCI论文3篇（第一作者或并列第一作者2篇），总影响因子6.30；2篇论文分获镇江市预防医学会优秀论文二、三等奖。《运动与膳食干预对职业人群骨密度的影响研究》课题获句容市人才创新资助立项。做好实习生带教工作，组织参加皖南医学院首届大学生公共卫生技能大赛，取得团体三等奖。检验检测能力进一步提升，主动参加能力验证计划11次共16项，实验室间比对试验4次15项，满意结果。（卫健委）

【急性传染病控制】 2019年，句容市传染病报告总发病率240.86/10万，比2018年下降20.12%。高效处置传染病散发个案120例、疑似疫情苗头事件101起、暴发疫情1起、突发公共卫生事件2起。完成各类传染病标本监测1272份，收集住院肺炎病例信息1530例。（卫健委）

【免疫规划工作】 2019年，句容市完成一类疫苗接种11.63万针次，新建证儿童5494名，单苗接种率均达95%以上，乙肝疫苗首针及时率91.38%；完成10997名入托入学儿童预防接种证查验，指导全市12家儿童预防接种门诊标准化建设。新建标准化冷库2座，率先配备双电路供电设施，新增疫苗冷藏运输车1台，保证疫苗储存和运输安全。（卫健委）

市卫生监督所开展对学校冬季传染病防控专项监督检查

【慢性非传染病防治】 2019年，句容市累计报告死亡个案4670例，报告粗死亡率792.87/100000；医疗机构登记报告慢性病个案11923例。完成重点慢性病患者和高风险人群筛查5400人。深入推进江苏省糖尿病及前期人群健康干预、糖尿病区域一体化管理、国家重大科技计划项目——糖尿病危险因素早期识别、早期诊断技术于切点等项目研究：完成191名糖尿病前期人群和309名糖尿病患者健康干预与终末评估；组建8个自我管理小组，开展自我管理活动20次，对入组120名健康人群和120名糖尿病患者进行终末阶段评估；对筛查出的1547名糖尿病前期人群和463名糖尿病患者实施干预和报告。（卫健委）

【艾滋病防治】 2019年，句容市各类人群HIV抗体检测86623人次。完成国家暗娼哨点人群监测和问卷调查400份、省级吸毒哨点人群监测和问卷调查107份。累计完成娱乐场所暗娼干预6848人次、MSM人群干预1377人次、吸毒人群干预1377人次。新增治疗艾滋病病人56例（本地新纳入39例，外地转入治疗17例），治

疗转出37例，在管188例患者纳入治疗182例；完成CD4细胞检测187人次；病毒载量检测151人次。（卫健委）

【结核病防治】 2019年，句容市发现治管活动性肺结核232例，病原学阳性率55.4%（118/232），成功治疗率91.5%；医疗机构肺结核报告率、转诊率、系统管理率、涂阳家属筛查率均保持100%；确诊耐药患者3例，接受耐药治疗2例。完成老年人群筛查66871人、建档糖尿病患者筛查19628人，对出现可疑症状的2641人全部实施免费胸片筛查诊断；及时处置学校等人群聚集场所肺结核疫情16起，有效遏制疫情扩散和蔓延。（卫健委）

【血寄地防工作】 2019年，句容市调查1613.5万平方米，共发现66处有螺环境26.761万平方米，实施药物巩固灭螺189.9万平方米，解剖钉螺6739只未发现阳性，完成重点人群血吸虫病DDIA筛查14220人、粪检1829人，未发现阳性病人。完成发热病人血检1603人次。完成国家土源性线虫病监测调查1019人，总感染率为7.8‰（钩虫卵5份，感染率4.9‰；蛔虫卵2份，感染率1.9‰；姜片虫卵1份，感染率0.98‰）；3岁—9岁儿童未检出蛲虫卵。按季度监测零售商店盐样80份，碘含量均符合要求；完成5所小学200名8岁—10岁学龄儿童B超甲状腺和尿碘、盐碘水平监测、100名孕妇检测尿碘及家庭盐碘监测。11个集中式供水站点枯水期水碘10.3μg/L——13.6μg/L，中位数11.6μg/L。（卫健委）

【健康教育宣传】 2019年，句容市按月编印发放《健康快车》12期96万册；发放《健康之窗》220套、《今日保健》杂志600份。累计建成健康主题公园2座、健康广场12个，健康步道14条、健康小屋20个。组织开展宣传日健康咨询活动255次，举办讲座1029场。开辟《今日句容》“卫生与健康”专栏，刊登健康知识52期；运用“句容疾控微健康”微信公众号，推送健康科普信息89篇，点击阅读量超5万人次。开展健康素养知识讲座16场次；组织完成健康素养现场监测330人份。继续推广“居民健康素养”网上学习测评45386人次，知识知晓率达85%，行为形成率达95%。（曹　俊　卫健委）

【国家级土源性线虫病监测】 2019年，句容市承担国家级土源性线虫病监测工作。10月21—23日，江苏省寄生虫病防治研究所丝蠕室主任戴洋、老师徐祥珍到句容市开展督导和指导工作。该次监测调查覆盖宝华镇仓头村、茅山管委会潘冲村、边城镇高仑村、后白镇王庄村、华阳街道云塘村等东、西、南、北、中5个片区，共收集1029人份3周岁上常住居民粪便。经镜检发现，钩虫卵阳性5份，蛔虫卵阳性3份，姜片虫卵阳性1份，主任戴洋对该次土源性线虫病监测工作给与充分肯定，并就现场工作和镜检工作进行指导和质量控制。（卫健委）

卫生监督执法

【概况】 2019年，句容市开展卫生监督长效、控烟、生活饮用水、医疗废物、消毒产品、放射诊疗、职业卫生、学校卫监、医疗美容等专项整治专项检查18类次，共出动监督人员5296人次，车辆500车次，检查单位2648户次。努力推行“智慧卫监”执法工作，积极开展“163”平台建设与应用管理，进一步优化日常监督、行政执法等体制机制。按时完成项国家双随机152家抽查任务。全力配合省市完成食品安全国家标准跟踪评价。全面加强非法行医监测监控体系建设与规范管理，充分发挥哨点管理和卫生监督协管作用，建成打击非法行医长效管理机制。公共场所经营单位量化分级管理率达100%；办理行政处罚案件12宗，罚没款金额共计4.3万元，没收违法所得0.59万元。（王　健）

【放射诊疗监管】 2019年，句容市卫健委在简化医疗机构、放射诊疗机构的申请、校验等许可工作的同时，卫生监督所注重对医疗机构、放射诊疗机构档案资料和许可平台信息化的管理，充分利用信息化的监管手段，加强卫生监督管理的标准化、信息化建设。通过对医疗机构未规范医疗服务秩序；新增医用射线装置未按规定进行预控评；无证从事放射医疗诊疗活动等一系列重点问题的专项监督检查、双随机抽查和“回头看”工作，切实加强事中事后监管，规范医疗机构及其开展的放射诊疗技术服务，更好地维护社会秩序，保障大众的身体健康。（卫健委）

【冬季学校传染病检查】 2019年，句容市卫生监督所开展对学校冬季传染病防控专项监督检查工作。该次专项工作对各辖区内各中专校、中小学、幼托机构等开展监督检查，检查内容包括“一案八制度”的建立及落实情况，学校生活饮用水卫生安全情况等。在检查中发现部分学校保健室未按600∶1的要求设置卫生技术人员、净水器设置位置不合理、卫生管理制度不健全、对学生晨检工作不重视等。卫生监督员均当场给予指导并下达卫生监督意见书，责令其限期整改。

（卫健委）

爱国卫生

【概况】 2019年，句容市卫健委推进卫生城（镇、村）创建工作，做好病媒生物防治、饮用水监测工作。以“健康镇江”项目任务为突破口开展健康教育。同时，配合城管等部门完成全市20%的行政村农村环境长效管理季度督查和考核工作。以创建全国文明城市为突破口，组织协调做好卫生城市长效管理工作。根据镇江市爱卫办改厕工作通知要求，省、市农村改厕工作部署，共完成4500户改厕，全市改厕率达95.66%。（葛斌翔）

【卫生城（镇、村）创建】 2019年，句容市下蜀镇、天王镇、后白镇、茅山镇顺利通过国家级卫生镇复审；白兔镇创成国家卫生镇；边城镇、茅山镇创成省级健康镇。各镇党委、政府高度重视爱国卫生工作。就创建标准及申报、暗访、检查时间节点等事项，多次与镇主要和分管领导面对面交流沟通。现场指导镇创卫办相关人员对照标准查找问题、整改落实。镇江市爱卫办专家组进行模拟暗访和现场指导。8月12日，下蜀镇、天王镇、后白镇、茅山镇国家级卫生镇复审顺利通过省级暗访考核；9月11日白兔镇创国家卫生镇工作顺利通过省级专家组考核验收通过；12月17日边城镇、茅山镇顺利通过省级专家组考核验收。（葛斌翔）

【病媒生物防治】 2019年，句容市结合国家卫生城市复审迎检工作，进一步完善除“四害”工作网络，有专（兼）职除“四害”人员200余名。对农贸市场、城郊结合部等重点区域，规范、科学实施蚊、蝇、鼠、蟑螂密度监测。新增毒饵站1000多处。坚持环境综合整治与药物灭杀相结合，日常防治与突击灭杀相结合，使城区“四害”密度始终控制在国家卫生城市标准以内。

（葛斌翔）

【饮用水监测】 2019年，句容市疾控中心每月1次对全市所有镇级以上水厂监测点的水源水、出厂水和末梢水进行水质监测，覆盖率100%，水质合格率100%，并对监测结果进行分析汇总和通报，每季度在市卫健委网站进行公示。加强集中式供水和二次供水单位的卫生监督检查工作，确保群众饮水安全。（葛斌翔）

【健康教育】 2019年，句容市以“健康镇江”项目任务为突破口，新创成“江苏省健康镇”2家。认真做好华阳镇、白兔镇、天王镇居民健康素养监测工作，对3个监测点入户调查333人，完成率100%。定专人明责任定期对建成的健康场景进行12轮次现场维护和管理；“健康素养巡讲团”在媒体开展健康科普宣传和咨询服务，组织开展现场健康科普宣传及咨询等活动12次，深入机关、学校、社区、企业开展健康素养巡讲活动12场次，开展科普宣传24次。（葛斌翔）

【控烟工作】 2019年，句容市按照省市相关要求，并结合国家卫生城市巩固工作，控烟履约工作全面开展，对控烟工作开展5轮次专项监督检查。根据第32个世界无烟日宣传活动要求，开展形式多样宣教活动，印制并张贴禁烟标识2.5万多张，在市区和各镇举办控烟知识讲座12场次，发放宣传手册等资料2.6万余份。

（葛斌翔）

基层卫生

【概况】 2019年，句容市深入推进基层医疗卫生机构综合改革，落实投入保障机制，创新引进培养机制，改革绩效分配机制。全面开展“优质服务基层行”活动，16家基层医疗机构有5家达“推荐标准”，7家达“基本标准”，复核通过率100%；下蜀中心卫生院创成“全国百佳乡镇卫生院”，建成5家国家级“群众满意的乡镇卫生院”，1家国家级“优质服务示范社区卫生服务中心”；下蜀中心卫生院、天王中心卫生院建成二级医院，华阳社区卫生服务中心、下蜀中心卫生院建成江苏省社区医院；7家基层医疗机构建有江苏省基层医疗机构特色科室；再建成省级示范村卫生室3个，省级示范村卫生室达35个。优化家庭医生签约服务包设计，制定3大类、11个服务包，覆盖健康人群、慢性病的高危人群、慢性病等11类人群，在16个基层医疗卫生机构全面推进家庭医生签约服务。全市家庭医生签约24.84万余人，其中个性化签约25619名，常住人群家庭医生签约服务率达39.65%，重点人群签约率达72.47%。（凌凯）

妇幼健康

【概况】　2019年，句容市完成妇幼重大卫生项目，待孕、早孕妇女服用叶酸2593人，“两癌”检查25286人，发现乳腺癌10例、宫颈癌8例、癌前病变65例，均给予及时治疗、随访及进一步转诊。为全市孕产妇建立保健卡4024份，建卡率99.98%；接受婚前检查6138人，婚检率90.16%，检出患有疾病659人。新生儿4162人，新生儿访视4101人，访视率98.53%。新生儿疾病筛查4150人，筛查率99.71%。新生儿听力筛查4149人，筛查率99.69%。7岁以下儿童健康管理人数30106人，保健管理率97.8%；3岁以下儿童系统管理12554人，系统管理率93.01%。（凌　凯）

医政管理

【概况】　2019年，句容市推进分级诊疗工作。以家庭医生签约服务、康复联合病房为切入点，强化高血压、糖尿病等慢病规范管理，进一步巩固双向转诊、预约诊疗等机制，努力构建“基层首诊，双向转诊，急慢分治”新的诊疗秩序。完成市域内上转12945人次，下转8372人次。实施疾病应急救助。规范基金管理与使用，做好身份不明、无力支付急危重患者的救治工作。对符合救治政策的急危重症患者开辟绿色通道，先行垫付救治费用147.037万元。规范院前急救服务。全年救治病人总数8466人，监护转运病人中危急重症患者1291例，心脏骤停患者242例，创伤处理3078例，抢救有效率98.1%，较好地保障群众的生命和财产安全。实施进一步改善医疗服务行动计划。全面落实预约诊疗、远程医疗、临床路径管理、检验检查结果互认、医务社工和志愿者服务、处方点评、医患沟通、出院回访8项工作制度和各项改善医疗服务的创新举措，进一步改善人民群众看病就医感受。加强医院感染重点部门、重点环节以及基层医疗机构医院感染管理，降低医院感染发生风险。

鼓励发展社会资本办医。扩大服务供给，进一步完善医疗服务体系，共受理通过20家医疗单位的执业注册申请，其中句容市宝华镇五保供养服务站医务室、句容市幸福里养老有限公司医务室等医养融合机构12家，句容市茅山风景区墓东、夏林等村卫生室4家，口腔门诊部2家，口腔诊所2家。依法加强执业监管。全年共完成医师注册185人次，首次注册80人、变更注册99人、多机构备案22人；完成护士注册147人次，其中首次注册22人、变更注册40人、延续注册84人、重新注册1人。（鞠大全）

【医学科技人才队伍建设】　2019年，句容市创新人才引进途径，开展事业编制人员校园招聘活动，共录用医学类专业人才64名，其中硕士研究生17名，本科生21名。签订35名农村订单定向培养医学生，逐步缓解基层多年来临床医生紧缺现状。（陈厚月）

老龄健康

【概况】　2019年，句容市积极开展老龄化国情教育和宣传，普及老年健康知识，增强老年人健康意识，提高老年人健康素养和健康水平，以“孝老爱亲，向上向善”为主题组织开展敬老月系列活动。基层医疗卫生机构结合实施基本公共卫生服务项目要求，建立老年人健康管理服务制度，为老年人免费建立电子健康档案，加强老年人健康指标监测和信息管理；累计为79414名老年人建立居民健康档案，为60647名65岁及以上老年人进行包含B超检查和血脂四项在内的健康体检，着重做好体检信息反馈和咨询，为老年人提供针对性的个体化健康教育，健康管理率为74.75%。以家庭医生签约服务方式为行动不便的居家老年人提供上门的健康管理和康复护理等服务。为5万名老年人进行体格检查，并由健康管理团队，根据体检情况，为老年人提供一对一的健康咨询和健康指导服务。（王　琛）

卫生基础建设

【概况】　2019年，句容市加强紧密型医联体建设。院府合作取得实质性进展，2月28日，江苏省人民医院句容分院正式挂牌，省人民医院主任孔连宝等10余位专家到句容分院工作。县域内市人民医院与华阳、崇明两个社区卫生服务中心医联体工作有序开展，通过名誉院长专家门诊、带教查房等形式有力促进优质医疗资源下沉。市人民医院异地新建项目完成总投资的98%；市妇幼保健院进行内装饰施工；后白卫生院综合楼项目正在进行设计方案调整；白兔中心卫生院综合楼项目进入施工扫尾阶段。12月，天王中心卫生院住院楼项目建成投入使用。投入500余万元，建成12家标准化预防接种门诊，标准化预防接种门诊建成率达100%。（华　超）

中医中药

【概况】　2019年，句容市中医药工作取得明显发展，创成全国基层中医药先进市，基本建立以市中医院为龙头、基层医疗机构为主体的全市中医药服务网络。实施中医药文化惠民工程，开展中医药文化科普巡讲活动，全年共组织开展中医“三进”义诊及宣传6场，中医药健康知识讲座20场，受惠群众达6000人。市中医院脾胃病科、肛肠科为镇江市级中医重点专科，针灸科被列为镇江市中医重点建设专科，建立省名老中医朱秉宜工作室工作站，并开展市中医院中医药适宜技术推广基地建设，加强基层常见病、多发病中医药适宜技术推广。加快全市基层卫生院中医药综合服务区建设，将中医科室、中药房等集中设置，装修体现中医药文化特色，努力打造中医药综合服务区，提高中医药服务满意率。基层逐步形成边城中医妇科、小针刀，天王中医骨科，二圣中医外科，黄梅中医伤骨科和石狮小儿疳积科、肛肠等一批特色显著、疗效确切、在全市及周边具有一定影响力的特色专科（专病）。开展村卫生室“中医阁”建设，完成42家村卫生室“中医阁”建设任务。（施道刚）

市卫健委组织专家团到开发区开展诊疗服务

民政事务

【概况】 2019年，句容市做好社会救助与扶贫开发的衔接工作，将符合条件的困难群众及时纳入低保、特困、临时救助等保障范围；认真落实自然增长机制，提高社会救助标准，由原来的710元提高到750元；全面实施重残重病“单人保”政策，实现“应保尽保”；对于家庭困难的群众，通过多渠道救助予以帮扶，符合专项救助的再行救助；针对基层“人少事多”的情况开展“温情调查”，与人保公司签订协议进行家庭情况入户调查购买服务，探索社会救助手机APP模式方案，提高救助效率；继续实施低保专项治理3年行动，做好家庭经济状况三级联动核对机制，做到“凡进必核”、动态管理，实现精准救助；结合建档立卡低收入家庭部门信息联动，建立全市困难对象家庭信息库；完善社会救助“云平台”信息化建设，将低保“年审”机制融入平台电子管理模式，全面提升低保管理水平。全市共有城市低保142户218人，农村低保2119户3323人，累计发放低保金2320万元；集中供养五保对象690人、分散供养五保对象1818人，累计发放供养经费2715万元。

实施乡村振兴战略，推进城乡社区服务能力建设，按照每百户30平方米达标要求，继续开展社区用房新一轮达标工作，推进社区综合服务中心提档升级。推进“一规五制”规范化建设常态化，打造5家特色社区。开展10家村（社区）民主协商典型和5家村民小组“微自治”试点。开展农村拆迁安置小区治理和服务的试点工作，探索社区治理新路径。推行社区减负，开展政社互动，规范城乡社区挂牌和社区盖章事项工作。强化村务监督工作，举行村（居）委会成员业务培训班。完善村规民约，围绕新时代文明实践活动的相关要求，开展优秀村规民约评选活动。扎实推进村（居）民自治领域“扫黑除恶”专项斗争。市级社会组织孵化基地建成投入运营。依托市社会组织创新园，继续实施社会组织能力提升工程。开展社会组织公益创投活动，累计投入福彩公益金75万元，资助20个社会组织开展各类走进社区服务群众的公益活动。以抓党建为着力点，注重加强对社会组织的政治引领和示范带动，积极配合组织部门和业务主管单位，落实党建工作与社会组织业务工作全程嵌入机制，在社会组织登记、年检、评估三个环节实行同步指导。开展社工专业能力提升培训，2019年报名参加全国社会工作者职业水平考试人数达344人，比上年增长51.5%，报名人数位居镇江市第一。全市持证社工191人，每万人拥有持证社工人数达3.3人，6人成为镇江市社工骨干人才。全市现有民办社工机构10家，社工机构服务范围进一步扩大。强化民办社工机构建设，实施社工专业人才培养工程，提高句容市万人拥有持证社工数。

开展殡葬设施违规建设排查专项整治，对全市境内铁路、主要公路、河道沿线、福道沿线内

民政局开展民政政策法规宣传活动

推进大卓养老公寓项目建设

散葬墓开展集中整治。推行绿色殡葬、生态安葬，全市乡镇公益性骨灰安息堂建设加速推进。做好绿色、安全祭扫工作，倡导移风易俗文明新风，引导群众用鲜花文明祭扫，开展“鲜花换纸钱”志愿活动，减少环境污染和安全隐患。做好市政府重点工程兆文山公墓改造升级和殡仪馆改扩建项目建设。积极开展移风易俗活动，深化殡葬改革，实现全市乡镇立体式骨灰存放室全覆盖。

加强婚姻登记规范化管理和信息化建设，促进信息共享，提高登记服务水平。完善农村留守儿童关爱保护和困境儿童保障工作联席会议制度，引导社会组织积极开展形式多样的关爱保护行动，对全市留守儿童通过购买服务进行关爱，继续做好残疾人“两项补贴”发放工作。落实流浪乞讨人员救助管理三年行动计划，提升救助管理水平。完成乡镇户门牌设置查漏补缺工作，加快地名文化成果转化，完成《句容市城区标准地名图》编制和历史地名保护碑设置工作。　（民政局）

【《句容市城区地名图》编制出版】　2019 年，市民政局充分运用第二次地名普查成果，同时征求住建局、交通运输局、教育局、国土资源和规划局、公安局等单位的意见，编制《句容市城区地名图》。城区地名图具有时效性、权威性、实用性。该次出版的城区图充分运用地名普查成果和最新影像成果，及时结合地名要素、道路更新等客观因素，全面、准确、详实地展示句容市城区建筑物、道路街巷、河流水系、旅游景点等重要社会公共管理信息。

（民政局）

计划生育

【概况】　2019 年，全市出生人口 3558 人，出生率 5.67%，出生政策符合率 99%以上，人口自然增长率 0.64%，出生人口性别比正常。稳妥实施全面两孩政策，多措并举做好全面两孩政策衔接工作。落实计生奖励扶助政策，对全市 1788 名奖扶对象和 144 名特扶新增对象进行资格确认审核公示，全市共发放奖励扶助金 2606.112 万元，特扶金 913.288 万元，享受奖扶对象 27566 人，特扶对象 1123 人；全市 934 名退

休的企业职工享受一次性奖励金280.2万元，77名城镇非从业人员享受一次性奖励金23.1万元。（卫健委）

老龄工作

【概况】 2019年，句容市拓展居家养老服务品牌，养老服务不断提质增效。开展居家养老服务，根据全市高质量发展考核要求，市政府第27次常务会议通过《句容市政府购买居家养老服务实施办法（试行）》，对全市符合条件的2万名左右老人提供线上信息呼叫和助餐、助洁、助乐等线下上门服务，实现全市老年人居家呼叫服务系统和应急救援服务城乡全覆盖。推进全市敬老院公建民营工作，郭庄镇和茅山管委会2家敬老院升级改造完成，郭庄镇敬老院投入使用。全市建成177家居家养老中心，3个街道日间照料中心和城区5家连锁型居家养老服务中心。全市共有各类养老机构19家，护理型床位共2816张，占养老机构总床位数比例65.8%，超过镇江要求的50%以上。高标准建成2个老年人日间照料中心和7个社区居家养老服务中心。开展全市居家和社区养老服务中心等级评定，提升社区养老服务水平。继续实施养老护理员免费培训，确保岗前培训率达100%。打造特色养老服务产品，确保全市护理型床位数占养老机构床位数比例提升至56%以上。开展居家养老服务中心星级评估，对全市177家居家养老中心进行评估，分为A级—AAA级、评估结果作为居家养老服务中心获得政府补助的依据，同时作为老年人选择居家养老服务中心的参考。开展“重点空巢独居老人”摸排工作，并签订关爱服务协议，确保关爱守望无死角无遗漏。开展老年关爱行动，组建市级“助老帮帮团”志愿组织，在6个镇（街道、园区）试点开展以建立完善的老年人数据库为基础，提供生活照料、紧急救助、社区日托、需求反映、关爱问候等为基本服务内容的助老帮助服务。打造“助老帮帮团”服务品牌，开展形式多样的为老助老服务活动。建成市级信息化养老中心，进一步提升信息化、专业化水平。（民政局）

【开展居家养老上门服务督查】 2019年，句容市民政局对全市居家养老上门服务开展情况进行全面督查。该次督查实地走访居家养老服务对象，结合督查标准，对服务内容、真实性、满意度等进行督查，确保居家养老服务惠及困难老人。对部分服务对象反映服务次数较少、服务不及时等问题提出整改意见，并要求居家养老服务公司做好整改工作。

（民政局）

【防范养老领域非法集资宣传活动】 12月9日，句容市民政局在全市养老机构开展以“远离非法集资、建设美好生活”为主题的非法集资风险防范活动。重点向老年人介绍养老领域非法集资的主要特征、表现形式、常见手段以及防范对策，解析非法集资典型案例，帮助老年人认识到非法集资的危害性。（民政局）

2019年句容市百岁老人情况一览表

表27

序　号	姓　名	性　别	出生年月	居住地址
1	许明兰	女	1920—10—22	华阳街道赵塘
2	陈凤英	女	1920—10—27	下蜀镇亭子村
3	刘正财	男	1918—12—02	下蜀镇新村
4	吴昌祝	男	1919—10—06	下蜀镇裕课村
5	朱发林	男	1919—11—10	下蜀镇桥头村
6	解桂珍	女	1920—08—15	下蜀镇桥头村

续表 27

序 号	姓 名	性 别	出生年月	居住地址
7	樊德猛	男	1919—04—02	宝华镇仓头村
8	王换英	女	1916—07—06	宝华镇仓头村
9	张伶娣	女	1916—11—22	边城镇光明村
10	许阳春	男	1920—10—01	边城镇青山村
11		女	1917—03—07	边城镇陈武村
12	杜存仁	男	1920—06—15	边城镇赵村村
13	巫小青	女	1920—05—19	句容市白兔镇白兔村
14	王友运	男	1920—03—08	句容市白兔镇唐庄村
15	樊晓云	女	1919—04—12	句容市白兔镇古隍村
16	冯素青	女	1920—11—20	句容市白兔镇龙山湖村
17	李敬德	男	1920—12—14	郭庄镇甲山村大山头边
18	刘金标	男	1918—04—10	郭庄镇朝阳村雍家边
19	杜志华	女	1917—09—09	郭庄镇庄里村詹家边
20	吴为珍	女	1918—09—11	郭庄镇刘巷村刘巷
21	陈绍玉	男	1920—07—05	郭庄镇刘巷村经村
22	张友珍	女	1919—01—11	郭庄镇刘巷村刘巷
23	王树英	女	1920—05—24	后白镇西城村
24	杨德芳	女	1920—06—17	后白镇槐道村
25	杜文琴	女	1918—09—15	后白镇槐道村
26	杨少中	男	1920—10—11	天王镇斗门村
27	黄光英	女	1918—03—06	句容市茅山镇丁庄村
28	姜秀英	女	1919—02—26	句容市茅山镇丁庄村
29	刘桂英	女	1918—07—21	茅山镇何庄自然村西 50 号
30	朱华玉	女	1920—12—23	茅山镇蔡门村
31	张秀英	女	1920—10—06	茅山镇永兴村
32	陈有兰	女	1920—10—23	开发区西庙村
33	罗大元	男	1920—04—21	开发区莲塘村
34	俞云英	女	1920—09—15	天乐村
35	周长凤	女	1920—09—22	上杆村
36	余昌珍	女	1920—09—28	玉晨村
37	戴淑梅	女	1919—04—17	句容市崇明街道红星社区
38	闻广德	男	1919—10—01	句容市崇明街道红旗社区
39	杜远秀	女	1919—11—14	句容市崇明街道甲城社区
40	刘邦武	男	1919—02—16	句容市崇明街道甲城社区
41	王祖凤	女	1920—01—10	句容市崇明街道中凌社区
42	吴志英	女	1913—12—02	句容市崇明街道茅山新村 5 幢 207 室

（民政局）

关心下一代工作

【概况】 2019年，句容市关工委开展“党建带关建”、校外辅导站、“三扶两创”、民企关工委建设等工作。年内，市公安局、司法局关工委分别获得“镇江市政法系统关心下一代工作先进集体”称号，4人获得先进个人称号。全年举办专题讲座30余场、普法活动20场；发放手册1700本。市关工委在后白举行关爱基金发放仪式；政法系统关工委开展“结对帮教，引领人生”活动，看望留守儿童，帮扶20名贫留儿童，申请救助资金3万元，捐赠助学金6000元。 （贾贝成）

【辅导站建设】 2019年，句容市分片召开会议，印发“校站结合”统计表，年中进行调研，召开座谈会，年底检查评估，落实后白现场会精神。召开专题会议，进行活动项目方案评选，开展“无边界”校外教育，茅管、后白、白兔获省关工委特等奖、一等奖、特色品牌奖。 （贾贝成）

【“三扶两创”活动】 2019年，句容市结对帮扶对象增加到23个。华梦丽、王娟、张奎峰分别获评“全国农村青年致富带头人”、句容市“十佳青年农民”。镇江市“银发人才工作站”团队在句容挂牌。 （贾贝成）

【民企关工委建设】 2019年，句容市关工委在“建华管桩”召开现场推进会，136家建有党组织的民营企业建立关工委。举办10期培训班，培训800人次。华阳分局工作站开展关爱贫困学生活动，捐款100余万元。 （贾贝成）

社会救助

【概况】 2019年，句容市民政局聚焦“脱贫攻坚、群众关切、特殊群体”三个重要方面，以“保障民生、精准助困、服务为民”为工作目标，落实各项社会救助政策。探索推进社会救助“只需跑一次，无需开证明”改革工作，加强业务水平，深化低保网上审批流程，提升信息化管理能力，加大专项治理力度。全市共有低保户2256户3527人，全年共发放低保金2150.79万元；特困人员2542人，全年累计发放特困供养人员经费2790.41万元。全年为“急难”家庭发放临时救助资金23.45万元；为困难群众发放物价补贴共计375.49万元。借助“云平台“大数据及省核对信息平台，数据核对从单一的车辆、房产核对逐步扩大到殡葬、公积金、人社、住建、不动产、地税、公安、工商、车管、金融资产等多方面、全方位的信息核对。明确核对内容，核对方式，部门职责和责任追究等内容，确保救助对象准确、高效、公正认定。救助对象核对频率提升到一月一比对，省民政厅、镇江、本市三级核对联动，全面开启数据化管理新模式。据统计，共有车管存疑信息700条，银行存疑信息639条，不动产信息406条，对存在可疑数据的在保家庭全部下发停保通知书，进入严格审查程序，严格把关、督促基层认真审核，对于明显超出低保水平且不符合的家庭坚决予以退出保障；对经过调查发现的确存在特殊原因的家庭由乡镇进行详细调查后出具相关情况说明，并附上相应证明，完善后续审核材料。将符合条件的农村五保、城市三无人员及时纳入特困供养体系，及时保障他们的基本生活权益。

（民政局）

【低保专项治理】 2019年，句容市民政局会同市纪委监委派驻纪检监察组对全市城乡低保专项治理开展督查。联合组先后深入12个镇（街道、园区）、15个村（社区），实地走访39户在保家庭。通过对低保政策落实的督查，发现其中存在的问题与困难，要求基层政府和民政办公室高度重视，迅速整改，建立长效机制，加大宣传力度，切实发挥人民群众的监督作用，以推进城乡低保工作规范、有序开展。 （民政局）

【特困供养管理服务】 2019年，句容民政局到乡镇进行入户走访，对新申请的特困供养家庭进行核查。在核查过程中，就具体申请、复查家庭情况对基层民政办工作的规范性进行全方位督导，要求各乡镇（街道、园区）全面审核新申请材料，完善在册特困人员档案，签署授权核对书，为下一步社会救助“云平台”系统特困救助线上审批做好准备，确保特困供养工作精准细致。 （民政局）

市民政局到白兔镇开展特困供养核查工作

【数据管理】 2019年，句容市救助工作利用“云平台”的电子核对审批模式，将在保家庭档案全部录入“云平台”管理库，深化低保网上审批流程，提升信息化管理水平。通过云平台大数据对低保家庭基础数据进行实时监管，监督基层民政工作人员对云平台数据中家庭成员及法定赡抚养人信息进行数据库采集，做好家庭情况监管，贯彻落实“应保尽保、应退尽退”。 （民政局）

【低保年审工作】 2019年，句容市制定《句容市社会救助申请对象家庭情况核查表》，为基层工作人员入户调查做数据收集提供信息模板；加大低保年审工作宣传力度，对低保在保对象及新申请对象履行告知义务。基层民政根据工作进度，灵活安排年审复查工作。 （民政局）

慈善事业

【概况】 2019年，句容市慈善总会汇聚慈善资源，实施慈善救助，较好地完成全年各项慈善工作任务。全年累计募捐善款3000万元，其中总会募捐1100万元、分会募捐1900万元。共实施慈善项目21个，其中新增慈善项目4个，救助资金790万元。积极携手主流媒体做好句容慈善宣传工作，全年《慈善公益报》录用9篇、新华网录用3篇，人民网录用3篇、中国新闻网录用3篇、江苏慈善网录用2篇、《江苏慈善》杂志录用4篇。年内3人被江苏省慈善总会评为“慈善之星”爱心个人。 （民政局）

【慈善助医】 2019年，句容市对低保户、建档户红斑狼疮患者在治疗阶段每人每年救助3000元，其他家庭红斑狼疮患者在治疗阶段每人每年救助2000元，发放救助金49.8万元。对低保户、建档户家庭少年儿童（18周岁以下）白血病患者，在化疗阶段，符合医保政策规定的住院和门诊治疗费用自付部分，由慈善资金救助，发放救助金12.2万元。对低保户、建档户家庭患尿毒症患者在透析治疗阶段每人每年给予5000元救助，发放救助金113万元。 （民政局）

【慈善助学】 2019年，句容市对该市户籍的孤儿、低保家庭、特困职工家庭和特殊教育学校智障儿童，小学生、初中生每人每年资助1000元；高中、职高每人每年资助2000元；大专生一次性资助6000元；本科生第一年资助8000元。以后每年再资助2000元，直至大学毕业。共发放助学资金138万元。资助市特殊教育学校10万元用于建设农业技术培训基地。资助市实验高级中学实验室建设30万元，资助句容中等专业学校技能实训基地建设30万元。 （民政局）

【慈善助残】 2019年，市民政局与市残联联合开展光伏项目扶贫工作。对茅山老区230户残疾人家庭，连续四年每年每户资助1000元，受益对象每年可获得3000元左右的稳定收入。全年发放资助金23万元。 （民政局）

【慈善助困】 2019年，句容市资助慈善超市资金20万元，城市低保120户家庭每户每年可在慈善超市领取1700元。开展临时救助，全市临时救助5100多人次，救助资金355万元。资助市妇联10万元联合开展单亲贫困母亲救助活动。资助茅山管委会10万元开展红色联盟帮扶活动，帮助茅山老区建档立卡户实现脱贫致富。资助“慈善爱心助保”资金25万元，为“该市男年满50周岁、女年满40周岁的企业下岗职工、低保、残疾、退伍军人等特困人员”缴纳养老保险，解决“养老保险断保”问题。（民政局）

句容市举办镇江市安全移动执法现场观摩会

应急管理

【概况】 2019年，句容市推进建立总指挥部和四个专项指挥部及森林灭火工作指挥部，增强应急协调指挥能力。增强基层应急响应能力，在原四个专职消防中队（站）的基础上，投入1800多万元，新组建白兔、郭庄、宝华三个镇的消防站。推进应急预警信息系统建设，逐步开展指挥信息网建设。谋划民间救援队伍建设，构建多方参与、共同应对的救援体系。推进基层应急能力标准化创建，在全市5个镇（街道）、80个村（居）完成标准化建设达标基础上，全年完成天王、茅山、后白、茅山风景区四个镇（园区）的基层应急能力标准化建设。配合做好第四届茅山国际道教论坛的安保工作，牵头开展论坛活动期间总体应急预案的编制。（应急管理局）

宝华山景区消防小队开展日常消防演练

【应急救援演练】 2019年，句容市及时修订完善各类应急预案，开展经常性应急演练。各镇（街道、管委会）和有关部门组织应急演练活动，演练覆盖面广，包括建筑、交通、危化、人员密集场所、城市综合体等重点行业领域消防疏散、现场处置等应急演练，突出演练的科学性和针对性。全市共组织开展政府部门、企业应急演练活动37次，参演人数1600余人次。（应急管理局）

【消防工作】 2019年，句容市消防救援大队开展春节、清明、国庆等重大节日前消防安全大检查与今冬明春火灾防控、夏季消防检查等各类专项整治任务，确保全年未发生一起有影响的火灾事故。推进消防网格化工作，持续开展“三小”场所、出租屋及电动车专项整治工作；加大对消防安全重点单位的监督指导。大队先后联合民政、住建、教育、公安、应急管理、燃气等部门开展全市养老机构、物业管理小区、幼儿园、危化品企业、群租房、燃气场所等消防安全专项检查。全年共检查单位1819家，发现火灾隐患或违法行为1689处，督促整改火灾隐患或违法行为1741处，下发《责令改正通知书》746份，下发行政处罚决定书47份，下发临时查封决定书35份，责令三停16家，罚款40万元，拘留5人。（韩 青 杜媛媛）

【防震减灾】 2019年，句容市贯彻落实防震减灾法律法规和规章，加强防震减灾法制建设。继续完善句容市防震减灾工作联席会议制度，统一领导、协调全市防震减灾工作，健全防震减灾工作体系。强化地震监测基础设施建设和日常观测工作，开展防震减灾宣传教育，完善地震应急预案，组织开展模拟地震演习，提高地震应急能力。维护句容地震监测站的正常运转，平时日常观测工作有专人值班，每天按时接收检查前兆数据信息，进行数据初步分析；每周向省局地震监测中心上报地震观测数据跟踪分析资料，到监测站进行仪器设备的检查、维护和卫生保洁；每月按时向省局地震监测中心上报月报表；每季度按省局要求做好仪器设备的检测和标定等日常工作。开展苏16井观测工艺改造，在水位不断下降影响到观测精度的情况下，配合省、市地震监测部门做好调查研究，拟定工艺改造方案并组织实施，在12月底完成水位抬升工作，使苏16井水位恢复正常观测。在5月12日第十一个“防灾减灾日”当天，配合市应急管理局在实验小学开展地震紧急疏散演练活动。结合全国5月12日“防灾减灾日”和科普宣传周等有利时机，开展防震减灾“五进”科普宣传活动。年内，市地震监测站水温资料获全省三等奖，水位资料获全省优秀奖，地震监测系统维护管理获全省优秀奖。（郑一凡）

晨曲　杨丹凤摄

人力资源

【概况】 2019年，句容市发挥企业的主体作用，吸引高层次创新创业人才，为该市产业升级提供有力支撑。全年引进本科以上人才1700人，其中硕士以上200人，新增专业技术人才3502人，新增留学回国18人，专业技术人员知识更新工程培训人数达11850人。（陈彩云）

【青年大学生创业大赛】 2019年，句容市继续实施“福地青年英才”计划，连续五年举办青年大学生创业大赛，开展高校行、创新创业训练营、“2019双创先锋训练营”等活动，深化校地合作，打造具备创新创业优势、发展潜力大的优秀青年创业人才队伍。（陈彩云）

【招才引智】 2019年，句容市组织115家次全市重点企业到重庆、四川、河南、苏州、南京等地开展校园专场招聘会20场次，开展高校毕业生就业政策宣传月和就业促进月活动，推介句容人才政策，助力企业精准招揽人才。进一步扩大政府人才津贴政策红利，发放2018年度政府人才津贴121万元，共有100位人才受益，资助人数和金额均创近年来新高。协助做好“金山英才”高技能领军人才申报，华君电力有限公司孔东亚、江苏优拿大环保科技有限公司田慎重入选，并获得项目资助。在全市重点企业、产业园和创业园按照“四个有”标准设立人才工作服务站，首批共有75家企业设站。（陈彩云）

【高技能人才培养】 2019年，句容市聚焦高技能人才培养，创新企业高技能人才评价机制，以突出能力和业绩为中心，新增高技能人才883人。2019年，句容市每万劳动力高技能人才数达883人。为提高技能人才的层次，年内举办句容市首届汽车驾驶员（大型牵引车）职业技能竞赛、句容市首届茶叶制作技能大赛，组织开展2019年镇江市钢筋工职业技能大赛。（陈彩云）

2019“福地青年英才”创业大赛总决赛颁奖典礼

企业高技能人才评价理论考核

【人力素质优化】 2019年，句容市推进职称评审公平公正公开，强化社会监督，严格评审条件，每月一次初定公布。专业技术人员知识更新工程培训人数达11850人，新增专业技术人才3502人。开展事业单位公开招聘工作，配合市教育局、下蜀镇、卫健委招聘事业单位工作人员173人。做好事业单位工作人员岗位变动聘用审批、备案工作，2019年共办理事业单位工作人员岗位变动聘用业务12批次，备案事业单位公开招聘转正定级人员200余人，岗位晋升或降级人员600余人，办理事业单位工作人员退休145人。继续实施“公务员能力建设培训”工程，网上培训公务员和事业单位管理人员约3000人。
（陈彩云）

就业创业

【概况】 2019年，句容市城镇新增就业11235人，其中促进城镇失业人员再就业4153人，扶持城乡就业困难人员再就业656人，城镇登记失业率1.97%；新增转移农村劳动力1100人。完成创业培训1493人，城乡劳动者职业技能培训5366人，帮扶2429人成功创业，扶持农村劳动力自主创业1012人，创业带动就业8007人。
（陈彩云）

【就业扶持】 2019年，句容市升级稳岗补贴政策，对不裁员或少裁员企业返还失业保险费，对经营困难且恢复有望企业加大返还力度，放宽技能提升补贴条件，积极支持企业稳定就业。升级出台富民创业贷款政策，个人贷款额度提升到50万元，还款期限从1年提升到2年，贴息年限从3年延长到6年，发放富民创业贷款1.7亿元，惠及2137名创业者。开展青年就业见习工作，举行见习人员与见习单位双选会，共征集就业见习单位156个见习岗位1015个，给予每人每月1212元的见习生活补贴，对见习期满留用率达50%以上的企业，按每录用一人给予1000元发放一次性就业见习补贴。
（陈彩云）

【重点群体就业】 2019年，句容市做好各类招聘活动，全市355家企业提供就业岗位2万多个，成功牵线就业4485人次；举办人力资源市场招聘会86场次，发布就业岗位27350个，达成就业意向3837人次。做好离校未就业高校毕业生就业援助，开展实名登记调查，掌握未就业高校毕业生相关情况，举办高校毕业生专场招聘会，为高校毕业生和企业搭建沟通交流的平台，做好双向跟踪服务。开发适合退役军人的就业岗位，落实退役军人社保补贴政策，鼓励企业招用退役军人，举办退役军人就业技能培训和创业培训班，提升军人的就业技能。引导建档立卡户家庭成员就业，摸清困难人员就业状况及需求，“线上+线下”精准对接，通过公益性岗位对86名有就业愿望的建档立卡户家庭成员安置就业。
（陈彩云）

【创业带动就业】 2019年，句容市全方位梳理现有创业孵化载体，完善提升硬件设施、制度建设、配套服务、政策扶持、运营管理等创业就业条件。开展省级大学生优秀创业项目遴选，共征集20个优秀项目；开展创业项目、成功案例展示推介活动。举办第二届“最美创业者”评选、“创时代、新未来”创业沙龙、创业周末活动，通过深挖创业典型，发挥创业典型示范带动作用。年内，开发区富达创业园创成省级创业示范基地，宝华、开发区两个新建创业载体创成镇江市创业示范基地。（陈彩云）

劳动监察与仲裁

【概况】 2019年，句容市以企业与职工互利共赢为原则，不断创新劳动关系协调机制，全年主动监察用人单位1090家，联动平台举报投诉录入率和运行率100%，仲裁案件结案率99.6%，规模以上企业劳动合同签订率达99.98%，已建工会企业集体合同签订率达99.11%。（陈彩云）

【和谐劳动关系】 2019年，句容市人社局做好劳动合同、集体合同的日常管理和监督工作，到公交总公司、东丰制衣、保安公司等10多家企业进行指导，引导企业合理制定工资支付标准，指导企业申报综合计时和不定时工作制，共审批特殊工时企业14家。摸清企业薪酬状况，组织42家企业开展薪酬调查和最低工资政策实施效果评估，涉及制造业、运输业、零售业、餐饮业、住宿业、其他服务业等，调查职工9713人。推进“劳动关系示范区”创建工作，年内开发区被镇江市评为优秀和谐镇，句容毅马五金制品有限公司、江苏唐邦机电有限公司等8家企业被评为镇江市优秀和谐企业。做好因中美贸易摩擦、化工企业关停、环境整治等多重因素影响下产生的一系列劳资纠纷、就业安置和社会保障等问题，切实维护职工权益，维护社会稳定。（陈彩云）

【劳务纠纷调处】 2019年，句容市发挥下蜀镇和后白镇仲裁分院延伸基层作用，开辟集体案件调处“绿色通道”，发挥10家星级企业劳动争议调解委员会作用，使劳资矛盾尽可能化解在源头和基层。2019年，共处理劳动争议案件1120件，涉及劳动者达1714人，经济标的近4000万元，集体案件18件。在立案处理963件案件中，结案959件，结案率为99.6%，其中仲裁调解和其他方式结案762件，占已结案件总数的79.5%，仲裁裁决结案197件，占20.5%（其中一裁终局90件，占裁决案件比例为45.7%）。（陈彩云）

【劳动保障监察】 2019年，句容市对全市各类企业进行劳动保障监察两网化管理，建立由劳动保障专职监察员、劳动保障兼职监察员、劳动保障协理员组成的三级劳动保障监察体系。2019年，主动监察用人单位1090户，立案查处44起，协调处理劳资矛盾195件。开展农民工工资专项检查活动，共受理各类欠薪案件473件，涉及农民工3168人，追发工资2932余万元，其中以拒不支付劳动报酬罪移送公安5件。（陈彩云）

社会保障

【概况】 2019年，句容市继续推进城乡一体的社会保障体系建设，实现社会保障制度全覆盖，保障水平稳步提高。全市养老、工伤、失业参保人数分别为13.16万人、1.89万人、6.84万人；城乡基本社会保险覆盖率98.12%；城乡居保参保人数6.89万人，城乡居保基础养老金发放率达100%；

劳动人事仲裁院后白仲裁庭

句容市上线电子社保卡应用

社会保障卡持卡人数达 55.55 万人，签发电子社保卡 6.88 万张。（陈彩云）

【社会保障制度改革】 2019 年，句容市继续推动新增被征地农民刚性参保，城乡基本社会保险覆盖率达 98.12%。贯彻落实省市机关事业单位养老保险改革办法，完善相关配套政策，统筹推进待遇社会化发放和支付，中人待遇调整工作平稳顺利。稳步推进社保征缴职能划转税务部门工作，实现职能划转后的社保参保登记和征缴系统上线平稳运行。将工伤保险领域扩展至交通、水利等所有工程建设项目，杜绝“未参保，先开工”现象，下调风险相对较小领域参保费率至 0.12%，全市共 101 个建设工程项目参保，覆盖和保护一线建筑工人 18990 人，新建工程参保率达 100%。（陈彩云）

【保障待遇水平提高】 2019 年，句容市企业退休人员基本养老金实现“十五连增”，机关事业单位退休人员养老金第四次同步调整，提高 4%；连续第九年再次上调城乡居保养老金待遇水平，居民养老保险基础养老金提高到 148 元/月。提高全市被征地农民的基本生活保障水平，实现被征保工作常态化管理。开展退休人员免费健康体检工作，投入约 200 万元财政资金，共有 16000 余人受益，企业退休人员社区管理服务率达 100%。（陈彩云）

【基金管理】 2019 年，句容市开展社保基金风险防控专项检查工作，制定风险防控实施方案，增强全体人员风险意识、法纪意识和责任意识。完善养老保险一次性补缴等社保政策制度，做到业务程序有风险识别点、有防控、有受理、有审核。健全内部控制和制约监督，建立完善预警机制，防范各类违法违纪问题。推进“互联网+人社”监管模式，充分利用大数据的处理应用、挖掘分析，推动社保基金的精准监管，建设以大数据为基础的智能监管平台。全面取消传统集中资格认证方式，利用信息化手段，深挖数据关联分析，及时比对和停发重复领取人员的待遇。（陈彩云）

医疗保障

【概况】 2019 年，句容医疗保险参保人数为 518217 人，生育保险参保人数为 67430 人。全年共为全市 1.4 万名困难人员提供医疗救助 2500 多万元、慈善补助 30 万元。新增一家医保定点血液透析中心；将市人民医院确定为句容市特药定点医疗机构，明确 9 名医师为特药责任医师，为特病人员在市内提供鉴定、购药、报销一站式服务。年内，推广异地就医联网结算；打击欺诈骗保行为；推广便民服务，取消转院证明；实现城乡居民医保基本报销和大病保险一站式结算；利用手机 APP 在线备案服务推行“不见面”备案服务；上线“智慧医保诊间结算项目”，实现门诊就医移动支付。（医保局）

【句容市医保局成立】 2019 年 2 月 21 日，挂牌组建句容市医疗保障局，承接原属市人社局的医疗保险基金管理职能、市民政局的医疗救助职能、市发改经信委（市物价局）的药品和医疗服务价格管理职能、市卫健委的药品和耗材招采职能。市医保局为正科级政府工作部门，下设句容市医疗保险基金管理中心和句容市医疗保障监督管理所 2 个单位，市医疗保障监督管理所为全省首家县级市医保监督管理机构。

（医保局）

【职工基本医疗保险】 2019年，句容市职工基本医疗保险参保人数达95227人，比去年同期增加1242人，增长1.32%。基本医疗保险基金全年收入43006万元，比去年同期增加1768万元，增长4.29%。全年支出29684万元，比去年同期增加5325万元，增长21.86%；当年结余13322万元，历年累计滚存结余82088万元。

（医保局）

【城乡居民医疗保险】 2019年，句容市城乡居民医疗保险参保人数422990人，比去年下降8906人。全年筹资标准为1040元/人（个人缴费280元，财政补助760元），全年基金收入44196万元，其中个人筹资11844万元，各级财政补助32147万元，利息收入205万元。全年基金支出43480万元，收支相抵。（医保局）

【生育保险】 2019年年底，句容市生育保险参保人数为67430人，比去年同期增加1620人，增长2.46%。全年生育保险基金总收入为1623万元，比去年同期增加44万元，增长2.79%。全年基金支出1910万元，比去年同期增加65万元，增长3.52%。全年基金超支287万元，历年累计滚存结余1221万元。（医保局）

【医疗报销】 2019年，市医保局落实镇江市政府"百项工程"刚性指标，困难人员大病保险起付线比普通人员低50%，各报销阶段报销比例比普通人员高5个百分点，提高大病保险待遇，城乡居民保险参保人员年度内个人自付的住院基本医疗费用，累计在1.5万元至5万元（含5万元）的部分，由城乡居民大病保险基金支付60%，较之前提高了10%；部分特殊药品报销比例提高10%，缓解特殊病患者的医疗负担。

（医保局）

【医疗救助】 2019年，句容市投入2500多万元医疗救助资金和30万元慈善补助金，共有1.4万名困难人员受益。对低保、城市三无等9类困难人员，个人参保费用（300元/人）全额财政补助，五保户和城市三无人员在享受本市医保报销后，剩余医保制度内合规的自付部分给予100%的救助，其他7类对象给予70%救助。其他困难人员个人支付部分给予50%的二次救助或给予60%的慈善补助。对因病未脱贫家庭实施医疗保障精准帮扶，合计救助220人。为困难人员健全补充保险机制，所需商业保费由财政承担，共有5340人享受商业保险理赔，减轻187万元医疗费用负担，其中1800多人，在商保理赔后，又给予托底支付119万元。困难人员总体医保制度内结报率达到95%，其中城市三无和五保等4类群体医保制度内结报率达到100%。（医保局）

【药品采购】 2019年，市医保局启动"4+7"药品采购试点扩围工作，牵头成立工作协调小组，指导全市22家公立医疗机构完成扩围采购合同的网上签约和医务人员的政策培训等工作。12月底，全市公立医疗机构统一执行国家公布的25个中选药品和中选价格。中选的25种药品多为高血压、高血脂、肝炎等慢性病用药，与原研药相比具有相同的质量和疗效，但价格比2018年最低采购价平均降低59%。（医保局）

【医用耗材整治】 2019年，市医保局开展专项整治，出台高值医用耗材采购、管理制度6项，对7家公立医疗机构进行专项督查，提出整改意见20余条。全市22家公立医疗机构加入镇江市公

2020年度城乡居民医保筹资会议

立医疗机构药品（医用耗材）采购联盟，参与镇江市评审专家库建设和组团式带量集中采购。组织二级公立医疗机构跟标采购省公立医疗机构阳光采购联盟谈判的医用耗材，首轮采购价格平均降幅达51%，第二轮采购的眼科人工晶体类、血管介入类等耗材，平均降幅分别达26%、74%，全年减少人员医疗费用支出270万元。（医保局）

【推广异地就医联网结算】 2019年，句容市成功上线镇江市医疗保险统一刷卡结算平台，实现参保人员在镇江市和辖市区定点医疗机构就医实时刷卡结算。成功上线运行“长三角地区异地就医门诊结算”程序，实现句容市参保人员在上海当地定点医疗机构门诊费用直接刷卡结算。推广异地就医联网结算，实现参保人员登记到地级市即可在当地所有医保定点医疗机构直接刷卡结算。参保人员办理异地就医备案手续，只需登记到地级市，即可实现当地所有医保定点医疗机构直接刷卡结算。全年共有3.3万人办理异地就医备案，共发生异地就医16.8万人次，其中直接刷卡结算9.6万人次，线上结算率达57%，较2018年全年增长41%。（医保局）

【打击欺诈骗保】 2019年，市医保局开展“打击欺诈骗保维护基金安全”集中宣传月、基金监管年专项稽查行动和专项治理百日活动3个大型活动，对全市定点医药机构实现全覆盖检查。全年查出超限价收费、重复收费、无医嘱收费等现象，扣除违规款项共计8200多元；查出药店进销存不符现象，扣款1000多元；查实一例对社区卫生院的实名举报，违规金额846元，对欺诈骗保行为进行行政处罚并处两倍罚款。（医保局）

【医保移动支付推广】 2019年，句容市上线“智慧医保诊间结算项目”，实现门诊就医移动支付。通过享受在线预约挂号、候诊叫号提醒、诊费移动支付、掌上查看报告等多项功能，缓解医院挂号、候诊、缴费、拿药排队时间长和就医时间短的“四长一短”问题，年内有16家定点医疗机构上线运行，全市1.2万名参保人员开通使用。（医保局）

市医保局宣传异地就医直接刷卡结算政策

综　述

【概况】　江苏省句容经济开发区创建于1992年，1993年被省政府批准为省级经济开发区，行政区划面积144平方公里，下辖19个村（社区），户籍人口约7.5万人。经过二十多年的发展，句容经济开发区已经成为全市首要的招商引资和项目建设载体。40平方公里核心区内供水、供电、供天然气等“九通一平”基础设施全部建设到位，集金融、商贸、文化教育、娱乐服务等为一体的现代城市功能配套日趋完善。2019年，句容经济开发区坚定不移践行新发展理念，围绕全年目标，创新工作举措，盯弱抓缺、增特补短，以扎实举措推进高质量发展走在前列。全区完成地区生产总值135.40亿元，增长0.25%；一般公共预算收入13.89亿元，增长4.67%；完成固定资产投资167亿元，增长0.01%；全口径到帐外资7509.56万美元，增长25.6%；新增规上工业企业7家，净增亿元以上工业企业2家，新增高新技术企业11家。年内在2018年度全省省级经济开发区综合排名20位，获评2018年全省省级开发区营商环境综合评价先进地区。　　（开发区）

3月6日，开发区举行“追赶超越、实干争先”工作动员大会

【开发区要事】　5月12日，南京市长蓝绍敏到句容经济开发区，调研开发区江苏硅谷、碧桂园华东科技新城等项目。

6月3日，兆鋆科技炭纤维复合材料项目在北京正式签约。

7月份，开发区垃圾中转站建成并投入使用。

7月24日，中科视语（北京）科技有限公司正式签约。

7月31日，总投资20亿元的华祥耀（江苏）电子科技股份有限公司正式签约。

9月2日，文昌中学、洪武路小学、黄梅中心小学和句容市黄梅街道中心幼儿园凤凰城分部投入使用。

12月7日，省重点项目壹度

科技半导体芯片量产。（开发区）

基础设施建设

【概况】 2019年，句容经济开发区践行精明增长城市发展理念，推动产城景文深度融合，打造精细、精致、精美的现代园区样板，提升园区内涵和发展气质。年内，石狮工业园区道路网项目中文昌路西延、华阳西路、建业路（华阳西路至中兴路段）通车，石狮路沿线交叉口改造完工通车，崇明西路改造工程施工完成，后莘河改造一期工程完成河道改造。黄梅社区卫生服务中心工程施工基本完成，洪武路小学、文昌中学投入使用，垃圾转运中心竣工，老年公寓主体全部完成。雨污分流一期工程基本施工完成，瓜子沟整治工程和黄金河支流整治工程已完成清淤工作，园区内黑臭水体基本消除。全面清理“散乱污”企业，取缔类企业（作坊）25家，搬迁类2家，提升类10家；大气污染防治、农村环境卫生整治等工作稳步推进。

黄金河干流水体整治工程

中科视语项目签约仪式

项目建设

【概况】 2019年，句容经济开发区抓住南京打造千亿芯都契机，坚决贯彻新发展理念，瞄准半导体、智能制造、数字经济主攻方向，致力打造产业地标，累计落户近20个半导体项目，总投资超50亿元。2019年，壹度科技5号厂房实现量产，12英寸晶圆金凸块生产线实现量产，全年销售8159万元；台湾半导体产业园首批设备进场安装调试，累计采购设备达到3000万美元。坚持“科技园+产业园”双轮驱动，依托中科院、南邮、南大等大院大所科创资源，开展“补链、延链、强链”行动，集聚倪光南院士工作站、南大光电工程研究院、哈工大等高端科研机构及高校领衔的晶度半导体、晶能碳化硅衬底材料等国内半导体细分行业翘楚；深度整合黄金湖科创中心、西部产业转化基地，“研发孵化—加速—产业成果转化”全链式产业空间雏形显现；以金合能源、智研科技、宝嵩机器人等行业隐形冠军、行业小巨人为代表的智能制造产业厚积薄发；移盟（江苏）智能制造产业园、联东U谷、中南高科、恒生科技园等高端载体平台加速布局，园区创

新项目的承载和服务能力日益增强。（开发区）

【招商引资】 2019年，句容经济开发区以做强实体经济为导向，加大产业项目招引。成功签约中科院自动化所中科视语项目以及总投资20亿元的台湾半导体产业园等12个产业类项目。其中台湾半导体产业园项目中已有8家子公司完成注册，协议外资5689万美元，实际到账外资461万美元。秉持“研发孵化在南京，生产转化在句容”的理念以及围绕南京都市圈打造智能制造产业高地的目标，洽谈一批南京及周边地区的优质项目近30个。将招商引资工作与盘活存量资产有机结合，推进“无地招商”模式，骏成电子收购原进准光学100亩闲置资产，盛邦家具闲置厂区20亩嫁接中建科技研究院昊钢项目，台湾半导体产业园精准落户成功盘活闲置载体约50亩。（开发区）

【科技创新】 2019年，句容经济开发区以创新驱动作为经济高质量发展新引擎。31家企业成功申报科技型中小企业；江苏壹度科技股份有限公司被认定为2019年江苏省两化融合贯标重点培育企业；锦上包装、瑞康箱包和盛泰成3家企业成功在江苏省股权交易中心科创板块挂牌；骏成主板上市工作有序开展。开展低端低效企业处置，关停句容舜兴自行车车料有限公司。壹度、金合能源创成省级创新类小巨人企业。强化培育专精特新小巨人，助力小微企业做大做强，截至2019年年底完成新增规上企业10家，亿元企业培扶稳步推进，10家企业列入全市工业企业30强。推进孵化器和众创空间的资源整合、效能提升，江苏拓科集团有限公司获评省企业技术中心，江苏智达高压电气有限公司申报省工程技术研究中心。（开发区）

句容经济开发区2019年竣工项目一览表

表28

序号	项目名称	项目实施单位	项目建设内容
1	壹度半导体光电芯片半导体先进封装测试	江苏壹度光电信息科技股份有限公司	占地313亩，建筑面积16万平米，从事半导体封装的生产，LCD和驱动芯片先进封装测试，年产12寸晶圆36万片、8寸晶圆24万片。
2	启迪数字科技城	句容启迪科技发展有限公司	一期占地185亩，建筑面积17.7万平米，打造数字产业科技创新平台。
3	金刚石线锯扩产	江苏三超金刚石工具有限公司	新增用地60亩，新建150条超细金刚石线锯生产线，租赁厂房1.1万平米，采购各类设备70台套，新建金刚石线锯生产线44条，年产金刚石线锯320万公里以上、年产超细金刚石线锯1000万公里。
4	电子商务供应链平台	句容鼎蟲储运有限公司	新增建筑面积约4.9万平米，建设安能物流大南京地区电子商务供应链平台.
5	智能传动系统及元件研发	江苏沃得高精成套设备有限公司	占地59亩，主要从事液压泵、马达、液压阀等液压元器件的生产。
6	马赛克智能设备	江苏爱拼建材科技有限公司	租赁富达创业园4000平方米厂房，从事马赛克智能设备的研发、生产。
7	高分子蓝光薄膜	句容倍利新材料有限公司	首期租赁省高创8.9号厂房共计4500平方米厂房，主要从事FTI蓝光膜视力保护膜的生产。
8	第三代半导体材料	江苏晶能半导体材料有限公司	租赁省高创5400平方米厂房年产4寸及6寸高品质碳化硅片3万片。

（开发区）

开发区管理

【概况】 2019年，句容经济开发区对标最高标准、最好水平，努力打造“法制化、市场化和政府推动”的优质营商环境。深化“361”项目服务帮办代办改革，零距离当好“店小二”，保姆式跟进服务，力争率先实现“2440”目标。推出帮办代办、线上服务、咨审分离、产业评估等特色工作，促进园区项目手续办理更加便捷、高效。建立联系企业制度，以开发区规上工业企业及重点产业项目为服务对象，形成“管委会领导、局室（中心）负责人、网格员”三层服务管理架构，逐步构建“横向到边、纵向到底、全面覆盖、责任到人”的企业服务管理网格，形成“网格化管理、组团式服务”。常态化开展座谈、走访等交流机制，做到“无事不扰，有求必应”，构建“亲清”政商关系。以锻造“四个最硬”型高素质干部队伍为目标，抓好作风效能建设，增强责任担当和行动自觉。 （开发区）

【社会事业】 2019年，句容经济开发区持续加大对保障和改善民生的投入，兴办一批民生实事和惠民工程。加快推进黄梅社区卫生服务中心、老年公寓、石狮小学、石狮安置房、金香樟安置、下荫安置房等民生工程。洪武路小学、文昌中学和垃圾转运中心等建成投入使用。帮助黄梅新村安置小区3075多户安置群众顺利领到房产证。调剂黄金花园、黄梅新村、水畔新居等空置房源近163套，1.5万平方米，妥善化解沉积多年、群众矛盾集中的回迁问题。新建“网格化指挥联动中心”，加大网格治理实时监控、数据分析、应急处理力度。举办“扫黑除恶”诗词书法展，以“不忘初心，牢记使命”“乡村振兴走基层”“扫黑除恶”等为主题到各村举办13场百姓大舞台巡演，丰富群众精神文化生活。通过人民调解员不断渗透、深入网格化工作，全年调解矛盾共计200余件，促进社会环境和谐稳定。

（开发区）

开发区石狮安置房项目

2019年开发区村（社区）基本情况一览表

表29

村（社区）名	办公地点	负责人		联系电话
		书记	主任	
三里井社区	宁杭南路华润燃气站旁	童华忠	童华忠	15952934720
三台阁社区	开发区羊角山路	丁家林	胡永顺	13905297617
西庙社区	开发区西苑二巷	陶大庆	陶大庆	13905298222
杨塘岗社区	杨塘岗新居（福地路和句卓路交叉路口）	戴修海	戴修海	13952991648
寨里社区	黄金花园	华守旺	罗元华	13921551909
下荫村	行政服务中心西侧（原中容电气厂院内）	夏桂葆	解春华	13852979682
赤岗社区	原苏南制药厂办公楼（江南世家对面）	徐雄飞	倪小军	13505292131
大卓村	大卓集镇	周　洋	张树根	13812364427
南巷村	南巷自然村	王巧顺	王巧顺	13775381050
九华村	盘山部队南大门对面	毛圣均	毛圣均	15052991893
后塘村	后塘窑厂	巫春来	唐正龙	13705291328
黄梅村	黄梅新村南端1号路M11	邱宽生	薛庆来	13862436045
新塘村	黄梅新村2号路M3-15号门面房	朱　敏	朱　敏	13505298386
莲塘村	黄梅新村1号门	戴圣信	罗东平	13776379581
姚徐村	前唐路向北200米	徐公明	夏立巧	13815160362
河桥村	前唐路边	王立新	刘国顺	13357777888
石狮村	石狮村许村自然村	汪小平	汪小平	13625263387
后苹村	石狮派出所向北1公里处	张世金	张世金	13952936770
杜家山村	通宁路旁	纪明金	纪明金	13952992603

（开发区）

华阳街道

【概况】　华阳街道位于句容城区东部，面积为120平方公里，下辖15个村和2个社区居民委员会，户籍人口5.3万人。2019年，华阳街道实现地区生产总值86.8亿元，完成一般公共预算收入7.2亿元，固定资产投资36.8亿元。制造业投资2.3亿元，占年任务115%；完成注册外资5653万美元，占年任务的314%；全口径实际到账外资1890.5万美元，超额完成全年目标；工业应税销售收入10.78亿元，占年任务100%。

（朱　诚　王　阳）

【经济发展】　2019年，华阳街道依托东软双创园，打造产业孵化园地，对接深圳特种装备协会，促进项目落户。恒大童世界乐园全面进入主体施工阶段；义台街历史文化街区五彩城正式对外营业；东软双创园双子楼主体竣工，全年累计引进签约入驻项目24个，合作院校5所。蝙蝠飞机项目飞机制造工厂取得省发改委一期项目批文，机场取得临时起降点、机场场址审查意见。句容东软产业学院签约落户。句容市托塔马克教育产业有限公司“3D打印+人工智能编程创客教育课程研发及产业化”以及小肉堡创意传媒有限公司的“未来式儿童游乐交互装置”两个项目成功入围省大学生优秀创业项目。

（朱　诚　王　阳）

【城乡建设】　2019年，华阳街道统筹布局学校、医院、养老、商业、市民广场、休闲公园、公共厕所等公共设施。华阳中医骨伤医院正式落地；河滨南路风光带、句容河风光带二期、万家河风光带以及一批节点公园投入使用。全年总拆迁面积达5万平方米，总征地面积1390亩，高推进“双铁”征地和搬迁工作，完成“双铁”沿线房屋拆迁共124户，签约率达100%。持续推动“263”专项整治行动，关闭4家散乱污“小作坊”；加大扬尘管控力度，发放扬尘整改督办单176份，协办函9份；银河湾、金水湾等4个小区雨污分流改造完成；落实“排口长制”工作要求，对78个排口进行系统排查溯源；完成万家河、老句容河、肖杆河支流等多条黑臭水体整治任。推进环境综合整治，清理新华家园等19个失管小区，推进南门菜场常态化管理。北部新城安置小区电动车充电棚投入使用、公交站点正式开通、社区卫生服务站开始门诊、农贸市场完成施工。里巷口安置房、周家岗安置房剩余三栋主体和室外工程全部完成。勤学路幼儿园全部完工，城东南小学、城东幼儿园主体完工。完成15个村庄农村污水收集处理，新建管道近5万米，建成污水处理设施19个，化粪池改厕980个。

（朱　诚　王　阳）

【民生事业】　2019年，华阳街道继续做好被征地农民参加社会养老保险工作，提高被征地农民社会保障水平。加大创业就业培训力度，扶持创业近200人，创业带动就业2280多人，帮助200人办理创业贷款金额近2000万

3月7日，“句容东软产业学院战略合作”签约仪式举行

元。发放各类救助金125万元，街道与经济薄弱村共同出资成立景泰公司，凭股份拿分红，五个经济薄弱村32户73人全部实现脱贫摘帽。积极推进清欠工作，全年累计帮助农民工解决欠薪5600多万元。全年共检查各类企业145家次，校园13家次，对安全违法违规行为立案查处11家，实行经济处罚约9万元。对检查出的隐患，严格落实整改措施，分布跟踪督查，整改隐患238条。

（朱　诚　王　阳）

【“句容东软产业学院战略合作”签约仪式举行】 3月7日，由大连东软教育科技集团有限公司、江苏师范大学科文学院、句容市人民政府共建的“句容东软产业学院”在江苏师范大学科文学院进行“句容东软产业学院战略合作”签约仪式。根据协议，三方按照互利共赢、责任共担、利益共享的原则开展合作，同时将发挥各自优势，使之成为创新型应用技术人才培养专业实践基地，创新创业孵化平台，地方产业创新源和人才库，实现人才培养与产业需求的无缝对接。

（朱　诚　王　阳）

【义台街·五彩城开业】 8月10日，义台街首个对外开放的项目五彩城正式开业。该项目是华阳街道重点服务业招商项目及镇江市文化产业重点项目、句容市重点民生工程，位于主城核心商圈正中，地处市政府旁，毗邻中街四牌楼，囊括市区完备配套资源，总建筑面积5万平方米，地上五层经营楼层，地下建有约2800个停车位。

（朱　诚　王　阳）

下蜀镇

【概况】 下蜀镇是句容市唯一的沿江乡镇，建镇于唐代，至今已有1300多年历史。下蜀镇南枕宁镇山脉万亩大山，北依长江黄金水道，西邻佛教律宗第一名山宝华山，面积122平方公里，下辖9个行政村，户籍人口约3.6万人。

2019年华阳街道村（社区）基本情况一览表

表30

村（社区）名	办公地点	负责人		联系电话
		书记	主任	
新坊村	新坊村	姚　炜	孙贤明	87229566
新生村	新生村	章壮泽	徐国斌	87364838
北阳门社区	北阳门社区	陈兆生	贾克均	87327799
上路社区	上路社区	江每月	李世才	87236621
周家岗村	周家岗村	姚秋华	李学超	87200775
南亭村	南亭村	徐淮江	徐淮江	87208876
吉里村	吉里村	朱正贵	朱正贵	87205884
钱家边村	钱家边村	王建华	陆晓元	87203100
下甸村	下甸村	笪玉华	笪玉华	87205969
里巷口村	里巷口村	王荣华	徐玉根	87326879
杨家巷村	杨家巷村	常志培	常志培	87200026
云塘村	云塘村	高启洪	王学文	87710179
吴岗村	吴岗村	吴兆亮	解九方	87706806
赵塘村	赵塘村	王　荣	经明春	87708520
城上村	城上社区	许爱芳	滕长江	87327177
北相村	北相村	冯礼力	戴腊喜	87320990
西岗村	西岗村	赵森洪	邰早宝	87711008

2019 年完成地区生产总值 74.8 亿元，完成一般公共预算收入 5.19 亿元。年内，经济发达镇改革通过省级评估验收，国家卫生镇通过复审，创成省级文明镇。（詹　伟）

【工业经济】　2019 年，下蜀镇实现工业应税销售 210.7 亿元，同比增长 15.3%，占全市的 37.1%；建材产业销售达 145 亿元，率先建成句容市首个百亿产业集群；工业税收 8.6 亿元，占全市的 40.3%；分别完成固定资产投资、工业性投入、先进制造业投入 31 亿元、28 亿元和 2.86 亿元。经济发达镇改革通过省级评估验收，全国千强镇排名跃至第 464 位。墙材二期、联博二期、一建科技等项目实现投产。省级循环经济标准化试点园区通过验收。新增国家高新技术企业 2 家；建华建材获评中国专利银奖、国家知识产权优势企业、国家级企业技术中心，创成省级院士工作站，在全国民营企业 500 强中跃升至 286 位。汤辰机械建成镇江市级企业工程技术研究中心。新增省“双创”人才、镇江“金山英才”、句容“福地英才”各 1 人，镇江乡土人才 4 人、句容乡土人才 6 人。（詹　伟）

【现代农业】　2019 年，下蜀镇优化农业产业结构，新增设施农业面积 150 亩，新增种植业绿色优质基地面积 2750 亩，实施轮作休耕 3056 亩。推动农村产权交易“应进必进”，全年农村产权交易 218 项，交易总额达 1064 万元。江苏省农科院嘉华鲜食玉米研究

下蜀镇北山澜庭安置小区交付使用

院正式挂牌运营，祝里村 60 亩高效蔬菜示范园投入运营，推进六里乐福居农业生态园、空青村精品果园等一批优质农业项目。围绕“四清一治一改”，打造亭子中亭自然村、空青梁庄自然村特色示范点。举办 2019 年中国句容茶文化节暨第六届下蜀茶香节，带动茶旅融合发展。（詹　伟）

【镇村建设】　2019 年，下蜀镇北山澜庭安置房交付使用，亭子日间照料中心建成，桥头集镇改造进场施工，完成户厕无害化改造 730 座，建成公共停车场 1 个。推进农路农桥维修改造、颐养中心工程、引河截污纳管、亭子污水提升泵站等一批重点民生项目。全市首个乡镇血透中心完工，桥头小学内装和信息化校园建设完成深化设计。增开镇江至下蜀 605 路公交班线，关停拆除大道河港口码头，在镇江市率先完成渔民退捕工作。探索推行企业河长制，获评镇江市河湖长制工作先进集体称号。实施殡葬领域专项整治，平迁散葬坟墓 900 余座。推进“263”专项行动，开展江河碧空行动、固体废弃物清查等工作，关停“散乱污”企业 5 家。加快废弃宕口生态环境治理，大南山地质环境治理工程通过竣工验收。完成中央环境保护督察组“回头看”。（詹　伟）

【民生事业】　2019 年，下蜀镇在全市率先实行“一窗式”政务服务改革，全年累计办理各类事项 1.5 万余项。在每个行政村开设全科窗口，与镇行政服务平台互联互通，下放 52 项公共服务事项，实现村级同步办理。经济薄弱村和建档立卡户持续稳定脱贫，在全市第三方绩效评估中获得“优等”。健全完善阳光扶贫系统和全国扶贫开发系统信息，“阳光帮扶”责任人走访率、定位率、照片上传率、脱贫分析完整率均达 100%。完成 2020 年度城乡居民医保征收、电子社保卡发放，

2019 年下蜀镇村（社区）基本情况一览表

表 31

村（社区）名	办公地点	负责人		联系电话
		书记	主任	
下蜀村	下蜀南大街 137 号	李仁琴	李仁琴	87751540
祝里村	纂沟自然村	曹当贵	曹当贵	87771713
六里村	下蜀镇六里村村委会	夏前清	夏前清	87757346
沙地村	下蜀镇沙地村	徐贝才		87762663
新村村	312 国道边新村村委会	李远峰	李远峰	87767526
桥头村	桥头集镇	沈京城	沈京城	87761458
裕课村	临港佳园小区西大门	梁德喜	梁德喜	87766098
亭子村	亭子老茶厂	徐本浩	徐本浩	87732992
空青村	下蜀镇句蜀路旁	马道荣	马道荣	87737928

（詹　伟）

实现被征地农民养老保险即征即保常态化。投入 191 万元为全镇 6360 名 65 周岁以上老年人和三、四级残疾人员办理城乡居民医疗保险。完成危房改造 3 户，发放助教助医款项 500 余万元。帮助 96 名初始创业人员办理政府贴息贷款 780 余万元。年内，下蜀镇获评 2016—2018 年度省级文明镇，亭子村、祝里村创成省级文明村。王秀燕获省级道德模范提名与大爱镇江年度人物，老村医任玉昌获镇江市“最美家乡人”称号。成立乡村文艺宣传队，发掘乡村陶笛创业项目。（詹　伟）

宝华镇

【概况】　宝华镇因宝华山而得名，地处句容市西北部，辖 8 个行政村、2 个社区，总面积 127 平方公里，户籍人口 2.9 万人。宝华镇西距南京市中心 23 公里，东距镇江 34 公里，南至南京禄口国际机场 50 公里，北离南京龙潭港 5 公里，312 国道、337 省道、京沪铁路、沪宁城际铁路穿境而过。境内拥有 30 平方公里的国家级森林公园及国家 AAAA 级风景区，有距今 7000 年前的“丁沙地”文化遗址和佛教名寺隆昌寺，是全国第二批小城镇改革试点镇、江苏省对外开放重点工业卫星镇、江苏省旅游名镇。2019 年，宝华镇实现地区生产总值 60.6 亿元，人均 GDP12.1 万元；一般公共预算收入突破 14.2 亿元，同比增长 61.9%；固定资产投资额达 45 亿元；农民人均可支配收入 25887 元。年内宝华镇入选“大运河（江苏段）十佳文旅示范名镇”。

（高　旭）

【工业经济】　2019 年，宝华镇省高新技术企业培育入库 10 家。南大双创园人才公寓部分封顶，产业地块完成设计优化和河道改线方案。国家级双创服务平台“厘米空间”落户宝华。江苏派远软件开发有限公司等三家企业被认定为 2019 国家高新技术企业。江苏金沃机械有限公司“混合材高得率清洁制浆关键技术及产业化”项目获国家科技进步二等奖。出台人才激励“10 条政策”，省双创博士 2 人、省科技副总 2 人，镇江金山英才 7 个，句容福地英才 12 个。（高　旭）

【现代农业】　2019 年，宝华镇新增 1200 亩种植业绿色优质基地。宝华村紫荆仙龙农庄现代农业示范基地建成。仓头村合作社被评为“国家级示范社”，合作社大米获“江苏省好大米”银奖。华山村确定“党支部+合作社+农户”的发展模式，落户大棚蔬菜、沉香培育等多个项目。排查整治“大棚房”问题，完成全镇耕地“两区”划定工作，耕地轮作休耕 1.1 万亩。严格执行“三资”管理和村级小微权利制度相关规定，严把财务支出关。全年新增农机 47 台，平均机械化率达到 94%。开展冬春水利建设，全年累计投入资金 4000 多万元，清淤、疏浚河塘 20 个，完成土方量 8.1 万立方米，新增护坡、排水沟、拦水坝等水利设施 18 处。（高　旭）

【文化旅游】　2019 年，宝华镇景区旅游收入达 1600 万元，接待游客突破 192 万人次，同比增长 6%。旅游业态不断丰富，举办“翰墨飘香——当代名人宝华山书画展”、“第四届花山古庙会”、中秋国庆“山歌汇”、第十二届宝华山泡山节等系列活动，景区知名度进一步提升。完善旅游配套设施，完成隆昌寺和丁沙地景区公厕新建工程，北门停车场投入使用，新南门上山通道（妙峰路）完工。年内，宝华山获“全域旅游品牌创新案例”“长三角最具网红特质旅游目的地”和“中国森林氧吧”称号，被镇江市文旅局、镇江市生态环境局评为“二星级低碳旅游区”。（高　旭）

【镇村建设】　2019年，宝华镇编制完成《句容市宝华镇总体规划（2018—2035）》，规划形成“一心四轴五区多点”的镇区空间布局结构。启动《宝华北部区域发展规划》编制，协调推动区域发展。《宝华山国家森林公园总体规划》完成编制，《自然保护区总体规划》完成初稿编制。实施农村人居环境治理，全年新增路灯126盏，农村道路硬化21.5公里，完成芮庄、陈圩、步家场村庄环境改造。新城核心区签约农户275户，拆迁面积9万平方米，签约企业20家，18家已全部拆除；新城12处积水点改造工程全部完工。完善新城设施配套，与南京水务达成战略合作，签订二路供水协议。新城垃圾中转站投入使用，全年累计清理生活垃圾2.8万吨。完成停工5年之久的穿312国道污水管网项目。宝华花园星级农贸市场正式对外营业，镇消防站主体封顶。投入200万元，采购5辆垃圾压缩车。全年新增城区公共停车位1260余个，改造提升公交站8座。（高　旭）

宝华山风景区举办庆中秋系列活动

【社会民生】　2019年，宝华镇启动宝华玉兰教育基金，发放第一批资金320万元，共奖助师生达600人次。宝华新城小学和幼儿园通过市规委会批复。完善医疗服务配套，投入900万元购置CT、胃镜等医疗设备，完成医院停车场改造。开展特色合作医疗，镇江市康复医院与卫生院组成医联体。开通凤坛花园至经天路606公交线路。全年发放低保保障金179.4万元，残疾人补贴275.9万元，退役士兵经费221.7万元。定期走访慰问优抚对象，全年合计发放经费127.2万元。镇慈善分会共筹集善款92.7万元，全年

2019年宝华镇村（社区）基本情况一览表

表32

村（社区）名	办公地点	负责人		联系电话
		书记	主任	
栗庄村	栗庄村委会	姚祖东	/	87758271
仓头村	仓头村委会	赵贤财	翁锡武	87758376
栏江村	栏江村委会	王大燕	/	87788195
铜山村	铜山村委会	宋永权	戴义标	87770481
凤坛村	凤坛村委会	曹当亮	陆志亮	87782369
宝华村	宝华村委会	王心荣	/	87786099
和平村	和平村委会	成庆尧	戴家宝	87781986
华山村	华山村委会	吴和平	/	87738804
宝华花园社区	宝华花园社区居委会	梅国庆	吴慎虎	13451967877
新城社区	新城社区居委会	林松	陈宗荣	87351712

（宝华镇）

救助困难群众2500人次。推进百村万户达新标行动，完成全镇351户共634人脱贫攻坚任务，脱贫率达到100%。历史被征地农民保障补录396人，政府补贴金额达1073万元。栗庄村和宝华花园社区成功创建省级创业型村（社区），全年新增就业550人，其中农村劳动力转移150人。

（高　旭）

白兔镇

【概况】　白兔镇位于句容东郊，境内有乾隆皇帝下江南时路宿的太平庄、唐代著名书法家颜真卿的“墓葬地”、句容第一个党支部大支里旧址等。白兔镇享有“中国草莓之乡”的美誉，是“全国无公害大棚草莓”“全国美人指葡萄”两个国家级标准化示范区，也是句容“国家现代农业示范区”“国家农业科技园区”的核心区。全镇总面积115平方公里，户籍人口约4万人，常住人口3.77万人，辖15个行政村和2个居委会。2019年，完成地区生产总值37亿元，一般公共预算收入6733万元，农村居民人均可支配收入25287元，同比增长7.8%。

（郑德阳）

【工业经济】　2019年，白兔镇推进市重点技改项目，派欧汽车内饰生产扩建项目新增用地28亩，一号厂房主体封顶。开展“零土地”招商，成功盘活4家低端低效企业，引进智能展柜、保温材料、生物基质、汽车配件4个项目。引导扶持菲尼迪金属制品有限公司转型升级，培育国家高新技术企业入库2家、江苏省科技型中小企业入库1家，申报专利52件。帮助宏安针织、常丰针织、久维压力等6家企业申请项目扶持资金65万元。引进培育高层次人才4名，申报“金山英才”项目1个、“福地英才”项目2个。

（郑德阳）

日本农业专家到白兔镇指导草莓种植技术

【现代农业】　2019年，白兔镇建成168亩标准化草莓种植基地和园区公共服务中心，农业产业强镇工作在全国培训会议上作经验交流。与省农科院合作共建句容草莓产业研究院，成立江苏省草莓产业技术创新战略联盟，引进冷冻育苗技术。白兔草莓在第十八届全国草莓大会上获金奖3个，云兔草莓、柏生草莓专业合作社获评“江苏省首届十佳草莓园”。完成行香、古隍、倪塘、唐庄4个村10000亩高标准农田建设。新增全程绿色防控技术用户35户，4.9万亩绿色优质农产品（水稻）基地建设通过省级验收，申报致富果业、茗苑茶叶等4个绿色食品，新增高效设施农业921亩。发展农村电子商务，入选“江苏省农业电子商务示范镇”推荐名单，唐庄村被评为全省“一村一品一店”示范村，解塘村被评为“江苏省电子商务示范村”。

（郑德阳）

【文化旅游】　2019年，白兔镇吸引游客56万人次，同比增长15%。举办第五届句容白兔草莓文化节，并代表句容成功申办第19届中国草莓文化旅游节。伏热花海全年开展“汉服花朝节”“植树踏青节”“小麦丰收节”等多个节庆活动。（郑德阳）

【镇村建设】　2019年，白兔镇编制《白兔镇总体规划》，完成行香、白兔两个集镇改造工程。完成2019年度冬春水利建设任务，新建、改造小型农田水利工程27座，

2019年白兔镇村（社区）基本情况一览表

表33

村（社区）名	办公地点	负责人		联系电话
		书记	主任	
太平村	太平村委会	巫海峰	高华富	0511-87658033
马里村	马里村委会	殷和平	殷和平	13952961352
中心村	中心水库旁	巫苏明	巫苏明	13775387877
唐庄村	唐庄	韦　丹	步年华	15052997977
古隍村	古隍村委会	朱建平	陈云虎	13705290956
解塘村	解塘村委会	张冬才	张虎成	13905299965
幸福村	幸福村委会	陈虎生	笪洪正	13913401298
上荣村	上荣村村委会	巫成贵	巫成贵	13951407335
西井村	车相自然村	吴晋玉	朱进荣	15905299832
白兔村	白兔村委会	赵小平	纪入祥	13505296778
行香村	行香集镇	张洪生	朱庆风	15996828298
龙山湖村	龙山湖村委会	王秀平	王秀平	13775528863
高庙村	高庙村委会	胡庆生	高金顺	13776379297
倪塘村	倪塘村委会	徐　华	徐　华	13705291131
茅庄村	茅庄村委会	笪荣根	张东华	13861370858

（郑德阳）

修固渠道3.5公里。对马东线、恒祥大道等3公里道路进行提档升级，铺设天然气管道4.1公里。年内白兔镇创成国家卫生镇，中心村、白兔村创成省级文明村。完成乡村改厕640户，推进西明塘1.45公里雨污分流工程，上行、下行和西颜3个自然村污水接户工程建设完工，行香污水处理厂正式启用。统筹开展朱墓、徐村、前马里3个自然村的美丽宜居乡村建设，推进唐庄、草屋2个自然村的农村人居环境整治示范村建设。关停“散乱污”企业2家，推进上荣山工矿废弃地复垦复绿工程。开展村庄土地整治复垦项目。落实“河长制”，完成洛阳河“两违”整治。开展安全生产大检查，排查整改隐患523条。

（郑德阳）

【民生事业】　2019年，白兔镇发放低保、优抚、慈善等各类资金1380多万元。统建草莓扶贫大棚105亩，建立针纺企业“扶贫车间”，助力剩余38户贫困户全部脱贫。完成32户草危房改造任务，为17位贫困白内障患者进行免费手术，实施重度残疾人家庭无障碍改造6户。帮助9740位老人投保意外险，为1200余位老人购买通讯费服务，为1700余位失能、半失能老人提供居家养老上门服务。成立镇退役军人事务站，采集信息1300余人。新增就业280人，培育新型职业农民480人。全年帮助农民工追讨工资40余万元。打造新时代文明实践所（站），“草莓棚里的文明实践点”成为全省志愿服务“金名片”。推进大支里党支部旧址复建工程，完成巫恒通烈士故居修缮工程。

（郑德阳）

【省级草莓产业技术创新联盟成立】　12月16日，江苏省草莓产业技术创新战略联盟在句容市正式成立。江苏省草莓产业技术创新战略联盟是句容市继薄壳山核桃和草坪产业技术创新战略联盟之后的第三家农业产业技术创新战略联盟，集聚了省内外科研机构、高校、产业技术创新机构和省内龙头骨干企业等多家单位，是一个跨区域、跨领域的综合性科技创新型组织。（郑德阳）

边城镇

【概况】　边城镇地处沪宁经济走廊、是中国沿海和长江三角洲对外开放的重点区域，东临镇江，西接南京，南濒道教圣地茅山，北依佛教发源地宝华山。沪宁高速、243省道、沪宁城际轻轨穿境而过，境内有高骊山、仑山湖、江苏农博园、边城国际度假区，还有亿年鱼化石、千年银杏树、八百年木瓜树等珍贵文化遗产，东乡文化历史悠远。全镇总面积128平方公里，辖14个行政村和2个居委会，户籍人口约3.5万人。2019年，实现地区生产总值37亿元，一般公共预算收入9743万元，农民人均可支配收

10 月 26 日，边城镇第四届登山节举行

入达 25421 元。（文　飞）

【工业经济】　2019 年，边城镇新增规上工业企业 3 家、销售亿元以上企业 2 家，新注册企业 69 家、外资企业 1 家。实现固定资产投资 19 亿元，工业应税销售 40 亿元，外贸出口 8000 万美元，新增亿元以上产业类项目 2 个，完成制造业投资 3.2 亿元，产业投资占固定资产投资比重达 80%，高技术制造业投资占工业投资比重达 11%。抽水蓄能电站坝体工程全面实施，全年完成投资 9 亿元，累计投资达 23.6 亿元。极宇生物、华源电气、智晟科技等项目竣工投产；省工程质量检测中心、新光二期、激光机械等项目厂房封顶。全年新增高新技术企业 5 家，累计达 11 家。开展人才引进推介活动 2 场，获得“金山英才”项目 3 个，句容“福地英才”项目 4 个，培育句容市级乡土人才 7 人。江苏南瓷绝缘子获批江苏省博士后创新实践基地，光明科创园省级科技企业孵化器获 A 级绩效评审。

（文　飞）

2019 年边城镇村（社区）基本情况一览表

表 34

村（社区）名	办公地点	书记	联系电话
东昌村	东昌村委会	段坚民	13952969358
衣庄村	衣庄村委会	洪阳林	13815165797
高仑村	高仑村委会	高鹏洲	13400090201
光明村	光明村委会	张国富	13952939397
桥东村	桥东村委会	颜平寿	13705291070
友谊村	友谊村委会	周　俭	13862430537
青山村	青山村委会	朱小龙	18652879219
戴村村	戴村村委会	洪　俊	13861378966
佴池村	佴池村委会	杨君林	13400093468
大华村	大华村委会	裔云喜	13861375006
陈武村	陈武村委会	戴　明	13951407066
赵庄村	赵庄村委会	赵　生	13913406645
双杨村	双杨村委会	陈　云	13775389185
赵村村	赵村村委会	卞金平	13815160388

（边城镇）

【现代农业】　2019 年，边城镇新增高效设施农业 630 亩，种植业绿色优质基地 3000 亩，生态健康养殖场 1 家。实施冬季小麦轮作休耕 6450 亩，成片造林 4000 余亩。培养新型职业农民 260 人，3 人获句容市十佳新型职业农民，青山村、大华村获评省级“一村一品一店”合作社，光明村获评省级绿化“三化”示范村。

（文　飞）

【镇村建设】　2019 年，边城镇完成村庄河塘整治 27 座，改扩建村庄河塘 8 座。完善集镇管理制度化、常态化建设，安置房一期交付，348 户拆迁安置群众回迁，二期 6 栋主体竣工。完善学校配套设施建设，强化医养中心投入运行，创成“江苏省健康镇”。做好仑山湖区域各类问题整改工作，拆除仑山湖涉水违法建筑 14 栋。

开展“263”专项行动，关闭“散乱污”企业3家，拆除违建1100平方米。完成“两违”整治7处，清理违法种植60亩，升级改造河道4公里。整改城乡增减挂钩项目2300余亩。（文　飞）

【民生事业】　2019年，边城镇开展大型春季招聘会，新增就业100余人。强化劳动保障监察，受理劳动案件32例。累计募捐慈善资金95.6万元，发放低保金、优抚金、救济金等750万元。成立镇村退役军人服务站，发放义务兵各项补助金、重点优抚对象抚恤补助金350余万元。建设公共文化服务体系，获评江苏省基层公共文化服务效能提升示范工程奖。全年走访建档立卡低收入户2300余人次。完善脱贫工作协同模式，新增2家结对帮扶单位，衣庄蔬菜基地、高仑菊花基地、佴池光伏发电、戴村草坪基地等脱贫攻坚项目顺利实施，获评“江苏省脱贫攻坚组织创新奖”。推进“阳光信访”，全年受理信访事项132件、383人次，成功调处矛盾纠纷235件。（文　飞）

【第九届LTW国际路亚（BASS）大赛】　11月16日，第九届“N·S blackhole杯”LTW国际路亚（BASS）大奖赛在仑山湖国际路亚基地开幕。此次比赛共有海内外路亚爱好者36组72位钓手参赛，为期两天。最终张勇、余峰组合获得冠军，勇毅炜、滕祝峰二人获亚军，王文才、王朝亮获第三。（文　飞）

郭庄镇

【概况】　郭庄镇位于句容市西南部，紧邻江宁开发区、江宁大学城和南京禄口国际机场，境内拥有发达的交通路网和独特的城际枢纽优势，宁杭高铁、宁杭高速、243省道等多条交通要道纵横贯穿其中。总面积141.72平方公里，耕地面积7707公顷，下辖22个村民委员会和2个居民（社区）居委会，境内有国家级湿地公园赤山湖风景区。2019年末户籍人口67817人。全年完成地区生产总值66.57亿元，完成一般公共预算收入2.43亿元，全社会固定资产投资25亿元，农民人均可支配收入25636元。年内，郭庄镇创成省文明镇，绿色新能源小镇作为打造新兴产业集聚发展新引擎的典型代表，入选首批全国特色小镇典型案例。（徐　成）

【工业经济】　2019年，郭庄镇引入恒嘉光伏、铭顺汽车等亿元以上项目6个，引入注册资金1000万元以上项目15个。华鑫新能源汽车项目开工，工程建设达正负零。4GW太阳能单晶硅切片项目进行设备调试，部分实现投产。协鑫高效智能组件项目实现投产。协鑫0.5GW高效组件项目、华君0.75GW太阳能电池组件项目实现部分投产。郭庄新能源产业逐步形成从光伏切片到电池组件到终端应用的完整产业链条，产业集群效应持续凸显。（徐　成）

【现代农业】　2019年，郭庄镇围绕打造优质稻米生产基地，广泛推广新栽培技术，创成面积4.8万余亩的省级绿色优质水稻种植基地，建成郭庄镇万亩高标准农田粮食生产基地。大力推广稻田综合种养模式，打造葛村片区千亩稻虾、稻鳖、稻鸭养殖基地，稻田综合种养亩产效益不断提高。新增镇江市级示范合作社、示范

赤山湖国家湿地公园吸引大批候鸟前来越冬

家庭农场各1家，国家级示范合作社纪兵农场建成全市最大的烘干、仓储、展示中心。发展“一村一品一店”电子商务新模式，胜利村的多肉植物等农产品网络平台年销售收入超500万元。

（徐　成）

【文化旅游】　2019年，郭庄镇坚持将“生态+”融入服务产业，举办“风筝嘉年华”“第二届咪你豆童玩音乐节”“江苏广播第二届万人相亲大会”等大型活动。赤山湖国家级湿地公园承办环太湖国际公路自行车赛、公开水域挑战赛、铁人三项邀请赛等多项国际国内重大赛事，国内外2000余人次参赛。协鑫智慧绿色云仓一期投入运营，二期完成主体建设。法国勒芒文旅小镇签约落户，“生态+”理念不断赋能郭庄全域旅游更大空间。（徐　成）

【镇村建设】　2019年，葛赤线、郭扬线等6条农路竣工通车，2处事故高发路口交通信号灯投入使用。完成500座农村无害化户厕改造工程与11户危房改造。完成镇文化站和社区教育中心改造提升工程，与22个村级文化服务中心、81个村（社区）文体广场构成全覆盖的基层综合文化服务网络。打好“碧水蓝天保卫战”，运用生物治理等方式完成郭庄南河、朝阳河、学校河三段黑臭水体整治任务，全年排查出大气污染企业19家，依法关闭取缔2家。2019年，郭庄镇对城市建设中的“难点”“痛点”“盲点”问题开展专项整治，广泛宣传动员群众积极投身文明城市建设和管理，成功创建成为“省文明镇”。

（徐　成）

2019年郭庄镇村（社区）基本情况一览表

表35

村（社区）名	办公地点	负责人		联系电话
		书记	主任	
郭庄	郭庄	章　杰	蒋龙顺	13656103007
金星	金星	葛龙兴	吴太明	13905297902
端王	端王	邱　洲	—	18952991809
百丈	百丈	戴重荣	杨贤平	13952961313
甲山	甲山	王廷勇	张绍文	13921558299
孔塘	孔塘	蔡义明	—	13861377533
经戴	经戴	俞正财	戴立和	13775399469
朝阳	朝阳	杨金龙	—	13952897089
庄里	庄里	王红翔	陈世全	13852970707
葛村	葛村	钟再根	潘文华	13852971386
东湖	东湖	祝小明	万慧	13775524868
东方红	东方红	经继国	—	13952939527
刘巷	刘巷	李长江	—	13952998912
方溪	方溪	赵元柏	—	13952997583
东岗	东岗	刘广忠	—	13952931716
百里	百里	夏开明	—	13775394390
虬北	虬北	王　豪	李志巧	18796093623
五渚坊	五渚坊	周道才	周笃宏	13952931619
郭庄集镇	郭庄集镇	章杰	蒋龙顺	13905290917
葛村集镇	葛村集镇	钟再根	潘文华	13852971386
谢桥村	谢桥村	潘林海	—	13952998169
赤山村	赤山村	赵玉财	尹巧根	13913409489
芦亭村	芦亭村	戴　翔	吴德金	13862436621
胜利村	胜利村	赵农鸣	陈振宝	13952961398

（徐　成）

【绿色新能源小镇入选首批全国特色小镇典型案例】　郭庄镇绿色新能源小镇以新能源设备为发展轴，智能电动汽车和能源服务为两翼，构建了涵括科技创新、休闲旅游、智慧农业、教育医疗等在内的“一轴、两翼、四基”的产业发展体系。2019年3月，经国家发改委认定，绿色新能源小镇作为打造新兴产业集聚发展新引擎的典型代表，成为首批全国特色小镇典型案例（江苏省仅2家）。（徐　成）

后白镇

【概况】 后白镇位于句容市南部，北濒句容市区，南临天王镇，东连茅山风景区，西与郭庄接壤，镇域总面积143平方公里，辖21个村委会和3个居委会，户籍人口5.9万人。全年完成地区生产总值55亿元；实现公共财政收入8137万元；规模以上固定资产投资12.01亿元；农民人均纯收入达25444元。2019年，后白镇获得江苏省社会治安综合治理先进集体、2016—2018年度江苏省文明镇称号。 （后白镇）

【工业经济】 2019年，后白镇新设企业218家，新增民营注册资本12.2亿元。完成工业应税销售30.13亿元，同比增长15.48%，制造业投资5.5亿元，进出口贸易5233.8万美元，实际利用外资514.1万美元。新入围全市工业30强企业一家，8家企业应税销售超亿元。引进环球之星影视设备、晨马建筑、臻上精密制造等项目签约落户；市产评会通过新上项目4个，总投资达6亿元。承办“2019·江苏句容先进制造业项目投资恳谈会”，现场与4家企业签订战略合作协议。扶持个体工商户创业131人次，新增就业435人。 （后白镇）

【现代农业】 2019年，后白镇新增高效设施农业面积1163亩，注册农业新型经营主体438家（其中合作社215家，家庭农场223家）。完成槐道、五星1万亩高标准农田建设。全镇拥有“三品”认证达23家。年内6.38万亩优质稻米产业全部纳入省级绿色水稻基地范畴。与省农科院签约共建“句容稻米研究院”“后白味道工程技术研究中心”，与京东集团签约“京东智慧农场”，引入东南大学、上海交通大学和国家自然科学基金等科教资源。后白草坪研究院完成350亩试验田新品种的推广建植，建成草坪质量与健康诊断实验平台，与南京农业大学草业学院共同承揽5项省部级重点项目及3项地区项目，草坪标准化相关技术标准通过省市标准体系专家组的技术审查。全年完成土地复垦任务1918亩（含占补平衡44.7亩）。开展农业经营用地流转专项整治，完成土地经营权流转合同规范化工作。建立土地流转两年过渡期制度，全镇流转土地亩均增效约584元。 （后白镇）

【文化旅游】 2019年，后白镇与北京中青旅达成国家级田园综合体共建框架协议。举办2019“艳郁后白·醉美岩滕”郁金香文化旅游节、后白名品鲜果采摘节、金秋田园花海节，累计吸引游客63万人次，“后白三百”农旅产品销售达7600万元。形成“互联网+农旅”发展模式，供销e家农村服务中心开业，福源电商创业园新增规模电商企业2家，创成2019—2020年度省级电子商务示范基地。建成古村镇江市级特色田园村，并被推荐为省级生态文明示范村，西冯村通过省级特色田园村验收并获省级文明村称号，东湾、曹村、西城和五星4个村通过美丽宜居村验收。升级村级综合文化服务中心，推进文体广场达标工程，新时代文明实践中心全年开展活动456场次。开展对文保单位“芦江桥”的修缮和保护工作， （后白镇）

【镇村建设】 2019年，后白镇完成镇域总体规划及2019年村镇布局规划修编工作，投资500万元改善镇容镇貌。新建张庙片区污水管网3.5公里，后白和张庙

后白镇岩滕农场

工业区污水管网实现贯通。完成张庙集镇与华阳南路延伸段 1.5 公里、王庄集镇段 3.5 公里和张庙佳园小区等燃气管道建设。完成后白污水处理厂二期扩容工程设计。实施曹唐线、张槐路、花海路北延段等共计 12.13 公里路网升级工程；完成春天路 3.8 公里维修整治任务。实施后白卫生院续建工程。启动垃圾分类推广工作，在 9 个村试点先行。开工建设“茶香苑”小区三期工程，完成后白集镇沿街墙面、部分墙体维修出新工程。投资 420 余万元对 33 处“两违三乱”（河湖违法圈圩、违法建设；乱占、乱排、乱建）拆除整治。（后白镇）

【民生事业】 2019 年，后白镇投入民生领域支出达 18192 万元，开展各类技能和企业培训 8 期 441 人次，审批创业贷款 1180 万元。完成二圣中学撤并，后白中学教师孟富林获全国优秀教育工作者。广兴集团高技能人才沈春雷获评享受国务院特殊津贴专家。全年新增民政服务对象 400 多人，救助困难群众 2800 余人次。人民调解 535 件，成功 534 件，被省委、省政府评定为“江苏省社会治安综合治理先进集体”。18 个经济薄弱村村经营性收入均达 80 万以上，建档立卡 799 户 1512 人，家庭人均年收入均达 8000 元，实现持续稳定脱贫的既定目标。（后白镇）

2019 年后白镇村（社区）基本情况一览表

表 36

村（社区）名	负责人		联系电话
	书记	主任	
后白村	黄胜才	黄胜才	87405916
张庙村	吴立进	吴立进	13812366996
二圣村	吴大军	吴大军	87852780
西冯村	李治顺	李治顺	87837778
徐巷村	徐祥平	徐祥平	87851202
西城村	刘文林	刘文林	80771810
林梅村	童建荣	童建荣	87856234
淮源村	翟俊华	翟俊华	13775380193
芦江村	何振喜	何振喜	87408860
夏王村	王成义	王成义	13775391046
曹村村	詹道林	詹道林	87837468
延福村	周道贵	周道贵	87903277
长里岗村	曹永胜	曹永胜	87503368
槐道村	柴长青	柴长青	13645290592
泗庄村	焦 庭	许同友	13776371851
五星村	王佳佳	刘树生	87501606
李家桥村	张 冰	/	87406909
古村村	夏杏俊	王志贵	13921556115
王庄村	罗先霞	周道富	87833881
东风村	吕正琴	任恒生	18795853018
东湾村	张后平	张庆武	18136814182

（后白镇）

天王镇

【概况】 天王镇地处宁镇常三市交界处，南与溧阳接壤，东与金坛相依，西与溧水毗邻，是句容市南大门，始建于唐中和二年，因御赐金匾寺庙——天王寺而得名，至今已有 1400 多年的历史。全镇地域面积 131.54 平方公里，下辖 16 个行政村和 1 个社区，截至 2019 年年末户籍人口 54525 人。2019 年，实现地区生产总值 51.05 亿元，完成一般公共预算收入 4664 万元，农民人均可支配收入达 25564 元。年内，国家卫生镇顺利通过复检，获得江苏省文明镇、省级苗木特色镇、省级电子商务示范基地等荣誉。（谈德寅）

【工业经济】 2019 年，天王镇实现固定资产投资 7.52 亿元，工业应税销售收入 16.14 亿元；完成先进制造业投资 7000 万元。新增民营注册资本 8 亿元，新增民营企业 160 家。天旸科技、惠博汽配和裕凯风电润滑系统 3 个亿元项目均实现存量开工，6 个市级重点项目全部达到序时进度。通过重组出租等方式盘活现代钢结构等企业 3 家。推动万顺轻工、天王汽配企业技改扩能再升级，进一步提升市场竞争力。

（谈德寅）

【农业旅游】 2019 年，天王镇有机农业园 1 万平方米工厂化育秧连栋大棚、土山土水生态农业公司的 1.5 万平方米果品深加工厂房和“亚夫食品”加工厂主体部分建设全面完成，新开发的有机米酒、米糕等产品填补了“米”加工空白，延伸了“米”产业链条。唐陵花木交易市场积极申报国家级农业龙头企业，唐陵森林产品电商城成功申报省级电子商务示范基地，蔡巷村、天王村成功申报省级“一村一品一店”示范村。采用完全市场化的运作机制，积极引进本土工商资本，成功举办了第六届樱花节，吸引游客 150 余万人次。举办句容市第二届农民丰收节，农耕文化突显旅游新亮点。突出花果原乡芝樱花海、金山东篱芍药谷、金山凹美丽乡村等支撑作用，完成了道路沿线“花带”种植，把句容福道天王段推成了网红路，进一步带动沿线百姓创收增收。

（谈德寅）

2019 年天王镇村（社区）基本情况一览表

表 37

村（社区）名	办公地点	负责人	职务	联系电话
前进村	前进村村委会	韩双根	书记、主任	13952969049
西溧村	西溧村村委会	余维秀	书记	13775397306
天王村	天王村村委会	贲翔	副书记	13952991987
涧北村	涧北村村委会	戴贤国	副书记	18952837022
蔡巷村	蔡巷村村委会	王纪龙	书记、主任	13952998578
浮山村	浮山村村委会	陈　浩	书记	13852979083
金山村	金山村村委会	王坤宝	书记、主任	13861370458
唐陵村	唐陵村村委会	刘树安	书记	13905297211
赵巷村	赵巷村村委会	杨先付	书记、主任	13775391688
唐谷村	唐谷村村委会	苏　杰	书记	18852881989
朱巷村	朱巷村村委会	李太兵	书记	13905299817
农林村	农林村村委会	付连海	书记、主任	18952994380
袁巷村	袁巷村村委会	杜玉华	书记	13645291982
戴庄村	戴庄村村委会	姚伟超	书记	15252983739
斗门村	斗门村村委会	刘传国	书记	13775394969
竹园村	竹园村村委会	李胜海	书记、主任	18952966608
天王社区居委会	天王社区	张爱林	主任	13914598922

（谈德寅）

【镇村建设】 2019 年，天王镇投资 9400 万元的天王河整治和非建制镇污水管网建设工程全部竣工，完成浦一、浦二、东大街、340 省道污水管网工程，基本实现镇区污水管网全覆盖。完成 1.5 万亩高标准农田建设任务，农业生产条件进一步优化。新修水泥路 24 公里，水渠 15.8 公里，改

唐陵森林产品电商城成功申报省级电子商务示范基地

造塘坝20座，河塘疏浚16座，整治农桥15座，镇村道路交通体系和基础配套设施建设更加完善。完成集镇农贸市场提档升级工作。浦溪花园安置五期工程开工建设。（谈德寅）

【民生事业】 2019年，天王镇加快医疗重点工程建设，市重点项目天王卫生院病房楼投入使用，建成规范化计免门诊，完成门诊楼规划设计工作。进一步深化殡葬改革，持续开展辖区内农村私埋乱葬整治工作，开工建设镇集中守灵中心。不动产登记天王分中心已投入使用并开始有序发放产权证。推进精准扶贫工作，各村认清自身优势和不足，灵活选择发展方向，共确定各类增收项目46个，合计收到项目奖补资金2142万元；年内全镇完成686户1165人脱贫任务。全面落实医疗、住房、教育保障制度，1165人均纳入免费医疗保险行列，完成9户草危房改造任务，67名适龄贫困儿童全部在读，并享受教育资助措施。镇村人民调解组织实现全覆盖，全年共受理民事纠纷299起，已办结299起，办结率100%，涉及金额289万元。（谈德寅）

【金蝉花产业】 金蝉花俗称大虫草，属于虫生真菌，是一种中药材，生长在朱巷村磨盘山的竹林深处。每年六七月是金蝉花收获的季节，每年可采摘250万只，年产值为200多万元。近年来，朱巷村结合本地特色大力发展合作经济，成立了金蝉花专业合作社，以村为主导，农户为中心，定期培训，统一收购，统一销售，增加农民收入。（李太兵）

茅山镇举行何庄村乡村振兴试点工程开工仪式

茅山镇

【概况】 茅山镇地处上海经济圈和南京都市圈的交叠处，总面积81平方公里，下辖城盖、丁庄、何庄等10个行政村和1个居委会，户籍人口2.9万人，常住人口3万人。2019年，全镇完成地区生产总值30亿元，公共财政预算收入3622万元，农民人均纯收入达2.5万元。年内，茅山镇被认定为江苏省农村一二三产业融合发展先导区，通过国家卫生镇复检并获得江苏省健康镇命名；丁庄村入选农业农村部“千村万寨展新颜”名单、江苏省第三批特色田园乡村、江苏省乡村旅游重点村。（茅山镇）

【经济发展】 2019年，茅山镇实现固定资产投资4.2亿元；工业应税销售5.6亿元；完成外资696万美元。总投资5亿元的豆腐村田园乡村酒店项目，4.3万平方米主体工程封顶。总投资1亿元的义利康酵素深加工项目，生产设备完成招标进入安装。总投资1.1亿元的清境农场民宿项目，700亩猕猴桃和300亩水蜜桃全面挂果上市，民宿项目主体封顶进入内部装修。总投资2000多万元的丁庄民宿项目于9月正式对外营业。（茅山镇）

【现代农业】 2019年，茅山镇新增种植业绿色优质基地面积3万亩，高效农业突破5万亩，占全镇农业耕地面积的70%。培育葡萄、桑葚等应时鲜果产业科技示范户140户。全镇省级农业龙头企业2家，农业合作社总数达到85家，其中全国示范合作社4家，省级合作社2家，镇江市级合作社12家。“丁庄葡萄”成为国家地理标志保护产品；丁庄葡

2019 年茅山镇村（社区）基本情况一览表

表 38

村（社区）名	办公地点	负责人		联系电话
		书记	主任	
城盖村	城盖村村委会	唐句生	唐虎生	13052940707
丁庄村	丁庄村村委会	方　静	方　静	13905298330
袁相村	袁相村村委会	戴绍白	袁学海	13952966011
何庄村	何庄村村委会	王道钟	杨天根	13815160509
前陵村	前陵村村委会	郑来华	方忠虎	13861379195
长城村	长城村村委会	彭晓龙	夏晓云	13505295527
丁家边村	丁家边村村委会	唐万青	樊荣昌	13952965465
永兴村	永兴村村委会	范　勇	朱贝庚	13775387089
蔡门村	蔡门村村委会	张　平	王礼仲	13912105218
东霞村	东霞村村委会	田礼双	汪启荣	13815165337

（茅山镇）

萄现代农业产业园区创成国家一、二、三产融合发展示范园，被认定为首批国家农村产业融合发展示范园；丁庄葡萄入选中国农业品牌目录2019农产品区域公用品牌、丁庄葡萄产业入选全省乡村振兴典型案例。何庄的乡村振兴试点工作全面展开，何庄土地股份合作社成立。推动“市场+”“互联网+”，丁庄葡萄与淘宝、每日优鲜等新平台达成战略合作；永兴苗木、茅宝葛根等特色农产品进驻电商，东霞优质大米成功上市对外销售，全年农村电商销售额累计1000多万元。（茅山镇）

【文化旅游】　2019 年，茅山镇推动农业基地向体验园区、休闲景区提升，农业生产向创意设计、健康养生等产业延伸。共创建成全国农旅型示范点 2 个，国家 AAAA 级景区 1 个，全国农旅 AAA 级示范点 3 个，江苏省乡村旅游四星级示范点 4 个。打造梅花节、紫酒桑果节、牡丹节、葡萄节、豆腐节等一批以市场化为导向的品牌节庆，全年接待游客超过 120 万人次。（茅山镇）

【镇村建设】　2019 年，茅山镇总投资 420 万元的集镇南部污水管网完工，提升泵站调试完成并正式投入运营。全年共查处并拆除违建 30 起、面积约 2500 平方米。推进厕所革命，完成东霞、城盖 11 个自然村 340 座无害化农村户厕改厕，在 8 个自然村设立生活垃圾分类试点。投资 240 万元，推进库区移民项目；投入 380 万元，启动城盖、丁家边村片区农业综合开发项目。新建农村道路 8.3 公里。推进“河长制”，对镇重点水域、2 座在册水库和 4 条镇管河道编制“一河一策”和“一片一策”整治方案。关停二圣水库渔业养殖 728 亩，拆除重点河湖“两违”4 个点位，整治畜禽养殖场 3 家，整治散乱污企业 3 家。（茅山镇）

【民生事业】　2019 年，茅山镇发放特殊困难残疾人补贴 12.2 万元，向 144 名优抚对象物价补贴共计 11.18 万元，全年累计发放各类抚恤金 32.9 万元。镇村两级慈善组织共救助困难群众 3397 人次、合计 75.4 万元。完成新农保扩面 161 人，扶持成功自主创业人员 102 人，申请创业贷款 1200 万元，18 人申领初始创业补贴 1.8 万元。新增城镇就业人数 405 人，新增转移农村劳动力 200 人。筹备建设镇村两级网格化平台指挥中心，网格化服务管理模式具备雏形。（茅山镇）

崇明街道

【概况】　崇明街道地处句容市区主城区，东起东昌中路，南至二圣路，西到洪武路，北抵文昌中路，辖东门、义台街、红旗、崇明、茅山、甲城、河滨、中凌、葛仙、建新、新村、梅花、马扎里 13 个社区居委会。（赵　伟）

【社区建设】　2019 年，崇明街道投入 1100 余万元对 102 幢居民楼 259 个单元口进行整治出新，解决楼道黑暗、墙体破损、三线乱搭、电瓶车充电不便等影响居民日常生活的问题。投入 480 余万元对 16 个小区实施整治提升，改造停车位 250 余个、更换垃圾桶 820 余个、安装路灯 130 余盏，

崇明街道对老旧居民楼进行整治出新

2019年崇明街道社区基本情况一览表

表39

村（社区）名	办公地点	书记	联系电话
东门	葛洪路与崇明路交口	任青香	87300745
义台街	中街工商银行对面井巷	郭爱丽	80789135
红旗	寺街1号	王新华	87273872
崇明	宁杭北路35号	孙维群	87300830
茅山	句容市建设路茅山村20栋	巫　娇	87305747
甲城	步步高现代城内	雍　莉	87228428
马扎里	双利路时代逸居西边	闵文棋	87300977
建新	新莱迪商城二楼	王世丽	87272077
新村	商业街南二路广场旁	李庆伟	87301153
梅花	梅花小区老干部安置公寓3栋对面	赵　伟	87301358
葛仙	葛仙小区小广场南	胡圣祥	87230822
中凌	羊角山路河滨雅苑旁	于　洋	87222624
河滨	华阳南路延伸段南凤苑门市房	袁　俊	87229972

（赵　伟）

改善老旧小区居住环境。补齐社区基础设施短板，全年累计疏通改造下水道5700余米，修补硬化路面13000余平方米，修补路牙3400余米，绿化补植900平方米。建成全市首个垃圾分类宣教实践馆。针对老旧楼栋外墙脱落问题，投入70余万完成22处脱落墙体的维修工作。建成“微型消防站”5座，电瓶车集中充电桩7处，在13个社区投放灭火器270组，举办消防安全知识讲座和安全演练15场，发放《居民安全手册》15000余份。　（赵　伟）

【社区服务】　2019年，崇明街道开展“彩虹桥”惠民助困计划，实施“一对一”精准惠民助困，年内新增低保5户，清退低保7户，完成154户低保核查、长期公示工作。为1890名80岁以上老人发放尊老金67.1万元。开展“慈善一日捐”活动，募集善款30.7万元，发放慈善救助金28.5万元，帮扶困难群众138人。为179名下岗、失业、转业志愿兵发放生活补助，建立困难退役军人“一本账”34人，换发“光荣人家”荣誉牌2000余块，完成退役军人信息采集共计3668人。建成新时代文明实践所（站），结合街道“一社一品”建设，全年在义台街社区市民阅读中心开展“文学讲坛”、“传递书香　全民阅读”图书漂流等主题活动23次。依托志愿者之家、志愿者驿站，开展“文明句容　志愿同行”志愿服务集市、“爱心相伴‘救’在身边”等各类志愿服务活动22次。评选表彰79户文明家庭，每季度推荐先进典型参与“镇江好人”“微美人物”等评选。年内崇明街道获评镇江市书香街道，东门和马扎里社区获评江苏省文明社区，香江丽景、芳邻雅居等

小区的 10 个楼道获评镇江市示范楼道。（赵　伟）

【社区治理】　2019 年，崇明街道形成以信息采集精确、为民服务精细、基层治理精准为主要内容的“三精体系”。通过完善“三长两员”队伍和管理架构，制定网格工作职责“五张清单”，建成“智慧物业”管理平台，创新“网格+警务”管理机制，提升城市基层治理和为民服务水平。年内建成全市首个辖区 3D 地图系统，189 个居民小区实现“以房管人”等基础信息精确采集。

（赵　伟）

【省长吴政隆到崇明街道调研】11 月 25 日，江苏省省长吴政隆、省政府秘书长陈建刚、镇江市委书记惠建林、市长张叶飞等到崇明街道调研视察。在中凌社区，吴政隆了解基层网格化治理、公共服务等情况，对“三精体系”给与充分肯定。（赵　伟）

茅山风景区管委会

【概况】　茅山风景区行政区域面积 153 平方千米，辖 10 个行政村，户籍人口 3.3 万人。2019 年地区生产总值 27 亿元，实现公共财政收入 4490 万元。2019 年，茅山风景区管委会坚持旅游经济供给侧结构性改革，优化旅游产业布局，加快旅游综合体项目建设，推动茅山湖国家级旅游度假区和省级康养风情小镇建设。

（茅　管）

【经济发展】　2019 年，茅山风景区共有 4 个项目被列入省级、镇江市级和句容市级重点产业类项目。省重点项目康缘中华养生谷，养生村、养老示范区在建设中，游客中心、仙草童话世界进行室内装修和室外配套施工，康缘巷和康缘客栈土建基本完成。省重点旅游项目茅山温泉谷，上清湖景观已完成，二期逍遥水世界项目进行前期建设。镇江市重点项目茅山半岛度假村，商业街正式开街。句容市重点项目茅山天下无有谷，道宫项目作为第五届国际道教论坛主论坛和闭幕式主场馆，在进行内外装修，天桥主体完工。（茅　管）

【文化旅游】　2019 年，茅山风景区综合门票收入同比增长 40.37%。清明、五一、国庆三天同比接待游客人数和门票收入同比增幅均保持在 18%以上，全年接待游客 691.48 万人次。全年中央电视台《焦点访谈》《新闻联播》《共同关注》等先后 7 次报道茅山旅游。3 月 12 日，茅山景区康缘中华养生谷和茅山温泉谷入选 2019 年省级重点旅游项目。4 月 11 日，《九龙山风景名胜区总体规划（2018—2035 年）》正式获省政府批复。9 月 28 日，由中央党校（国家行政学院）报刊社、省委党校、中国新四军和华中抗日根据地研究会和镇江市委共同主办的新时代红色文化教育研讨会在茅山举行。年内，茅山景区入选“中国品牌旅游景区”江苏省 20 强，茅山新四军纪念馆获评第一批“江苏省党史教育基地”。

（茅　管）

【民生事业】　2019 年，茅山风景区管委会共有建档立卡户 308 户 530 人，于 9 月全部脱贫。管委会下属的 6 个经济薄弱村，2017 年李塔、马埂、墓东三个村达新标，2018 年后河、天乐、上杆三个村完成脱贫任务。2016 年

8 月 9 日，上海四次元句容茅山景区开元酒店项目签约仪式举行

至2019年，完成建档立卡户危房改造6户，为41名建档立卡贫困户发放34000元教育帮扶资金，为530名建档立卡人员在卫生院设立里健康档案，为104名残疾人提供资金、政策及岗位帮扶。总长约4公里，投资700多万元的集镇污水管网项目完工。年内李塔村通过省级美丽乡村验收，家住句容茅山风景区的戴荣斌家庭获第二届“江苏省文明家庭”荣誉称号。（茅　管）

【第五届国际道教论坛筹办】　3月25日至27日，中央统战部和中国道教协会领导一行，到茅山调研第五届国际道教论坛筹备工作情况。2019年8月14日，国家宗教事务局正式批复，第五届国际道教论坛将于2020年5月6日—9日在句容茅山举办（因新型冠状病毒感染的肺炎疫情影响，推迟至2020年9月上旬）。2019年年底，论坛总体活动方案报中央统战部、中国道教协会初审，会同市财政局、审计局确定论坛资金预算方案，完成开幕式启动仪式方案和开幕式演出策划方案。（茅　管）

【上海四次元句容茅山景区开元酒店项目签约仪式举行】　8月9日，上海四次元句容茅山景区开元酒店项目签约仪式举行。上海四次元娱乐文化有限公司、浙江开元酒店管理股份有限公司和句容市签署开元芳草地乡村酒店、开元名庭度假酒店两份项目合作协议，两家酒店在茅山景区的规划建筑面积分别为12000平方米、

2019年茅山风景区管委会村（社区）基本情况一览表

表40

村（社区）名	办公地点	负责人	联系电话
茅山村	茅山村委会	沈晓春	13952872038
玉晨村	玉晨村委会	刘德春	13812362886
后河村	后河村委会	权书林	13912105708
天乐村	天乐村委会	沈红平	13812361115
夏林村	夏林村委会	唐　洁	13775395982
潘冲村	潘冲村委会	盛春生	13451963339
李塔村	李塔村委会	朱明生	13775385756
马埂村	马埂村委会	彭良言	18952935290
上杆村	上杆村委会	戴朝明	13852976648
墓东村	墓东村委会	王　磊	13656102959

（茅管）

25000平方米，并将配套游乐场、农牧场、商务会议、特色餐厅等设施。（茅　管）

【茅山新四军纪念馆加入省红色文化资源战略联盟】　8月14日，“学习强国”江苏学习平台“E起学习”工作室成立暨“红色宣讲映初心”首播活动在新华报业传媒集团举行。茅山新四军纪念馆等省内17家红色文化单位和新华日报签约结成全省红色文化资源战略合作联盟。（茅　管）

黄梅街道

【概况】　2013年省政府下达《省政府关于撤销句容市华阳镇设立句容市华阳崇明黄梅3个街道办事处的批复》，句容市黄梅街道办事处成立，行政区划面积约134平方公里，下辖19个村（社区），总人口约10万人。句容经济开发区按照“统分结合”的原则，开发区与黄梅街道实行“以区带街、统分结合”管理模式，在开发区党工委、管委会领导下，黄梅街道实体化运作，内部机构、人财物管理等方面相对独立。开发区主要负责产业优化、招商引资、投融资服务和区域城市建设管理等职能；黄梅街道承担社会管理事务，主要负责党的建设、农业农村、社会事业、社会治理和征地拆迁等职能。市委、市政府以及条块工作，按职责分工确定责任主体，负责抓好任务落实。（黄梅街道）

市领导简介

（2019 年发生变动的）

周必松　中共句容市委副书记，市人民政府党组书记、代理市长。2019 年 1 月任句容市人民政府市长。

简介见《句容年鉴（2019）》。

高庆华　中共句容市委副书记、党校校长。2019 年 5 月兼任中共句容市委统战部部长。

简介见《句容年鉴（2006）》。

蒋建中　中共句容市委常委、组织部部长、统战部部长。2019 年 5 月调离句容。

简介见《句容年鉴（2017）》。

贾云亮　句容市人民政府党组成员、副市长。2019 年 2 月任中共句容市委常委。

简介见《句容年鉴（2016）》。

段永齐　中共句容市委常委，郭庄镇党委书记、赤山湖党工委书记。2019 年 12 月调离句容。

简介见《句容年鉴（2017）》。

汪丹宁　2019 年 5 月任中共句容市委常委、组织部部长。

1974 年 9 月生，男，汉族，江苏丹阳人，1997 年 8 月参加工作，1995 年 12 月加入中国共产党，大学学历，在职硕士学位。

1997 年 8 月任镇江市公安局京口分局正东路派出所民警；

2001年10月历任镇江市公安局通信处、网监处民警；2003年11月任镇江市委组织部综合干部处干部；2004年3月任镇江市委组织部副科级组织员；2008年3月任镇江市委组织部机关干部处副处长；2011年7月任镇江市委组织部机关干部处副处长、主任科员；2014年10月任镇江市委组织部机关党委专职副书记、机关干部处副处长；2015年12月任镇江市委组织部举报核查中心副主任、机关干部处副处长；2017年1月任镇江市委组织部机关干部处处长。

侯华锋　句容市人民政府党组成员、副市长，兼任市红十字会会长、计生协会会长。2019年6月不再兼任市红十字会会长、计生协会会长职务。

简介见《句容年鉴（2016）》。

孙桂林　句容市人民政府党组成员、副市长，市公安局党委书记、局长、督察长。2019年2月兼任市委政法委副书记。同年5月调离句容。

简介见《句容年鉴（2018）》。

吴明成　2019年11月任句容市人民政府党组成员、副市长，市委政法委副书记，市公安局党委书记、局长、督察长。

1970年3月生，男，汉族，江苏丹徒人，1995年7月参加工作，1995年6月加入中国共产党，在职党校本科学历。

1995年7月历任镇江市公安局润州分局鹤林派出所民警、团委副书记（副股级）、和平路派出所副所长、办公室主任、和平路派出所所长；2007年12月任镇江市公安局指挥中心副主任；2009年11月任镇江市公安局交巡警支队党委委员、纪委书记；2011年8月任镇江市公安局直属分局政委；2014年1月任镇江市公安局京口分局政委；2014年6月任镇江市公安局京口分局党委副书记、政委；2015年5月任扬中市公安局局长、党委书记；2015年10月任扬中市公安局局长、党委书记、督察长；2016年10月任扬中市委政法委副书记，公安局局长、党委书记、督察长；2017年1月任扬中市政府副市长，市委政法委副书记，市公安局局长、党委书记、督察长；2017年4月任扬中市政府党组成员、副市长，市委政法委副书记，市公安局局长、党委书记、督察长。

凌　华　句容市人民政府副市长。2019年6月兼任市红十字会会长、计生协会会长。

简介见《句容年鉴（2019）》。

吴小香　句容市政协副主席、工商联主席。2019年8月不再兼任工商联主席职务。

简介见《句容年鉴（2006）》。

王道银　句容市政协副主席、市政府教育督导室主任。2019年8月兼任市工商联主席，不在担任市政府教育督导室主任职务。

简介见《句容年鉴（2008）》。

徐胜宝　句容市人大常委会党组成员。2019年9月兼任市总工会主席。

简介见《句容年鉴（2018）》。

（市委组织部）

模范人物简介

杨金风　句容市华阳街道下甸村村民。2019年5月被国务院残工委评为“全国助残先进个人”。

1970年4月出生，汉族，江苏句容人，现为华阳街道下甸村“残疾人之家”负责人。2014年，成为残疾人托养站的“邻家妈妈”，负责站内7名智力残疾和1名重度肢体残疾人的日常照顾。2017年7月，在“邻家妈妈”基础上成立“下甸村残疾人之家”，人员由原来的8人增加到16人。在日常照料的同时，她又组织残疾人做一些力所能及的劳动，让他们更贴近社会现实生活。她还同江苏省农林学院志愿者加强联系，组织志愿者定期帮助残疾人。

杨金风于2017年、2019年先后被评为“句容好人”“镇江好人”。

（华阳街道）

孟富林　后白中学副校长，2019年9月获全国优秀教育工作者。

中共党员，高级教师，1998年参加工作以来，先后在边城中学、后白中学两所农村中学任教。高度重视课堂教学的研究，以“学生自主创新实验”为特色。主持江苏省教育科学“十三五”规划课题1项，主持镇江市教研重点课题1项，主持镇江市教育科学规划课题3项，其中2项已结题。发表、获奖论文20多篇。同时，利用句容市“孟富林教师工作室”平台，定期开展专家讲座、科研论坛、同课异构、技能比赛等，帮助青年教师进行锻炼，工作室中一批青年教师成长为镇江市骨干教师、镇江市教坛新秀、句容市骨干教师。

孟富林先后获得镇江市骨干教师，镇江市首届教育领军后备人才，江苏省优秀教育工作者等多项荣誉。

（教育局）

倪定胜　句容市政协副主席、市史志办副主任，2019年11月获全国地方志先进工作者。

1964年3月出生，江苏句容人。1986年参加工作，1993年起在句容市史志办公室工作。工作期间，培养修志队伍，建设句容史志网站，参加方志文化服务地方发展等多类活动，实现方志文化的价值和社会影响。参加《句容市志》《句容教育志》等近20部综合志书和专业、部门志编纂工作，并负责《华阳镇志》等十余部镇志、街道志、园区志的布置、指导及审稿、出版等事项。同时，负责句容市政协学习和文史委编纂《句容地方话》《句容非遗博览》等10余部地情丛书。

倪定胜先后获得“2003—2004年度江苏省党史系统先进个人；2006年江苏省方志系统先进个人；2013年江苏省地方志先进工作者等荣誉称号。

（史志办）

先进人物名录

2019 年句容市获省条线以上荣誉人物一览表

表 41

姓名	单　位	荣誉称号	授予单位	授予时间
俞青松	江苏拓科集团有限公司	江苏省“慈善之星”	江苏省慈善总会	2019 年 3 月
徐益盛	江苏万宏置业集团有限公司	江苏省“慈善之星”	江苏省慈善总会	2019 年 3 月
应　珏	句容宁武新材料股份有限公司	江苏省“慈善之星”	江苏省慈善总会	2019 年 3 月
胡云翔	句容联盛网络信息服务有限公司	江苏省“优秀环境守护者”	江苏省生态环境厅	2019 年 3 月
王冬荣	江苏弘景规划建设有限公司	江苏省“优秀环境守护者”	江苏省生态环境厅	2019 年 3 月
刘树安	天王镇唐陵村党委	2018 感动中国·江苏年度人物	江苏省文明办	2019 年 3 月
笪　强	句容市发展和改革委员会	江苏省 2018 年农村经济动态监测点先进信息员	江苏省发展和改革委员会	2019 年 3 月
仇发祥	江苏兴文包装有限公司	江苏省五一劳动奖章	江苏省总工会	2019 年 4 月
杨金风	华阳街道下甸村“残疾人之家”	全国助残先进个人	国务院残工委	2019 年 5 月
殷久伟	下蜀中心卫生院	江苏省卫生计生系统先进工作者	江苏省人社厅、卫健委、中医药管理局	2019 年 5 月
朱功华	句容市粮食局（退休）	2018 年度“中国健康老人”	全国老年体协	2019 年 6 月
贾　君	江苏农林职业技术学院	庆祝中华人民共和国暨人民政协成立 70 周年先进个人	民盟江苏省委员会	2019 年 6 月
纪先荣	句容民政局	全省民政系统先进工作者	江苏省人力资源和社会保障厅、江苏省民政厅	2019 年 7 月
孟富林	后白中学	教育部	全国优秀教育工作者	2019 年 9 月
王嘉靖	江苏省句容中等专业学校	江苏省技术能手	江苏省教育厅	2019 年 9 月
王　祥	句容市茅山风景区社区教育中心	社区教育先进工作者	江苏省成人教育协会	2019 年 9 月
周秀斌	句容市茅山风景区社区教育中心	社会教育先进个人（学习型个人）	江苏省社会教育服务指导中心	2019 年 10 月
蒋　科	句容市后白镇社区教育中心	江苏省社会教育先进个人（优秀教师）	江苏省社会教育指导中心	2019 年 10 月

续表 34

姓名	单 位	荣誉称号	授予单位	授予时间
潘合俊	句容市茅山风景区社区教育中心	社会教育先进个人（学习型个人）	江苏省社会教育服务指导中心	2019 年 10 月
倪定胜	市政协、市史志办公室	全国地方志先进工作者	中国地方志指导小组办公室	2019 年 11 月
刘树安	天王镇唐陵村党委	“百名示范”村书记	江苏省委组织部	2019 年 11 月
方 静	茅山镇丁庄村党总支	“百名示范”村书记	江苏省委组织部	2019 年 11 月
尚通亮	句容市住房和城乡建设局	九三学社省级组织建设先进个人	江苏省九三学社	2019 年 12 月
葛 禹	句容市银鹏房地产开发总公司	2019 年度江苏省建筑业企业安全生产先进个人	江苏省建筑行业协会建筑安全设备管理分会	2019 年 12 月
赵鹏飞	句容市房屋白蚁防治所	江苏省房协白蚁防治专委会 2019 年度先进个人	江苏省房地产业协会	2019 年 12 月
牛 燕	句容市房屋白蚁防治所	江苏省房协白蚁防治专委会 2019 年度先进个人	江苏省房地产业协会	2019 年 12 月
陈一进	句容市文体广电和旅游局	九三学社省级社会服务先进个人	江苏省九三学社	2019 年 12 月

注：收录时间以证书或发文日期为准：2019 年 1 月 1 日至 12 月 31 日止。

先进集体名录

2019 年句容市获省条线以上先进集体一览表

表 42

单位（全称）	荣誉名称	授予单位	授予时间
句容市	江苏省妇幼健康优质服务示范县	江苏省卫健委	2019 年 1 月
句容市人力资源和社会保障局　劳动人事争议仲裁院	2018 年度全省“法治人社”建设亮点工作一等奖	江苏省人力资源和社会保障厅	2019 年 1 月
天晟药业股份有限公司	国家科学技术进步二等奖	国务院	2019 年 1 月
下蜀镇	2018 年江苏省健康镇	江苏省爱国卫生运动委员会	2019 年 1 月
句容市	2018 年度全省国土绿化“三化”示范创建工作先进县	江苏省林业局	2019 年 3 月
句容市	省级水生态文明建设试点城市	江苏省水利厅	2019 年 3 月
句容市供销合作总社	二十强县级供销合作社	江苏省供销合作总社	2019 年 3 月
句容市银鹏建筑安装工程公司	全国质量安全管理优秀施工企业	中国建筑文化研究会绿色环保委员会	2019 年 3 月
句容市发展和改革委员会	2018 年江苏省价格监测工作先进集体	江苏省价格监测中心	2019 年 5 月
句容市银鹏建筑安装工程公司	全国绿色节能优秀施工企业	中国建筑文化研究会绿色环保委员会	2019 年 5 月

续表 35

单位（全称）	荣誉名称	授予单位	授予时间
句容市茅山中心小学	江苏省诗教先进单位	江苏省诗词协会	2019 年 5 月
江苏省句容中等专业学校	全国首批 1+X 证书制度试点院校（汽车运用与维修）	教育部职业技术教育中心研究所	2019 年 6 月
句容市	电子商务进农村综合示范县	商务部	2019 年 8 月
句容市崇明幼儿园	全国足球特色幼儿园	教育部	2019 年 8 月
句容市崇明小学	全国“读书育人特色学校”	中国关心下一代工作委员会	2019 年 8 月
句容市崇明小学	全国青少年篮球特色学校	教育部办公厅	2019 年 8 月
句容市供销合作总社	全国供销合作社系统百强县级社	中华全国供销合作总社	2019 年 9 月
句容市水利局	全国水利安全生产知识网络竞赛组织奖	水利部监督司	2019 年 9 月
句容市人民检察院	全国检察宣传先进单位	最高人民检察院检察日报社	2019 年 9 月
下蜀中心小学校	江苏省第十八批“绿色学校”	江苏省生态环境厅、江苏省教育厅	2019 年 9 月
句容市教育局	全国“新时代好少年”主题教育读书活动“我为祖国点赞”先进集体	教育部关工委	2019 年 9 月
句容保安服务总公司	优秀“退役军人之家”	江苏省退役军人事务厅	2019 年 11 月
句容市财政局	“七五”普法中期先进集体	全国普法办	2019 年 11 月
天王镇唐陵村	全国乡村治理示范村	中央农村工作领导小组办公室、农业农村部、中央宣传部、民政部、司法部	2019 年 12 月
后白镇西冯村	全国乡村治理示范村	中央农村工作领导小组办公室、农业农村部、中央宣传部、民政部、司法部	2019 年 12 月
句容市第三中学	江苏省中小学体育特色学校	江苏省教育厅	2019 年 12 月
句容市融媒中心	江苏省县市新闻中心系统先进单位	江苏省县市新闻中心工作委员会	2019 年 12 月
句容市融媒中心（句容市广播电视台）	2016—2018 年度江苏省文明单位	江苏省精神文明建设指导委员会	2019 年 12 月
句容市建设工程管理处	江苏省文明单位	江苏省精神文明建设指导委员会	2019 年 12 月
句容市银鹏房地产开发总公司	2016—2018 年度江苏省文明单位	江苏省精神文明建设指导委员会	2019 年 12 月
下蜀镇	2016—2018 年度江苏省文明乡镇	江苏省精神文明建设指导委员会	2019 年 12 月
句容市崇明小学	2016—2018 江苏省文明校园	江苏省精神文明建设指导委员会	2019 年 12 月
句容市郭庄镇中心小学	江苏省文明校园	江苏省精神文明建设指导委员会	2019 年 12 月
句容市后白中心小学	江苏省文明校园	江苏省精神文明建设指导委员会	2019 年 12 月
句容市第三中学	江苏省文明校园	江苏省精神文明建设指导委员会	2019 年 12 月
句容市实验幼儿园	江苏省文明单位	江苏省精神文明建设指导委员会	2019 年 12 月

续表 35

单位（全称）	荣誉名称	授予单位	授予时间
句容市第三中学	江苏省中小学体育特色学校（羽毛球）	江苏省教育厅	2019 年 12 月
句容市急救站	江苏省卫生健康行业“党员示范岗”	中共江苏省卫生健康行业委员会	2019 年 12 月
句容市人力资源和社会保障局	全省人力资源和社会保障系统先进集体	江苏省人力资源和社会保障厅	2019 年 12 月
句容市人力资源和社会保障局 华阳劳务服务公司	2018 年度全省诚信人力资源服务机构	江苏省人力资源和社会保障厅	2019 年 12 月
句容市银鹏建筑安装工程公司	2019 年度江苏省建筑业企业安全生产先进单位	江苏省建筑行业协会建筑安全设备管理分会	2019 年 12 月

注：收录时间以证书或发文日期为准：2019 年 1 月 1 日至 12 月 31 日止。

正高级专业技术人员名录

2019 年句容市正高级专业技术人员一览表

表 43

姓　名	单　位	职　称	批准时间
夏春来	江苏省句容高级中学	江苏省中小学正高级教师	2019 年 1 月
陈正喜	江苏省句容实验高级中学	江苏省中小学正高级教师	2019 年 11 月
丁　威	江苏农林职业技术学院	教授	2019 年 11 月
唐　婉	句容市崇明小学（文昌校区）	正高级教师	2019 年 11 月
张爱华	句容市人民医院	主任医师	2019 年 12 月
陈朱井	句容市人民医院	主任医师	2019 年 12 月
陈继芳	句容市人民医院	主任医师	2019 年 12 月
孙建梅	句容市人民医院	主任医师	2019 年 12 月
栾和伟	句容市人民医院	主任技师	2019 年 12 月
杜　江	句容市人民医院	主任医师	2019 年 12 月
张　静	句容市人民医院	主任护师	2019 年 12 月
许家亮	句容市人民医院	主任医师	2019 年 12 月
顾正南	句容市人民医院	主任医师	2019 年 12 月
陈　强	句容市天王中心卫生院	社区主任医师	2019 年 12 月
张传飞	句容市中医院	主任中医师	2019 年 12 月
李　勇	句容市中医院	主任医师	2019 年 12 月
杨继东	句容市中医院	主任医师	2019 年 12 月
朱发宝	句容市中医院	主任中医师	2019 年 12 月

注：收录时间以证书或发文日期为准：2019 年 1 月 1 日至 12 月 31 日止。

索　引

说　明

一、本索引采用主题分析方法编制。标引词按第一字汉语拼音音序排列；第一字相同，按第二字排列，依次类推。

二、类目、分目（次分目上）名称用黑体字标明。标引词后的阿拉伯数字表示内容所在的页码，数字后的拉丁字母 a、b 分别表示从左至右第一、二、三栏。标引词后第二个页码起，表示该索引参见内容所在位置。

三、彩色画页未编索引

D

E

F

G

H

J

K

L

图书在版编目（CIP）数据

句容年鉴. 2020／句容市史志办公室编. —北京：方志出版社，2020. 9
ISBN 978-7-5144-4317-2

Ⅰ. ①句… Ⅱ. ①句… Ⅲ. ①句容-2020-年鉴 Ⅳ. ①Z525. 34

中国版本图书馆 CIP 数据核字（2020）第 172456 号

句容年鉴（2020）

编　　者：句容市史志办公室
责任编辑：李　静
出 版 者：方志出版社
地址　北京市朝阳区潘家园东里 9 号（国家方志馆 4 层）
邮编　100021
网址　http：//www. zgfzcb. org
发　　行：方志出版社图书经销中心
电话（010）67110500
经　　销：各地新华书店
印　　刷：镇江文苑制版印刷有限责任公司
开　　本：889×1194　　1/16
印　　张：22
字　　数：700 千字
版　　次：2020 年 9 月第 1 版　2020 年 9 月第 1 次印刷
印　　数：1-800 册

ISBN 978-7-5144-4317-2　　定价：280. 00 元